植民地独立の起源

フランスのチュニジア・モロッコ政策

池田　亮
Ryo Ikeda

法政大学出版局

植民地独立の起源◎目次

序　章

脱植民地化と独立

初代モロッコ総督リヨテ（Louis Hubert Lyautey）将軍（在位 1912–1925 年）の前で，フェズ条約に調印するスルタンのムーレイ・ハフィド（Moulay Hafid）

出典：Selma Lazraq, *La France et le Retour de Mohammed V*（Paris: L'Harmattan, 2003），p. 34.

第一節　問題の所在

第二次世界大戦後の国際関係の特徴として、第三世界で植民地の独立が急速に進んだことを挙げることに疑問を持つ人は少ないだろう。ヨーロッパ列強が保有する植民地の領域は、一九世紀後半からの帝国主義時代に大幅に拡大した。この結果、第二次大戦前夜にはアジア・アフリカのほとんどの地域がヨーロッパ宗主国の支配下に置かれていた。しかし大戦後はこの状況が一変する。一九四七年のインド・パキスタンを皮切りに、一九四九年にインドネシア、一九五〇年代半ば以後はさらに多くの植民地が雪崩の如く独立を獲得していった。一九五五年にはインドネシアのバンドンで第一回アジア・アフリカ会議が開催され、植民地を解放するよう圧力を宗主国に加えていく。一九六〇年は「アフリカの年」と呼ばれ、旧フランス植民地やコンゴなど一七ものアフリカ諸国が一挙に独立を遂げた。六〇年代末までにさまざまなイギリス植民地が独立を果たし、七〇年代にはポルトガル植民地が独立したため、アフリカ大陸の大半の植民地が独立を達成した。こうして独立の波は概ね過ぎ去った。第二次世界大戦前に広大な領域を誇ったヨーロッパの植民地帝国は、戦後わずか三〇年ほどの間に急速に解体したのである。

これら植民地の急速な独立はなぜ生じ、いかなる過程を踏んだのか。従来の国際政治史研究では、次のようにまとめられることが多い。第二次世界大戦でヨーロッパ宗主国は疲弊し、大戦に従軍した植民地のナショナリストが政治的発言権を求めるようになった。そして戦後、超大国の米ソがともに植民地解放を掲げたことに後押しされて、各植民地は続々と独立を果たしたのだ、と。しかし、ヨーロッパ先進資本主義諸国と第三世界の途上国との、おもに経済面における非対称な関係に着目する研究は、この説明とは異なる主張をする。両者の間には、厳然たる経済格差が存在していることを重視するからである。いわゆる新植民地主義論は、旧宗主国が政治的支配を終えた後でも、多くの旧植民地で「協力者」を政権中枢に据え、経済的な搾取を続けていると指摘する。植民地支配時代に作られた政治経済構造は独立後も引き継がれ、新興国のリーダーは「協力者」として旧宗主国との緊密な関係を維持しようとしたというのである。[*1]

一見すれば相矛盾するかのような、これら二つの議論の相違をどのように説明すればよいのだろうか。その鍵は、一九五〇年代半ば以後に植民地独立が急速に、そして比較的平和裏に進行したことにあると考えられる。それ以前に開始された独立運動は、インドネシアやインドシナなど、アジアを中心に、暴力的な形態をとることが多かった。ところが、一九五〇年代半ば以後は、基本的には戦争を経ることなく、宗主国と植民地側との交渉によって独立が達成されている。[*2] ここには宗主国側の戦略の変化が見られるのであり、戦争が発生する前にナショナリストに譲歩することによって、影響力の温存を図ろうという方針を意図的に採用し始めたことを意味している。宗主国は、第二次世界大戦後に植民地解放が支配的となると、それに適合した戦略を採ったと考えるべきであろう。多数の植民地を抱える公式の帝国から、それらを独立させたものの隠然と影響を保つ非公式の帝国へ、衣替えしたにすぎなかった。

だが、新植民地主義論に代表される、宗主国の勢力残存を強調する見解が説得力を持つ一方で、重要な問いが残されている。もし「公式の帝国」を「非公式の帝国」に移行することによって、より効率的に影響力を行使できるのだとすれば、なぜ宗主国は脱植民地化政策と独立の承認を積極的に進めなかったのか。それはやはり、これらの措置が宗主国にとってリスクのある選択だったからである。とくに独立の付与は、植民地地域に内政と外交に関する権限を移譲することを伴う以上、なおさら宗主国は躊躇せざるを得なかった。この意味ではやはり、植民地独立は宗主国にとっては「強いられた」選択だったと考えるべきだろう。逆に言えば、こうしたリスクを考慮しても、植民地統治の継続はマイナスが大きく、現地住民に政治権力を移譲することで何らかの利益があるからこそそのような政策に踏み切ったのである。現にヨーロッパ宗主国は、一九五〇年代前半までは独立の付与に積極的ではなかった。しかしこの時期以後、多くの宗主国が方針を転換し、協力者に権力を移譲する形で植民地の独立を承認していくのである。

従来、植民地の独立は、「脱植民地化（decolonization）」という研究分野において関心を集めてきた。第二次大戦後に植民地帝国の解体を経験した、イギリスおよびフランスでは脱植民地化政策の研究が盛んであり、膨大な研究蓄積がある。[*3] 植民地が宗主国の支配を脱して独立国としての地位を獲得し、国家建設を進めていく過程は、政治・経済・社会・文化など多くの側面からアプローチが可能であり、さらに宗主国の側、植民地の側のどちらに視点を置くかによって多様な分析が可能である。[*4]

本書が注目するのは、宗主国がなぜ植民地独立という政治決定を行ったのかという点である。この視点に立つ時、アフリカ植民地体制や脱植民地化研究で多くの業績を残したハーグリーヴズ（John Hargreaves）の定義はきわめて有用である。彼によれば、脱植民地化とは「植民地における公式の政治的支配を、最終的には終了し、それを新しい関係に置き換えることを意図した一連の措置」[*5]と定義される。一見単純でありながら、この定義は多くの含意を有する。第一に、脱植民地化政策の最終目標が公式の支配の終了だということである。通常、公式の支配の終了は植民地の独立を承認する形をとるが、脱植民地化はそれを目標に置いた宗主国の諸政策であることを意味する。しかし第二に、独立だけが脱植民地化ではない。独立まで至らなくとも、国内自治権の承認などの権限移譲も脱植民地化の一部とみなすことができる。第三に、公式の支配が終了して旧宗主国と旧植民地の間に「新しい関係」が樹立されるとしても、それが宗主国の影響力の消滅に繋がるとは限らない。「公式の」という言葉は、独立後もその新興国が旧宗主国の影響力下に留め置かれる、いわゆる「非公式の」帝国が形成される可能性があることを含意しているのである。

ただし、このような政治的権利だけではなく、脱植民地化には、旧宗主国への経済的・文化的従属からの脱却が必要だという議論もある。この面での脱植民地化は、現時点でも依然として完全ではなく、いまだ完了していないという意味で、「未完の脱植民地化」[*6]と呼ぶことができる。この意味では、ハーグリーヴズの定義する脱植民地化はきわめて狭い射程しか持たないとの評価も可能であろう。しかし、本書では、現代の国際関係を形作った植民地独立に繋がったという意味で、やはり政治的権利の付与という側面を重視したい。これは、フランスがイギリスとは異なって、後述する同化（assimilation）政策と呼ばれる政策を大戦直後も維持していたことと関連する。本研究が注目するチュニジア・モロッコ情勢はフランスが脱植民地化政策へと転換する契機となったのであり、それがなければフランス植民地の独立自体が、大幅に遅れるか、まったく違う形態になったと言えるからである。

そして、脱植民地化の最終目標が植民地の独立である。筆者がフランスによるモロッコ独立の承認に注目する理由はここにある。モロッコこそは、戦争を経験せずに植民地の独立が承認された、終戦直後を除いては初めての例であった。[*7]なぜインドシナ戦争・アルジェリア戦争などできわめて抑圧的なイメージの強いフランスが、戦後の植民地政策では穏健なイメージのあるイギリスよりも早く独立を承認したのか。そしてフランスの決定は、一九五〇年代後半から相次ぐ新興諸国の独立とどのような関係があるのか。これらの問いに答えるために、本書では北アフリカに位置するチュニジアとモロッコが一九五六年に独立を獲得する過程を分析する。両国は地理的・文化的に近く、いずれもかつてフランス領保護国であったため、フランスによって姉妹国家のように扱われており、独立運動も互いに影響を与えつつ発展した。独立を認められたのはモロッコが先であるものの、チュニジアの脱植民地化もモロッコ情勢に大きく影響を与えているため、両国を同時に分析する必要がある。

両国の独立過程は、学術的に強い関心を集めてきたとは言えない。[*8]これは一つには、隣国のアルジェリアが七年以上にわたる長い植民地戦争を経験したため、関心がここに集中したからである。[*9]またいずれの国も植民地戦争を経験しておらず、大きな混乱なく独立を迎えたとの印象を与えたからでもある。さらに、サハラ以南の仏領アフリカ植民地のように、一九六〇年に一斉に独立を迎えたわけでもなかった。この意味で両国はフランス植民地政策の中でも例外であり、研究史上の位置づけが困難であったと考えられる。

第二節　本書の分析視角

先行研究は、脱植民地化を促した要因として以下の三点を指摘してきた。[*10] すなわち、第一に現地ナショナリストの独立運動、第二に国連やアメリカなどが植民地解放を唱えて宗主国に国際的圧力をかけたこと、第三に宗主国が植民地を統治しつづける意欲を失ったこと、である。第一点に関しては、第二次大戦で宗主国に協力させられた代償として、戦後に植民地現地人が政治的権利の拡大を要求し、ナショナリズム運動へ繋がったと議論されてきた。第二点目は、アメリカとソ連が大戦後に植民地解放の立場を明確にしたことと、国連のとくに総会で第三世界諸国が発言力を増した結果、反植民地主義的な議決がなされるようになったことが指摘される。第三点目として、第二次大戦によりヨーロッパ宗主国が経済的に疲弊し、植民地の維持が困難だと認識されるようになった。[*11] 現実には、これらの要素が別々に作用したとは考えにくい。先行研究でも、三要素が複合的に作用した結果、脱植民地化が進行したと結論づけるのが一般的であった。

しかし、このような見解に対して、四つの問題点を指摘することができる。ここから本書の分析視角を説明したい。第一に、従来の研究では宗主国が譲歩した原因に関心が集中したため、なぜある特定の事象が、特定のタイミングで宗主国の譲歩を引き出したのか、その因果関係に関心が払われてこなかった。たとえば、国内暴動などは第二次大戦の前から各地で頻発しており、そのすべてに宗主国は譲歩したわけではない。もし譲歩を余儀なくされたのであれば、その暴動には特別な意味があったはずである。また、国際圧力が現実に存在し、宗主国がそれに脅威を覚えていたとしても、たとえばアメリカや国連が植民地の独立に向けて具体的な措置を講じられるわけではない。最終的に、植民地を独立させる権限は、あくまでその宗主国に属するからである。つまり、先行研究は戦後の脱植民地化と植民地独立をいわば歴史の必然とみなし、宗主国の政策判断を軽視してきた点に問題があると考えられる。

本研究は、第一の問題点に対して、宗主国にとって植民地における協力者の確保が重要だったことを強調する。脱植民地化の過程においては、協力者を適切に確保できるかどうかが宗主国の関心事だった。フランスに関して言えば、国内および国際的要因により、親仏派の協力者の国内的な政治基盤が危機に瀕した時、その方針転換が引き起こされたという議論である。従来の協力者が国内で支持を失ってしまうと、彼（女）らを中心とする政治体制は存続できず、宗主国もその政治体制に依拠して影響力を維持することができなくなる。本書では、とくに民衆の支持を得るという側面を指して「実効的（viable）」と表現する。現実に宗主国が腐心していたのは、単に譲歩するか否かではなく、いかにして影響力を残すかであった。譲歩するためには、宗主国は常に権力の受け皿となる「実効的な協力者」を必要としたのであり、協力者が適切に政治体制を運営できるかどうかが、撤退の可能性や時期を決める鍵になったのである。宗主国の決断が期待どおりの結果をもたらしたとは限らないが、単に国内外の圧力が強まったから植民地支配を断念したわけではない、というのが本研究の前提である。

二つ目の問題は、脱植民地化研究ではこれまで意外なほど独立を承認した動機が問われることが少なかった点である。ハーグリーヴズの定義も含意しているように、従来は独立へ至る脱植民地化の過程が重点的に分析されてきた。ここには、脱植民地化がある程度進行して、現地エリートに権力が移譲された結果、自然に独立が実現したという暗黙の前提があったと考えられる。しかし、本書で取り上げるモロッコは、他の植民地よりも脱植民地化が進んでいたわけではなく、フランスの協力者が盤石の権力基盤を築いていたわけでもなかった。むしろ、独立を与えて協力者の権力を確立することが、フランスの目的であった。実はモロッコの独立承認は、フランスが遅ればせながら進めていた脱植民地化政策の延長線上にあったのではなく、予期せぬ事件の結果、突如余儀なくされた選択だったのである。この事件とは、フランスを含め、ヨーロッパ宗主国および第三世界地域のすべてにとって予期できないものだったのであり、なぜそれが独立の承認につながったかを究明する必要がある。脱植民地化政策の一部ではあるものの、その最終目標としての独立はそれまでの脱植民地化からは質的に飛躍したものだと捉えられていたと考えるべきであろう。本書も、独立と脱植民地化は互いに密接な関連があるものの、異なる概念として区別して扱う。

第三の問題点は、アメリカや国連からの圧力である。しばしば指摘される点であるが、国連では、とくに総会で第三世界諸国が多くの議席を占め、しかも欧米諸国と同じ発言権を持ったため、反植民地主義的傾向が強く見られた。とりわけアラブ諸国は、チュニジアとモロッコの問題を国連で積極的に取り上げようとしたのである。冷戦期、西側の植民地宗主国と対立する関係にあったソ連は、この動きに同調する。アラブ諸国ほど積極的ではなかったものの、ソ連や東欧諸国もまた植民地問題を国連が討議することに賛成する傾向を見せた。国連では、アラブ諸国と東側陣営が植民地問題の討議に賛成し、英仏などの宗主国は反対するというのが基本的な構図であった。アメリカは以下で説明する理由から両者の間に挟まれ、難しい舵取りを迫られる。このような各国のせめぎあいがいかにして国連の決議に帰結したのか、本書では米英仏三国に注目しながら分析する。とりわけ重要な決議は一九五二年末の国連総会決議であり、チュニジアの国内自治の実現に向けて交渉を行うよう、フランスに要請するものであった。

政府史料が公開される以前は、アメリカが国内の反植民地主義の世論を背景に、宗主国に植民地の放棄を迫ったと議論されることが多かった。アメリカは、植民地ナショナリストがソ連側に支持や援助を頼ることを阻止するため、独立の支持に回った、という議論である。ところが近年の研究では、宗主国に対するアメリカの圧力は限定的だったと見るものが多い。[*12] 西欧の宗主国は、冷戦戦略上の重要な同盟国であったため、あまりに圧力をかけすぎると反発をまねく恐れがあったからである。そのため先行研究では、チュニジア・モロッコ問題に対するアメリカの立場も両義的で曖昧だったとされてきた。[*13] しかし本書は、アメリカの態度は曖昧ではなく、親仏派ナショナリストへ権力を移譲し、脱植民地化へ舵を切るよう、一貫してフランスを促していたことを明らかにする。

第四の問題点は、宗主国側の動機である。先行研究は、宗主国が植民地支配の意欲を失っていったことが脱植民地化を促したとするが、フランスの場合、終戦直後に植民地放棄の政策が遂行されることはなかった。第1章第一節で説明するが、当初フランスは、同化政策[*14]と呼ばれる、植民地現地人をフランス人化していく政策を押し進めていた。この同化政策をのちに放棄して各植民地の自治権を承認し、ついで独立を認めるが、このような政策転換がいつ、どのような動機で行われたか、これまで十分に明らかにされてきたとは言えない。本書は二国の脱植民地化がフランスの政策の大きな転換点となったことを指摘する。

この点に関連して、モロッコが、サハラ以南アフリカで初めて独立を果たしたガーナよりも早く独立を承認された点は注目に値する。イギリスは脱植民地化ではフランスよりはるかに先行していたにもかかわらず、戦後の植民地独立の承認では後れをとった。実は、モロッコでは脱植民地化が遅れ、フランスの協力者が十分に権威を確立しないまま独立した事実が、その後の各国の独立を大きく促した面があり、この点をとくに英仏の植民地戦略の文脈で議論したい。

以上の分析視角を踏まえ、本書はフランスのチュニジア・モロッコ政策を政府の一次史料に基づいて分析する。その際に重要なのは、ナショナリスト運動の展開など現地情勢と、外部の国際関係が、フランスの政策に及ぼした影響である。前者に関して本研究が依拠するのはフランス政府の外交史料である。フランスの大半の植民地が海外領土省の管轄下に置かれたのに対して、チュニジア・モロッコは外務省の管轄であった。そのため本研究は多くは、パリの外務省史料室（現在はパリ郊外のクルヌーヴに移転）所蔵の史料に基づいている。その他、パリのフランス公文書館とマンデス・フランス研究所、エクス・アン・プロヴァンスの海外領土省史料館でも史料調査を行った。また、国際関係がフランス政策にいかに影響を与えたかを考察するにあたり、本書はアメリカ政府やイギリス政府の史料に依拠する。おもに、ワシントンDCのアメリカ公文書館とカンザス州のアイゼンハワー図書館、およびロンドン近郊のイギリス公文書館で史料収集を行った。

第三節　本書の構成と用語説明

本節では本書の構成を説明する。チュニジア・モロッコの情勢はそれぞれ固有の文脈を持ちながらも互いに強い相関関係をもって展開されたため、本書は年代順の記述ではなく、両国情勢を交互に説明する構成となっている。以下で見るとおり、基本的に脱植民地化の動きはチュニジアが先行し、それにモロッコが続くというパターンをたどった。これは、チュニジアのほうが国内分裂も少なく、フランスにとって改革に着手しやすいという事情があったからである。本書が第2章から第7章までチュニジアとモロッコを交互に扱ったのは、そのためである。しかし、逆説的なことに、国内の分裂が深刻になったからこそ、フランスは先にモロッコの独立を認めざるを得なくなった。そしてこの結果、今度はチュニジアの独立も承認することを余儀なくされる。両国の独立を扱った第8章と第9章がまずモロッコ、ついでチュニジアを議論しているのは、このような事情に由来する。このことからも、独立がそれまでの脱植民地化の延長線上にはない、特異な現象だったことがうかがえる。

第1章では、まず前史として、フランスとイギリスの第二次世界大戦後の脱植民地化政策の展開をたどる。ついで、保護国化から一九四九年までのチュニジア・モロッコとフランスとの関係を概観する。第2章は、一九五〇年にフランス政府が、チュニジアに国内自治権を付与すると発表したことがナショナリストの反発を引き起こしたことを説明する。フランスは、真の意味での国内自治権を承認するつもりはなく、同国のフランス連合加盟を目論んでおり、チュニジア側はそれを見抜いたのだった。第3章は、仏チュニジア交渉の影響を受け、モロッコのスルタンであるモハメド五世が、フランス政府に対して独立運動を開始したことを述べる。しかしスルタンの活動は国内の保守派の反発を招き、両者の間で対立が発生した。第4章では、チュニジア問題が仏チュニジア二国間協議の決裂の結果、国連に持ち込まれたことを受けて展開された、一九五二年の国際交渉を検討する。国連総会は、仏チュニジア両者へ国内自治に向けて交渉を行うよう勧告し、以後フランスに国際圧力を加えていく。第5章は一九五二年と一九五三年のモロッコ情勢を扱い、フランスに抵抗を続けたモハメド五世が廃位される過程を分析する。第3章で検討した国内対立が激化したため、内戦の勃発を危惧したフランスは廃位によって事態の収拾を図ったが、これが民衆を憤らせることになる。第6章は、フランスが同化政策を放棄してチュニジアの国内自治権を承認するに至る過程を検討する。一九五四年七月のカルタゴ宣言こそが、フランスが脱植民地化を開始した契機となった。これ以後、親仏派ナショナリストが国内政治体制を整備していく。第7章は、チュニジアの国内自治権を承認した後、フランスがモロッコでも同様の政治体制の樹立に向けた改革を開始するまでの過程を考察する。しかしこの直後、エジプトがソ連から軍備を大量購入することが明らかになったため事態は急転し、モロッコの独立承認が不可避となった。第8章は、具体的な独立の内容を確定するため、仏モロッコ両国が行った交渉を分析する。第9章では、チュニジアの独立に至る過程を追う。モロッコが独立する展望が開けたことにより、フランスはチュニジアの独立を承認する。終章では、序章で述べた本研究の分析視角に従って議論を行う。

最後に、本論で頻出する用語の意味について簡単に説明しておきたい。すでに述べた脱植民地化の定義も再掲する。いずれも脱植民地を分析する上で鍵となる重要な概念であるものの、現実には政治的な文脈で使われてきたため、厳密な定義は不可能である。政治家は、自らの主張を正当化するために、これらの用語をしばしば恣意的に用いたからである。

・脱植民地化：植民地における公式の政治的支配を、最終的には終了し、それを新しい関係に置き換えることを意図した一連の措置を指す。

・主権（sovereignty）：国家意思の最高決定権を指す。

・民族自決権（the right of all peoples to self-determination）：民族集団が持つとされる、政治上の自己決定権を指す。[*15] しかし、一九四一年の国連憲章第一条二項では民族自決権ではなく、民族自決の原則（the principle of self-determination of peoples）と記述されている。本書で扱う一九五〇年代中葉までの時期では、民族自決の権利性については慎重な判断が必要であろう。また、この権利は独立や脱植民地化につながるとは限らない。民族自決権を持った被支配地域の民族が宗主国に帰属し続けることを選択する場合もあり、現に、カリブ海のマルチニークなどは海外県として現在もフランス領に属している。

・独立（independence）：本書では、ヨーロッパ宗主国の支配下にあった地域が、内政および外交の双方において主権を行使できるようになり、さらに、旧宗主国以外の諸国からもそれを承認され、外交使節の交換に至っている状態を指す。

・国内自治：この用語は、イギリス政府とフランス政府が異なる意味で用いているため注意が必要である。英語では **self-government** を用いるが、これは当該地域が対内的には主権を獲得しているものの、外交権は依然として宗主国が行使している状態を指す。独立に至る脱植民地化の重要な一段階である。

だがフランス語では **l'autonomie interne**（英語では **internal autonomy**）を用い、しかも一九五四年前後で意味が異なる。一九五四年以前の l'autonomie interne とはフランスが宣伝のために用いたレトリックに過ぎず、実際の脱植民地化を意味しない。ところが一九五四年七月以後、フランス政府は、チュニジア人に政治権力を付与するという意味の、実質的な「自治」権を認めた。この l'autonomie interne は、self-government と同じく内政面での主権だけを認めるものだが、self-government とは異なり、将来的にも独立が認められる可能性はない。チュニジアとサハラ以南のフランス領植民地に一時的に承認されたが、フランス政府の公式見解では、やはり将来的にも独立を獲得することはありえなかった。このように「国内自治」は非常に複雑な意味合いを持つが、日本語では同じ訳を用い、必要に応じて注釈を加える。

なお、フランスは第四共和制（一九四六〜五八年）で「植民地」という呼称を廃止して、海外の支配地域を「海外領土」「海外県」などと呼ぶようになった。しかし便宜上、本書ではこれらの地域についても植民地という言葉を用いることがある。

注

＊1　新植民地主義論については、Ebere Nwaubani, *The United States and Decolonization in West Africa, 1950–1960*（Rochester, NY: University of Rechester Press, 2001), pp. 22–25 が簡潔に整理している。

＊2　例外はアルジェリアとポルトガル植民地である。これらが、戦争を経て独立を達成した理由は以下のように考えられる。アルジェリア独立戦争は一九五四年一一月に始まったが、フランス世論やアルジェリアの入植者の態度を考慮すれば、他の植民地に続いてただちに独立を認めるのは現実的な選択肢ではなかった。またポルトガルは、イギリス・フランス・ベルギーといったヨーロッパ宗主国による植民地放棄の方針転換に最後まで同調せず、一九七四年に発生したクーデタによって初めて方針を変えた。

＊3　たとえば、Judith M. Brown and Wm. Roger Louis eds., *The Oxford History of the British Empire, The Twentieth Century*（Oxford: Oxford University Press: 1999)；Ageron, Charles-Robert et Marc Michel, dir., *L'ère des décolonisations*（Paris: Karthala, 1995）など、

膨大な数の研究書がある。Chamberlian, Muriel E., *The Longman Companion to European Decolonisation in the Twentieth Century* (New York: Addison Wesley Longman Limited, 1998) は各国の脱植民地化政策を簡潔に整理している。

*4　北川勝彦編著『脱植民地化とイギリス帝国』（ミネルヴァ書房、二〇〇九年）に、さまざまなアプローチの研究動向が整理されている。

*5　原語は、'measures intended eventually to terminate formal political control over colonial territories and to replace it by some new relationship' である。John D. Hargreaves, *Decolonization in Africa* (London: Longman, 1996), xvii.

*6　木畑洋一『イギリス帝国と帝国主義――比較と関係の視座』（有志舎、二〇〇八年）第八章を参照。

*7　一九四七年のインド・パキスタン独立は、第二次世界大戦中に基本方針が決定されている。

*8　古典的な研究書としては、Charles-André Julien, *L'Afrique du Nord en Marche: nationalismes musulmans et souveraineté français* (Paris: René Julliard, 1972); Stéphane Bernard, *Le Conflit franco-marocain 1943–1956* (Bruxelles: l'Université Libre de Bruxelles, 1963) (Translated by Marianna Oliver et al., *The Franco-Moroccan Conflict*: New Haven: Yale University Press, 1968) など。

*9　アルジェリア独立については、Martin Thomas, *The French North African Crisis: Colonial Breakdown and Anglo-French Relations, 1945–62* (London: Macmillan Press Ltd, 2000); Matthew Connelly, *A Diplomatic Revolution: Algeria's Fight for Independence and the Origins of the Post-Cold War Era* (Oxford: Oxford University Press, 2002); 日本語では、シャルル＝ロベール・アージュロン『アルジェリア近現代史』（私市正年他訳、文庫クセジュ、二〇〇二年）などを参照のこと。

*10　John Darwin, *Britain and Decolonisation: The Retreat from Empire in the Post-War World* (Basingstoke/London: Palgrave Macmillan, 1988); John Springhall, *Decolonization since 1945: The Collapse of European Overseas Empires* (Hampshire: Palgrave, 2001), Chap. 1 Introduction などがこのような整理を行っている。

*11　しかし現実には、宗主国で植民地を放棄すべきという世論が高まることはほとんどなく、むしろ独立運動の結果その雰囲気が生まれたと考えるべきである。Ronald Hyam, *Britain's Declining Empire: The Road to Decolonisation, 1918–1968* (Cambridge: Cambridge University Press, 2007), Introduction.

*12　William Roger Louis, 'American Anti-Colonialism and the Dissolution of the British Empire', *International Affairs*, vol. 61, no. 3, Summer 1984; Thomas J. Noer, *Cold War and Black Liberation: The United States and White Rule in Africa, 1948–1968* (Columbia: University of Missouri Press, 1985); David Ryan and Victor Pungong, eds., *The United States and Decolonization: Power and Freedom* (London: Macmillan, 2000), とくに ch. 10; Michael H. Hunt, 'Conclusions: the Decolonization Puzzle in US Policy: Promise versus Performance'; John Kent, 'United States Reactions to Empire, Colonialism, and Cold War in Black Africa, 1949–57', *The Journal of Imperial and Commonwealth History*, vol. 33, no. 2, May 2005; Scott L. Bills, *Empire and Cold War; The Roots of US-Third World Antagonism, 1945–1947*（New York: St. Martin's Press, 1990）; Cary Fraser, 'Understanding American Policy Towards the Decolonization of European Empires, 1945–1964', *Diplomacy & Statecraft*, vol. 3, no. 1（1992）; James P. Hubbard, *The United States and the End of British Colonial Rule in Africa, 1941–1968*（North Carlolina: McFarland & Company, 2010）など多数の文献がこの点を指摘している。

＊13　注８で挙げた先行研究に加え、近年外交史料の公開が進んだことにより、アメリカ政府の政策を分析の視野に入れる研究書が公刊されている。その例として、Annie Lacroix-Riz, *Les Protectorats d'Afrique du Nord entre la France et Washington, Maroc et Tunisie 1942–1956*（Paris: Editions L'Harmattan, 1988）; Samya El Mechat, *Tunisie, Les Chemins vers l'Indépendance（1945–1956）*（Paris: L'Harmattan, 1992）; Samya El Machat, *Les Etats-Unis et la Tunisie: de l'ambiguïté à l'entente, 1945–1959*（Paris: L'Harmattan, 1997）; Samya El Machat, *Les Etats-Unis et le Maroc: le Choix Stratégique, 1945–1959*（Paris: L'Harmattan, 1997）.

＊14　第二次大戦後の世界においては、すでに植民地現地人をフランス人化することは非現実的であることは明らかであった。しかしフランス政府は依然として、植民地をフランス連合という組織に統合し、拡大フランスを創ろうとしていた。本書で同化政策と述べるとき、おもにこのような行政面でのフランスへの統合を指す。同化政策とフランス連合については、第１章の注７も参照されたい。

＊15　猪口孝他編『国際政治事典』（弘文堂、二〇〇五年）九七二頁。

なお、本書ではチュニジアのベイの名前を「ムハンマド五世」と記述した。彼はフランスの政府史料では「ラミン・ベイ（Lamine Bey）」と呼ばれているが、本書ではチュニジア人の呼称に従った。この方式に則ると、モロッコのスルタンも「ムハンマド五世」と表記すべきであろうが、混同を避けるため後者については「モハメド五世」と記述した。現に当時の米英両国の政府史料でも、ベイを Muhammad、スルタンを Mohammed と表記する例が多いからである。

第１章

英仏の植民地政策と独立前史

ムハンマド八世（チュニジアのベイ，在位 1943–1957 年）
写真提供：チュニジア駐日大使館

第一節　第二次大戦後の英仏の植民地政策

本節では、一九五〇年代半ばまでの英仏両国の植民地政策を簡潔にまとめたい。この二か国を取り上げるのは、両国がともに第二次大戦終了時に広大な植民地を保有していたからである。このことは、各植民地だけでなく、植民地全体を管理する帝国戦略としても英仏の政策を特徴づけられることを意味している。[*1] オランダ、ベルギーのように一つの植民地しか保有していなかった宗主国の場合、そうした帝国戦略の観点からは植民地政策をとらえられない。また英仏はいずれも、一九五六年以後、アジア・アフリカに残る植民地を急速に独立させていったという特徴を持つ。この点で、一九七〇年代半ばになっても植民地の領有に固執し、クーデタを経て独裁政権が倒壊して初めて植民地の独立を認めたポルトガルとは一線を画している。そこで、まず英仏の植民地政策を概観しておくことが有益であろう。最初にチュニジア・モロッコ情勢と直接かかわるフランスの植民地政策を見てみよう。

フランス植民地政策の歴史

現代から見ると、戦後フランスの植民地政策はきわめて特異な性質を持っていたと言える。フランス国民解放委員会（le Comité français de Libération nationale）を率いるド・ゴール（Charles de Gaulle）の指導の下、フランスはナチス・ドイツの支配を脱して第四共和制を開始した。その植民地政策をおもに担ったのは、フランス連合（l'Union française）と呼ばれる特殊な組織であった。[*2] フランス連合は、一九四六年に制定された第四共和制憲法の前文と第八部（Titre VIII）に基づく植民地統治機構である。これはフランス本国を中心とした、すべてのフランス支配地域の所属する連合体であり、それぞれ「海外県（les départements d'outre-mer）」、「協同国家（les états associés）」、「海外領土（les territoires d'outre-mer）」などとさまざまな地位を与えられていた。[3] 海外県は文字どおり「県」の地位を得てフランス共和国に編入済みだが、海外領土は「県」の地位に昇格させるほどはまだ発展していない領土とみなされた。インドシナのように現地国王が存在する地域では、自治体制——多分に虚構の面があったが——を保有するとみなされて「国」としての地位を与えられ、「協同国家」に分類された。

重要なことに、フランス連合内では理念上、「協同国家」を除いて現地住民による自治が一切認められていなかった。フランス政府は、海外領土を数多く内包するアフリカを、海外領土省の管轄の下、仏領西アフリカ（l'Afrique occidentale française, AOF）と仏領赤道アフリカ（l'Afrique équatorial française, AEF）という大きな行政単位に分割して統治していた。協同国家と呼ばれたインドシナ三国（ヴェトナム、カンボジア、ラオス）はこの原則から外れ、国王を中心として現地人も参加する統治機構が存在していたが、基本的にはフランスが絶大な影響力を持ち、独立は名目的な側面が強かった。

フランス連合は、フランス連合高等評議会（le haut Conseil de l'Union française）とフランス連合議会（l'Assemblée de l'Union française）と呼ばれる二院制議会を持っており、協同国家は両議会に、海外領土は後者のみに代表を送り、連合内での法制度や軍事問題について討議する権利を与えられた。しかし、どちらの議会も諮問機関でしかないためフランス政府の決定を左右する権限は持っておらず、さらに、フランス連合大統領はフランス共和国大統領が兼務していた。端的に言ってフランス連合は、フランス本国の支配する中央集権的な組織だったのである。この点において、イギリスの旧植民地を中心とする連合体であり、現代も存続するコモンウェルス（Commonwealth）が主権国家からなるのとは根本的に性格を異にしていた。

第四共和制憲法は一九四六年一〇月の国民投票で承認され、翌月にはこの憲法体制で初めての議会選挙が実施された。この選挙で共産党（Parti communiste français, PCF）、社会党（Section française de l'Internationale ouvrière, SFIO）、人民共和派（Mouvement républiqne populaire, MRP）などの政党が主要な勢力となり、また一九五一年七月に実施された総選挙ではド・ゴール派のフランス人民連合（Rassemblement du peuple française, RPF）を加えた諸政党が多くの議席を占めた。これら諸政党は共産党を除いて基本的にはフランス帝国の維持に賛成するか、少なくとも黙認を続けた。現代の目には時代錯誤的にも映るフランス連合に対して、反対意見は決して声高には唱えられなかったのである。一九五三年までフランス外交を担うシューマン（Robert Schuman）とビドー（Georges Bidault）が所属したＭＲＰは、植民地問題では保守的な立場をとり続けた。[*4] ただし一九五〇年代に入ると、知識人サークルを中心に、[*5] フランス連合を現状のまま維持するのはもはや不可能であり、各海外領土に自治権を付与すべきであるという見解が唱えられるようになる。本書でも見るように、チュニジアとモロッコについては、同時期には社会党も同様の立場をとるようになった。

興味深いのは、フランス連合に所属する海外領土の住民は自治権を持っていないにもかかわらず、フランス本国の国会に参加できたことである。つまり、各海外領土はそれぞれ一つの選挙区を構成しており、そこから選出された議員がフランス国会の上院・下院に参加することを許されていた。[*6] なかには、フランス政府の閣僚を務めたアフリカ出身の人物もいる。現在の感覚からすれば奇異に映るが、これはフランスが、「一にして不可分の共和国（la République une et indivisible）」という理念を掲げ、植民地地域で「同化政策」[*7] を採用していたからであった。植民地出身者でも高い教育を受けた者は、「同化した者（les assimilés）」または「進化した者（les évolués）」と呼ばれ、協力する限りはフランスの統治に参加することを許されたわけである。ただし、各選挙区では二等級選挙が実施され、数の上では圧倒的に少ないフランス人が多くの議員を選出できた。しかし、こうした差別はいずれ現地人が「進化」すれば解消されるというのがフランス政府の建前であった。少なくとも一九四六年憲法が制定された時点で、政府は自治や、ましてや植民地独立などというナショナリストの要求を受け入れる意図はまったくなかった。自由フランスの植民地問題担当であったプレヴァン（René Pleven）の「海外領土の住民が希求する独立とは、フランスの独立以外の何ものでもない」という言葉はそれをよく表している。[*8]

つまりフランスの観点では、植民地地域の政治的権利の拡大とは自治権の拡大ではなく、宗主国の統治の枠内で、フランス人と同じ政治的権利をより多くの割合の人々に認めることだった。現実はともかく、理念的にはフランスは植民地現地人の政治的権利を拡大していくことを否定していたわけではなかった。権利の拡大が意味するところは英仏で対極にあったのである。第6章で議論するが、フランスが同化政策を転換して植民地の自治を認めるのは一九五四〜五五年のことであった。実は、それ以前はアフリカの現地エリートの間でも独立を要求する声は小さかった。[*9] これらの人々の要求は、有権者の増大や労働環境の改善などに限られており、自治権の拡大でも独立でもなかった。

無論、すべてのフランス植民地が同化政策を受け入れたわけではない。フランスが第二次大戦後もインドシナとアルジェリアで植民地戦争を遂行したことは、よく知られている。太平洋戦争中に日本の占領を経験したインドシナでは、ポツダム会談において、日本の敗戦後に北部を中国が、南部をイギリスが占領したのちにフランスが再占領することが決められた。しかし一九四五年、日本の敗北とともに北部を中心にホー・チ・ミン（Ho Chi Minh）率いるヴェトナム共産党が独立運動を開始し、一九四六年にはフランス連合加盟を拒否してフランスと全面戦争に入る。これに対抗してフランスはバオ＝ダイ（Bao Dai）を皇帝に擁立し、ヴェトナムをラオス・カンボジアとともにフランス連合に加盟させることには成功した。しかしインドシナでは共産主義者が強い勢力を持ち、ヴェトナムで実効的支配を確立できないまま、フランスはインドシナ戦争に関するジュネーブ和平会談の開催を了承せざるを得なくなる。一九五四年五月にはディエン・ビエン・フー要塞の陥落を経て、七月三〇日に和平合意が達成されたものの、フランスはヴェトナムの南北分割を受け入れさせられた。その直後、一九五四年一一月一日にアルジェリアで民族解放戦線（Front de libération nationale, FLN）が武装蜂起を開始し、いわゆるアルジェリア戦争が勃発する。一九五九年九月にド・ゴール大統領はアルジェリアの民族自決を承認する方針を発表したものの、フランス国内で対立が激化し、戦争も泥沼化した。最終的にフランスとアルジェリアの間で交渉が成立して戦争が終結するのは、一九六二年三月のエヴィアン協定まで待たなければならない。

また、本書で取り上げるチュニジア・モロッコについては、厳密な意味での同化とは異なる植民地統治が行われた。第二次大戦以後、両国は後で述べるとおりフランス連合には加盟していなかったが、将来的にはインドシナと同じく「協同国家」として加盟させるのがフランスの予定であった。この意味で両国でのフランス統治も「協同（association）」という理念に基づいていたと言えるだろう。協同とは、行政・経済・財政・文化面などで自律性を認め、現地の住民と「協同」することによって「同化」よりもコストの低い支配を目指す理念である[*10]。しかし、同化ではないからと言って、現地の住民の政治的意見を反映する政治体制をフランスが許容していたとは言い難い。本書で検討するように、「協同」においてもフランス人が最終的な政治的決定権を握ることには変わりなく、チュニジア人・モロッコ人が自らの意思で政治共同体を作ることを認めるものではなかった。この意味で、フランスが両国で目指していたものは脱植民地化とはまったく異なるものであり、現地住民にとっては、同化とほぼ変わらない理念を強要されていたと言うべきである。

全体としてやや単純化して言えば、フランスの植民地政策は戦後、同化を強制するか、それに従わなければインドシナ戦争・アルジェリア戦争に示されるように、独立運動を軍事力で抑圧してきた。この意味で、フランスの植民地政策が、好戦的なイメージを持たれるのは不思議ではない[*11]。

ただし、フランスは海外領土などでただ暴力による抑圧を続けていたわけではなかった。一九五六年三月にチュニジア・モロッコ独立の原則が承認された後、同年六月に議会は「基本法（la Loi-cadre）」を可決して海外領土に国内自治権を付与することを決定する。その後、一九五八年の第四共和制崩壊を受けてフランス連合も消滅し、第五共和制ではフランス共同体（la Communauté française, the French Community）という名称の新組織の下で海外領土は再編された。しかしこの共同体は海外領土の独立を止めることができず、一九六〇年にはほとんどのフランスの海外領土が一挙に独立を果たす。フランスはアルジェリア戦争を継続する一方で、それ以外の領土では同化政策を放棄して脱植民地化へと舵を切ったのである。そして一九六二年のアルジェリア独立をもって、フランスの脱植民地化政策はほぼ終了した。

イギリス植民地政策の歴史

他方、イギリスの植民地政策はフランスと比べて穏健であり、政治的権利を現地人に移譲する傾向が見られた。イギリスはすでに第一次大戦前からオーストラリア・カナダ・南アフリカなどの白人植民地には自治権を与え、その後事実上の独立を承認していった。そしてイギリスのこのような政策は、白人植民地だけに留まらなかった。第一次大戦後はインドでも、国民会議派を中心とする独立運動の高揚を受け、現地人を地方行政に参加させる政治体制を構築した。さらに、イギリスの植民地支配を攻撃するナチス・ドイツのプロパガンダに対抗するために、イギリス政府も政治改革に積極的な姿勢を示す必要があった。一九三八年一二月に、当時の植民地大臣のマクドナルド（Malcom MacDonald）が「イギリスの究極の目標は植民地を自治に導くことである」[*12]と表明したのはこのような事情からであった。一九四二年二月に日本軍がシンガポールを陥落させると、イギリス政府は三月にインドに対し、戦争協力と引き換えに「戦後にドミニオン（自治植民地）の地位の承認ないしはコモンウェルスからの脱退を認める」と約束する。[*13] そして一九四三年七月、スタンレー（Oliver Stanley）イギリス植民地相は、植民地政策の目標が「イギリス帝国内での国内自治（self-government within the British Empire）」を達成することだと表明した。しかしこの目標の達成には期限が設けられなかった。[*14] その後インドではヒンドゥー教徒とイスラム教徒の間で対立が激化し、大戦後の一九四七年にイギリス政府はインドからの撤退を宣言することを余儀なくされる。

しかし、インド・パキスタンなどの独立はただちに他の植民地の独立に繋がったわけではなかった。南アジア以外の地域では国内自治体制の樹立に向けて準備が始まったばかりであり、また反英勢力の弾圧を行った地域もあった。イギリスは一九四六年からマラヤの植民地をマラヤ連邦として再編して国内自治体制の樹立を目指したが、一九四八年六月に共産主義者の蜂起を招いてしまう。イギリス当局はこれに徹底的な弾圧で臨み、その間に親英的なナショナリスト勢力の育成に励んだ。

アフリカ大陸においても現地人を国内行政に参加させる必要性が感じられ始めたが、一九四七年頃のイギリス政府は、当時から三〇年以内に一部の植民地に国内自治権を認める程度でアフリカ住民は満足するだろうと想定していた。[*15] アフリカ植民地で最も政治制度の整備が進んでいたのはゴールド・コースト（後にガーナ共和国として独立）で、一九四六年の段階で立法評議会に現地人が参画していたほどであった。ンクルマ（Kwame Nkhrumah）は一九五〇年に即時国内自治という要求を掲げたが、即座にイギリス当局に逮捕された。ところが、彼の率いる政党が選挙に勝利するとイギリス当局も戦術を変え、彼が首相に相当するポストに就くことを認めた。他方、イギリス人入植者の多い東アフリカや中部アフリカでは、このような現地人の政治参加は限定的なままであった。一九五四年になっても、イギリス政府内部では、二〇年以内に独立を達成する植民地は西アフリカのゴールド・コーストとナイジェリア、アジアではマラヤ連邦だけだろうと予測されていたほどであった。[*16]

だが一九五七年にガーナとマラヤ連邦[*17]の独立を承認したのを皮切りに、イギリスは植民地の独立を急ぐ方針に転じた。とくにアフリカ植民地の独立のペースは速く、一九六〇年には同じく西アフリカのナイジェリアの独立を承認した。白人入植者の比較的多かった東アフリカ・中部アフリカでは若干遅れたものの、一九六二年と六三年にウガンダとケニアが独立を果たした。さらに一九六四年にはザンビアとマラウィ、一九六五年にはジンバブウェが独立した。アジアでも一九六三年にシンガポールが独立を達成するなど、一九七〇年代の前半までに世界中のほとんどのイギリス植民地の独立が承認される。アフリカの後もイギリス植民地の独立は続いた。一九八四年にブルネイが独立し、一九九七年に香港の統治権を中華人民共和国に返還するなど、イギリスの脱植民地化政策は比較的緩やかに、しかも長期にわたって進行したことが特徴だと言えよう。第二次大戦中からしばしば議論されてきたことであるが、各植民地によって事情の違いがあるのは当然であり、自治に到達するまでのペースは地域ごとに異なるべきだという発想が、イギリス政府内部では強かった。前述したように、フランス植民地の独立が一九六〇年に集中したのとは対照的である。

このようにイギリスの植民地政策は、第二次大戦中からすでにすべての植民地において、徐々にではあるが権力を現地人に移譲することを目的としていた。この意味でイギリスは、本書でいう脱植民地化の原則に依拠して政策を遂行していたと言える。[*18] しかし、各植民地で無条件に脱植民地化を遂行しようとしていたのではなかった。準備が整わないにもかかわらず独立を認めてしまえば権力の真空を創り出す危険があり、共産主義者に利用される恐れがあった。また、マラヤ連邦が典型的だが、現地人のうち親英勢力にのみ権力を移譲することを目指していたのであり、反英勢力は徹底的に弾圧する方針であった。そしてどの時点でどの植民地において脱植民地化を進めるかを判断するのは、あくまでイギリス政府でなければならなかった。イギリスが脱植民地化を進めつつも、反植民地主義を主唱する国連を敵視したのは、この理由からであった。[*19]

第二節　一九四九年までのフランスのチュニジア・モロッコ政策

ついで本節では、一九四九年末までのフランスのチュニジア・モロッコ政策を概観しておく。

チュニジアとモロッコは、ともに北アフリカに位置し、アラブ系住民が多く、宗教的にはイスラム教徒が多数を占める。チュニジアの面積は一六・四万平方キロメートル（日本の国土の約五分の二）で、首都はチュニスである。モロッコの面積は四四・六万平方キロメートル（日本の国土の約一・二倍）で、首都はラバトである。現在の人口はそれぞれ一〇五五万人と三一九五万人であるが[20]、本書が扱う一九五〇年代では、チュニジアでは現地人が三一〇万人、フランス人が一五万三〇〇〇人、モロッコでは現地人が八六〇万人、フランス人が三五万人ほどである（一九五二年当時）。ただし、モロッコでは内陸部を中心にベルベル人も数多く居住しており、現地人のうち五分の三を占めていた[21]。両国はともにフランスによって保護国化され、多くのヨーロッパ人、とくにフランス人が移民として入植し、国内で政治的経済的に支配的な地位を独占していく。

両国におけるフランス統治の特徴は、隣接するアルジェリアとは異なって現地の支配機構が残されたことであった。一八三〇年に始まるアルジェリア征服では現地支配体制が徹底的に破壊され、激しい抵抗運動を招いた。この反省から、チュニジア・モロッコでは、保護国という、より穏健な間接支配の形態が採用されたと言われている。

チュニジアは一八八一年五月一二日、フランスとバルド条約（the Treaty of Bardo）[22]を締結し、保護国となった。この条約によってフランスは、秩序の確立と現地の統治者であるベイを国内の反対派から守るという名目のもとチュニジア国内の数か所を占領し、かつチュニジアの外交権を握る。さらに一八八三年六月八日にはマルサ規約（the Convetion of Marsa）を締結し、チュニジアの内政に干渉する権利を得た。フランスがモロッコを保護国化するのは二〇世紀に入った一九一二年のことであり、同年三月三〇日に交わしたフェズ条約（the Treaty of Fez）の結果であった。こうしてフランスはモロッコでも、秩序の確立と現地のスルタンを国内反対派から保護するという名目で領内の数拠点を占領した。さらにこの条約によってモロッコの外交権を奪い、内政に干渉する権限も獲得した。両国はフランス人総督（the Resident-General）が統治する保護国の地位に置かれ、内政・外交の双方においてほぼ完全に自律性を奪われ、フランス政府は両国の近代化に向けた「改革」を推進していく。現地のフランス人総督の権限は非常に強力であり、両国における計画の大枠はパリ本国政府が決定するものの、実施の詳細や方法を策定する権限を持っていた。保護国化以後、両国にはフランスから多くの入植者が流入し、数の上ではアラブ人よりもはるかに少数派でありながら、政治経済を運営する際に重要な役割を果たした。

また、一九一二年一一月にフランスはスペインとの協定でモロッコを分割し、地中海沿岸地域をスペインの保護領とすることで合意した。この地域はフランス領モロッコの二〇分の一程度の面積であるが、形式的にはフランス領のスルタンの任命するカリフ（khalifa）が名目上の支配者として統治を行った。つまり形式的には、いずれの地域もスルタンが主権を保持したのである。ただし、実質的な支配権を握ったのはスペインの派遣する高等弁務官であった。[*23]

これまでの記述から明らかなとおり、両国は保護国というほぼ植民地なみに従属した地位に置かれながらも、わずかではあるが政治的な自律性を許されていた。両国ではベイとスルタンが名目上の主権者として統治を続け、また現地人による行政組織が存続した。フランス政策の法的基盤となった勅令は基本的にはフランス当局が策定したものであったが、チュニジアのベイとモロッコのスルタンはそれらの勅令に署名する権限を維持していた。二人の署名がない限りフランスの計画は法的効力を持たないため、二人の権限は重要な意味合いを持つことになる。ただしこれが問題として表面化するのは第二次大戦後のことであり、それまではベイとスルタンはフランスの政策に大きく抵抗することなく勅令に署名を続ける。そして両者は行政のトップとして現地人を任命する権限を持った。チュニジアでは近代的な内閣制度が整備され、チュニジア人首相が名目上はトップに立ち、その運営にあたった。ただし、外務大臣、財務大臣、内閣官房や軍最高司令官といった要職を占めたのはフランス人であり、また前述のフランス人総督がチュニジア政治において最大の権限を持っていた。これに対してモロッコではこのような近代的な内閣制度が作られず、マフザン（Maghzen）と呼ばれる伝統的な政府が存続していた。この政府は三名のワズィール（Vizir）と呼ばれた高官からなり、議長を務める宰相（Grand Vizir）のほか、司法や宗教儀式を担当する高官から構成された。マフザンのメンバーはすべてスルタンによって任命され、保護国化以前からあるモロッコの伝統的政治体制が維持されたわけである。[*24] しかし、言うまでもなくモロッコ政治における最大の権力者もフランス人総督であり、モロッコ人による統治には程遠いというのが現状であった。

ただし、ベイとスルタンが首相や宰相を任命するという形式だけは注意深く維持された。このため、チュニジア国民とモロッコ国民の目には、依然として主権者はベイとスルタンである点に変わりはなかった。フランスは両者を表面上は主権者として振る舞わせることによって自らの支配を正統化し、現地人の反発を和らげようとしたのである。

さて、チュニジアでは一八八一年以後、政府機構を外見上は維持しながらも、フランス人が政府の要職を占めることによって影響力を浸透させていった。チュニジア内閣は前述のとおり維持されたものの、首相にはフランス人顧問が助言を与え、フランス人が閣僚に就任するなどして、実質的なフランス統治が行われていく。地方レベルではカーイド（caid）と呼ばれる各部族の長が半独立的な地位を占めていたが、一八八四年にはフランス人の民政管制官（civil controller）が派遣され、中央政府がカーイドの統制を開始した。[*25] 全体として、フランスによる保護国化はチュニジアの大きな反発を招かないまま進行していく。[*26]

しかし一九一四年に勃発した第一次世界大戦の最中、一九一八年にアメリカのウィルソン（Woodrow Wilson）大統領が一四か条の原則を発表し、「植民地問題を住民の利益にも配慮して公正に人道的に扱う」[*27]と第五条で述べたことは、北アフリカ情勢に大きな影響を与えた。一九二〇年二月には、チュニジアでドゥストゥール（Destour）党が結成され、保護国制度の廃止を訴えていく。[*28]続いて一九二二年四月にはナンスール・ベイ（Nanceur Bey）が立憲体制の設立を求めるが、退位に追い込まれた。これに対してフランスは硬軟両様の対応をとる。一方では、チュニジアでの支配力を強化するために、フランス人の入植を奨励し、以後入植者の数が増大する。他方で、国政レベルで大評議会と呼ばれた議会、地方レベルで県評議会を設置した。[*29]この二種類の評議会にチュニジア人議員の参加を認めることにより、フランスは一定程度譲歩をしたのである。[*30]ただしどちらの評議会も諮問機関に留まり、フランスの政策に大きな影響を与える権限は持たされていなかった。

一九三四年になると、ドゥストゥール党はヴュー・ドゥストゥール（the Vieux-Destour）とネオ・ドゥストゥール（the Neo-Destour）に分裂した。前者は宗教色の強い集団であったが、後者は穏健な知識人を中心とする勢力であった。こうしてネオ・ドゥストゥール党は党首ブルギバ（Habib Bourguiba）のもとでフランスに対して穏健な主張をし、ヴュー・ドゥストゥール党はアラブの団結などより急進的な主張をするようになる。[*31]とくに第二次大戦後は、前者がフランスと交渉して独立を獲得しようとしたのに対し、後者はフランスとの協調を模索する姿勢を批判し、急進的な立場を強めていった。[*32]ブルギバはソルボンヌ大学で法律を学んで弁護士資格を取得し、フランス人の妻を持つ人物であった。彼は以後、独立運動の指導的役割を果たしていくが、基本的には親仏姿勢を保ち続ける。

一九二〇年ごろまで国内情勢が比較的安定していたチュニジアとは異なり、モロッコは保護国化の後もずっと混乱した状況であった。一九一二年にモロッコのスルタンは保護国化に同意したものの、彼の実効的支配は北部にしか及んでいなかった。そのためフランス当局はただちに、ベルベル人が多く居住する南部への侵攻を開始し、「和平化（pacification）」という名称のもとで軍事作戦を展開する。この過程でフランスは、反対派の鎮圧に協力した豪族に土地を分配した。そして、そのような親仏派の地方有力者に都市にはパシャ（pasha）、部族にはカーイドという称号を付与し、近代的な軍備を与えて各地で独裁的な支配を認めたのだった。こうした「和平化」は第一次大戦を経て一九三四年ごろまで継続されたが、封建的な社会秩序は破壊されず、むしろフランスは封建的社会構造の強化に協力した。そのピラミッドの頂点にいたのが、マラケシュのパシャでありベルベル人のエル・グラウイ（Si T'hami el-Glaoui）という豪族であった。フランス当局は彼に多くの近代的軍備を与えて権力の拡大を助け、首都ラバトのスルタンに対抗できる実力を付けさせた。[*33] いわゆる、「分割して統治せよ」という古典的な植民地支配の原則に則った政策だったと言える。[*34] 駐モロッコ仏軍はベルベル人から徴用されたが、グラウイを援助したからこそベルベル人の徴用も容易になったのであり、フランスとエル・グラウイは共存関係にあったのである。

フランスは、一九三〇年五月に勅令を発し、ベルベル人はイスラム法ではなくベルベル慣習法に基づいて裁かれることを認めた。これは通称ベルベル勅令と呼ばれ、ベルベル人とアラブ人とを分断統治することによってフランスの支配を容易にしようという目的があった。他方でフランス当局はベルベル地域に重点的にキリスト教宣教師を送り込むなどして、イスラム勢力の削減を目論んでいた。[*35] このことがアラブ人の反発を招き、モロッコでアラブ・ナショナリズムが勃興する一つの契機になったとされる。この時に発生した反フランス運動の一つが後に、独立運動を中心的に担ったイスティクラール党（the Istiqlal）に発展する。[*36]

第二次世界大戦勃発の翌一九四〇年、フランスはナチス・ドイツに降伏する。降伏後の北アフリカは、フランス領の南部に設立された、ドイツの傀儡政権であるヴィシー政府の統治下に置かれた。一九四一年八月に米英首脳が合意した大西洋憲章は、ヨーロッパ宗主国の植民地に強い国際的圧力を与えていくが、フランス植民地もこの例外ではなかった。大西洋憲章は第三条で「すべての民族が自らの政治体制の形態を選ぶ権利を尊重する」[*37] ことを宣言しており、いわゆる民族自決の原則を高らかに謳っていた。一九四二年五月にはソ連はアメリカと、ヨーロッパ植民地すべてを何らかの国際管理下に置くという案に同意している。これがイギリスの強い反発を招いたため、アメリカのローズヴェルト（Franklin Delano Roosevelt）大統領は国際管理の原則がフランス植民地だけに適用されるべきだと提案したと言われる。[*38] この提案が実現することはなかったが、この後フランス世論が米英に対し、自国の植民地を奪おうとしているのではないかという猜疑心を抱くようになった一因に、この発言があったのではないかと考えられる。一九四五年八月にイギリス当局がシリアとレバノンからフランス兵を撤退させると、フランス側はその疑いを強くした。[*39]

第二次世界大戦中、いわゆる第二戦線を開く準備のため、米英は一九四二年一一月に北アフリカに軍隊を上陸させた。一九四三年一月に、ローズヴェルト大統領はカサブランカ近郊でモロッコのスルタン・モハメド五世（Sidi Mohammed Ben Youssef）と夕食会を持ったが、その際モロッコの将来的独立を約束したと言われている。[*40] 実際にローズヴェルトがそのような約束をしたかどうかはともかく、外交権を持たないはずのスルタンがフランスの意向とは関わりなくアメリカ大統領と会談しただけでも、独立を求めるナショナリスト勢力を大いに勢いづけたことは間違いない。この勢力の一部が、一九四三年一二月には、バラフレジ（Ahmed Balafrej）を書記長とするイスティクラール党を結成した。文字どおり独立を意味する名称を掲げるこの政党は、このの ち積極的にモロッコの独立を唱えるようになり、翌年一月に独立を謳うマニフェストを米英仏三国に送付している。[*41]

連合国軍によってリビアを追われたドイツ・イタリア軍は、一九四三年一月にチュニジアに侵入した。ヴィシー政府の統制下にあった当時のベイ、モンセフ（Moncef）は対独協力を余儀なくされる。五月に連合国軍がチュニジア全土を解放すると、モンセフはその責任を問われて退位させられ、代わりにムハンマド八世（Muhammad VIII al-Amin）が即位した。

ロンドンで対独抵抗活動を展開していたド・ゴール将軍は、一九四三年秋にアルジェリアの首都アルジェを拠点としていたフランス国民解放委員会の主導権を掌握することに成功した。そして一九四四年一月には、戦後の植民地体制に関する会議を仏領コンゴの首都ブラザヴィルで開催する。[*42] いわゆるブラザヴィル会議であり、ド・ゴール自身の言によれば「ブラック・アフリカを含むフランスの共同体がどのような基盤の上に設立されうるかを決定する[*43]」目的があった。現地住民は参加を許されなかったこの会議で、フランスは植民地に対して、将来にわたっても独立はおろか一切の自治権を認めない方針を打ち出した。[*44] また第二次大戦が終わると、フランスは第四共和制憲法を一九四六年一〇月に制定したが、この憲法で戦後の植民地政策を担う組織として規定されたのが前述のフランス連合であった。

チュニジア・モロッコとこのフランス連合との関係は、本書のテーマにとって非常に重要である。憲法制定の時点でフランス政府は両国もこの組織に加盟することを前提としていたが、両国の元首は拒絶した。わずかに残る国内の自律性を失いたくなかったのである。植民地政策における一切の例外を認めないフランス政府にとってこの案件は大きな頭痛の種となり、以後チュニジア・モロッコ政策の最大の目標は両国を連合に加盟させることとなった。

その間、中東のアラブ諸国は、アラブの統一という大義を掲げ、アラブ連盟という組織を一九四五年三月に結成した。連盟の結成に向けてイニシアチブを採ったのはイギリスのイーデン（Anthony Eden）外相であったが、結成時からエジプトが中心となり、アラブ連盟は反植民地主義を掲げる勢力となっていく。[*45] ネオ・ドゥストゥール党はこれを見て、四月に党首のブルギバをカイロに派遣することを決定し、[*46] 彼は連盟を通じてチュニジアの独立をアラブ世論に訴えた。このようなナショナリズム運動の高揚を受け、パリ解放後、フランス臨時政府はチュニジア大評議会の再編を決定した。一九四五年九月、大評議会のフランス人およびチュニジア人部門ではフランス人議員とチュニジア人議員の定員をそれぞれ五三人とし、前者は普通選挙、後者は間接選挙によって選出することが決定された。両国人の議席数は同じとはいっても、これは二等級選挙であり、一人の議員が代表する人民の数には大きな開きがあった。[*47] 無論ネオ・ドゥストゥール党を中心とするナショナリスト勢力はこれに満足せず、翌年八月に秘密集会を開いてチュニジアの独立を求める決議を採択した。[*48] またモロッコでは、一九四六年にイスティクラール党がスルタンへ書簡を送り、モロッコ政府を設立してフランスとフェズ条約の改定交渉を始めるよう要請した。つまり、独立に向けてスルタン自身がイニシアチブを発揮するよう、ナショナリストはスルタンに要求したのである。[*49]

一九四七年になると、モロッコ情勢は緊迫し始める。二月中旬、アラブ連盟の事務局長であるエジプト人のアザム・パシャ（Abdel al-Rahman Azzam Pasha）がチュニジアとモロッコのナショナリストを支持する声明を発表し、それを受けて四月にはカサブランカで暴動が発生した。モハメド五世はスペイン領モロッコの主要都市であるタンジールを訪問した際、モロッコがアラブ世界に統合されるべきであるとの演説を行った。[*50] このような動きを見たフランス政府は、独立運動の抑圧を開始する。一九四七年五月にモロッコ総督としてジュアン（Alphonse Juin）将軍が任命され、[*51] その直後に彼は「マグレブ諸国の独立をフランスが議題として取り上げることはない」[*52] と宣言した。彼はフランスのプレゼンス保持に熱心な強硬派として知られており、フランス政府も彼に「スルタンを廃位すると脅してでも」要求を抑えよと訓令を送っていた。[*53]

ジュアンは、一九四五年に行われたチュニジア大評議会の改革と同様の改革を、モロッコでも着手した。一九四七年一〇月、総督の諮問機関である総督府議会[*54]のモロッコ人議員の選出方法を改正し、制限選挙によって議員が選出されるようにしたのである。この結果、イスティクラール党の支持母体であったモロッコ人ブルジョワも選挙権を認められた。翌年二月に行われた総督府議会選挙では、全七七議席のうち一五議席を同党が占めることになる。しかしその一方で、ジュアンは地方議会改革に関する勅令に署名するよう、スルタンに要求した。[*55] これはフランス人入植者を議員として含む地方議会を設立することを目的としていたが、スルタンはこれを拒絶した。問題は、この地方議会は将来的に地方自治を担うと想定された点にあった。当時、世界的に脱植民地化の潮流が見られ、英領植民地を中心に立法議会を整備しようという動きが見られた。フランスも表面上はそれに倣い、地方議会を前例として踏襲して、フランス人議員の参加する国会を開設することがこの時点で予測されていた。イギリスとは異なり、将来的にも入植者の政治参加を確保するのがフランスの目論見だった。このようなジュアンの企みを見抜き、モハメド五世は署名を拒否したのである。この地方議会設立問題が、後々までフランス・モロッコ間の争点となる。

一九四八年と一九四九年は、チュニジア、モロッコ情勢はともに比較的平穏であった。これは、一九四八年五月にイスラエルが建国宣言を発し、第一次中東戦争が勃発したことも一因であった。アラブ諸国の関心はパレスチナ情勢に向けられたのである。*56 このようなアラブ諸国の姿勢に北アフリカのナショナリストは失望し、カイロに滞在中であったブルギバは一九四九年九月にチュニジアに帰国した。そして彼の率いるネオ・ドゥストゥール党はフランスとチュニジアで、チュニジアの独立に向けて積極的なキャンペーンを展開していく。*57 ネオ・ドゥストゥール党はその年の六月に、民選議会を備えた立憲君主制を採用すべきだとの原則を綱領に掲げた。*58 独立後の政治体制として、共和制ではなく王制を存続させる姿勢を見せることにより、ベイを味方につけようとしたのである。

一九四九年末の段階で、フランス政府の目標は依然としてチュニジア・モロッコ両国をフランス連合に加盟させることであった。その最大の障害は、それぞれの君主であるベイとスルタンであることは明らかであった。当初二人はフランスと保護国条約を締結する代わりに庇護してもらい、国内の権威を保つ存在であった。この意味で二人とも、自国におけるフランスのプレゼンスを正統化する協力者の役割を果たしていたと言ってよい。しかし二度の大戦を経て北アフリカでナショナリズムが高揚すると、その立場は微妙なものとなる。ナショナリストはベイとスルタンに対して、独立運動を支持したり、イニシアチブを発揮するよう要求し始めたからである。二人がフランス連合への加盟を拒絶した背景にはこのような事情があった。だからこそフランス政府は、二人を説得して連合に加盟させようと躍起になっていく。

注

＊1　帝国戦略とは、一つの植民地だけではなく、植民地帝国全体をどのように運営するか、たとえば脱植民化を進めるか否か、進めるとすればどの植民地から開始するか、といった戦略を指す。ベルギーはルワンダ、ブルンジを信託統治領としており、植民地統治をしていたのはコンゴのみであった。このためベルギーは、厳密な意味での帝国戦略を立案する必要はなかったと言える。

＊2　フランス連合については、Thomas et al, *Crises of Empire: Decolonization and Europe's Imperial States, 1918–1975*（London: Hodder Education, 2008), chapter 6 などを参照のこと。なお、Georges Catroux, *The French Union*（New York: Carnegie Endowment for International Peace, 1953）は連合の詳細な組織図を掲載しているものの、フランス政府による公式宣伝のために書かれた著作である。日本語では、池田亮「帝国かヨーロッパか——チュニジア国内自治とフランスの対ヨーロッパ統合政策、1950–1956」山内進編『フロンティアのヨーロッパ』（国際書院、二〇〇八年）第5章がある。

＊3　*L'Année politique*, 1947, pp. 264–271. しばしば誤解されるが、アルジェリアは海外領土ではなくフランス本土に分類されていた。

＊4　James I. Lewis, 'The MRP and the Genesis of the French Union, 1944–1948', *French History*, vol. 12, no. 3, pp. 276–314; Martin Thomas, 'The Colonial Policies of the Mouvement Républicain Populaire, 1944–1954: From Reform to Reaction', *The English Historical Review*, vol. 118, issue 476, pp. 380–411.

＊5　Jean-Pierre Rioux, *The Fourth Republic, 1944–1958*（New York: Cambridge University Press, 1987), pp. 210–211.

＊6　Edward Mortimer, *France and the Africans 1944–1960: A political history*（London: Faber and Faber Limited, 1969), pp. 168–169 には、一九五一年選挙法における、アフリカ各選挙区の詳細な情報が掲載されている。

＊7　その思想的背景は平野千果子『フランス植民地主義の歴史』（人文書院、二〇〇二年）に詳しい。平野によれば、第三共和制期、同化政策は植民地現地のフランス当局では非現実的だと考えられていたが、フランス本国政府がむしろ同化の理念に固執していた。第二次世界大戦後もフランス政府は、依然として行政面での同化政策を維持することに固執していたと考えられる。

＊8　同前、二九〇頁。自由フランスとは、ドイツによるフランスの征服後、ドゴールがロンドンで樹立した亡命政府を指す。

＊9　加茂省三「フランス第四共和制下における基本法の制定とアフリカ人議員——フランス・アメリカ関係に関する一考察」『法

学政治学論究』第五七号（二〇〇三年夏号）。

＊10　グザヴィエ・ヤコノ（平野千果子訳）『フランス植民地帝国の歴史』（白水社、一九九八年）。Raymond Betts, *Assimilation and Association in French Colonial Theory, 1890–1914* (University of Nebraska Press, 2004), chap. 6 も参照。

＊11　クレイトンの著作の題名がこのことを端的に示している。Anthony Clayton, *The Wars of French Decolonization* (London: Longman, 1994).

＊12　Hargreaves, *Decolonization in Africa*, pp. 43–49.

＊13　Judith M. Brown and Wm. Roger Louis eds., *The Oxford History of the British Empire, The Twentieth Century* (Oxford: Oxford University Press: 1999), p. 436. その後の政治過程においてヒンドゥー教徒とイスラム教徒の対立が激化し、インドとパキスタンに分離して独立するのは周知のとおりである。

＊14　Thomas et al., *Crises of Empire*, p. 37. イギリス政府がこのような目標を設定したのは、第二次大戦期のアメリカからの圧力が原因であった。アメリカはヨーロッパ植民地を国際管理下に置くことを提案しており、イギリスはそれに対抗するために国内自治を目標としたのである。アメリカの圧力については Wm Roger Louis, *Imperialism at Bay: The United States and the Decolonization of the British Empire, 1941–1945* (Oxford: Oxford University Press, 1987), pp. 121–97 を参照。

＊15　Thomas et al., *Crises of Empire*, pp. 60–63.

＊16　*Ibid*., p. 81. 立法評議会は、当初はイギリス人総督の立法諮問機関として設置された。その後、緩慢なペースではあるが、次第にアフリカ人の民選議員の数を増やし、現地人の政治参加の手がかりとなる。木畑『イギリス帝国と帝国主義』第五章を参照。

＊17　マラヤ連邦の独立過程については、木畑洋一『帝国のたそがれ』（東京大学出版会、一九九六年）とくに第二部第二章と第三章、および A. J. Stockwell, 'Imperialism and Nationalism in South-East Asia', in Brown and Louis eds., *The Oxford History* を参照のこと。

＊18　ただし、予測可能な将来において独立を承認することを、イギリス政府が大戦中に明確に決定していたわけではない。何らかの形式で自治（self-government）を各植民地に付与する点ではほぼ合意していたが、その内容に関しては植民地省の官僚の間で意見が分かれていた。そして自治を付与するまでに数十年から数世代必要だと考えられていたため、独立など遠い将来には可能であるとしても、当面は想定外であった。Hubbard, *The United States and the End of British Colonial Rule*, pp. 38–44.

＊19　この点を説明するものとして、David Goldsworthy, "Britain and the Intentional Critics of British Colonialism, 1951–56", *Journal of Commonwealth & Comparative Politics*, vol. 29, no. 1, March 1991.

＊20　http://www.mofa.go.jp/mofaj/area/tunisia/data.html; http://www.mofa.go.jp/mofaj/area/morocco/data.html.

＊21　*Foreign Relations of the United States*〔以下、*FRUS*〕, 1952–1954, vol. XI, pp. 131–142, Memorandum for the NSC Senior Staff, The Current Situation in North Africa, 12.9.1952.

＊22　ベイ（副王）とは、形式的にはオスマン帝国のスルタンから任命されたが、これは一六世紀半ばにチュニジアがオスマン帝国属領となっていたからである。これに対してオスマンの支配を受けなかったモロッコでは、支配者はスルタンの称号を名乗った。一六六〇年以後はアラウィー朝が現在に至るまで支配を続けている。宮治一雄『アフリカ現代史Ⅴ　北アフリカ』（山川出版社、一九七八年）三四―三五頁。

＊23　同前、七〇―七一頁。

＊24　*L'Année politique*, 1953, p. 268.

＊25　Dwight L. Ling, *Tunisia: From Protectorate to Republic* (Bloomington: Indiana University Press, 1966), pp. 50–55.

＊26　*Ibid.*, p. 67.

＊27　訳文は、有賀貞『国際関係史　16世紀から1945年まで』（東京大学出版会、二〇一〇年）二一一頁による。

＊28　Roger Stéphane, *La Tunisie de Bourguiba* (Paris: Plon, 1958), p.72. 'Destour'とは憲法を意味する。

＊29　MAE, Tunisie 1944–1955, vol. 385, Note relative aux Conseils de Caïdat, non daté.

＊30　フランス総督府は、行政への参加を求める入植者の要求に応じて、一八九六年に諮問会議を設けた。一九〇七年にチュニジア人代表の参加が認められ、一九一〇年からはフランス人部会とチュニジア人部会に分割された。宮治『アフリカ現代史Ⅴ』六九―七〇頁。

＊31　Julien, *L'Afrique du Nord*, pp. 74–76.

＊32　Ling, *Tunisia*, pp. 139–144.

＊33　Maxwell, *Lords*, pp. 139–143.

＊34　*FRUS*, 1952–1954, XI, pp. 131–142. Memorandum for the NSC Senior Staff, 12.9.1952.

＊35　宮治『アフリカ現代史Ⅴ』一一四頁。

＊36　Bernard, *The Franco-Moroccan Conflict*, pp.10–12.

＊37　Louis, *Imperialism at Bay*, p. 123.

＊38　Charles-Robert Ageron, *France coloniale ou parti colonial?* (Paris: Presses Universitaires de France, 1978), p. 276.

＊39　Irwin M. Wall, *The United States and the Making of Postwar France, 1945–1954* (Cambridge: Cambridge University Press, 1991), pp.

32–33.

＊40 Bernard, *The Franco-Moroccan Conflict*, p. 15.

＊41 *Ibid.*, pp. 19–20.

＊42 平野『フランス植民地主義の歴史』二八六頁。

＊43 Charles de Gaulle, *War Memoirs*, Vol. II, Unity, 1942–1944（Paris: Plon, 1956）; Charles-Robert Ageron, *France coloniale ou parti colonial?*, p. 276 に引用。

＊44 La Conférence Africaine Française, Algiers 1944, quoted in Mortimer, *France and the Africans*, p. 51.

＊45 アラブ連盟については、Wm. Roger Louis, *The British Empire in the Middle East 1945–1951: Arab Nationalism, the United States, and Postwar Imperialism*（Oxford: Oxford, 1984）, pp. 128–146.

＊46 El Mechat, *Les Chemins*, pp. 15–54.

＊47 Julien, *L'Afrique du Nord*, p. 160.

＊48 二つのドゥストゥール党も参加するなど、これはチュニジア史上初めて全国民の代表が集結して独立を決議した集会であると言われている。El Mechat, *Les Chemins*, p. 80.

＊49 Bernard, *The Franco-Moroccan Conflict*, pp. 42–58.

＊50 *Ibid.*, p. 57.

＊51 *Ibid.*, p. 59.

＊52 Hargreaves, *Decolonization in Africa*, p. 151. なお、マグレブとは北アフリカ地域一般を指すが、本書では特にフランス領北アフリカ（現在のチュニジア、アルジェリア、モロッコの三国）を指すものとする。詳細な定義は、宮治『アフリカ現代史V』二頁を参照。

＊53 Bernard, *The Franco-Moroccan Conflict*, p. 65.

＊54 これは一九一九年に創設された。私市正年『北アフリカ・イスラーム主義運動の歴史』（白水社、二〇〇四年）九〇頁。

＊55 Bernard, *The Franco-Moroccan Conflict*, pp. 68–71.

＊56 *FRUS*, 1950, V, p. 1744, Policy Statement Prepared in the Department of State, 9.1950.

＊57 El Mechat, *Tunisie, Les chemins vers l'indépendance*（*1945–1956*）（Paris: L'Harmattan, 1992）, p. 75.

＊58 *Ibid.*, pp. 88–89.

第2章

ブルギバの七原則とフランス・チュニジア交渉

1950年—1951年

ハビブ・ブルギバ（ネオ・ドゥストゥール党党首，大統領 1957–1987 年）
写真提供：チュニジア駐日大使館

フランス政府は一九五〇年初頭、チュニジアに国内自治権を承認する決定を下し、それを公表した。しかしフランスの目標は、「共同主権」という原則の下で、あくまでフランス連合に同国を加盟させることであり、ブルギバをはじめとするナショナリストの要求とはかけ離れていた。フランス・チュニジア両政府は交渉を開始したが、両者の立場の乖離はすぐに明らかになった。とくに問題になったのが、フランス人も議員として参加する地方議会を設立しようというフランス側の計画であり、主権の承認を求めるチュニジア側はこの点を断固として拒絶した。この結果、交渉は停滞し、ついに一九五一年一二月に決裂する。

第一節　フランスとチュニジアの対立

改革案の発表

一九五〇年一月、フランス政府は、「バルド条約およびマルサ規約の範囲内で、チュニジアが国内自治権を享受できる体制をつくる」ことを目標とする計画を策定した。[*1] これは前年末に国連総会が、一九五二年一月一日までのリビア独立を勧告したことを受けていた。第二次大戦の結果、イタリアの植民地であったリビアは国連の信託統治下に置かれていたが、政治的発展の度合いがチュニジアよりはるかに遅れていると考えられていた。[*2] そのリビアに独立が約束されたのだから、チュニジアでも同様の要求が沸き起こることは必至であった。独立ないし自治権を求めるナショナリストの声をかわすために、フランス政府は先回りして国内自治を付与すると申し出たのであり、リビアが独立する一九五二年までに一定の改革を施行する計画だったのである。しかし、序章で述べたように、フランスは当時、チュニジアを含めた全植民地において、独立はおろか、一切の自治を認めるつもりはなかった。バルド条約やマルサ規約を修正することは、この時点ではあり得なかったのである。

五〇年一月の計画の冒頭には次のような記述があり、計画の本来の目的がフランスのプレゼンスの恒久化であることを端的に示している。

フランス人入植者がチュニジアにおいて果たしてきた役割が不可欠であったことを考慮し、フランス人〔入植者〕が公務員に任用される資格は必ず保持しなければならない。自律的なチュニジアは、仏・チュニジア行政体制を維持しなければならない。[*3]

つまり、フランス人も行政に参画させて、チュニジア人と協同でつくる国家行政体制を目標としていたのである。フランス政府はチュニジア人には単独で自治を行う行政能力がないと考えていた。入植者が今後も行政に携わり続けることは、入植者の影響力を保つためだけでなく、チュニジアの行政体制を維持するためにも必要だと議論されていたわけである。

フランスは具体的には、次のように考えていた。第一に、民主化の進展に伴い、ベイの特権は多少修正するとしても、今後も王制を維持する。バルド条約とマルサ規約はベイと交わしたからである。すなわち、法的な意味では、フランスのプレゼンスはベイの同意に基づいて初めて保障されていた。第二に、今まで閣議の議長は、フランス人総督が務めてきたが、今後はチュニジア首相でなければならない。閣僚は、フランス人とチュニジア人を同数にする。ただし将来的には、チュニジア人のみからなる内閣の可能性も排除しない。第三に、チュニジア政府の権限拡大を認める代わりに、特定の政治勢力が権力を独占することを防ぐために、中央・地方行政レベルで改革を行う。明らかにフランス政府は、ネオ・ドゥストゥール党が議会で多数を占め、政府内の実権を握ってしまうことを恐れていたのである。第四に、行政の運営にはチュニジア人だけではなくフランス人も参画しなければならない。第五に、今後はフランス人の総督と軍総司令官はチュニジア政府に所属しない。以上であった。

このようにフランス政府は、実質的な意味でチュニジア人に権限を移譲するような改革を行う意図は毛頭なかった。第二点目と第五点目は譲歩といえたが、フランス人チュニジア総督が権力を独占するところは何ら従来の政治体制と変更はなかったのである。

ブルギバの要求

この頃ネオ・ドゥストゥール党は、独立を実現すべく精力的に活動を続けていた。フランスに要求するだけでなく、問題を国際化して世界の注目を集めることも戦略の一つだった。一九五〇年二月、党指導者の一人であるスリム（Mongi Slim）は、アラブ連盟に対して、チュニジア問題を国連に持ち込んでほしいと要請した。[*4] しかしネオ・ドゥストゥール党は、アラブ連盟の消極的な態度を見て国連での討議をさしあたり断念する。ブルギバはこの時期、チュニジア国内で精力的にナショナリズムの大義を説き、国民の間で支持を集めていった。[*5]

このようなナショナリズム運動はベイを動かした。ムハンマド八世アル・アミンもコティ（René Coty）フランス大統領に親書を送り、改革の必要性を訴えた。しかし彼の関心はナショナリズムの大義そのものにはなく、むしろ大衆の人気を確保することにあると見なされており、彼は「ブルギバを支持していない」とチュニジア総督のモン（Jean Mons）は指摘していた。[*6] しかしモン総督は、ベイの態度が重要な意味合いを持つことを懸念して、こう記している。

> ベイは人気という悪魔に取りつかれている。（中略）彼が立ち位置を変えれば、ドゥストゥール党の活動よりも重要な結果をともなう。（中略）ベイは保護国体制の中枢におり、（中略）勅令に署名する権限を持ってい

るのだ。[*7]

彼が勅令への署名を拒否し続ければ、フランスの計画を挫折させかねない。フランス側は、ベイがさらにナショナリストになびいて、そうした挙に出ることを恐れていたわけである。

一九五〇年四月一四日、ブルギバはAFP通信に七項目の対仏要求を発表した。概要は以下のとおりである。

1 主権を国民より付託された、チュニジア行政府の復活。
2 公共秩序を維持する権限を持ち、チュニジア人首相を頂点としたチュニジア人のみからなる内閣。
3 フランス人内閣官房の廃止。
4 〔事実上の〕直接統治を行っている、フランス人民政管制官の廃止。
5 フランス軍事占領の終了。
6 地方議会の設立、ただし地域によってはフランス人議員の参加もありうる。
7 普通選挙に基づく国会の設立。将来的には、国会が民主的な政治体制を樹立する。新しい政治体制はフランスと交渉を行い、仏チュニジア関係を確定する。その際、正統なフランス人の権利を尊重し、同時にチュニジア主権も尊重する。[*8]

ブルギバによれば、1から6までが、チュニジアに主権を回復するための要求であった。これら六項目をフランスが承認して初めて、七項目にあるように、チュニジアはフランスと同盟条約を締結することができる、としたのである。

ブルギバの要求から、三つの重要な点を指摘できよう。第一にブルギバは、フランスがチュニジアの主権と独立を承認しさえすれば、むしろ積極的に二国の協力関係を維持したいと考えていた。彼はフランスの影響力やフランス人入植者をチュニジアから駆逐することなど一顧だにしなかったのであり、この意味で親仏的であった。ブルギバが譲れなかったのは、チュニジアにおけるフランスの利益と入植者の利益を保護するのがフランスではなく、主権国家であるチュニジアでなければならない、という点だったのである。二つ目の問題点として、ブルギバの要求は二段階であった。チュニジアの主権を承認させた後に、改めて二国が交渉を行い、将来的にフランスに独立を認めさせようというものであった。つまり、チュニジア主権に基づいて国内の政治体制を確立したうえで、独立を達成しようと彼は考えていたのである。この点に関連して第三に、モロッコの要求と比べて、彼の要求はむしろ穏健だったことにも注目したい。次章で述べるように、モロッコは一九五〇年から即時完全独立の要求を掲げたからである。彼はこのように穏健な要求を掲げて、フランス世論と国際世論からも支持を得つつ、政府の政策を転換させて脱植民地化へ向かわせようと考えた。国連付託という過激な手段に出なくても、穏便にフランスを改心させる可能性があると判断していたのである。[*9]

共同主権の原則

予想どおり、ブルギバの要求はフランス入植者の厳しい反応を引き起こした。その急先鋒となったのは入植者の圧力団体「フランス人連合（le Rassemblement français）」であった。そのリーダーの一人であるコロンナ（Antoine Colonna）上院議員は五月二五日付の覚書をシューマン・フランス外相に送り、ブルギバの突きつけた要求は仏領北アフリカすべてに関わるため、どんなに些細なことであってもフランスは譲歩すべきではないと論じた。

チュニジアにおいてフランスの権威を回復する必要がある。チュニジア人はフランス人に好意を抱いており、穏やかに、しかし目に見える形でフランスの力を誇示する必要がある。（中略）チュニジアは断固として、仏チュニジア共同主権の国（un pays de co-souveraineté française et tunisienne）であり続けなければならない。[*10]

ここで示された共同主権の原則こそが、チュニジアとモロッコでフランス人入植者とフランス政府が従来から唱えてきたものであり、以後も唱え続けていくものでもある。行政においてフランス人とチュニジア人は同等の発言権を持つが、しかし最終的にはフランス人が決定権を持つべきだという原則であった。すでにこの原則は、両国人が同数の議員を持っている大評議会の構成に表れていた。人口比を考慮すれば、明らかにこれはチュニジア人に不利な原則であった。さらに大きな問題は、チュニジア人の主権と完全に相いれない点にあった。論理的には、主権を具現化するためには、チュニジア政治共同体とはチュニジア人のみから構成されなければならないからである。フランス側は共同主権の原則があれば、将来チュニジア国会が設立されても、チュニジア人が二国間の紐帯を切断するような挙に出ることを抑止できると考えていた。そして第3章で述べるように、フランスは同じ原則をモロッコにも適用しようとするのである。

他方、モン総督はナショナリストに理解ある態度を示していた。一九五〇年四月末、彼は政府に対し、チュニジア情勢はいまだ穏やかであり、コロンナが主張するようにブルギバの要求によって混乱が引き起こされているわけではないと報告している。彼の観測によれば、入植者の指導者たちが戦闘的だったのに対し、一般の入植者は改革を受け入れる意向を示していた。彼は「唯一確かなことは、前進しなければならないということだ」[*11]と述べて、共同主権の原則を放棄するような改革を行うよう、政府に決断を促した。

この報告を受けた外務省は、如何なる対応をすべきか検討する。[*12]外務省はモンの主張するとおり、チュニジア情勢に混乱は起きていないとみており、かつネオ・ドゥストゥール党が独立を主張しないなど当面穏健な方針を採っていると認識していた。その一方で、ベイがナショナリストに好意的な姿勢を示していることから、ブルジョワジーの間でもネオ・ドゥストゥール党への支持が集まっていることが確認された。そこで外務省はモン総督の主張を退けると決定する。共同主権を放棄すれば、他の保護国や海外領土にも深刻な影響を与える以上、チュニジアでの方針転換を決断できなかったのである。この結論に伴い、フランス政府はモン総督の解任を決めた。一九五〇年六月一日、ペリイエ（Louis Périllier）を後任の総督とすることが発表された。[*13]

第二節　フランス案の発表

チオンヴィル宣言

一九五〇年六月一〇日、フランス政府はチュニジアに国内自治を導入する計画であることを発表した。シューマン外相がフランス北東部のチオンヴィルという町で、「ペリイエ総督の任務は、チュニジアを独立に導くことであり、最終的にこの目標は、他のすべての海外領土をフランス連合の枠内で独立に導くことにつながる」[*14]と宣言したのである。計画の具体的内容は以下のようなものであった。

1　チュニジア内閣は九人のチュニジア人閣僚と三人のフランス人閣僚で構成する。
2　チュニジア内閣では、従来のフランス人総督ではなく、チュニジア人首相が議長を務める。
3　チュニジア人の各閣僚にフランス人顧問がつく制度は廃止する。
4　フランス人官僚の立場は保全されるが、チュニジア人もすべての行政職に就任できるようにする。

5　後々、チュニジア人がより大きな政治的責任を負うための準備として、地方行政に積極的に参加するよう促す。

シューマンのチオンヴィル宣言を受けて、ブルギバはネオ・ドゥストゥール党を代表してこの計画を支持する声明を出した[*15]。とはいえ、フランス連合が強調されている以上、ブルギバの支持も留保つきであるのは当然であった。彼は同党の事務局長サラ・ベン・ユーセフ（Salah Ben Youssef）に対し、チュニジアがフランス連合に加盟する可能性があるとすれば、それは独立を達成した後の話である、と書き送っている[*16]。彼は依然として、フランスが自分の七項目の要求を受け入れる可能性があると期待していた。しかしそのためには、「［フランス政府内の勢力］バランスをシューマンに有利にするよう、ベイを含めてあらゆるチュニジア人民がネオ・ドゥストゥール党を支持していることを強く示す必要がある[*17]」と考えていたのである。

ペリイエ総督は六月一三日に首都のチュニスに赴任し、同日のラジオ演説で、計画には三本の柱があると説明した[*18]。①政府機構の再編、②チュニジア人により多くの公務員ポストへの門戸を解放すること、③地方自治の促進であった[*19]。ただし現在公開されている史料から判断する限り、③については、地方議会を改革すること、そして議会改革を実施するとすれば国会レベルではなく地方レベルで開始しなければならないこと以外、詳細はこの時点では検討されていない。しかしいずれにせよ、前述のとおり、国会は共同主権の原則に基づかねばならなかった。それゆえフランス側は、この問題が最もナショナリストの反発を招く可能性があると考えていた。主権を要求するナショナリストが、いずれチュニジア人議員のみからなる国会の開設を求めるのは自明であった。そこでフランスは、あらかじめ共同主権の原則に基づく地方議会を設立して国民を慣れさせておき、反発が和らいだ時点で、フランス人議員も参加する国会の開設に向かおうという計画だったのである。

一九五〇年六月と七月、ペリイエはベイおよびチュニジア首相のカーク（Mustapha Kaâk）と、①と②について協議を重ねた。①についてペリイエは、外務大臣とチュニジア軍最高司令官を内閣から外すべきである、と提案した。チュニジアが国内自治を持つという建前からすれば、外務大臣とチュニジア軍最高司令官といった内政に関わらない大臣はフランス人でなければならない。そうである以上、この二つのポストはチュニジア内閣に属さなくなるのは論理的には当然であり、両者は同意した。しかし数日経って、チュニジア側は「フランス案には〔フランス人の〕内閣官房が〔チュニジア人の〕首相の命令に従うことが明確に規定されていない」と不満を漏らし始めた。ベイとカークは、フランス人顧問をただちに解任することも要求した。だがペリイェはこれらの要求を拒絶し、「内閣官房は、人事および予算の管理権を保持すべきである」[20]と述べた。明らかにチュニジア側は、内閣に対するフランスの統制を排除し、行政の自律性を獲得すべく主張し始めたのである。そこでフランス側は、カーク内閣との交渉はもはや不可能であるため、新しく組閣させる必要があると結論づけた。ペリイェはその理由を、回顧録の中で、二人と協議するだけではなく、ネオ・ドゥストゥール党を含めた全チュニジア人の代表である政府と交渉すべきと考えたからだと述べている。[21]この時点ではフランス側も楽観的で、同党の人気を利用してむしろ交渉を有利に進めることができると期待していたのである。フランス当局とネオ・ドゥストゥール党の協議を経て、新首相にシュニク（M'Hamed Chenik）[22]が選任された。

その間、シューマンの一九五〇年六月宣言がフランス人入植者とチュニジア人の対立を激化させつつあった。一切の譲歩を拒否する入植者たちは政府の計画に反発し、大評議会のフランス人議員は七月一〇日に総辞職した。一方、大評議会チュニジア人部門の議長のベン・アンマル（Tahar Ben Ammar）は、フランスの計画が「かねてより自治を求めるチュニジアの要求にまったく応えていない」との抗議文を総督府に提出した。しかし、総督府は抗議文の受け取りを拒否した。[23]

だがシューマンは、断固として計画を進める意向であった。彼は一九五〇年七月、フランス国会の上院で「退嬰主義（immobilisme）と決別する必要がある」と説いている。一方、ペリイェは、シュニク内閣にネオ・ドゥストゥール党員が参加することにつきパリ本国政府の承認を得て、同党と組閣について協議に入っていた。この協議でサラ・ベン・ユーセフ事務局長の入閣が合意され、ブルギバも承認した。さらに、ブルギバのイニシアチブの下、翌月に開催された党の全国評議会も、党員の入閣を了承した。*24 ネオ・ドゥストゥール党は、当時のナショナリストとしてはきわめて対仏協力的だったと言ってよい。この時期、国内ではヴュー・ドゥストゥール党が、国外では北アフリカ解放委員会*25やモロッコのイスティクラール党が即時完全独立を要求しており、党員の入閣には反対していたのである。

こうして八月一七日、シュニク新内閣が誕生し、サラ・ベン・ユーセフが司法大臣として入閣した。これは、数年前まで非合法化されていたネオ・ドゥストゥール党をフランスが認めたという点では画期的であったと言える。繰り返すが、フランス当局はナショナリストと妥協できると考えたわけではない。フランス側は国内で最大勢力を誇るナショナリスト政党との協力関係を築いたことから交渉の行方に楽観的になり、ナショナリストをうまく説得できると思い込んでいた節がある。逆にネオ・ドゥストゥール党には、自党が誠実に交渉する姿勢をフランス世論に印象づける目的があった。それによって、シューマン外相らリベラルな陣営を強化し、共同主権に基づく案を撤回させることが狙いだったのである。仏チュニジア交渉が本格的に開始されることが決まったとはいえ、両者の思惑は完全に食い違っていた。

交渉の開始と停滞

九月に入ると、早くもフランス側とチュニジア側の立場の相違が表面化した。シュニク首相はフランスがチュニジアに実質的な権利を移譲しないつもりであると悟り、ペリイエに官房長官による査証の廃止と、これまで官房長官が持っていた公務員の人事・予算統制権を首相に移譲するよう求めた。[*26]

官房長官の査証とは、チュニジア内閣大臣の決定に効力を持たせるために必要な、フランス人官房長官による承認を指す。つまりシュニクは、いままで官房長官が独占していた権限をチュニジア人首相に移譲すべきだと主張したのである。言うまでもなくフランスはこの要求を拒絶したが、チュニジアは九月末にもう一度同じ内容の要求を繰り返した。[*27] 官房長官の権限縮小についてはフランス側も応じていたが、チュニジア側はそれに満足せず、フランス人官房長官の内閣に対する統制を撤廃するよう要求したのである。アメリカ領事ジャーニガン（John Jernegan）は以下のように解説している。一九五〇年六月にフランス当局が発表した計画のうち、政府機構の改革は、実質はともかく形式的にはフランスの権限縮小を意図していた。それにもかかわらずチュニジアが受け入れようとしないのは、チュニジア人にフランスに対する拭いがたい不信感があるからだ、と。[*28]

ペリイエはそれまでの楽観的な見通しを変更せざるを得なくなった。彼は一〇月七日に政治問題に関しては交渉を休止すべきであり、かわりに社会経済問題の解決に専心する旨、声明を発表した。[*29] だが実際には、交渉を諦めたわけではなかった。彼は一九五〇年六月宣言（四九頁参照）のうち、第二・第三点目に関しての交渉を開始することを決定し、シュニク首相に通知する。そして今までのようにチュニジア政府代表と総督が交渉するのではなく、混合委員会で検討することを提案した。[*30] 混合委員会は、フランス総督府の代表と、フランス総督府が任命するチュニジア代表とが、それぞれ同数ずつで構成されていた。言うまでもなくこれは、仏チュニジアそれぞれの意見を公平に反映するかのような外観を取りつつ、実際には一方的にフランスの思惑に沿った決定を下すための組織だった。フランスはこの手法を北アフリカ保護国でしばしば用いており、その後もたびたび混合委員会の招集を提案した。

チュニジア政府は、混合委員会の開催を拒絶する。一一月四日付の書簡でシュニクは、「仏チュニジア交渉は、それぞれの国民を代表する、両国政府のみが当事者となって行われるべきだ」[31]とペリイェに対して主張した。この主張は、保護国条約への重大な挑戦であった。保護国条約の規定では、両国間の交渉はフランス人総督とチュニジア政府の間で行うとされていたからである。おそらく、ペリイェの態度を見て、パリの本国政府に直接訴えかけない限り事態は打開できないとシュニクは考え始めたようである。また、第3章で述べるように、モロッコのスルタンが前月に独立を要求する覚書をフランス本国政府に提出したことも、シュニクの大胆な行動の背景にあったと考えられる。しかし当然のことながら、ペリイェの回答は、パリでの両国政府の交渉は議論の余地なく受け入れられない、というものであった。[32]

とはいえ、フランス政府はただちに対応し[33]、ペリイェ総督を一九五〇年一二月に召喚して協議した。帰国するとペリイェはチュニジア側に新たな提案を示した。[34] チュニジア政府の要求を容れて、官房長官による査証を廃止するというのである。官房長官の権限を小さくすれば、フランス人の力が弱まった印象を与えることができるため、チュニジア人の不満を解消できるとフランス側は考えた。また、チュニジア人官僚とフランス人官僚の数を同じにすべきだとも提案した。だが、チュニジア人官僚の数を増やすことはともかく、政府機構を一部改編するだけではチュニジア側を満足させられなかった。ベイはフランス案を受けて、「検討の余地はあるが、第一印象では自分の希望するような実質的な改革には見えない」と述べている。[35] フランスの提案はチュニジア人に権力を移譲することにつながる案ではなく、両国の交渉は平行線をたどった。

しかしブルギバは一九五〇年六月以来の交渉をまとめようと決意し、ペリイェと数度にわたって会談した。一九五一年二月一日、仏チュニジア両政府は大筋で合意に至ったと発表した。[36] ブルギバの言葉を借りれば、これは「戦術的後退」[37]であった。ブルギバだけでなく、チュニジア側から見れば、フランス政府が何ら実質的な意味のある改革をするつもりがないことは明らかであった。そこでブルギバはその翌日にはチュニジアを出発し、独立の大義を国際世論に訴える戦術に出る。カイロ、カラチ、ニューデリー、ジャカルタなどを訪問して、独立運動への支持を新興のアジア・アラブ諸国に求めることがねらいであった。

こうして、一九五〇年六月にチュニジア総督が示した計画の三本柱のうち、第一点と第二点の、政府機構と官僚制度の改編については辛うじて合意が成立した。問題は第三点目の地方自治改革であったが、チュニジア側は差し当たり譲歩した。フランスはこの件も新たに混合委員会に付託するよう提案し、チュニジア側も同意したのである。[*38]

第三節　共同主権の覚書

対立の激化

一九五一年二月に合意は成立したが、フランス外務省は、ナショナリストは納得しておらず、また、入植者も今後一切の権力移譲に同意しないだろうと認識していた。

ネオ・ドゥストゥール党の指導部は、国内治安維持の権限、行政官僚のチュニジア国籍条項のほかにも、チュニジア人閣僚の数的優位、首相の予算統制も要求している。遅かれ早かれ、ナショナリストは新たな要求を突き付けてくる可能性もあるだろう。（中略）〔しかし、われわれが一九五一年二月に〕譲歩したために、フランス人入植者はすでに不安に陥っている。[*39]

外務省の予想どおり、チュニジアを離れていたブルギバは、以下をフランスに要求するよう、現に二月二〇日に党指導者に命令を出している。[*40]

・官房長官の廃止
・チュニジア人のみで構成する内閣
・国内治安維持軍の内務省への管轄
・チュニジア国会の設立
・選挙に基づく地方自治
・フランス憲兵隊の廃止、チュニジア憲兵隊の設立

従来の要求との違いは、国内治安維持権限の移譲と、国会設立の要求が付け加えられていることである。第6章で議論するが、いずれもチュニジア人が自らの手で国家建設を進めるうえで必要不可欠であり、両国政府の間で大きな争点となった。ブルギバはフランス側が権力移譲に消極的であると気づきつつ、あえてさらに高い要求を掲げたのである。後で見るように、以後チュニジア人はとくに国会開設を強く求めていった。

この頃チュニジア国内では、チュニジア人とフランス人の対立が激化しつつあった。一九五一年三月一〇日、ネオ・ドゥストゥール党とチュニジア労働総同盟（l'Union générale des travailleurs tunisiens, UGTT）はゼネストを敢行した。次章で見るように、モロッコの独立運動をフランス当局が抑圧したことへの抗議であった。政府閣僚の一員であるサラ・ベン・ユーセフ司法相もこのゼネストに関わっていたことから、ペリイエ総督はベイとチュニジア政府に激しく抗議している。*41

さらに、チュニジア人閣僚が三月三一日に開催された大評議会をボイコットするという事件が発生した。この事件についてペリイエは、チュニジア人閣僚はシュニク首相の指令を受けており、シュニクはサラ・ベン・ユーセフに感化されていると本国へ報告している。*42 四月に入ってペリイエがシュニクに対して、ボイコットは違法であると

抗議したが、[*43] シュニクは逆に、大評議会のフランス人議員がチュニジア政府に敵意を露わにしている以上やむを得ない、とボイコットを正当化した。さらにシュニクは、閣僚をすべてチュニジア人にして、ブルギバも入閣させるべきだと主張した。[*44] このことからペリイエはシュニクを更迭すべきだとの結論に至り、「ネオ・ドゥストゥール党が加わった政府である限り、一九五一年二月合意を実行に移すことはできない」とパリに報告した。[*45]

フランスにとって衝撃的だったのは、この時期ベイが明確にナショナリスト寄りになっていったことである。ムハンマド八世は四月、フランス上院が、チュニジア在住フランス人に二名の本国下院議員枠を認める法案を可決したことを、パリ政府へ抗議した。[*46] この法案が可決されたのであれば、入植者はチュニジア大評議会で投票する権利を失うはずなのに、その権利を保持し続けたからである。大評議会議員の任期はその年の一二月までだった。ベイの態度に励まされ、ナショナリストは普通選挙に基づく国会の開設を要求し、フランス政府を批判するようになる。[*47]

運動の高まりを見て、ベイはさらにナショナリスト側へ接近する。五月一五日に開催された王位祭では、チュニジアは憲法を持つべきであり、全人民から選ばれた国会を設立しなければならないと宣言した。[*48] このムハンマド八世の様子を見たフランス外務省は、彼がチェドリ（Chedly）王子の影響を受け、チェドリはネオ・ドゥストゥールと共謀しているのは有名な話だ、と記している。[*49] ペリイエ総督は、現チュニジア内閣と協議することはもはや不可能であると、ベイに伝えた。しかしベイは怯むどころか、逆に、二国間の対立を調停してほしいと求める、オリオール（Vincent Auriol）フランス大統領宛の親書をペリイエに預けるという行動に出た。前年一一月にシュニクが総督の頭越しに仏チュニジア両国政府による交渉を求めたのと同様に、このベイの要求もまた保護国条約への重大な挑戦であった。無論、フランス側はこの要求を拒絶する。翌月にベイに届いたフランスの公式回答には、一九五〇年八月と一九五一年二月の合意に従ってほしいとしか記されていなかった。[*50]

だが、一度は強硬な姿勢だったペリイエも、モロッコ情勢によって軟化する。次章で見るとおり、一九五一年七月、モロッコのモハメド五世はフランス人が地方議会に加わる計画を拒絶した。これを見た総督は、共同主権が現実的ではないと考え始めたようである。彼は翌月、チュニジア閣僚をパリに招き、新しい行動計画について協議してはどうかとシューマン外相に提案し、ただちに了承を得た。この頃エジプトがモロッコ問題を国連に付託する可能性が高いとみられており、チュニジア政府もそれに倣って問題を国連に持ちこむ危険性があるとフランスは恐れていた。パリで実質的な二国間協議を行っているように見せかけて、国連で討議されるのを阻止しようと考えたのである。[*51] シュニク首相はペリイェの提案を受諾し、チュニジア閣僚のパリ訪問は数か月後にすべきだと答えた。[*52] 他方、国外にいるブルギバはこの間も、ナショナリズム運動への国際的な支持を取り付けるべく努力を重ねていた。八月に彼はイギリスのモリソン（Herbert Morrison）外相と会談し、九月には訪米して国務省官僚と会談を持ち、支持を要請している。[*53]

パリ交渉

一九五一年秋、チュニジア閣僚の訪仏が近づくなか、フランス外務省はチュニジア側の姿勢が硬化するだろうと予測していた。一〇月、イギリスとのスエズ基地問題をめぐる交渉が決裂し、エジプト議会は一九三六年の英エジプト条約を破棄すると議決していた。[*54] また一〇月六日にエジプトは、モロッコ問題を国連総会に正式に付託した。このようなアラブ・ナショナリズムの高揚がチュニジア側に影響を与えるのは必至だった。一〇月一七日、チュニジア閣僚が来訪する前日、外務省は次のような回答を準備していた。

1　チュニジアに国内自治を導入する時期を決める権限を持つのは、フランス政府に限られる。

2　フランス政府は、一九五〇年六月の計画に定められた地方自治改革を最優先事項とする。チュニジア人は、地方自治レベルで民主主義の予行演習をすべきである。[*55]

フランス側は、一九五〇年六月からまったく方針を変えない意向だった。どのようなタイミングでどんな改革を行うか、チュニジア人には発言権を認めるつもりはなかった。将来的に国会を開設するとしても、その前にまずは地方議会を開かねばならないと考えていたのである。

フランス外務省アフリカ・東地中海局は、地方議会の設立後に、両保護国でどのような政治体制を樹立すべきか検討していた。同局がシューマン外相に提出した覚書は、フランスが共同主権に固執していたことを示している。書き出しには「チュニジア・モロッコにおけるフランスの恒久的プレゼンスと、現地住民および国際世論の大半が望む改革を調和させるべき時が来た」とある。しかし現実には、外務省はそのための努力を払ったとはいえない。「共同主権の原則は、一度放棄してしまうと再び手に入れるのは難しい」と、あくまでこの原則に固執した。そして、他のアラブ諸国の例に鑑みて、「もしこの原則なしに両国が国内自治を獲得すれば、疑いなく、ヨーロッパ系住民が差別の対象となり、「人種主義」の犠牲者となってしまう事態につながりかねない」と論じている。[*56] つまり、両国でフランス人入植者がこれまで享受してきた特権を維持するためには、共同主権原則の維持が不可欠だと結論づけたのである。

数度にわたるパリでの会談の後、シュニク率いるチュニジア閣僚団からフランス政府が一〇月三一日に受け取った覚書は、イギリス流の「国内自治（self-government）」という言葉を用いてチュニジア側の要求を明確に規定していた。序章第三節で述べたとおり、**self-government** と **l'autonomie interne** はまったく異なる概念であり、この要求の内容はフランス側を驚愕させた。

ここでいう国内自治（l'autonomie interne）とは、「国内自治（self-government）」を享受し、国内の制度を発展させつつ、国内主権を有するチュニジアを指す。（中略）

政府機構の面では、チュニジア人閣僚からなる政府が必要である。（中略）

立法面では、法律を制定して政府の政策一般を統制する、チュニジア人を代表する国会が、民主主義を樹立するための重要な一歩となるであろう。（中略）

最後に、行政面では、フランス人官僚の利益は保護するものの、チュニジア人官僚に、新しい政治体制にふさわしい地位を付与することが不可欠である。*57

このようにチュニジア政府は、国会を開設するだけでなく、フランスによる国内政治へのあらゆる統制の撤廃を要求していた。国内自治をあえて英語で表現したところに、チュニジア代表団の強い意気込みが表れている。フランス側の予測をはるかに超えて、包括的な国内自治を求めていたのであった。

言うまでもなく、そのような国内自治はフランスにとっては到底受け入れがたいものであり、入植者の不安を引き起こすことが懸念された。最も容認できないのは、国会の開設であった。アフリカ・東中東局は「普通選挙で選ばれたチュニジア人のみからなる国会ができてしまえば、他のアラブ諸国が経験したように、ナショナリストが煽動活動を行う恐るべき温床となってしまう」と論じている。その最たる例として、前述の、エジプト議会による一九三六年条約の破棄が挙げられている。この状況を防止するのに最も有効な手段が、議会に入植者が議員として参加すること、つまりは共同主権の理念を維持することであった。これは総督の拒否権よりも、フランス人入植者の利権を守るのに効果的だ、というのがアフリカ・東中東局の議論であった。*58

フランス政府内では、チュニジアの要求に対していかに回答すべきか、議論が繰り返されていた。シューマンとペリイェはこの段階ではシュニク首相の更迭に反対した。[*59] ペリイェは一一月一七日にシューマン外相に極秘に報告書を送り、「われわれは、チュニジアの完全なる国内主権を承認し、行政府・国会・政府官僚という三つのレベルでそれを機能させねばならない」と述べている。シューマンは一一月二二日の閣議で宥和的な回答をすることを提案したが、クイーユ（Henri Queuille）国務大臣やビドー国防大臣が反対した。コロンナ上院議員も一〇月三一日のチュニジア側の要求に強硬な姿勢をとり、外務省に宛てた書簡で、ペリイェの解任、新内閣の形成、入植者の特権維持を訴えた。ペリイェは一二月一三日付の書簡で、シューマンに「チュニジア人の閣僚を成果なく帰国させることは政治的過失である」と論じ、ネオ・ドゥストゥール党という「チュニジア社会にここ三〇年間で深く浸透した、最も活動的な政治勢力」を排除する危険性を指摘した。[*60]

一二月一五日、フランス政府はチュニジア側に最終回答を提示する。外務省と入植者の強硬意見を反映して、国内自治の要求を完全に退けるものであった。

1　これまでチュニジアの発展に尽くしてきた役割に鑑みて、フランス政府は、フランス人が保護国の政治制度の運営に関わることが不可欠だと判断する。

2　フランス政府は、一九五二年一月に混合委員会を開催して新しい代表制度を検討するよう総督に訓令を与えることを宣言する。

3　地方自治改革が他のすべての改革に先行しなければならない。[*61]

この回答は、フランス側が共同主権原則に固執している状況を端的に表しており、後に「共同主権覚書」と呼ばれることになる。こうしてフランスは、国内情勢への統制権を一切チュニジア側に移譲する意向がないと返事をしたのである。逆にチュニジア側から見ると、フランス政府は明らかに、入植者にも被選挙権を与えて、チュニジア人の主権を全否定しようとしていた。この強硬な内容はナショナリストを驚愕させるものであった。次章で触れる、国連でモロッコ問題の討議が一二月一三日に終わるまで、フランス政府がチュニジア側に明確な態度を示せなかったのは、まさにこのような理由からであった。もしそれ以前に回答を与えた場合、アラブ諸国が、フランスの強硬な回答を国連で問題にする危険があったからである。ついでフランス政府は、一二月二四日、オートクロック（Jean de Hauteclocque）を新総督として任命した。

この覚書は深刻な結果をもたらした。「これは穏健派ナショナリストに、決定的な後退として受けとられたに違いない」とアメリカのジャーニガン領事は嘆いている。チュニジア人の閣僚はパリに長期にわたって滞在したのに何も成果を上げることができず、体面を大きく傷つけられたからである。[*62] それゆえ、ブルギバら穏健派は決定的な戦術転換を図らなければならなくなる。フランスが回答した翌日には早くも、彼は国連に問題を付託することを公言した。[*63] フランスと交渉して自治と独立を勝ち取るという従来の戦略を諦め、国際社会に訴え、アラブ諸国やアメリカなど反植民地主義の傾向が強い国々の支持を得つつ、それを達成する道を選んだのである。

注

＊1　Ministère des Affaires Étrangères［以下、MAE］. Tunisie 1944–1955, vol. 380, Note, 14.1.1950.

＊2　MAE, Tunisie 1944–1955, vol. 380, Lettre au Président, 3.3.1950. イギリス外務省もまた、リビアに関する国連決議がチュニジアのフランス人入植者と現地住民双方に強い印象を与えたと観測している。The National Archives［以下、TNA］, FO 371/80619, J 1018/2, Tunis to FO, 22.12.1949. この国連決議については、John Wright, *Libya*（London: Ernest Benn Limited, 1969）, pp. 205–207 を参照。

＊3　MAE, Tunisie 1944–1955, vol. 380, Note pour le Cabinet du Ministre, 10.1.1950. 傍線は原文。

＊4　El Mechat, *Les Chemins*, p. 92.

＊5　Habib Bourguiba, *Ma vie, mon œuvre: 1944–1951*（Paris: Plon, 1987）, p. 261.

＊6　*FRUS*, 1950, V, p. 1775, Tunis to Acheson, no. 61, 21.4.1950.

＊7　MAE, Tunisie 1944–1955, vol. 336, Mons à Schuman, n°579, 25.4.1950.

＊8　Bourguiba, *Ma vie,* 1944–1951, pp. 301–302.

＊9　*Ibid*., p. 310. ただしブルギバも、フランスが要求に応じない時は断固として武力闘争を行う覚悟を持っていた。*Ibid*., p. 313.

＊10　MAE, Tunisie 1944–1955, vol. 336, Mémorandum au Sujet de la Tunisie par la Délégation de la Colonie Française, 25.5.1950.

＊11　MAE, Tunisie 1944–1955, vol. 336, Mons à Schuman, n°579, 25.4.1950.

＊12　MAE, Tunisie 1944–1955, vol. 380, Notes Schématiques sur la Situation Politique en Tunisie, non daté.

＊13　Ibid.; NARA, RG 59, Central Decimal Files［以下、CDF］, 772.00/1–951, the US Consulate General in Tunis（Jernegan）to the State Department, no. 237, 9.1.1951.

＊14　Bourguiba, *Ma vie, 1944–1951*, pp. 354–355. ただしシューマンはすぐさま立場を後退させた。彼は二日後パリで、「フランスの使命は、フランス連合の枠内で、海外領土の住民が独自に自治を享受できるようにすること（une gestion indépendante de leurs propres affaires au sein de l'Union française）である。これがチオンヴィル宣言の内容である」と述べている。*Le Monde*, 13.6.1950.

＊15　Bourguiba, *Ma vie, 1944–1951*, pp. 355–356.

＊16　モロッコのスルタンであるモハメド・ベン・ユーセフ（モハメド五世）とは別人である。本書では混同を避けるため、以下ではネオ・ドゥストゥール党事務局長の名前をサラ・ベン・ユーセフと表記する。

＊17　*Ibid*., pp. 316–318.

＊18　MAE, Tunisie 1944–1955, vol. 336, sans titre, non daté.

＊19　MAE, Cabinet du Ministre, Schuman, vol. 101. Note pour le Ministre, 17.10.1951.

＊20　MAE, Tunisie 1944–1955, vol. 380, Périllier à Schuman, n°953, 11.7.1950.

＊21　Périllier, *La Conquête*, p. 78.

＊22　彼は、第二次大戦中に対独協力したモンセフ・ベイの時代（一九四二～四三）にも首相を務めたことがある。

＊23　MAE, Tunisie 1944–1955, vol. 380, Réunion Extraordinaire du 20 Juillet 1950, Motion. Julien, *L'Afrique du Nord*, p. 175. ベン・アン

マルはナショナリスト政党には属しておらず、穏健派ナショナリストと目されていた。

＊24 Bourguiba, *Ma vie, 1944–1951*, pp. 363–364. ブルギバは一九五〇年八月二日にチュニジアに帰国した。

＊25 これはチュニジア・アルジェリア・モロッコのナショナリストが一九四八年にカイロで結成した委員会であり、三地域の代表が独立を達成するまで協力することを目的とした組織である。

＊26 MAE, Tunisie 1944–1955, vol. 381, Note, Chenik à Périllier, 12.9.1950.

＊27 MAE, Tunisie 1944–1955, vol. 381, Périllier à Schuman, n°1356, 25.10.1950; Périllier à Schuman, 12.11.1950.

＊28 NARA, RG 59, CDF, 772.00/1–951, Jernegan to the State Department, n°266, 9.1.1951.

＊29 Bourguiba, *Ma vie, 1944–1951*, p. 380.

＊30 MAE, Tunisie 1944–1955, vol. 381, Périllier à Schuman, n°1356, 25.10.1950.

＊31 Ibid., Premier Ministre Chenik à Résident-Général, 4.11.1950.

＊32 Ibid., Tunis à Paris, n°537/538, 10.11.1950.

＊33 Périllier, *La Conquête*, p. 92. ペリイエはフランス社会党がチュニジア改革を主張しており、その圧力に政府が押されたのだと指摘している。後でも触れるが、社会党の一部議員は植民地問題に関してこの頃からナショナリストの要求を容れた解決を提唱していた。

＊34 *L'Année politique*, 1950, p. 264.

＊35 MAE, Tunisie 1944–1955, vol. 381, Tunis à Paris, n°596/598, 14.12.1950.

＊36 MAE, Tunisie 1944–1955, vol. 382, Note, 6.2.1951; *Le Monde*, 1.2.1951, 2.2.1951. これに対して、官房長官のヴィモン（Jean Vimont）はフランスの譲歩を不満として辞意を表明した。

＊37 Bourguiba, *Ma vie, 1944–1951*, pp. 274–275.

＊38 MAE, Tunisie 1944–1955, vol. 381, Périllier à Schuman, n°1356.

＊39 MAE, Tunisie 1944–1955, vol. 382, Note de la Direction d'Afrique Levant. 10.2.1951.

＊40 Bourguiba, *Ma vie, 1944–1951*, pp. 415–418.

＊41 MAE, Tunisie 1944–1955, vol. 337, Visite à Son Altesse Bey, 11.3.1951.

＊42 MAE, Tunisie 1944–1955, vol. 382, Périllier à Schuman, non daté.

＊43 Ibid.

＊44　MAE, Tunisie 1944–1955, vol. 382, Chenik à Périllier, 22.4.1951.
＊45　MAE, Tunisie 1944–1955, vol. 382, Périllier à Schuman, non daté.
＊46　Bourguiba, *Ma vie, 1944–1951*, pp. 428–429.
＊47　MAE, Cabinet du Ministre, Schuman, vol. 101, Note pour le Ministre, 17.10.1951.
＊48　MAE, Tunisie 1944–1955, vol. 337, Note pour le Ministre, non daté; Julien, *L'Afrique du Nord*, p. 183.
＊49　MAE, Tunisie 1944–1955, vol. 337, Circulaire n°138, Paris à Tunis, 3.6.1951.
＊50　Périllier, *La Conquête*, p. 104.
＊51　チュニジアは国連加盟国ではないため、問題を国連に付託する権限を持たない。しかし、国連事務総長に書簡を送るなどして国連の関心をチュニジア情勢に向けさせることは可能である。第4章で見るとおり、現に一九五二年初頭にブルギバはこれを行動に移している。
＊52　Périllier, *La Conquête*, p. 108.
＊53　Bourguiba, *Ma vie, 1944–1951*, p. 484, p. 491.
＊54　MAE, 1944–1955 vol. 337, Tunis à Paris, n°2850, 16.10.1951. 一九三六年条約は、緊急時に英軍がスエズ基地に利用することを定めたものであった。
＊55　MAE, Tunisie 1944–1955, vol. 383, Note pour le Ministre, 17.10.1951.
＊56　MAE, Tunisie 1944–1955, vol. 383, Note pour le Ministre, 10.1951.
＊57　MAE, Tunisie 1944–1955, vol. 383, Chenik à Périllier, 31.10.1951.
＊58　MAE, Tunisie 1944–1955, vol. 383, Note pour le Ministre, 15.11.1951.
＊59　MAE, 1944–1955 vol. 337, Tunis à Paris, n°2850, 16.10.1951.
＊60　Périllier, *La Conquête*, pp. 97–133. ただし彼は、チュニジア国会を性急に設立することには反対していた。
＊61　後にブルギバは次のように回顧している。「一九五一年一二月一五日以来、人民が生き残るか否か、そして国家と民族の政治的地位の存続か消滅かが問題となったのである」。Habib Bourguiba, *Ma vie, mon œuvre: 1952–1956* (Paris: Plon, 1987), p. 352.
＊62　「チュニジア人は何かを期待してパリを訪問したが、結果はゼロですらなく、むしろマイナスであった」と彼は記している。*FRUS*, 1951, V, pp. 1425–1426, Jernegan to the State Department, n°213, 19.12.1951.
＊63　*l'Année politique*, 1951, p. 338.

第3章

スルタンによる独立の要求

1950年10月―1951年12月

マダガスカルに追放されていた当時のモハメド五世（中央，在位 1927–1953 年，1955–1961 年）と家族。左は後の国王ハッサン二世（在位 1961–1999 年）。詳細は第 5 章を参照
出典：*L'Histoire*（no. 307, Mars 2006）, p. 69.

チュニジアにおける主権と独立を求める運動は、ただちにモロッコに飛び火した。一九五〇年秋には、ナショナリスト政党だけでなく、スルタン自身もフランス政府に独立を要求した。チュニジアと同様、フランスはモロッコをフランス連合に加盟させようと目論んでおり、独立の承認など論外であった。チュニジアの場合と同じく、フランスは入植者の参加する地方議会の設立を打ち出し、スルタンはそれを拒絶した。

しかし、モロッコでの独立運動はチュニジアとは異なる反応を生む。近代化を目指すスルタンを嫌う保守派の地方豪族たちが反発し、国内で深刻な対立を生みだしたのである。フランスは保守派を利用してスルタンの要求を撥ねつけようとし、スルタンはひとまず要求を取り下げる。この事件はアラブ諸国の反発を招き、アメリカの賛成を見込んだエジプトが問題を国連に付託する。だが、英仏が国連での討議に反対しているのを見たアメリカは討議に消極的になった。その結果、一九五一年末の国連総会はモロッコ問題を取り上げないことを決定した。

第一節　スルタンの覚書

スルタンとイスティクラール党の活動

一九五〇年一〇月、フランス政府はスルタンをパリに招聘した。悪化していたスルタン・モハメド五世との関係を修復しよう、というのがその目的であった。[*1] しかし結果的に、この訪問を機会にスルタンは決定的にナショナリストに接近してしまう。スルタンは共同声明への署名を拒絶し、代わりに①モロッコ人のための教育施設の拡充、②より多くのモロッコ人を行政に参加させる、③モロッコ人に労働組合を組織する権利を認める、という覚書をフランス政府に提出した。[*2] さらに翌月には彼はフェズ条約の破棄を明確に要求して、フランス側を大いに驚かせることになる。フランス政府は「フェズ条約がスルタンとその子孫に王位を保障している以上、スルタンは破棄を望まないだろう」とみていたからである。地位をフランスによって保障されているスルタンが、独立を要求するとは夢想だにしていなかったのである。また、ナショナリストにとってもモハメドの態度は予想外であり、フランスに接近するのを恐れて訪仏に反対していたほどであった。[*3]

フランスはチュニジアのときと同じように、自国と入植者の利権を守りつつ、モロッコをフランス連合に編入しようと考えていた。もちろん、独立させるなど問題外であった。表向きはフランスはモロッコの近代化と民主化を通じて自治を確立させたいとしていたが、実質的な権限はモロッコ人に渡さないことを企んでいたのである。共同主権の原則に則って、地方議会や国会にフランス人入植者を議員として送り込み、モロッコとの恒久的な紐帯を維持しようとした。

スルタンが独立を求めたころ、イスティクラール党はエル・ファシ（Allal el-Fassi）のイニシアチブの下、反仏宣伝活動を開始した。後で明らかになるが、このナショナリスト政党の戦略には二本の柱があった。概ねネオ・ドゥストゥール党と似ていたが、若干異なる点もあった。第一に、スルタンの要求がモロッコ国民の総意に基づくものであることをフランスに示すこと、そして第二に、問題の国際化にあった。イスティクラール党に顕著だったのは、一九五〇年の段階からアメリカ政府やアラブ諸国の政府に強く働きかけ、問題の国連付託に積極的だった点である。この点で一九五一年末にようやく国連付託を決断したネオ・ドゥストゥール党より、イスティクラール党は問題を国際的な舞台に持ち出すことにより積極的だったと言ってよい。

イスティクラール党は、独立要求を掲げたパンフレットを国連とアラブ連盟に送付し、「フランスはモロッコ帝国で、フランス人入植者の利益のために、帝国の人的・物的資源を搾取することしかしてこなかった」と論じた。一二月、イスティクラール党員が同じパンフレットを総督府議会のモロッコ人議員にも配ったため、ジュアン総督は同党員を総督府議会から追放した。[*4]

保守派の反発

スルタンとイスティクラール党の動きに脅威を覚えたのは、フランスだけではなかった。エル・グラウイをはじめ、伝統的な権威を保持するパシャやカーイドといった豪族も、同党の活動を伝統的価値への挑戦と受け取り、ナショナリストとの対決姿勢を強めていく。彼はベルベル部族の長として、イスティクラール党の鼓吹するアラブ・ナショナリズムを嫌悪していた。またモハメド五世についても、共産主義者を含む労働組合員に謁見を許したり、女性の解放を唱えるなど国家の近代化に熱心なことを理由に、敵視していた。モハメド五世との関係は悪化し、ついに一二月二一日に、スルタンとイスティクラール党の接近ぶりを公の場で非難するにいたった。[*5] エル・グラウイたちの対決姿勢はフランスへの忠誠心にも起因しており、ナショナリズム運動がフランスの地位を揺るがす可能性を恐れていたからでもあった。つまり、スルタンとイスティクラール党の活動は、モロッコ内の政治勢力の対立をも激化させたのである。

他方ジュアン総督は、スルタンとグラウイの対立を利用しようと考えた。彼は、フランス人議員を含む地方議会の設立を目指す、一九四七年一〇月の計画をモハメドに受諾させ、またイスティクラール党と断絶させる好機と見たのであろう。しかしこの時、パリの本国政府とジュアンの間では、地方議会の計画をどのように受諾させるかについて見解の相違が生じつつあった。フランス外務省は、ジュアンがグラウイに好意的すぎるため、スルタンと衝突しかねないと危惧していた。

伝統的な部族や部族長と、都市部のアラブ・ブルジョワジーやスルタンの対立が現実のものとなりつつあるようだ。この状況は、（中略）仏モロッコ間の対立をモロッコ内対立へと変容させつつある。これはわれわれにとって有利だが、しかしリスクもある。絶対王制を目論むスルタンの野望をくじくため、われわれは改革勢力にならんとしているにもかかわらず、世界の目にはわれわれが地方豪族にすり寄っているかのごとく映るからだ。[*6]

この覚書には、モハメド五世を絶対王制の樹立を企む人物とみなし、自分たちはそれを阻止しようとしていると弁護する、フランス側の偽善を見て取ることができる。しかしその偽善はともかく、ここで注目したいのは、ジュアンの政治改革が「十分に民主的な原則」[*7]に基づかない限り外国勢力によって非難される可能性がある、と外務省が考えていることである。フランスは植民地政策を遂行するに当たり、他国の世論を気にしない傾向があったものの、グラウイ勢力に頼ってあまりに強引な政策に出れば、国際的な非難を浴び、将来のフランスの立場を危うくしかねないと認識していた。また、外務省の覚書は文末で、「ジュアンの性急な政策のあげく、われわれは深刻な威信の低下か、王室の危機のどちらか選択を迫られる可能性がある」と論じている。実はこの点がモロッコ支配における根本的なジレンマであった。保護国条約とは、スルタンの地位を守る代価としてフランスの駐在を認めるという口実に基づいていた。すると、独立を支持するスルタンと独立に反対する豪族が国内で対立した場合、フランスはどちらを支持しても非常に難しい立場に追い込まれる。そうならないために、フランス政府はジュアンに対して、モロッコ国内の対立を利用して地方議会の設立をモハメド五世に強要してはならないと命じたのである。このジレンマは、一九五三年に現実のものとなる。

一九五一年一月二六日、ジュアン総督はスルタンと会談した。ジュアンは、自身がプレヴァン首相[*8]とともに訪米する予定であると告げ、次の二点を受諾するよう促した。第一に、イスティクラール党の思想はともかく、彼らが反仏宣伝しているのを非難すること。第二に、地方議会設立に関する一九四七年一〇月の勅令案に署名することである。訪米の予定を知らせることにより、ジュアンはアメリカもこの件で同意していることを暗に示そうとした。

しかしモハメドは、「スルタンは特定の党派対立を超越した存在であり」、地方自治改革の計画についてまだ十分に検討していないことを理由に、この要請を拒否した。[*9] その際に問題視したのは、ジュアンの強圧的態度であった。総督本人の報告によれば、彼はスルタンに対して、「スルタンがフランスの改革を妨害し続けるのであれば、廃位や退位を強行する権限もパリ本国政府から与えられている」[*10]と脅迫したのだった。実際はともかく、スルタンはモロッコ人民にとっては伝統的権威を備えた君主である。そのような君主を強制的に廃位することも辞さないというジュアンの物言いは、外務省が危惧したとおり強硬であった。[*11]

ジュアンがモハメド五世に語ったことからも明らかなように、フランス政府はアメリカの協力が不可欠だと考えていた。これは、ナショナリストも同様であった。国連の内でも外でも、アメリカがどう出るかは他国の政策決定にきわめて大きな影響を及ぼすと思われたからである。この頃イスティクラール党幹部はアメリカ領事と会談した際、フランス政府はスルタンに廃位すると脅したことを否定するに違いないと述べたうえで、こう主張した。フランス政府はジュアンを解任して新総督を任命すべきであり、わが党と共産党の間に秘密の協力関係などない、と。[*12] 共産党との協力関係を否定することで、同党はアメリカの支持を得ようとしたのである。スルタンと会談した二日後、ジュアンはワシントンＤＣで、マギー（George McGhee）中東・南アジア・アフリカ情勢担当国務次官補と会談する。この席でジュアンは、スルタンにはなんとしてもイスティクラール党を非難してもらわなければならない、また混乱に乗じてモロッコでは共産主義が拡大する恐れがあると指摘した。しかしマギーは冷淡であった。それどころか彼は、フランスはイスティクラール党と協力する気はないのか、と尋ねたのである。[*13] アメリカ国務省はイスティクラール党が共産主義勢力と何ら協力関係にないことを十分知っており、むしろフランスとナショナリストを和解させようとしていた。フランスは、後になってそれに気づかされる。

アメリカ政府の関心は、モロッコの政治的安定にあった。この意味では、やみくもにフランスを支持したわけでも、ナショナリストを支持したわけでもない。一方で、フランスは西側の重要な同盟国であり、またフランスのプレゼンスが突然消滅して起こる政治的混乱を考えると、支持することは必須である。しかし他方で、フランスがナショナリズムを抑圧すれば、モロッコ人はフランスと西側諸国、とくにアメリカに敵意を向け、さらなる混乱を招くのは必至であった。アメリカが採用したのは、「中道政策（middle-of-the-road policy）」であり、両者を完全には支持せず、なおかつ完全に離反させることもないという政策であった。その具体的内容は、本章第二節で議論する。またアメリカは、前年一二月にフランスと条約を結び、モロッコで海軍・空軍基地を使用する権利を得ていた。[*14] そのせいでアメリカ政府は、モロッコ情勢により関心を持っていたのである。ただし、この基地があるからといってアメリカがフランスに対して好意的になったということはない。ナショナリストの敵意を招くような態度は政治情勢の不安定化を招き、結局は基地周辺の安全保障を危機に陥れるからである。基地の有無は、アメリカの中道政策に影響を及ぼしたわけではなかったと言える。[*15]

一九五一年二月危機

ジュアンはマギーと会談した際、モロッコで抑圧的な姿勢を採ることについて、アメリカ政府から無条件の承認を取り付けたのではないかとの噂がこの頃流布していた。明らかにフランス側が意図的に流した噂であったが、この結果アメリカ側は、フランス当局が本当にモハメドの廃位を強行するのではないかと恐れ始めた。困惑したアチソン（Dean Acheson）国務長官は、フランスに三つの警告を送っている。

1　アメリカは〔対モロッコ政策に関して〕フランスに無条件の支持を与えていない。

2　アメリカは、フランスがスルタンを廃位するとしても、同調することができない。場合によってはそう公言しなければならないかもしれない。

3　フランスがそのような行動をとって、国連で問題が取り上げられても、アメリカはフランスを支持しない。[*16]

ただしアメリカ政府は、フランスの駐米外交官が指摘しているように、モロッコ問題が国連に付託されないよう懸命に努力していた。国連が問題を取り上げたら、アメリカはどちら側に付くか旗幟鮮明にしなければならないからである。[*17]そして、フランスに警告していたのはアメリカだけではなかった。イギリスも廃位を懸念し、フランスに助言したのである。一九五一年二月二日、駐仏イギリス大使のハーヴェイ（Sir Oliver Harvey）は、アメリカと相談のうえ、廃位すれば混乱が起きる可能性があることをシューマン外相へ伝えよ、という訓令を政府から受け取った。ただしこの訓令には、フランスが管轄権を持つモロッコ問題にイギリスは介入するつもりはないことも、フランス側へ知らせておくようにと添え書きがあった。イギリスは、植民地問題に関してフランス政府が外国の勧告に耳を貸さない傾向があることを知っていたので、反発を和らげるべくこのように申し添えたのである。この日、ハーヴェイはブルース（David Bruce）駐仏アメリカ大使と会合を持った。その席でブルースは、アメリカ政府の考えはイギリス政府とまったく同じだと述べたが、ハーヴェイはアメリカの態度がイギリスよりもやや強硬であると感じていた。[*18]

英米が相次いで警告したため、フランス政府も、廃位を強行しようとしているという印象を国際世論に与えるのは不利益であると認識した。そこでシューマンはジュアンにこう言った。

フランスがスルタンの廃位を求めているという噂に拍車をかけるような行動は慎まねばならない。（中略）アメリカ側が警告してきたことから考えても、そのような行動を絶対にとってはならないのは明らかだ。（中略）

われわれは心より改革案の実現を願っていると、強く印象づけなければならない。[19]

ワシントンから帰国すると、ジュアンは再びモハメド五世と会談し、「もはや問題の先送りはできない」と強調して一月末に示した点を受諾するよう迫った。[20] つまり、イスティクラール党による反仏宣伝を非難すること、そして地方議会設立に関する勅令案に署名することである。同時にフランスだけではなく、モロッコ国内でもモハメド五世への批判が起こり始めた。ウラマー（Ulama）[21] もモハメド五世に反対意見を表明し、新スルタンを選挙で選ぶよう求めたのである。これに対してスルタンは、事態を調停してほしいと、オリオール大統領に二月二一日に書簡を送る。しかし大統領の返事は、ジュアンの改革案を受けるべきだと強く勧告していた。[22] しかもこの日、フランス人民政管制官らがベルベル人から成る軍隊を集結させるよう命令を出した、との情報が届いた。[23] スルタンに圧力をかける目的だったと思われる。事態は、一九五一年二月危機と呼ばれるほど、モロッコ国内全体を揺るがすものになったのである。そしてジュアンの脅しだけではなく、ウラマーによる反対意見とベルベル人部隊が動きを見せたことにより、スルタンは屈服を余儀なくされた。二月二五日、モハメド五世は次の三点に同意した。

1　宰相であるエル・モクリ（Hadj Mohammed el-Mokri）に、「特定政党のやり方」を非難する声明を発表させる。
2　「妨害」活動を行ったとされるイスティクラール党員を、モロッコ帝国閣議から除名する。
3　ジュアンが一九四七年一〇月に提出した、フランス人議員も参加する地方議会の開設案に署名する。[24]

こうして一九五一年二月危機は終息した。確かにモハメド五世にとっては譲歩であったが、さりとて完全な屈服でもなかった。１にあるように、イスティクラール党を名指しせずにすみ、しかもモハメド自身ではなく宰相が声明を出せばよくなったからである。彼が譲歩したのは国内で対立が生じたためであったが、しかしモロッコ人にすべての原因を求めるわけにはいかないだろう。フランス本国政府ではないにせよ、ジュアンをはじめ総督府のフランス人官僚が、ベルベル人部隊の動員など、率先して対立を煽った面もあったからである。フランス総督府のこうした脅迫まがいの姿勢は、国内のアラブ人を大いに憤激させ、またアラブ諸国からも厳しい反発を招くことになる。

第二節　アラブ諸国の動きと仏米交渉

アラブ諸国の反発

ジュアンがスルタンに強圧的な態度をとった結果、アラブ諸国や米英のマスメディアは一斉に批判的な報道を開始した。とくにアラブ諸国のマスメディアの反仏キャンペーンはすさまじく、フランスがフェズというモロッコ北部の都市を爆撃した、あるいはモハメド五世を監禁したなどと虚偽のニュースを三月一日から流しつづけるなど、過激であった。二日、アラブ連盟事務局長のアザム・パシャが連盟政治委員会を招集してモロッコ問題を討議し、四日にはエジプト議会がフランスを非難する決議を採択した。[*25] アラブ連盟はさらに、モロッコ問題を国連に持ち込むかどうかを真剣に検討し始める。アザム・パシャはエジプト駐在のイギリスとアメリカの大使に、アラブ連盟が国連安保理にこの件を付託した場合どのような態度をとるか尋ねた。この時、英米は異なる反応を見せた。イギリス大使が「これはフランス政府およびモロッコ政府のみの問題だ」と回答したのに対し、アメリカ大使は無回答だったのである。[*26]

アメリカ政府は、アジア・アラブ諸国は自国の対応を注視しており、外交政策がこうした諸国にアメリカの善意を示せるかどうかの試金石となると認識していた。[*27] 三月五日、アメリカ政府は記者会見の席で、フランスとモロッコの両当事者に対して穏当な対応をするよう、すでに助言していることを明らかにした。フランス側はこのアメリカの姿勢に大いに不満であり、「そのような姿勢だから、アメリカがイスティクラール党に好意的だという噂に信憑性を与えてしまうのだ」[*28] と不満を漏らしている。また、イスティクラール党がローズ・グループ[*29]（Rodes Group）の援助を受けて宣伝活動を行うことをアメリカ政府が許可したという報告が届き、[*30] フランス政府は憤慨する。ただし、アメリカ国務省は三月九日に、駐エジプト大使に対して、エジプトが安保理へこの件を付託するのを思いとどまるよう説得せよと訓令を発している。[*31] やはりアメリカは、国連の場で、フランスかアラブか選択を迫られたくはなかったのである。そして後で議論するように、西側諸国とアラブの間に亀裂が入れば、ソ連に利用される危険があるとも考えていた。

イギリス政府の見解は微妙に異なっていた。イギリスでは、仏モロッコ間の紛争をアメリカが公に調停するような事態になれば「利益を得るのはソ連だけである。疑いなくソ連は、北アフリカの平和と西側諸国の立場を犠牲にしてアラブを支持するだろう」[*32] と議論されていた。このためイギリス外務省はアメリカ国務省に対して、スルタンへのジュアンの態度を公に非難しないよう説得を試みていた。[*33] 興味深いことに、イギリスは西側諸国の間に不和が存在しないと示すことに関心があった。同盟内の対立があれば「ソ連を利するだけ」[*34] だからであった。それゆえ、アメリカ政府とは異なって、アラブ側に対して「モロッコ問題を解決すべく、自分たちがフランスを説得する」とは決して口にしなかったのである。外務省のアレン（Roger Allen）アフリカ局長が述べたように、「モロッコ問題を契機に英仏の溝を拡げられる」[*35] などという印象をアラブ諸国に抱かせることは極力避けねばならなかった。

一九五一年三月一三日、アラブ連盟政治委員会は、モロッコ問題を国連総会に持ち込むよう加盟国に勧告した。フランスは反対するが、フランスの政策を必ずしも全面的に支持していない米英の立場を考慮すれば国連総会へ付託するほうが望ましいと考えたのである。[*36] アラブ連盟の決定は、イギリスにとって衝撃であった。次はイギリス植民地の問題が国連に持ち込まれる危険を、覚悟しなければならなくなったからである。そうである以上、イギリス政府は、フランス政府に対してより穏健な政策を採用するよう説得することも選択できたはずである。そうすれば、アラブ諸国が国連にモロッコ問題を提起するのを防ぐことができたかもしれない。だが、イギリス側はそうせずに、「モロッコにおけるフランスの活動についてわれわれがどう考えようが、事態を放置するのが最善である」[*37] という結論を下した。これは一九五一年二月の危機で学んだ教訓に根ざしていた。フランス政府を説得しようと尽力した結果、ジュアン総督をはじめとしてフランス側の頑な態度を誘発し、かえって問題の解決を遠ざけてしまったからである。とくにフランスでは、米英がわが国を北アフリカから駆逐しようとしているという疑念が国民に根深く、説得に努めても逆効果を招く危険があると、イギリス側は方針を固めた。

国連で討議される可能性を認識したフランス政府は、一九五一年三月、新たな改革案を策定してモハメド五世に提示することを決定した。彼は、フランス人議員も参加する地方議会に関する一九四七年一〇月の案に署名すると約束したばかりであったが、それに加えてフランス当局は、内陸農村部の議会の改革を提案したのである。ジェマ(djémaa) と呼ばれる議会であり、都市部の地方議会とともに、諮問機関の性質を持つことになっていた。ジェマは以前から部族代表が出席する議会として存在していたが、それに一定の予算管理権を与えて自律性を認めようという提案であった。都市部の地方議会については、共同主権の原則に基づいてフランス人議員も参加する予定だった。[*38]

四月に入り、エジプトはフランス外務省に対してモロッコの独立を承認するよう求め、そうしなければ国連に付託すると文書で通告した。[*39] 国連で討議される可能性が高まったため、フランス政府はアメリカに協力を求めねばならないと考えた。フランスはアメリカが問題の討議そのものに反対することを望んだので、モロッコに国内自治を導入するために真摯に努力しているとアメリカに納得させる必要があった。四月一三日、フランス駐米大使のボネ(Henri Bonnet) は、二月危機に関してアメリカのマスメディアは批判的に報道しており、米国民の対仏感情は悪化する兆しがあるとフランス政府に報告した。したがって、政府だけでなくアメリカのマスメディアに対してもフランスの立場を説明する必要があるとボネは続けて論じ、[*40] 本国外務省の了承を得た。一週間後にはマギー国務次官補と会談し、フランスは地方レベルで民主化を開始し、最終的にはモロッコ人を国内自治に導くことを目標としている、また、イスティクラール党は民衆の代表ではなく一部特権階級の集団にすぎない、と訴えた。マギーはこれに対し、アメリカ国務省の情報では民衆がスルタンを支持していること、「モロッコの独立に向けた進展は、インドやパキスタンと比べると目に見えないほどである」[*41] とだけ回答した。フランスの説得工作は失敗に終わったのである。

一九五一年五月、フランス総督府は、ジェマと地方議会の設立に関する新計画をモハメド五世に提出した。[*42] これが、前年一一月のスルタンの独立要求に対して、フランス政府が最初に行った公式の回答であった。ところが五一年五月の段階では、国際世論の非難を恐れ、フランス案が公表されることはなかった。チュニジアの計画と同様、フランス人議員の地方議会への参加を盛り込んでいることが非難を招くのは明らかだったからである。七月になるとスルタンは、地方議会のフランス人・モロッコ人議員を、従来の任命制ではなく選挙で選ぶようになるのは問題だと述べ、拒絶した。[*43] チュニジア政府やネオ・ドゥストゥール党と同様にモハメド五世もまた、政治共同体はモロッコ人のみから構成されなければならないため、この案は「モロッコ主権と相容れない」[*44] と考えたのである。ただし、モロッコ人部族代表だけで構成されるジェマに関する勅令については、彼は署名した。[*45]

翌八月、フランス政府はギヨーム (Augustin Guillaume) 将軍を新モロッコ総督に任命する。ジュアンの政策があまりに強圧的であるため、前年末にはすでに外務省内で彼の解任が検討されていた。しかし外務省は、「モロッコ人の多くはフランスに信を置いており、本国政府がジュアンの政策を否定しているという印象を与えれば混乱が生じる」ことを理由に、解任を遅らせていたのである。また同時に、モロッコ人に対して強固な意志を示すためには、後任も軍人であるべきだと考えられた。[*46]

他方、イスティクラール党のエル・ファシは、中東諸国や米英の訪問を八月中旬に発表する。フランス当局の表現を使えば、それは「モロッコの大義を説くプロパガンダ」のための外遊であった。月末にはカイロを訪れ、アラブ連盟に対してモロッコ問題を国連に付託するよう提案した。[*47]

アメリカの中道政策

フランス政府は、国連での支持を取り付けるためにアメリカ政府と再度協議しなければならないと考えた。八月中旬、フランスのボネ駐米大使は、その旨本国政府に提案した。その理由として、アメリカ政府がいまだにフランスとイスティクラール党の協働に関心を持っていること、フランスが要求を撥ねつけ続ければイスティクラール党は共産主義勢力に接近する可能性があると考えていることを指摘している。また、国務省の外交官がモロッコ・ナショナリストと会合を持ってアメリカの中立性を示そうとしていること、モロッコ人と将来的に良好な関係を維持しようとしていることも論じている。[*48]ボネはこの状況に対抗するために、イスティクラール党と共産主義者が共謀している証拠を書面にし、アメリカに見せてはどうかと提案した。だが、そもそも共謀の事実は存在せず、当然フランス政府は共謀の証拠を挙げることができなかった。フランス外務省内で回覧された文書は、共産主義者が一方的にイスティクラール党と協力関係を築こうとしていること、同党はむしろ共産主義者と距離を置こうとしていることを示唆するのみであった。[*49]そしていずれにせよ、イスティクラール党とフランスの協力関係に期待を抱く国務省は、このような共謀関係が存在する可能性についてフランス政府が説得を試みても、耳を貸さなかったのである。

この頃、来るべき米仏会談に備え、アメリカ国務省は「モロッコに関する米仏の見解の調和を目指して」[*50]と題する文書を作成していた。モロッコにおけるアメリカの目的が、ここに明記されている。

1　モロッコが西側の安全保障に最大限貢献でき、われわれがその空軍基地を利用し防衛できるよう、モロッコの安定を維持する。

2　必要な経済的社会的改革を遂行し、不満を抱くナショナリストの反仏蜂起を回避できるように、モロッコに国内自治（self-government）を導入するべく努力する、フランスを支援する。

3　モロッコ人民との良好な関係を促進するという点において、フランス側と協調する。

この後、モロッコでの進歩的政策には、モロッコ人だけはなく、フランス側の抑制と穏健な姿勢も伴わねばならないと文は続く。そして、フランスの政策は抑圧的だとするアラブ諸国の議論に反駁するために、国務省はフランス計画の詳細を常に知っておく必要があると論じる。[*51]この文書から明らかなように、フランスと合意のもとでモロッコ人が主権を獲得するほか解決の道はないとアメリカは見ていた。その結果、チュニジアの場合と同じく、アメリカはフランスとモロッコいずれの側も全面的に支持することはできず、「中道政策」を継続するしかなかったのである。以後のアメリカのモロッコ政策は、この文書の戦略に基づいて遂行される。[*52]

一九五一年九月一一日、ワシントンＤＣでシューマン—アチソン会談が開催される。席上、シューマン外相はフランスの立場をこう説明した。

フランス政府はモロッコにおいて、大きな政治責任を果たせる、近代的で安定的な民主国家を設立したいと希望している。（中略）この努力が実を結ぶかどうかは、西側同盟諸国がフランスの政策にどの程度理解を示すかにかかっている。（中略）国連でモロッコ問題を討議しても、モロッコの政治的発展を妨げるだけである。（中略）もし、それにもかかわらず国連で討議が不可避ならば、〔仏米両国政府が〕同じ姿勢で臨めるよう協議するほうが有益だ。[*53]

モロッコ人に実質的な権力を移譲するつもりがない以上、フランス政府は依然として偽善的だったと言わざるを得ない。アメリカ側はモロッコ地方議会の設立に関する一九五一年五月計画の詳細を知らされなかったが、やはりシューマンの主張に納得しなかった。今回もフランスは、アメリカを同調させることに失敗したのである。ただし、アメリカ政府はモロッコのナショナリストの見解に賛同したわけでもなかった。この会談でアチソンは「モロッコは独立する準備が整っていない」と認めたのである。また、アラブ諸国が国連に付託しないようできるだけ説得してほしいとシューマンが頼んだとき、アチソンはそう努力すると約束した。さらにアチソンは、問題が国連に持ち込まれた場合は、フランスと対応を協議するとも約束した。[*54] このようにアメリカ政府は、フランスを支持していたわけではなかったが、やはり問題が国連で討議され、アラブかフランスかを選択しなければならない立場に自国が追い込まれるのを防ごうと考えていたのである。

第三節　国連での討議

エジプトによる国連付託

一九五一年一〇月六日、エジプト政府は公式にモロッコ問題を国連総会に付託した。[*55] 実に、これが北アフリカ問題が国連に持ち込まれた最初の事例であった。すでにフランス政府は同年七月に、チュニジア・モロッコ問題はフランスの内政問題であり、国連に介入する権限を認めない立場をとると決定していた。もし国連が討議を開始した場合には、「フランスの国連代表は、議場から退席しないまでも、討議自体に参加することは拒絶しなければならない」とも決めていた。[*56]

エジプトの付託により、フランスは二方面で対応を迫られることになった。一つはモロッコの総督府議会選挙であり、もう一つは英米との協議である。一〇月七日、ギヨーム新総督はモハメド五世に謁見し、総督府議会のモロッコ人部門の選挙の問題を提起した。[*57] 早くもその一〇日後、モロッコ人部門の選挙を一一月一日に実施すると告示があった。これは明らかに、ナショナリスト勢力に選挙の準備を十分にさせないためのフランスの策略であった。[*58] この選挙で投票権を持つモロッコ人の数は八〇〇〇人から二二万人へと大幅に増大したが、増えた分の半数は農村部や山間部の住民であり、都市部を基盤とするイスティクラール党の勢力拡大を阻止する目的があった。フランスの予測どおり、ナショナリスト諸政党はこの選挙への参加を拒絶する声明を発表した。モロッコ人民の多くは圧倒的にこの立場に同調し、最大都市カサブランカの九五・九％を最高に、平均で六〇％もの高い棄権率を示した。[*59]

同時に、フランス政府は米英両国と接触し、対応の協議に入った。シューマン外相の訓令を受けたボネ駐米大使は、一〇月九日にアチソン国務長官と会談する。ボネは、「この件は国連憲章の定める内政問題にあたるため、国連で取り上げること自体が疑問であるというのがわが政府の立場であり、（中略）貴国の完全な支持を得られるものと考えている」と述べた。続けて彼は、もし国連が問題を討議すると決定すれば、エジプトはモロッコで混乱を引き起こすことで、フランスの立場を不利にするだろうと主張している。つまりエジプトは反仏活動を煽ってモロッコ人に暴力事件を起こさせるなどして、国際的に注目を集め、国連での討議を有利に進めようと考えている、というのである。

だがアチソンは、国連には問題を討議する権限があると考えていた。ただし「国連は、フランスを非難する決議を採択したり、調査団を結成する権限は持たない」という点では譲歩を示した。[*60] つまりアメリカ政府は、国連がフランスを非難する決議を採択することには反対したものの、国連が問題を討議する権限自体は認めたという意味で、全面的なフランス支持でもモロッコ支持でもなかった。やはりアメリカは、中道政策を遂行する決意を固めていたのである。

同じ月、アチソンとシューマンはNATO閣僚理事会に同席し、これを機会に再び会談を行った。この席でシューマンは、アメリカがモロッコにおけるフランスのプレゼンスを支持し、かつ国内情勢には関心を持たないと確約する文書を作成することはできないかとアチソンに尋ねている。つまり国連で全面的な支持を得るのは不可能だとしても、アメリカがモロッコにおいてフランスを支持することを文書で確約してほしい、という要望であった。しかし、アチソンはこの質問に対して明確な回答を避けた。[*61] フランスがモロッコ人の要求に耳を貸さない可能性が高かったため、アメリカとしてもフランスの政策を全面的に支持するような文書を作成することは困難だったと考えられる。

同じく一〇月九日、ラコスト（Francis Lacoste）フランス国連常駐代表は、ジェッブ（Gladwyn Jebb）イギリス国連代表に対して、モロッコ問題を国連が討議する権限を持つという主張自体に反対する政府の方針を伝え、「その際にイギリス政府の完全なる支持が得られると期待している」と付け加えた。ジェッブの答えは「〔イギリス政府も〕その方針である」というものだった。[*62] イギリスはアメリカと異なり、北アフリカ問題について完全にフランスの立場に同調する決意だったのである。さらにイギリスは、アメリカ側にも同様の方針を採用するよう、ただちに説得を試みた。ハーヴェイ駐仏大使は、折しもパリに滞在中であったアチソンに「エジプトによる付託そのものに反対して、フランスを支持することはできないか」と質問している。アチソンは、国連で討議の可否を投票する際わが国は棄権すると決定しており、これによってフランス側にすでに譲歩したと考えていると回答した。ハーヴェイは、アチソンの立場をこうまとめている。

国連においてこの種の問題を討議することに反対しないというのが、アメリカ政府の基本原則である。彼は棄権を決定した時点で、アメリカの伝統から逸脱することに同意したのだ。この棄権の決定ですら、彼はローズヴェルト（Elenoar Roosevelt）率いる「国連のリベラル派」から激しい攻撃に晒されている。彼が討議に反対することは不可能である。[*63]

実際、アメリカ政府はこれまで、植民地問題を国連総会の議題にすることに反対票を投じたことがなかった。[*64]ただし、「他国の政府から助言を求められたら、この問題を議題に取り上げるのに反対するよう勧めてもよいと〔アチソンは〕述べた」ともハーヴェイは付け加えている。やはりアメリカは、自身が国連で選択を迫られることを極度に恐れていたのである。

総会での議論

国連総会総合委員会[*65]は一一月八日と九日、モロッコ問題を議題に加えるべきだとする要求を討議した。初日、フランス国連代表団を率いるシューマン（Maurice Schumann）外務次官は「国連総会にはモロッコ問題を討議する権限はなく、フランスは、国連憲章第一一条によって非自治地域（non-self-governing territories）を統治する国連加盟国に託された義務を果たすことを確約する[*66]」と主張して、この要求に反対した。討議の二日目、国連総会は、問題を議事にするかどうか、検討を先送りすべきだと勧告するカナダ案を採択した。[*67]実は一一月初頭、フランス政府はすでに、検討を先送りすべきだという点で米英側と合意に達しており、[*68]この合意を基にカナダが決議案を提出していたのであった。アチソンは、ハーヴェイに事前に伝えたように棄権したわけではなかったが、問題の先送りに賛成した。これによってアメリカ国務省は、実質的に棄権したのである。国連総会本会議は一一月一三日から問題討議を開始したが、一二月一三日に、賛成二八票、反対二三票で、総合委員会の勧告に同意する決議を採択した。[*69]国連はモロッコ問題を討議する権限を持たないという主張が、加盟国の間でコンセンサスを形成したとは言いがたいが、フランスはともかく討議を阻止するという当初の目的を達成できたのである。

この結果にフランス政府は満足し、アメリカの今後の政策にも楽観的になった。つまり、アメリカ国務省が実質的に棄権したため、将来的にフランスに同調してもらえるのではないかという期待が生まれたのであった。シューマン外相は、一一月末にラバトのギヨーム総督に宛てて以下のように書き送っている。

> とくに国連総会とエジプト案に関する討議をめぐって、（中略）アメリカ政府の姿勢に変化が現れている。この変化は、国務省が〔フランスの政策を〕理解しようと努めている現れであり、その努力は決して過小評価できない。[*70]

このようにアメリカの支持をあてにしていたことも、翌月、チュニジア政府に強い姿勢で臨んだ[*71]一因と言えるだろう。

しかしながら、フランスの期待は幻想にすぎなかった。一一月二一日付のアメリカ国務省文書には、政府は中道政策を維持すべきとある。[*72]しかもアメリカの世論は、モロッコ問題で事実上の棄権をしたことに批判的であった。加えて、モハメド五世も国連会期中に反仏姿勢を強めていた。一一月一八日、彼はスルタン位就任二四周年の記念式典で演説を行い、前年秋にフランス政府に提出した覚書に言及している。本章第一節で説明したように、スルタンがフランスに初めて独立を要求した覚書であった。

私は、わが帝国におけるさまざまな集団の利害を擁護しつつ、(中略)真の主権をモロッコに保障した規約が、仏モロッコ関係を規定すべきだと心から望んでいる。この望みを覚書に込めた。この問題について交渉が開始されることを、私は以前から絶えず希望してきた。*73

スルタンは、独立の要求を再度フランスに突き付けようとしていた。しかし、第5章で見るように、彼は慎重を期して、一九五二年春まで次のステップに踏み出さなかったのである。

注

*1 *FRUS*, 1950, V, pp. 1760–1762, The Consul at Rabat (McBride) to Acheson, no. 169, 6.11.1950.
*2 *Ibid.*, p. 1752, The Chargé in France (Bonsal) to Acheson, no. 2124, 19.10.1950.
*3 *Ibid.*, pp. 1762–1764, Bruce to Acheson, no. 1244, 17.11.1950.
*4 MAE, Maroc 1950–1955, vol. 67, Circulaire n°18, 15.3.1951.
*5 Bernard, *The Franco-Moroccan Conflict*, p. 82.
*6 MAE, Cabinet du Ministre, Schuman vol. 96, Note pour le Ministre, non daté.
*7 Ibid.
*8 彼は一九四四年のブラザヴィル会議開催当時は植民地問題担当相であったが、この時期は首相を務めていた。
*9 MAE, Maroc 1950–1955, vol. 76, Rabat à Paris, Résumé de l'audience du 26 janvier 1951.

＊10　この場合、廃位（deposition）とはスルタンの同意がないままその地位から放逐することを、退位（abdication）とはスルタンが自らの了解のもとその地位を退くことを指している。

＊11　Service historique d'Armée de terre［SHAT］, Fonds Juin, Télégramme résident général à Diplomatie Paris, du 26 janvier 1951, cited in Bernard Pujo, *Juin, Maréchal de France*（Paris: Albin Michel, 1988）, p. 271.

＊12　MAE, Maroc 1950–1955, vol. 76, Paris à Rabat, n°71/78, 1.2.1951.

＊13　MAE, Maroc 1950–1955, vol. 76, Washington à Paris, n°946/958, 1.2.1951. マギーは、一九五〇年秋に国務省官僚の使節団が北アフリカを訪問した時に団長を務めた人物である。

＊14　モロッコにおける海軍および空軍基地に関する米仏協定については、*FRUS*, 1950, V, pp. 1764–1768, Bruce to the Secretary of State, no. 3479, 17.12.1950; pp. 1768–1770, Bruce to the Secretary of State, no. 3480, 17.12.1950.

＊15　後で見るように、基地を保有していないチュニジアに対しても、アメリカは基本的に同じく中道政策を採った。

＊16　*FRUS*, 1951, V, pp. 1371–1373, Acheson to the Legation at Tangier, no. 260, 2.2.1951.

＊17　MAE, Maroc 1950–1955, vol. 76, Washington à Paris, n°988/996, 2.2.1951.

＊18　TNA, FO 371/90243, JF 1022/5, FO to Paris, no. 96, 2.2.1951; JF 1022/7, Harvey to FO, no. 38, 2.2.1951; JF 1022/12, Franks to FO, no. 352, 3.2.1951. ハーヴェイは二月五日にシューマンと会談を行っている。

＊19　MAE, Maroc 1950–1955, vol. 2, Entretien avec M. Général Juin, non daté. Bernard, *The Franco-Moroccan Conflict*, p. 111 も参照のこと。

＊20　MAE, Maroc 1950–1955, vol. 77, Rabat à Paris, n°147/149, 17.2.1951.

＊21　ウラマーとは、イスラム教の教義や法理の解釈者を指し、イスラム社会では高い権威を持った人々を指す。

＊22　*Le Monde*, 27.2.1951; *l'Année Politique*, 1951. p. 48.

＊23　*FRUS*, 1951, V, pp. 1377–1380, McBride to the State Department, no. 325, 28.2.1951.

＊24　モロッコ帝国閣議は、一九五〇年九月に設置されたモハメド五世の諮問機関であり、そこではイスティクラール党が勢力を拡大していた。MAE, Maroc 1950–1955, vol. 68, Paris à Rabat, Circulaire n°18, 15.3.1951; *Le Monde*, 28.2.1951.

＊25　MAE, Maroc 1950–1955, vol. 79, télégramme circulaire, Paris à Rabat, 9.3.1951.

＊26　MAE, Maroc 1950–1955, vol. 78, Couve de Murville à Paris, n°184, 4.3.1951.

＊27　TNA, FO 371/90244, JF 1022/46, Washington to FO, no. 682, 7.3.1951.

＊28 MAE, Maroc 1950–1955, vol. 78, Bonnet à Paris, n°1871/1872, 5.3.1951.

＊29 これは、モロッコ在住の退役軍人であるローズ（Robert Rodes）の指導のもと、現地のアメリカ人実業家が結成したグループであり、アメリカの対モロッコ輸出制限を撤廃させる活動を展開していた。*FRUS*, 1952–1954, VI, pp. 225–227, footnote 3.

＊30 MAE, Maroc 1950–1955, vol. 78, New York à Paris, n°1129, 7.3.1951.

＊31 TNA, FO 371/90244, JF 1022/52, Washington to FO, no. 706, 9.3.1951.

＊32 TNA, FO 371/90244, JF 1022/46, FO to Washington, no. 929, 9.3.1951.

＊33 TNA, FO 371/90243, JF 1022/32, Washington to FO, no. 594, 26.2.1951; FO to Washington, no. 798, 28.2.1951.

＊34 このイギリス側の見解に、シューマン外相は同意している。TNA, FO 371/90244, JF 1022/46, Harvey to FO, no. 80, 12.3.1951.

＊35 TNA, FO 371/90245, JF 1022/71, Furlonge Minute, 11.3.1951, Allen Minute, 12.3.1951.

＊36 MAE, Maroc 1950–1955, vol. 79, Couve de Murville à Paris, n°250, 14.3.1951.

＊37 TNA, FO 371/90246, JF 1022/113, Harvey to FO, no. 204, 11.4.1951.

＊38 MAE, Maroc 1950–1955, vol. 79, Etude sur la situation au Maroc en Mars 1951.

＊39 MAE, Maroc 1950–1955, vol. 83, Note, Direction Général des Affaires Politiques, 29.6.1951; TNA, FO 371/90246, JF 1022/120, FO Minute by Stewart, 8.5.1951.

＊40 MAE, Maroc 1950–1955, vol. 82, Washington à Paris, n°2920, 13.4.1951.

＊41 *FRUS*, 1951, V, pp. 1381–1384, Memcon, by the Officer in Charge of Northern African Affairs, 23.4.1951. この記録によれば、ボネは「internal autonomy」ではなく「self-government」という用語を用いている。二つの用語の違いについては、本書の序章を参照のこと。

＊42 MAE, Maroc 1950–1955, vol. 85, Projet de Réponse au Mémorandum du Sultan du Maroc, 21.8.1952.

＊43 *Le Monde*, 8–9.7.1951.

＊44 MAE, Maroc 1950–1955, vol. 86, Situation Politique（mars 1953）.

＊45 *L'Année politique*, 1951, p. 189.

＊46 MAE, Maroc 1950–1955, vol. 83, Comité Central de la France d'Outre-mer, 18.7.1951.

＊47 *L'Année politique*, 1951, p. 208.

＊48 MAE, Maroc 1950–1955, vol. 159, Washington à Paris, n°6023/6028, 23.8.1951.

＊49　MAE, Maroc 1950–1955, vol. 67, Note, Nationalistes et communistes au Maroc, 4.7.1951.
＊50　*FRUS*, 1951, V, pp. 1384–1386, Paper Prepared in the State Department, 29.8.1951.
＊51　Ibid.
＊52　植民地問題をめぐってアメリカが宗主国側か植民地勢力側か、どちらに味方するかは、現地に基地などの権益を持っているか否かに左右されると言われることがある。しかし本章注15で述べたように、これは必ずしも正しくない。アメリカはチュニジアに軍事基地を保有していないが、モロッコの場合と同じく中道政策を採用した。つまり基地の有無は、アメリカの現地情勢への関心を強める効果はあっても、宗主国と植民地勢力のどちらに味方するかという点には大きな影響を及ぼさなかったのである。
＊53　MAE, Maroc 1950–1955, vol. 164, Conversations bilatérales Tenues entre Ministres des Affaires Étrangères de France et des États-Unis, 11.9.1951.
＊54　*FRUS*, 1951, V, pp. 1387–1389, US Minutes of the First Meeting of the Foreign Minister of the US and France, 11.9.1951.
＊55　MAE, Cabinet du Ministre, Schuman vol. 97, sans titre, 6.10.1951.
＊56　MAE, Maroc 1950–1955, vol. 646, Note pour le Ministre, 31.7.1951.
＊57　MAE, Maroc 1950–1955, vol. 83, Rabat à Paris, n°810/814, 8.10.1951. スルタンは、モロッコ人部門の選挙を実施することについては、一九五一年二月にフランス総督府と合意していた。
＊58　Bernard, *The Franco-Moroccan Conflict*, p. 95.
＊59　MAE, Maroc 1950–1955, vol. 84, Paris à Rabat, Circulaire n°209, 3.11.1951.
＊60　*FRUS*, 1951, V, pp. 1389–1392, Memcon by Acheson, 9.10.1951.
＊61　*Ibid.*, p.1390, footnote 4.
＊62　TNA, FO 371/90240, JF 10113/10, Jebb to London, no. 329, 9.10.1951.
＊63　TNA, FO 371/90241, JF 10113/35, Harvey to FO, no. 645, 6.11.1951.
＊64　MAE, Maroc 1950–1955, vol. 647, Washington à Paris, No. 7100/7119, 11.10.1951.
＊65　総合委員会（The General Committee）とは、総会の本会議で議論する議題を選定し、その重要度に応じて順番を決定するなどの作業を行う委員会である。*Yearbook of the United Nations, 1946–47*, p. 54.
＊66　MAE, Cabinet du Ministre, Schuman vol. 97, Note, 9.11.1951.
＊67　MAE, Cabinet du Ministre, Schuman vol. 97, Note, n°110, 10.11.1951. カナダ案を支持したのは、ドミニカ共和国、アメリカ、フ

ランス、ノルウェー、イギリスである。反対に回った国は、イラク、ポーランド、ソ連、ユーゴスラヴィアである。

＊68 TNA, FO 371/95737, UP 2021/3, Record of a meeting of the UK Delegation to the UNGA, 7.11.1951.

＊69 *Yearbook of the United Nations*, 1951, pp. 357–359. 米英両国代表はこの決議に賛成票を投じた。棄権したのは七か国であった。

＊70 MAE, Maroc 1950–1955, vol. 159, Rome à Rabat, n°1037/1039, 24.11.1951.

＊71 一九五一年一二月に共同主権覚書をチュニジア側に提示したことを指す。詳細は、第2章第三節を参照されたい。

＊72 *FRUS*, 1951, V, pp. 1392–1395, Policy Paper Prepared in the Department of State, 21.11.1951.

＊73 *L'Année politique*, 1951, p. 299.

第 **4** 章

チュニジア問題の国連討議

1952 年 1 月—12 月

国連でのチュニジア問題討議に向けて，支持を国民に訴えるブルギバ
出典：Habib Bourguiba, *Ma Vie, Mon Œuvre 1952–1956*（Paris: Plon, 1987）

一九五〇年に始まった仏チュニジア交渉は、公務員改革を除いて膠着状態が続き、一九五一年一二月に決裂した。チュニジアをフランス連合に加盟させるべく共同主権の原則に固執していたフランスと、主権の回復を求めるナショナリストの間に妥協の余地はなかったのである。フランス政府の態度を見たブルギバは、問題を国連に持ち込むべきだと決意し、アラブ諸国を通じて国連への付託に成功する。

第3章で説明したように、一九五一年にはアメリカはモロッコ問題を国連で討議することに消極的であった。しかし、植民地解放に好意的な国内世論から猛烈な批判を浴びたため、一九五二年には積極的にチュニジア問題を国連で討議させようとする。これに対して、広大な植民地を保有するイギリスは、管轄権を主張するフランスに同調して国連の討議には消極的であり、米英仏三国間で複雑な交渉が繰り返された。同年一二月に国連総会は、チュニジアの国内自治に向けて交渉するよう、フランスに勧告した。ナショナリストの熱意を部分的に満足させる内容であったが、国連自身が交渉に関与することは拒絶していた。この結果は、アラブ諸国とフランスの中間的立場にあり、どちらからも反発を買わないよう腐心していたアメリカ政府の立場を反映したものであった。

第一節　ブルギバの帰国

国連事務総長への書簡

一九五一年初頭から諸外国の支持を取り付けようと奔走していたブルギバは、一九五二年一月二日に帰国した。前述の、一九五一年一二月のフランスの態度を見て彼は方針を転換し、国連で問題を議論させるという、いわゆる問題の国際化という強硬路線に転じたのである。問題の国際化は、フランスが何としてでも阻止しようと考えていた事態であった。チュニジアの外交権はフランスに帰属するというのが保護国条約の規定であり、チュニジア情勢はフランスの国内問題である、というのがフランス政府の公式見解だったからである。帰国直後から、彼は国連に付託するべくキャンペーンを国内で展開した。また、ムハンマド八世もチュニジア人民の間で人気を得ようと躍起になっていると、チュニジア総督は記している。[*1] 政府内では、シュニク首相ら穏健派が国連付託を阻止しようと試みていた。しかしブルギバは、一月八日にモナスティール市で「チュニジア人民は、国連で訴える機会を得るために血を流す覚悟がある」と演説し、閣僚全員の決断を促したのであった。[*2] ベイとシュニクはいまだ躊躇していたが、一月一二日にブルギバはほぼ全員の閣僚の同意を取り付けた。こうして彼は、フランスのチュニジア統治の根幹にある原則に挑戦したのである。

オートクロック新総督がチュニスに到着したのは一三日のことであった。しかし翌日、ネオ・ドゥストゥール党員で閣僚を務めていたサラ・ベン・ユーセフらが、国連事務総長のリー（Trygve Lie）に書簡を提出する事件が起きた。そこには、国連安保理が仏チュニジア紛争を解決してくれるとチュニジア国民は信じている、と書かれていた。[*3] ベイの署名はなかったものの、閣僚全員の署名があった。このチュニジア側の行動は、問題の性格を根本的に変えてしまう。主権国家ではないチュニジアの要望を国連が受け入れるはずはなかったが、前年のモロッコ問題と同様に、アラブ諸国が同胞のアラブ人民の苦境を救うために問題を国連に付託する可能性が非常に高くなったからである。しかも、前年に国連総会でモロッコ問題の討議そのものを拒否したアメリカ国務省は、厳しい世論に晒されていた。当然のことながら、フランス政府はチュニジア側の動きを許容できなかった。前述のとおり、保護国条約ではチュニジアの外交権はフランス政府に属すると規定されており、チュニジアが直接国連と接触を持つことは論理的にあり得なかったのである。しかも、国際社会に注目されるとなれば、ナショナリストが暴力も厭わず激しい反仏活動を展開する恐れがあった。また、ベイがネオ・ドゥストゥール党に接近して、フランスに挑戦的になることも危惧された。

フランス政府の対応はきわめて厳しかった。予想どおり、一七日にはビゼルトでのゼネストをきっかけに、国中に混乱が広がった。外務相は一八日にオートクロック総督に訓令を送り、ブルギバを含むネオ・ドゥストゥール党指導部を逮捕してチュニスから追放するよう命じた。[*4] この訓令はプレヴァン、シューマン元外相、ビドー、フォール（Edgar Faure）、モーリス・シューマンなどが参加する閣僚委員会の決定に基づくものであった。[*5] 当時フランスでは、一九五二年一月七日のプレヴァン内閣の総辞職後、議会の支持を得て組閣できる者がおらず、内閣不在が続いていたのである。

米英の対応

ただしアジア・アラブ諸国はこの段階で、フランスとの直接対決を極力回避したいと考えていた。そのようなリスクを冒すよりは、米英に問題を調停させて穏便に事を運ぶほうがよいと計算したのである。ザフルラ・カーン（Zafrullah Khan）パキスタン外相は一月一八日、米英の国連代表に、「米英が仏チュニジア紛争を仲介するならば、わが国は問題に立ち入らないつもりだ」と伝えている。[*6] だがイラク外相のアル・ジャマリ（Mohamed Fadhil al-Jamali）が英米に同様の要請をすると、イギリス側は調停をするつもりはないと答えた。[*7] 一月二三日にはイギリスのイーデン外相がザフルラ・カーンと直接会談し、パキスタンはイニシアチブを取らないほうがよい、と自制を促した。[*8] アラブ諸国は米英とフランスの間に楔を打ち込もうとしたが、その試みはこうして失敗に終わったのである。

イギリスの態度は、ハーヴェイ駐仏大使の助言を反映していた。ザフルラ・カーンと会談する前日、彼は「イギリスは決して、リベラルな政策を採用するようフランスに助言すべきではない」と主張し、理由をこう説明している。

国連で議論されるとすれば、その結果には困惑させられるかもしれない。しかしわれわれが少しでもチュニジア情勢に介入しようとすれば、英仏関係に計り知れないほど悪い影響を与えるだろう。フランス人はわれわれの助言に耳を貸さず、憤慨しかしないだろう。[*9]

アラブ諸国が国連に付託するリスクはあるかもしれないが、イギリスはフランスの主要な同盟国である以上、助言しないほうがよい、これがハーヴェイの主張であった。彼は前年のモロッコ問題でもこう主張しており、今回も同じ方針をとるよう、政府に働きかけた。イギリスが介入すれば、米英が密かに北アフリカからフランスを追い出そうとしているという根強い不信感をかきたてるだけだからである。

他方、アレン外務省アフリカ局長は次のように主張している。

フランスの振る舞いは、多くの点において今まで賢明ではなかった。しかし一般論として、われわれにはフランスを支援する義務がある。しかもこのケースはイギリス政府にも利害関係がある。非自治領の政治情勢に関して国連で議論されるのを防げば、わが国の得にもなる。[*10]

このように外務省の一部には、個々の政策の善し悪しはともかく、イギリスも同じ植民地宗主国としてフランスの立場を支持しなければならないという見解があった。これは、植民地問題への国際介入を許すと、イギリス植民地にも深刻な影響が及ぶとの判断に基づいていた。この考えでは、フランスにリベラルな政策を助言して、国連で北アフリカ問題が取り上げられる可能性を低くするほうがイギリスにとって得策である。したがって、フランスを支持するといっても、ハーヴェイとアレンの議論は論拠が異なり、対応も異なった。以下で見るとおり、結局イギリス外務省は、ハーヴェイの意見を採用する。つまり、たとえ問題が国連に持ち込まれそうであってもフランスが望まない限り口を挟まず、アラブ諸国が付託を決定した後でようやく討議を阻止するために行動を起こすことにしたのである。

他方、フランス政府は前年一二月の共同主権覚書の内容を受諾するようチュニジア政府に求めていた。一月一五日、オートクロック総督はベイに対して、フランス政府は国連付託を拒絶すると明言し、シュニク首相を解任するよう要求した。翌日フランスは、チュニジア側が国連事務総長に手渡した書簡を撤回しない限り、交渉は再開できないと警告した。[*11] オートクロックはベイに対して、共同主権覚書にあるとおり、地方議会設立に関する問題を検討するために、混合委員会の設立を認めるよう要求する。[*12] チュニジア側は一月三〇日にこれを拒絶した。[*13]

イギリス政府に仲介させようとしていたアジア・アラブ諸国は失敗を悟り、自ら国連に付託する方針に変更した。これら諸国は一月三〇日、国連安保理と総会の議長に連名で書簡を送り、「フランスの行為が国際の平和および安全に対する脅威となっている」[*14] と指摘した。同日、フランス側は逆に、一月初頭以降のチュニジアの危機的事態を引き起こした責任は完全にベイとチュニジア人閣僚にあると国連総会議長に訴えている。二月四日、アジア・アラブ諸国は問題を国連安保理に付託することを正式に決定した。[*15]

アメリカは、前年に国連でモロッコ問題の討議に事実上反対したばかりとあって、今回の行方を憂慮していた。チュニジアとフランスのどちらか、選択を迫られる可能性が高まったからである。フランス政府が事態の打開を図るためにチュニジア人閣僚の更迭を検討していると知ったアメリカ領事ジャーニガンは、二月一四日、希望的観測に頼りすぎだとフランス政府へ警告するよう、国務省に提案した。ネオ・ドゥストゥール党はもはや圧倒的な勢力であり、不満を抱えるナショナリストが国連に訴えるのはごく当然の反応であると説得すべきだというのであった。[*16]

アメリカ国務省はその案を容れ、駐仏大使館を通して警告することにした。しかしその内容は従来の中道政策に基づいたため、ジャーニガンの提案よりもはるかに穏健であった。

チュニジア問題を国連安保理で議論させない最善の策は、仏チュニジア間で交渉を再開することである。もし安保理に持ち込まれれば、わが国務省は、国連で〔植民地問題について〕議論することに反対しないという伝統に従わざるを得ない。[*17]

このようにフランス側へ万難を排して交渉を再開するよう迫ったのである。ただし以下で見るとおり、安保理で議題にするか否か、投票することになったらどうすべきか、この時点では国務省はまだ決めていなかった。

第二節　安保理における討議

パキスタンによる国連付託と米英

一九五二年二月末、パキスタン政府はチュニジア問題を国連に付託することを公式に決定した。それを受けてフランス外務省は、ワシントンDC、ロンドン、ニューヨークの各国駐在大使と国連大使に「国連の権限を否定し、国連安保理で議題とされることにも反対せよ」[*18]との訓令を送った。これが以後数年間、チュニジア・モロッコ問題をめぐるフランス政府の基本方針となる。断固として国連の権限を認めない姿勢であり、それはフランスが両国を保護国としている以上、当然であった。国連での討議を阻止できなければ、極力先延ばしするべく努めた。そして後で見るように、国連に拒否させるにしても、討議を先延ばしにするにしても、米英両政府の支持が不可欠と考えた。

イギリス政府は基本的に、前年よりフランスの立場を支持する方針を採っていた。しかし、ジェッブ・イギリス国連代表はその方針から逸脱する。彼は三月初めにマシグリ（René Massigli）フランス駐英大使を訪ね、二つの選択肢があると説明した。第一の選択肢はチュニジア問題を議題とするのに反対する策である。国連規則に従えば、そのためには五票の反対票ないしは棄権票が必要である。ジェッブによれば、イギリス外務省はこの策を好んでいるが、アメリカは議題にすることには反対しないであろう。第二の選択肢は、議題にしてもよいが、安保理に討議する権限はないと討議の際に主張する策である。現在のアメリカの動きを考慮すれば、後者のほうが政治的に安全だと個人的には考えている、と彼は説明した。[*19] つまりジェッブは、国連でいったん議題にして話し合うほうがアメリカ政府の支持を得やすいので、こちらを選択すべきだと勧告したのである。無論、安保理でフランスが拒否権を持つ以上、最終的には決議の採択を阻止できることが前提の議論であったが、ジェッブは明らかに、国務省の投票行動を見据えてフランスに譲歩を求めたのだった。

フランスの改革案

その間フランス政府は、アラブ諸国に対抗するため、新たなチュニジア改革案を策定していた。アメリカと同じようにフランスも、国連で議題にさせないためには、交渉を再開するのが最善だと考えていたのである。ただし、外務省の新規計画は従来と同じく、共同主権の原則に則っていた。つまり表向きはリベラルな姿勢を装いつつ、チュニジア人へ権限を移譲しない方針に変わりはなかったのである。外務省は一九五二年二月一八日[*20]には、すでに改革案を検討していた。改革案は①チュニジア人議員で構成する国会の設立は認めるが、同時に経済評議会を設立する。経済評議会ではフランス人委員が多数を占め、予算審議権を持つ。つまり国会を骨抜きにする構想だったのである。②チュニジア人のみからなる内閣は時期尚早であり、認めない。③チュニジアのフランス連合加盟については不完全な形でもやむを得ないが、やはりフランス連合高等評議会にチュニジアは代表団を派遣すべきとした。[*21]このようにナショナリストの要求を拒絶していたにもかかわらず、外務省はこの案が将来的にチュニジア人民に受容されるだろうと楽観的に見ていた。

ただちに確立されるべきだとチュニジア人閣僚が要求している国内自治は、われわれがすでに約束をしたものと、（中略）実質的に等しい。国内自治に至る期間の長さに関して見解の不一致があるのはやむを得ない。しかしながら、この点についてゆくゆくは解消できるだろう。[*22]

かくしてフランス外務省は、チュニジア側の求める国内自治と自国の想定する国内自治の相違を無視し、移行期間の長さの問題に置き換えることによって自らを正当化していたのである。本国のこうした偽善的な姿勢は、オートクロック総督の議論にも反映されていた。三月初めに彼は、交渉は新しい内閣とするほうが望ましいと述べている。

もし説得と妥協の政策が失敗したら、強制による解決に訴えなければならない。チュニジア人の多くは、それを待っているだけではなく、むしろ期待している。われわれが新改革案を時をおかず提出すれば、シュニク首相を解任しても政治的後退には見えないだろう。

つまり、ネオ・ドゥストゥール党の要求は一部の意見にすぎず、大部分のチュニジア人はフランスの政策を支持している。新しい改革案を提出すれば、シュニク内閣に代わる新たな政府と交渉が可能になり、国民の支持を得ることができる。さらに国連における討議も阻止できる。これがオートクロックの主張であり、フランス政府の支配的見解でもあった。[*23]

国連討議をめぐる米仏交渉

フランス政府は、国連でチュニジア問題が討議されるのを回避するために外交的な画策を続けていた。フランスのラコスト国連常駐代表は、三月一二日にグロス（Earnest Gross）アメリカ国連副代表と会談し、国連が問題を取り上げたらアメリカ政府はどのような対応をするかを尋ねたが、曖昧な答えしか返ってこなかった。議題にするのに積極的には反対しないと、ボハリ（Ahmad Shah Bokhari）パキスタン国連代表に伝えたというのである。[*24]

アメリカがフランスの方針に好意的ではないことは明らかであった。このため、フランス外務省は、アメリカ国務省の高官に接触して支持を取り付けねばならないと判断する。一週間後、ワシントンＤＣでボネ駐米大使とアチソン国務長官の会談が行われた。[*25]チュニジア問題は議題になるか、仮に議題になったとしたら安保理に討議する権限はあるかの二点について話し合われたが、ボネはアメリカ側の見解がフランスとは相容れないことに気づかされる。アチソンは、アジア・アフリカ諸国が付託すれば、安保理が討議をすることに反対しない、と述べたのである。[*26]これに対してボネは、チュニジア問題はフランスの国内問題であり、国連に討議する権限はないと反論した。アチソンは次のように答えた。

フランスが問題解決にただちに取りかかり、仏チュニジア交渉が開始されることを希望している。交渉の開始が公式に宣言されれば、〔アメリカ政府による〕フランス支持は、〔国連での討議を阻止するうえで〕大いに効果があるだろう。[*27]

ゆえにボネは、「アメリカは問題を国連で議論することを望んでいない」と本国に報告した。国連で問題が取り上げられれば、アメリカはフランスとチュニジア、フランスとアラブの間で選択を迫られることになり、それは国務省も望んでいないことは確かであった。

三月二一日、フランス政府は閣議で外務省案に基づいたチュニジア改革を決定する。[*28] アチソンも言ったように、仏チュニジア間で交渉が進んでいるよう、急いで取り繕う必要があった。しかしこの新しい改革案でも、チュニジア人のみで構成される国会とならんで、フランス人が加わる経済評議会の設立が謳われており、共同主権の原則に変わりはなかった。また、フランス人総督が、「共和国の代表として、すべての権限を保持する」ことも明記されていた。地方議会についても、主要都市ではやはりフランス人が議員として参加することになっていた。[*29]

三月二五日の朝、オートクロック総督はムハンマド八世に対して、シュニク首相とチュニジア人閣僚を解任するよう要求した。ムハンマド八世は拒絶したが、オートクロックは午後三時までに解任することを再度要求する。ベイと政府が再び拒絶すると、フランスは一月と同様に高圧的な態度で臨んだ。サラ・ベン・ユーセフらパリに滞在中の閣僚を除くすべてのチュニジア人閣僚を逮捕し、チュニジア南部へ追放したのである。オートクロックはパリ本国政府から、交渉を再開させるために「あらゆる措置を講じること」を許されていた。そして二日後、ベイは新改革案を受諾する。[*30] ナショナリズムに好意的態度を示してフランスの要求を拒絶すると信じていたネオ・ドゥストゥール党員は、このニュースを驚きをもって受け止めた。後で明らかになるとおり、ムハンマド八世は本心からネオ・ドゥストゥール党を支持しているとは言い難かったのである。

アメリカは、フランス政府の姿勢に憂慮を深めていた。チュニジア人が新改革案を受諾するとは考えにくく、閣僚の逮捕という強硬策も大いに不安材料であった。確かにアメリカ国務省の中には、この案が、仏チュニジア間の停滞を打破するには役立つという声もあった。[*31] ボネは本国政府に対して「これで、アジア・アラブ諸国の訴えを阻止するのに必要な、アメリカの支持を期待することができる」[*32]と楽観的に書き送っている。だが国務省は、フランスの行動があまりに強硬であると警告を発することを決めた。アチソンは駐仏大使館に、シューマン外相[*33]に次のように伝えるよう訓令を送っている。

フランスがシュニクらを拘束したことは、チュニジア情勢を大きく刺激してしまった。そのため、フランス当局が早急に交渉を始めない限り、アメリカは国連安保理が討議するのを阻止することができない。[*34]

三月二八日、バクーシュ（Shaheddine Baccouche）が新チュニジア首相に任命された。それを知ったナショナリストは、ベイ王宮の前で抗議活動を行った。[*35] 続いて、フランス案を検討するために混合委員会を翌月開催することをチュニジア政府は発表した。[*36] アメリカ側の期待とはかけ離れた対処であったが、アメリカ政府の姿勢をフランスに好意的にするには役立った。国連の討議を阻止する口実になったからである。アチソン長官はグロスを通じてボハリ・パキスタン代表に、仏チュニジア交渉が近々開始される以上、アメリカは国連の討議が問題解決にとって好ましいとは思わない、[*37]と伝えた。それを知ったボネは「アメリカの行動は、われわれにとって完全に満足いくものである」[*38]と記している。

パキスタンは逆にアメリカ国務省に対して新たなアプローチをし、アジア・アラブ諸国を支持するよう求めた。ボハリは翌日、国務省の外交官に、チュニジア情勢の現状を次のように比喩的に描写している。

フランス政府がチュニジア人の閣僚を逮捕したことで、彼らが誰と交渉しようとしているのかが白日の下に晒された。〔ナショナリストが不在の〕現状では、〔チュニジアの代表といってもフランス利益の代弁者に過ぎないため」交渉の席に着いているのはフランス人ばかりのように見える。

つまり、バクーシュはフランスの傀儡に過ぎず、チュニジア人民の利益を代表していない、フランス人が自作自演しているだけであると彼は訴えたのである。ボハリはアメリカ政府に対し、安保理で議論する件では棄権するよう求めた。しかし国務省は、「現状ではアメリカは国連での討議を支持することはできない」と回答するに留めている。[*39]

米英の逡巡

だがこの頃、イギリスの支持を失いつつあることをフランス政府は認識していた。ジェッブ国連代表の助言に見られるように、安保理の議題にするか否かを決める際にイギリス政府が棄権する可能性はいっそう高まっていたのである。チュニジアで新首相が任命されたと知らせを受けて、ジェッブは米仏の国連代表に対して「もし他の四か国が議題にするのに反対すれば、イギリスは棄権か反対を選ぶ。反対が三か国以下であれば、賛成に回らなければならないかもしれない」[*40]と言っている。現に、三月二八日、イギリス外務省はジェッブに「アメリカが議題にするのに賛成し、フランスが反対したら、イギリスは棄権せよ」と訓令を送った。[*41]イギリス政府が軟化したのは、ジェッブの進言によるものと考えられる。彼はその前日、次の報告書をロンドンに送り、植民地問題を重視するよう勧めている。

もしアメリカの支持がないまま、フランスが反対すれば、フランスはほぼ間違いなく敗北するだろう。われわれはアメリカと同一行動をとるべきであり、勝ち目のない試みをめぐってフランスを支援したという汚名を着せられるべきではない。安保理は〔植民地問題を〕検討することさえ許されない、との立場をとり続けることは難しい。いまやフランスがチュニジアで強硬手段に出た以上、われわれがこの方針を採るのはさらに困難である。[*42]

徐々にではあるが脱植民地化政策を展開してきたイギリスにとって、フランスの同化ないし協同政策は到底支持できなかった。それゆえジェッブは外務省に対して、国連ではフランスと一線を画し、アメリカと同一歩調を取るべきだと主張したのであった。ただし、ジェッブの議論が、イギリスが反対しようが棄権しようが、最終的には安保理で決議が採択される見込みがないことを前提としていた点は注意すべきである。植民地問題が国連で議論されるのは決してイギリスにとって好ましいことではなかった。しかしその一方で、植民地問題が討議されるべきかどうかという一般原則にイギリスがどのように対応するか、ジェッブの議論は焦点としていたのである。言うまでもなく、ジェッブの懸念は、アメリカからできるだけ離れたくないという思惑の表れであった。

議題にするかどうか安保理でまもなく話し合いが始まるというのに、[*43]このようなイギリスの態度はフランス政府を大いにいらだたせた。三月三一日、マシグリ駐英大使はストラング（William Strang）外務事務次官に支持を訴えた。マシグリは、アメリカ国務省へ棄権を命ずるよう要請していると伝えたうえで、ジェッブに対して反対票を投じるよう訓令することをストラングに要請した。しかしストラングの反応は冷淡であった。ジェッブは棄権するだろうし、それにイギリスが棄権しようが反対しようが、十分な賛成票は集まらないだろうから大差ないであろう、と。[*44]この反応を見たフランス政府は、イーデン外相に直接訴えることにする。仮に同じ結果になるにせよ、イギリスにも反対票を投じるよう説得して、英仏二大植民地帝国の結束を誇示することが肝要だと考えたのである。マシグリ駐英大使は四月三日、イーデンに対して、安保理の他の理事国の投票行動に影響を及ぼすので、ジェッブに反対票を投じさせるべきだと述べた。これがイギリス政府の方針を大きく変える。同日、外務省はジェッブに「アメリカの投票如何にかかわらず、反対せよ」[*45]と訓令を送った。植民地保有国として、国連の介入を阻止するという原則を重視すべきだとイーデンは判断したのである。

これまでの経緯から明らかなように、アラブ側もフランス側も、この問題に関して安保理の理事国の多くがアメリカの投票に従うであろうと考えていた。そのせいで、アメリカ国務省は逡巡を余儀なくされた。国務省内部には次のような意見対立が見られたのである。四月二日、アメリカ国連代表は、チュニジア問題の討議延期が望ましいものの、「議題とすること自体には賛成すべきだ」とアチソン国務長官に勧告した。[*46] ところが国務省ヨーロッパ局は、反対するか、それが不可能なら棄権すべきだと主張した。四月三日、エレノア・ローズヴェルト第七回国連総会代表も、昨年のモロッコ問題をめぐる投票が世論から強く非難されているため、アメリカ自身に大きな困難をもたらしていると指摘した。そして国連で議題にすることを拒むべきではないとアチソンに強く訴えた。[*47] 同じ日、ボネ駐米大使も、反対すべきだと再度強調した。[*48] アメリカが最終的に決断を下したのはこの日の夜、アメリカ代表が安保理で立場表明する前日であった。アチソンは棄権を決定したのである。[*49] 彼は「現時点では、安保理で討議するよりも、当事者間での交渉を進展させることに専念したほうがよい」と説明するよう、アメリカの国連代表に訓令を送った。[*50]

結局、国連総会は四月一四日にチュニジア問題を議題としないと決定する。議題にするのに賛成票を投じたのはパキスタン、ソ連、ブラジル、チリであり、英仏が反対した。アメリカ、ギリシャ、オランダ、トルコは棄権に回った。[*51]

こうしてフランスは、安保理で討議されるのを未然に防ぐことができた。政府はこの結果に満足したが、ワシントンDCにいたボネは、成功したとはいえまだ安心できないと警告している。彼は「国務省は、自国メディアがそろって棄権を非難しているのに驚いているようだ」と述べ、チュニジアで何らかの進展があって初めてアメリカの厳しい世論は収まると強調した。[*52] 前年のモロッコ問題をめぐる事実上の棄権に続き、今年チュニジア問題でも棄権をした国務省に、国民は批判を強めていたのである。安保理では困難を乗り超えたものの、次の国連総会開催に向けて、フランスにとってはさらに厳しい状況になるのは明らかであった。

第三節　総会の特別会期

アラブ諸国の動きと米仏会談

安保理での討議に失敗したものの、アジア・アラブ諸国は引き続き国連でこの問題を取り上げさせようと努力していた。安保理で結論が出た直後、一三のアジア・アラブ諸国が、国連総会の特別会期を開くために、他の加盟国、とくにラテンアメリカ諸国の意向を打診しようと決定した。総会の規定では、国連加盟国の過半数（三一か国）の賛同を得なければ特別会期を開催できないことになっていた。[*53] オプノ（Henri Hoppenot）フランス国連代表は、五月一日にアジア・アラブ、ラテンアメリカ各国の代表者会議が開かれたこと、ラテンアメリカ諸国は特別会期の開催に賛同するだろうとパリに報告している。[*54]

安保理での討議の時と同じく、アメリカ政府はまたもやジレンマに陥る。仏チュニジア間で交渉が進展しない限り、フランスかアラブか選択を迫られるのは明らかなため、国務省は再びフランスに対して改革を進めるよう、要請することに決めた。四月末、アチソンはダン（James Dunn）駐仏大使に、フランス外務省へこう警告するよう指示した。

1　われわれが棄権したのは、（中略）ただ、事態を進展させる時間をフランスに与えるためである。

2　フランスは、国内自治へチュニジアを導くような、（中略）実質的内容を伴う長期的解決を念頭に交渉するべきである。

3　実質的内容を伴う改革案について、（中略）チュニジア人代表との協議がすぐに進まないのであれば、われわれは方針を再考せざるを得ないであろう。

このほかにも、フランス当局が提案した混合委員会が予定の四月にまだできておらず、五月に延期された点に苦言を呈している。フランスは苦境に立たされていたが、それゆえにいっそう、アメリカ側は交渉を進めるため圧力をかける必要性を感じたのである。[*55] アチソンの伝言は五月二日にモーリス・シューマン外務次官に届けられたが、彼は憤りを隠さなかった。

アメリカが棄権しないと知ったら、フランスの世論、とくに国会下院に恐ろしい反応を引き起こすだろう。（中略）国会議員たちは、〔植民地〕問題の解決にあたり、米仏の同盟を維持すべきかどうか考え直す必要に迫られるだろう。[*56]

植民地問題でアメリカの支持を得ていないことが明らかになってしまえば、世論でも国会でも、西側同盟そのものの有用性が問われるだろうと、シューマンは逆にアメリカ側に警告したのである。

フランスの一九五二年六月改革案

アジア・アラブ諸国の動きは、チュニジアのナショナリストを大いに勇気づけた。フランスの改革案に対する抵抗は続き、五月半ばになっても混合委員会は設立されなかった。チュニジア側の委員になりがたる人が見つからなかったからである。[*57] こうした状況で、アメリカ国務省から警告を受けたフランス政府は、アメリカ側と外相レベルの対話をして、自らの立場を理解してもらおうと試みる。アチソン長官とシューマン外相の間で会談が行われたのは、五月二八日のことであった。[*58] 米仏の協議はいつもどおりの展開を見せた。シューマンはアメリカ政府の支持を熱望し、それがない限りチュニジアのナショナリストが状況を悪用して解決がいっそう困難になる、と訴えた。ところがアチソンは、アメリカ世論は伝統的に植民地の独立に共感する傾向が強いと述べ、フランス政府が改革案を公表しない限りアメリカ政府は公式には支持できないとの立場を堅持した。しかし、シューマンが「もしフランス案を公表さえすれば、北アフリカにおけるフランスのプレゼンスをアメリカ政府は支持していると宣言してくれるか」と質問すると、アチソンは「それは不可能ではない」と答えた。北アフリカにおけるフランスのプレゼンスへの、アメリカの支持は何としても取り付けたい点だったので、その言質をとったのはシューマンからすると成果であった。

だが、改革案を公表すればフランスに脱植民地化の意図がないことを公にするのも同然となり、ナショナリストの反発を招く危険があった。また逆に、一切の妥協を拒絶する入植者の反発を招く危険もあった。しかしシューマンは、改革案を公表してアメリカ政府の支持を得ることを優先した。彼は、オートクロック総督の進言に従って、一向に進展しない混合委員会の設立を諦める指示を出した。[*59] そして六月一九日に国会の下院で計画の詳細を発表する。[*60] ところが予想どおり議会の猛反発を買い、右派議員からはシューマンの辞任要求も出た。ある右派議員は「チュニジア人議員のみからなる国会がチュニジアの独立を宣言した場合、貴殿はどうするつもりか」と質問を浴びせ、反対に左派議員からは、計画が何ら実質的な植民地問題の解決につながらないと指弾された。結局、この改革案は国会の承認を得ることができず、チュニジアのナショナリストからも入植者からも拒絶されてしまった。[*61] 左右双方から反発されたため、改革案は国会の議事にもかけられないまま、採択も否決もされない状態が続く。

また、改革案を公表しても、アジア・アラブ諸国の動きを阻止することはできなかった。六月一三日、これらの国々は国連のリー事務総長に対して、総会特別会期を招集するために、加盟国と協議に入るよう正式に要請した。[*62]

この時点でイギリス政府の姿勢は、安保理での討議の際にチュニジア問題の管轄権を認めなかった時から変化しておらず、フランス側を安堵させた。オプノ国連代表の六月二四日付報告によれば、イギリス国連代表は本国政府から、特別会期の開催については否定的に応じるよう、他の加盟国を説得せよと指示されていた。[*63] イーデン外相は自国の立場に関し、次のように述べている。

　チュニジア問題はイギリスに非常に重大な問いを突き付けている。植民地帝国の政治的安定そのものが問われているのだ。それゆえ私の考えでは、チュニジアを国連の議題にしないよう、フランスをできる限り支持しなければならない。アメリカ人がどんな行動をとろうとも、安保理では、そしておそらくは総会でも、われわれはこの立場を維持できる。[*64]

フランスと違って脱植民地化政策を遂行していたイギリスにとっても、アメリカからの政治的圧力は看過できないものであった。序章で述べたとおり、イギリスはこれまでずっと、アメリカをはじめ諸外国から、現地住民へ早く権力を移譲するよう圧力をかけられていた。チュニジア問題が国連で討議されれば、その次はイギリス植民地が議題になる可能性は高い。だからこそイーデンは、フランスを支持するのはイギリス植民地帝国を維持するために重要だと主張したのである。六月二五日にマシグリ駐英大使はイギリスのストラング外務事務次官と会談したが、その際ストラングは、アメリカ国務省を説得するよう駐米大使に命じたと語っている。[*65]だがフランス政府が懸念するほどアメリカ政府は特別会期の開催に積極的ではなく、深刻な事態にはならないことが明らかになってきた。もちろんこれは、アメリカがフランスの改革案に満足していたからではない。国務省幹部は、ナショナリストはこの案を到底受け入れないであろうと認識しており、アチソンには公式に支持を表明しないよう忠告した。[*66]フランス側の期待とは、正反対であった。国務省が特別会期の開催に反対したのは、端的に、アラブとフランスのどちらかを選択するよう迫られることを可能な限り回避したかったからである。例年開催される総会とは異なり、特別会期の開催に反対したところで世論の反発は小さい。六月下旬、国務省は特別会期の開催に反対すると公式に発表した。[*67]フランス外務省も、「必要な三一票は集まらないだろう」[*68]と楽観視するようになる。チュニジア政府は七月に入り、六月のフランスの改革案を検討し始めた。[*69]こうして、形式的とはいえ仏チュニジア交渉が進展しだしたことにより、特別会期が開催される見込みは潰えた。国連代表からフランス本国政府への七月二一日付報告では、特別会期の開催に賛同したのは一〇か国で、申請国のアジア・アラブ一三か国を入れても規定数に足りないことが判明した。[*70]国連事務総長は開催を見送ると決定する。[*71]

第四節　総会における討議

もちろん、アジア・アラブ一三か国は諦めたわけではない。七月三〇日、これらの諸国は、総会でチュニジア問題を取り上げるよう事務総長に対して求めた。安保理や特別会期とは異なり、アジアやアラブの加盟国が多数出席する総会がチュニジア問題を議事に取り上げることは間違いなかった。そこで米英仏の三国は、これまでとは方針を変更する。どの国も、他の二国の様子を探りつつ、それによって自国の方針を決めようとした。以下で見るとおり、西側各国が態度を明らかにするのは一〇月に入ってからで、それまで三国間では複雑な駆け引きと交渉が繰り広げられる。国連で討議することになればイギリス植民地に影響を与えるのは必至であり、イギリス外務省は回避を望んだ。しかしそれにもかかわらず、イギリス政府はフランスの政策に影響を与えないよう、助言などは行わなかった。[*72] 後述するように、イギリスの基本方針はフランスにイニシアチブを発揮させることであった。だがアメリカ国務省は、安保理で棄権して世論の強い批判を受けたため、総会で反対するのは不可能だと判断していた。[*73] どうみても総会で問題は取り上げられるのだから、自ら賛成しフランスにも受け入れるよう説得するほうがよい、という考えである。とはいえ、アメリカは国連総会が反仏決議を採択することには反対であり、仏チュニジアのいずれかに一方的に肩入れするのではなく、両者の立場を折り合わせるような決議が採択されることを希望していた。

フランスの対米接近

フランス外交官の中には、このようなアメリカ政府の思惑を察知し、国連の議題にさせないという自国の方針そのものに疑問を呈する者もいた。七月末、ラコスト・フランス国連代表は本国政府に進言している。

> 次の国連総会が開催される一〇月半ばまでに、チュニジアとの交渉が先方の満足いく形で妥結しなければ、総会でチュニジア問題を協議しなければならないと考える国は多い。(中略) われわれが議題にするのを受け入れるだけでも、総会は非常に好意的な印象を持つだろう。[*74]

チュニジアでは、フランスの期待どおりに事態は進行していなかった。七月二二日、ムハンマド八世はオリオール仏大統領に書簡を送り、まだバクーシュ首相からフランスの改革案の詳細を受け取っていないと苦情を述べていた。フランス政府は、ムハンマド八世が七月上旬には草稿の受け取りを検討していると聞いていたため、この苦情は青天の霹靂だった。[*75] 実際に受け取ったかどうかはともかく、彼が事態を遅延させる作戦に出たことは確かであった。国連総会でチュニジア問題が検討される可能性が高まっていることが、彼をナショナリストに接近させたのである。それに加え、当時混乱していたエジプト情勢にも彼は影響を受けていたと考えられる。[*76] ナショナリズムの大義を支持しない限り、ムハンマド八世も自らの地位が脅威に晒されると認識し始めていた。八月一日には、ベン・アンマルやネオ・ドゥストゥール党員、ＵＧＴＴの代表などを含む「四〇人評議会」と呼ばれる諮問議会を招集し、フランスの改革案の検討に入った。オートクロック総督は、「ベイが政府やフランス総督府とは無関係にこのような会合を開いたことは、彼の独自路線だ」[*77] と評している。この時期ムハンマド八世は、ナショナリズムに接近する姿勢を見せて民衆の人気を引き留め、フランスから距離を置こうと努力していたのである。

八月初旬、国務省官僚の一人がボネと会談した。総会に好印象を与えるよう、フランスは議題にするのを受け入れるべきだとアメリカ側は勧告した。「わが国はこの件についてどのような態度を取るか最終決定していないものの、イギリスの国連代表もわれわれと同じ見解である」と付け加えている。[*78] これを受けてボネは、「われわれがアメリカに歩み寄れば、彼らはわが国を支持してくれるだろう。また、フランスに好意的な国内世論の喚起に力を割いてくれるだろう」[*79] と本国政府に書き送った。チュニジアで期待どおりに事態が展開しないなか、アメリカの支持を得るためには国連討議もやむを得ないという認識は、フランス政府内では強かったのである。

アメリカ国務省はイギリスの同意も得られると見込んでおり、その前提でフランス側の説得にあたった。ところが、イギリス外務省は協力的ではなかった。八月六日にアメリカ国務省にこのように回答している。

この問題は、わが国とフランスの双方に重大な懸念をもたらす原則をはらんでいる。わが国の外務相も植民地相も、事の重大性は十分了解している。（中略）ただ、貴国とわが国がフランスに圧力をかけているように諸国が受けとめたら、非常に残念な結果となるだろう。[*80]

後にイーデン外相はマシグリ駐英大使に対して「アメリカ大統領選挙が終わるまでは（国連でチュニジア問題を）討議すべきではない。選挙戦の終盤に、こうした国際的な問題を議論するとは、まったく狂気の沙汰だ[*81]」と話している。イギリスは、早くとも一一月初頭までは、問題を総会で討議すべきではないと考えていたのである。とはいえ、これはイギリス政府の考えであり、フランスも同じとは限らないとイギリス側も認識していた。基本的にフランスに影響を与えることを慎むのがイギリス政府の方針であり、フランス政府が国連での討議を受け入れたらどう対応すべきかは、この時点ではまだ決まっていなかった。

フランスにとっての理想は、やはりチュニジアが改革案を受諾することであった。アメリカ政府が公式に支持してくれれば、その可能性が高くなると見ていたのである。そこで再度、アメリカ国務省に接触を図る。そして、五月二八日のアメリカ国務長官の要求どおり改革案を公表したのだから、わが国の北アフリカにおける立場を支持してほしいとブルース国務長官代理に八月一二日に迫ったが、ブルースはアチソン長官が休暇中なので、そのような決定はできないと回答した。しかし、九月に入ってボネ大使がアチソンに再度同様の要請をすると、今度は「フランスが反対しないことがはっきりすれば、支持声明を発表できるかもしれない」と答えた。つまり、ナショナリストが受け入れない改革案しか出さないようなフランス政府をアメリカは支持するはずもなかったが、もし総会の討議を認めるようなら考える余地はある、とアチソンは示唆したのだった。[*82]

フランス政府内では、この問題をめぐり深刻な意見対立が見られた。八月初め、イギリス外務省がフランス官僚から得た情報では、フリムラン（Pierre Pflimlin）海外領土相は総会の討議に反対であったが、シューマン外相は柔軟な姿勢であったという。ピネー（Antoine Pinay）首相はフリムランに近い立場であった。[*83] そして八月二〇日にシューマン外相は、下院外交委員会において、「わが国はおそらく問題を総会が討議すること自体は受け入れるだろうが、いかなる場合も、チュニジア問題に関する決議案の採択や、国連による調査委員会の派遣を受諾してはならない」[*84]と宣言している。九月に入ると、米仏間で協議が始まり、五月の会談でアチソン国務長官がシューマン外相に認めた支持声明が話題に上るほど、フランスの態度はアメリカにとって好ましいものになりつつあった。つまりフランスは、総会の討議を認める方向に傾いていたのである。九月一六日付覚書によれば、「国連総会は仏チュニジアの交渉再開を目指すべきである。しかし、わが国が討議に賛成するからといってフランスのチュニジア政策を監視することを意味しない」とアメリカ国務省が公式声明を出す手はずになっていた。[*85] 確かにこの内容であれば、フランスにとってもある程度満足いくものであったであろう。

このような米仏の協議を横目に、イギリスは事態をフランスに委ねる姿勢で一貫していた。イギリス外務省はこう論じている。

チュニジア問題が、植民地情勢について国連が討議する先例になってしまえば、キプロスやその他のイギリス植民地が次に取り上げられるかもしれない。戦略的に観て、その結果は（中略）きわめて重大である。しかしわれわれは、チュニジア問題がフランスにとって重要であることを認識している。ゆえにわれわれは、この件でなんらかの策を講じることでフランスに影響を及ぼすことがないように、希望している。[*86]

いったん国連でチュニジア問題を討議すれば、これをきっかけにイギリスの植民地も次々と討議にかけられるかもしれない。その意味では、フランスに断固拒否するよう働きかけてもよいはずだが、そうしなかった。フランス側の猜疑心を煽り、結果的に英仏関係に悪影響を及ぼすことを恐れていたからである。つまり、イギリスは自国植民地に加えられるかもしれない危害に目をつぶり、フランスにすべて任せたのであった。

他方、フランス政府は国連の討議を認めるかどうか、まだ逡巡していた。ちょうどその頃、ムハンマド八世が六月改革案を拒絶する旨フランス側に伝えてきた。彼は、ナショナリストの多い四〇人評議会に強く影響を受けていると見られており[*87]、そのためフランス政府内の意見はさらにまとまらなくなった。シューマン外相は積極的には反対しないであろうというのが、九月半ばのアメリカ国務省の観測であった[*88]。しかし、フランス政府は判断を下さないどころか、異例な行動をとる。シューマン外相は九月二四日、英米プレスクラブで、「意思決定にあたり、他国政府、とくに英米、ラテンアメリカ諸国政府の見解にも耳を傾ける準備がある」[*89]と発言したのである。フランス政府は植民地問題に関して他国の助言に耳を貸さない傾向が強かった。とくに脱植民地化に積極的な米英両国政府に対しては、なおさらそうであった。このシューマン発言は、戦後の植民地政策の歴史において、フランス政府の態度としてはきわめて稀なものであった。

こうして米英もまた、態度を固めざるを得なくなった。アメリカ国務省は討議を認めることを公式に決定し、ダン国務次官がシューマン外相にその旨伝えた。理由として、一九五二年春とは異なって仏チュニジア交渉が停滞していること、そして仏米がどんな策を講じても国連で討議されることが確実である以上、フランスも討論に参加したほうが影響力を及ぼせるという利点がある、とアメリカ側は説明している[*90]。

加えて注目すべきことに、このころアジア・アラブ諸国は、チュニジアとモロッコの君主が派遣する使節団を国連総会に招聘する決議案を提出しようと計画しており、アメリカ国務省はそれに好意的な姿勢をとっていた。両国の排他的管轄権を主張するフランス政府は、無論この決議案を断固拒絶することをアメリカ側に伝えた[*91]。しかしアメリカは、アジア・アラブ諸国に一方的に好意的だったわけではない。チュニジア問題を議題にすることに賛成すると同時に、国務省はフランスとアラブの間の調停案をも模索し始める。アメリカ政府の方針はあくまで両者の間で中道政策を遂行することであり、国連総会がアラブ側の見解を一方的に採用した反仏決議を採択するような事態は避けねばならなかった。このため国務省は、ブラジルの国連代表ムニズ（João Carlos Muniz）に、穏健な決議案を総会が採択するよう、主導権を発揮してほしいと説得した。*[92] 彼は当時、総会議長を務めていたため、議論を誘導できる立場にあると期待されたのである。

イギリスの決断と英仏の共同戦線

ところが、イギリス政府はアメリカと正反対の結論を下す。フランス政府が他国の見解に耳を貸す心づもりがあると声明を出したのだから、わが国はフランスに対して助言できる立場に立ったと認識したのである。一〇月二日、フランスのマシグリ駐英大使はパリへ次のような電報を送っている。

> ハーヴェイ駐仏大使は、イギリス政府が討議の開催に反対するとシューマン仏外相へ伝えるよう、訓令を受け取るだろう。（中略）従属地域に関する問題が、国連に持ち込まれる先例を作ってはならない、とイギリス政府は考えている。たとえフランスが賛成しようとも、国連に協議する権限があるか議論する以前に、協議そのものに反対するべきだという点で決意が固まっているようだ。*[93]

翌日フランス政府は、イギリス政府からほぼ同じ内容の書簡を受け取った。*[94] 今までイギリス政府は、内心では反対しつつも、フランス政府に助言として受け取られないよう、極力フランスの決定を左右しないよう行動を慎んできた。だがフランス政府が公式にイギリスの助言も歓迎すると発言したため、本心を伝えてよいと判断したのである。自由に立場を表明してよいのであれば、自国の植民地に対する国際圧力が高まらないよう反対するのは当然であった。

そしてこのイギリス側の決定が、国連でのチュニジア問題の進展に大きな影響を与えることになる。態度を決めかねていたフランス政府は、イギリスに倣い、討議に反対することを正式決定した。

イギリス代表団が反対しているにもかかわらず、フランス代表団が受諾するのでは、フランス議会も世論もまったく納得できないことは明らかだろう。（中略）イギリスの決定を見れば、今まで以上にわれわれを熱心に支持すると約束してくれているのは確実だ。また、アメリカに反対の理由を説明するときにも、大きな根拠になるだろう。

〔植民地問題を国内問題として扱うという〕原則の面では、イギリスの立場は論理的に明快である。国連での討議を受諾すれば、われわれの道徳的・法的な立場は低下し、忌まわしい先例となるのは間違いない。[*95]

フランス外務省はイギリス側の意図を再度確認する。一〇月七日、マシグリ駐英大使はイーデン外相に対し、「もし英仏が同じ姿勢で臨むならば、（中略）両国代表団は完全に連帯できると考えてよいのだろうか」[*96]と問うた。これに対してイーデンは、「それこそまさに当方の望むところである」と確約している。[*97]

こうしてフランス政府も、ようやく一〇月七日に反対することを決定する。これまでフランスが、討議もやむを得ないとの判断に傾きつつあったのは、国際的孤立を恐れたからであった。ところがイギリス政府が断固として反対するのであれば、フランスも反対しない理由は見当たらない。フランス外務省は、アメリカ国務省にこの決定を通知した。その際、「アメリカは国連の権限に関して、積極的にわが国を支持していない。アメリカの支持は曖昧であり、好ましい結果を導くと保証するものではない」からだと説明した。つまりフランス政府は、国連で北アフリカ問題を処理するにあたり、アメリカではなくイギリスをパートナーに選んだのである。別の見方をすれば、アメリカに支持してもらって得る短期的な利益よりも、植民地政策全体からみた長期的な利益を取ったといえる。続けてフランス外務省は自国の国連代表団に、総会第一委員会と本会議で討議することに異議を唱え、討議されると決まったら総会から退席するよう命じた。[*99] このフランス政府の急変ぶりに、アメリカ国務省は大いに困惑する。アチソンはただちに、パリとロンドンのアメリカ大使館に、フランスがどのような戦術をとるのか、そしてイギリスの対仏協力がどのような性質のものか調査するよう指示している。[*100]

一〇月二二日、総会第一委員会は、チュニジア・モロッコ問題をそれぞれ、朝鮮戦争問題に続き、総会で二番目と三番目に討議すべきであるという、アジア・アラブ諸国の提案を検討していた。第一委員会はこの案を賛成五一票、反対五票、棄権四票で採択した。英仏代表を驚かせたのは、グロス・アメリカ代表が北アフリカ問題を二番目と三番目に総会の冒頭で討議することに賛成したことであった。順番の遅い議題は時間切れで議論されない可能性があったため、このアメリカの姿勢は北アフリカ問題を積極的に総会で討議させたいという意志の表れであった。[*101]「アメリカは順番を最後にすることに協力してくれるだろうと期待していた」[*102] オプノ・フランス国連代表は、アメリカの行動に驚きを隠さなかった。オートクロック総督は「チュニジア問題が取り上げられることになり、ナショナリストの間で、フランスの敗北だと歓迎されている」と報告している。実際チュニジアでは、総会が始まる数日前から、テロなど暴力に訴える活動も増加し始めていた。[*103]

総会をボイコットするというフランス政府の決定は、アメリカ側を困惑させた。国務省は、シューマン仏外相自身が総会で諸国にフランスの立場を説明する演説を行ってはどうかと、アチソン国務長官がシューマンに書簡を送って勧告することを検討し始めた。フランス代表団が討議に参加しないことはやむを得ないとしても、何らかの態度表明をすべきだと考えたのである。一〇月末にダン駐仏大使は、「フランスが国連で、北アフリカでこれまで行ってきたことの成果と今後の計画について説明しないのであれば、他の政府は助けることができない」[*104]と口頭でフランス側へ伝えるよう訓令を受けている。同時にアメリカ国務省は、ブラジル国連代表に調停案を提出させるべく話を進めていた。また、ある国務省官僚はオプノに、フランスが国連を完全に無視するのではなく、何らかの説明をするのであればラテンアメリカ諸国も賛成しやすいだろうし、わが国も手を差し伸べることができると述べた。だが、アメリカはフランスに助け船を出す一方で、ある一点でフランスには許容できないほど厳しい態度を見せた。ベイの代表団を国連総会に招聘することに国務省は反対しない立場であり、総会もそれに賛成するだろうとまで予測していたのである。オプノはシューマンの演説についてては回答せず、チュニジア問題はフランスの管轄権に属するのであり、国連による代表団招聘は承服できない、との立場を繰り返した。[*105]

ところが、一〇月二八日にムハンマド八世が、チュニジア閣僚が国連事務総長へ訴えたことを支持する声明を発したため、フランス政府はアメリカの勧告を受け入れる方針に転換する。[*106]前述のとおり、彼は一月以来、国連事務総長へ訴える策に支持あるいは不支持といった立場を明らかにしてこなかったが、おそらくはナショナリストから圧力を受け、ついに支持に回ったのである。ベイの変心の結果、国連に代表団が派遣されるとすれば、サラ・ベン・ユーセフなど急進派ナショナリストが先頭に立つのは確実である。この事態を避けるため、フランス側はやむなく国務省の提案を受諾する。アメリカの協力を得て、国連がチュニジア代表を招聘するのを阻止する必要が生じたからである。アチソンは一〇月三一日付の書簡をシューマンに送り、これに対してシューマンは自身が総会で演説することに同意する。[*107]彼の返信は一一月三日にワシントンＤＣに到着したが、それには一一月一〇日に演説すると記されていた。[*108]

シューマンがアチソンの提案を受け入れた結果、アメリカ国務省も、ベイおよびスルタンの代表団招聘問題についてフランスに譲歩することになる。一〇月三一日の時点では、国務省はまだ招聘に賛成する意向を示していた。この発言を受け、フランス政府に乞われて駐米イギリス大使がアチソンと会談して説得にあたる。[*109] 一一月六日、ハーヴェイ駐米大使に対してアチソンは、代表団の招聘については反対するつもりであると語った。イギリスの説得工作が奏功したわけではなかったが、アメリカ側はすでに譲歩を決めていたのである。[*110] しかし、シューマンが総会での演説を受諾したことだけでは、アメリカの譲歩の理由を説明できない。アメリカ国務省は、フランス政府がチュニジア問題の討議に異議を唱える前から、代表団の招聘に積極的に賛成していたからである。アメリカが譲歩した理由は、フランスが討議に反対し総会のボイコットを決定したことと、英仏が共同歩調をとったことに求められる。英仏が足並みをそろえた時点でアチソンは、シューマンが演説をするならば譲歩してよいと考えていたと見るべきである。[*111] イギリスが討議反対に回ったため生まれた英仏の共同戦線は、こうして結果的にアメリカの譲歩につながったと言える。

この問題と並行して、国務省は反仏決議を阻止するための工作を続けていた。アチソンは一一月七日、ニューヨークに到着したばかりのシューマン外相と会談し、パキスタンのザフルラ・カーン外相とすでに接触したこと、彼が「〔総会による反仏決議を阻止することについて〕アメリカを助けたい」と希望を述べていたことを明かした。シューマンは、フランスは「公式には」どのような決議であれ受け入れることはできないと返答したものの、穏健な決議を通過させようというアメリカのイニシアチブに代表団は最大限協力すると約束した。[*112] シューマンは約束どおり総会で演説し、北アフリカ保護領政策を説明したが、自国の代表団は第一委員会を欠席すると語った。[*113] フランス代表団の欠席を知ったムニズ・ブラジル代表は、アメリカが希望するような決議案を提出することをためらう。しかし、これに気づいたアメリカ国務省は、一一月二一日、ラテンアメリカ諸国に穏健な決議案を提出してほしいとムニズに迫り、説得に成功したのである。[*114]

総会決議とベイ

国連総会第一委員会がチュニジア問題に関する討議を開始したのは一二月四日であった。アジア・アラブ諸国がその二日前に提出した決議案は、フランス政府とチュニジアの真の代表は国内自治の実現に向けて交渉を再開し、それを助けるために国連が使節団を派遣すべきだと勧告していた。続いてこれらの諸国は、ベイの代表団を国連に招聘し、聴聞会を開催すべきだという決議案も提出する。一二月八日にラテンアメリカ諸国が提出した決議案は、フランスとフランス人入植者の正統な権利を保護しつつ、チュニジアの国内自治を確立するために仏チュニジア両国は交渉を続けるべきだとした。アジア・アラブ案とラテンアメリカ案はいずれも国内自治に言及していたが、違いは決定的であった。アジア・アラブ案は誰がチュニジアの見解を代表すべきか国連に発言権があると主張しており、急進的なナショナリストが国連に招聘されることはほぼ間違いなかった。ラテンアメリカ案はこの点について何も言及しておらず、しかもフランスの既得権益は保護すると述べる。[*115] 一二月一二日、総会第一委員会は、アジア・アラブ案を拒絶することを決定する。議案に賛成二四票、反対二七票、棄権七であり、アメリカがこの案に反対の姿勢を打ち出したことの結果であった。ラテンアメリカ案は賛成四五票、反対三票、棄権一〇票で採択された。[*116] 一二月一七日に開催された総会本会議はこの結果を踏襲し、やはり圧倒的大差でラテンアメリカ案を採択した。アジア・アラブ諸国は妥協してラテンアメリカ案の賛成に回った。この理由は、アジア・アラブ決議案が敗北した場合、「〔ラテンアメリカ案まで否決されて〕国連決議がまったくないのが最悪」だと認識していたからであった。[*117] また仮に、ラテンアメリカ案が勝利したとしても、アジア・アラブ諸国が反対すれば僅差での勝利となり、この案が圧倒的多数で勝利するよりもフランスに対する国際圧力が軽減してしまうことを恐れたのだと考えられる。

フランスにしてみると、この国連総会決議はいわば両刃の剣であった。フランスにとっての利点は、国連が北アフリカ問題で自らイニシアチブを発揮しないという意思表示をした点にあった。仏チュニジア交渉を監視したり、チュニジア代表団を招聘するといった直接的な介入は行わないと、国連は表明した。このためフランス政府は、自由に交渉相手を選ぶなどして、自らの主導権のもとで問題解決を図ることが認められたのである。だが、この決議には看過できない重大な問題もあった。第一に、国連が交渉の目標を「国内自治」と限定したことである。フランスの主導権が許されたとはいえ、大前提としてこの目標が掲げられたことは、フランスの進める同化政策ないし協同政策が国際世論から明確に拒絶されたことを意味していた。このため、ナショナリストは国際世論から完全に見捨てられたわけではないと希望を持つことができたのである。第二に、国連が植民地問題を取り上げて協議する先例が確立されたことである。フランスは、北アフリカ問題は国内問題であり、国連には介入する権利がないと主張しつづけたが、それを国連は否定したのである。この点も、ナショナリズム運動には大きな追い風となる。とりわけ、アメリカ政府が国連の権限に賛意を示したことは重要だった。[*118]

こうして国連決議はフランスにとって長短あったが、フランス政府はいずれにせよこの決議を無視する。一二月一五日、アジア・アラブ案が拒絶された直後にフランス総督はムハンマド八世と会談し、地方議会の設立に関して勅令に調印するよう迫った。ムハンマド八世は「今夕にも」調印すると約束したが、[*119]オートクロック総督が王宮を離れるや否や、再び拒絶に転じる。[*120]ところが一二月二〇日に総督府の官僚が再度ベイと会談し、調印を約束させた。パリの本国政府は、ベイが「きわめて自発的に」この約束をしたと報告を受けている。[*121]こうしてフランスは一九五〇年以来の計画であった、フランス人も議員に加わる地方議会の設立へ一歩踏み出した。ベイはナショナリズムに理解を示していたが、それは日和見的な一面もあり、国連が問題に直接介入しないと決定したのを見て、最終的にフランスと妥協する道を選んだのである。そして、いうまでもなくフランスの次の目標はフランス人も参加するチュニジア国会の設立であった。こうして共同主権原則に基づいた政治体制を整備し、最終的にはチュニジアをフランス連合に加盟させようとしていたのである。

注

＊1　MAE, Tunisie 1944–1955, vol. 358, Tunis à Paris, n°12/19, 5.1.1952.

＊2　MAE, Tunisie 1944–1955, vol. 358, Tunis à Paris, n°23/26, 8.1.1952. モナスティールは中東部の海岸にある都市で、ブルギバの出生地でもあった。

＊3　*L'Année politique*, 1952, p. 181.

＊4　チュニジア北部にあり、海軍基地を有する都市である。

＊5　*FRUS*, 1952–1954, XI, p. 673, footnote 3; TNA, FO 371/97090, JF 1041/3, Tunis to FO, no. 3, 18.1.1952. ただしこの日、フォールが首相に選任されている。またモーリス・シューマンは外務大臣や首相を歴任したロベール・シューマンとは別人であるが、外務次官や閣僚も務めることになるMRPの政治家である。

＊6　MAE, Tunisie 1944–1955, vol. 358, London à Paris, n°260/263, 19.1.1952. この時期、パキスタンは安保理の非常任理事国を務めていた。ザフルラ・カーンはアラブ連盟から、安保理へ付託するよう強い圧力を受けていた。Ibid., Paris à Karachi, n°30/32, 16.1.1952.

＊7　El Mechat, *Les Chemins*, pp. 166–167. この件に関するアメリカの反応を記した史料は、筆者の調査では発見できていない。

＊8　TNA, FO 371/97091, JF 1041/24 FO, the African Department to Paris, 6.2.1952.

＊9　TNA, FO 371/97090, JF 1041/7, Harvey to FO, no. 38, 19.1.1952.

＊10　TNA, FO 371/97091, JF 1041/25, FO Minute, 23.1.1952.

＊11　MAE, Tunisie 1944–1955, vol. 358, Paris à Tunis, n°35/39, 15.1.1952; MAE, Tunisie 1944–1955, vol. 384, Tunis à Paris, n°482, 5.3.1952.

＊12　MAE, Tunisie 1944–1955, vol. 384, l'Evolution politique de la Tunisie depuis Juin 1950 et la Crise de Janvier-Avril 1952, 4.1952; *FRUS*, 1952–1954, XI, pp. 674–675, Editorial Note.

＊13　Ibid.

＊14　MAE, Tunisie 1944–1955, vol. 359, Note pour le Ministre, non daté. 参加国は、アフガニスタン、サウジアラビア、ビルマ、エジプト、エチオピア、インド、インドネシア、イラク、イラン、リベリア、パキスタン、シリア、イエメンである。

＊15　MAE, Tunisie 1944–1955, vol. 359, Note, 5.2.1952.

＊16　*FRUS*, 1952–1954, XI, pp. 676–678, Jernegan to the State Department, 14.2.1952.

＊17　*Ibid*., p. 679, The Chargé in France（Bonsal）to the State Department, no. 5031, 15.2.1952; *Ibid*., pp. 680–681, The Acting Secretary of State to the Embassy in France, no. 4982, 22.2.1952.

＊18　*FRUS*, 1952–1954, XI, pp. 682–684, The US Representative at the UN（Austin）to the State Department, no. 554, 28.2.1952; MAE, Tunisie 1944–1955, vol. 360, New York à Paris, n°59, 1.3.1952.

＊19　MAE, Tunisie 1944–1955, vol. 360, London à Paris, no. 1088/1096, 6.3.1952. 当時の規則では、安保理は一一か国から構成され、手続き事項に関する決定には七理事国の賛成票が必要だった。佐藤哲夫『国際組織法』（有斐閣、二〇〇五年）一八四頁。

＊20　第一節で述べたが、アメリカ国務省がフランス側に対して、チュニジアとの交渉開始がアメリカが反対票を投じる条件だと警告したのは二月二二日であり、新たな改革案が検討され始めるより後のことである。しかし、何らかの形で国務省の基本姿勢をフランスは知らされており、公式の警告を受け取る前に新規の改革案を検討し始めたと考えるのが自然であろう。

＊21　MAE, Tunisie 1944–1955, vol. 384, Note par la Direction d'Afrique Levant, 18.2.1952.

＊22　MAE, Tunisie 1944–1955, vol. 384, Note, 28.2.1952

＊23　MAE, Tunisie 1944–1955, vol. 384, Tunis à Paris, no. 482, 5.3.1952. ただし本国政府内では、ミッテラン（François Mitterrand）チュニジア担当国務大臣が、二重市民権という概念に基づく改革案を構想していた。これは入植者にチュニジア市民権を付与し、外国人だが市民権を持つという資格でチュニジア国会に参加を認めるものだった。ナショナリストに大幅に譲歩した案であり、入植者の猛反発を買った。二月二九日にフォール内閣が倒れると、この案も葬られてしまう。なお、ミッテランは当時、レジスタンス民主社会主義連盟（Union démocratique et sosialiste de la Résistence, UDSR）所属の国会議員である。

＊24　MAE, Tunisie 1944–1955, vol. 360, Hoppenot à Paris, n°131/144, 13.3.1952.

＊25　*FRUS*, 1952–1954, XI, pp. 690–692, Memcon, Washington, 19.3.1952; MAE, Tunisie, 1944–1955, vol. 361, Washington à Paris, n°1782/92, 19.3.1952.

＊26　この会談に同席した国務省の官僚の一人は、アメリカ代表が国連で取り上げるのに賛成票を投じるべきだとさえ主張した。彼によれば、その理由は、安保理の規定では問題の議題とするには七票必要であるため、アメリカが棄権すれば実質的に反対をしているのと同じだからだ、としている。

＊27　MAE, Tunisie 1944–1955, vol. 360, Washington à Paris, 19.3.1952, N°1782/92.

＊28　MAE, Tunisie 1944–1955, vol. 384, Paris à Tunis, 21.3.1952.

＊29　MAE, Tunisie 1944–1955, vol. 384, Copie des Instructions envoyées à M. de Hauteclocque. 22.3.1952.

＊30 *L'Année politique*, 1952, p. 200; オートクロックはこの際、ベイに対して廃位する可能性があると脅迫したとされている。*FRUS*, 1952–1954, XI, p. 714, Jernegan to the State Department, no. 142, 3.4.1952.

＊31 たとえば、*Ibid*., pp. 695–696, Bonsal to the State Department, no. 5851, 25.3.1952.

＊32 MAE, Tunisie 1944–1955, vol. 361, Bonnet à Paris, n°1964/1969, 27.3.1952.

＊33 ロベール・シューマンは、一月に発足したフォール内閣においても外相に留任した。

＊34 *FRUS*, 1952–1954, XI, pp. 700–701, Acheson to the Embassy in France, no. 5753, 27.3.1952.

＊35 MAE, Tunisie 1944–1955, vol. 384, Paris à Tunis, n°692, 29.3.1952; *L'Année politique*, 1952, p. 203.

＊36 MAE, Tunisie 1944–1955, vol. 384, Paris à Tunis, n°694, 29.3.1952.

＊37 *FRUS*, 1952–1954, XI, pp.703–704, Acheson to the US Mission at the UN, no. 362, 28.3.1952.

＊38 MAE, Tunisie 1944–1955, vol. 361, Bonnet à Paris, n°2027/2030, 28.3.1952.

＊39 *FRUS*, 1952–1954, XI, pp. 704–705, Austin to the State Department. no. 656, 29.3.1952.

＊40 *Ibid*., pp. 702–703, Austin to the State Department, no. 652, 28.3.1952.

＊41 TNA, FO 371/97094, JF 1041/67, FO to New York, no. 139, 28.3.1952.

＊42 TNA, FO 371/97094, JF 1041/67, Jebb to FO, no. 147, 27.3.1952.

＊43 議題にするか否か安保理での評決は四月三日ないし四日に行われる予定であった。MAE, Tunisie 1944–1955, vol. 363, Hoppenot à Paris, n°384/385, 1.4.1952.

＊44 TNA, FO 371/97094, JF 1041/91, Conversation French Ambassador with Strang, 31.3.1952.

＊45 TNA, FO 371/97094, JF 1041/84, FO to New York, no. 165, 3.4.1952.

＊46 *FRUS*, 1952–1954, XI, pp. 709–710, Austin to the State Department, no. 663, 2.4.1952.

＊47 *Ibid*, pp. 717–718, Memorandum of Telephone Conversation by Evans, Office of the Secretary of State, Washington, 3.4.1952.

＊48 MAE, Tunisie 1944–1955, vol. 363, Bonnet à Paris, n°2148/2158, 3.4.1952.

＊49 最終決定した会議の後、アチソンは「これまで下した決断の中で最も難しいものの一つだった」と漏らしたとされる。TNA, FO 371/97095, JF 1041/105, Washington to FO, 4.4.1952.

＊50 *FRUS*, 1952–1954, XI, pp. 720–721, Acheson to the US Mission at the UN, no. 371, 4.4.1952.

＊51 MAE, Tunisie 1944–1955, vol. 364, New York à Paris, n°611/612, 14.4.1952.

＊52　MAE, Tunisie 1944–1955, vol. 364, Bonnet à Schuman, n° 1922, 18.4.1952; Bonnet à Schuman, n° 1922, 18.4.1952.
＊53　MAE, Tunisie 1944–1955, vol. 364, New York à Paris, n° 678/680, 23.4.1952; Paris aux pays latino-américains, Circulaire n° 59, 25.4.1952. なお一三の諸国とは、一月に安保理と総会の議長に書簡を送った国々である。
＊54　MAE, Tunisie 1944–1955, vol. 365, New York à Paris, n° 839, 2.5.1952; Secrétariat des Conférences, Note, non daté.
＊55　*FRUS*, 1952–1954, XI, pp. 735–737, Acheson to the Embassy in France, no. 6353, 29.4.1952.
＊56　*Ibid*., pp. 742–743, Dunn to the State Department, no. 6739, 2.5.1952.
＊57　*L'Année politique*, 1952, p. 212.
＊58　*FRUS*, 1952–1954, XI, pp. 766–771, US Delegation Minutes of a Meeting, 3.6.1952.
＊59　MAE, Tunisie 1944–1955, vol. 385, Réunion chez M Robert Schuman, 31.5.1952.
＊60　アメリカ側はこの直前、フランス政府に対して改革案の詳細を知らせるよう要請したが、拒絶された。*FRUS*, 1952–1954, XI, pp. 772–773, Acheson to the Embassy in France, no. 7283, 10.6.1952.
＊61　*L'Année politique*, 1952, pp. 225–230.
＊62　MAE, Tunisie 1944–1955, vol. 366, Hoppenot à Paris, n° 1283/1285, 13.6.1952; Hoppenot à Paris, n° 1372/1375, 18.6.1952; Hoppenot á Paris, n° 1442/1449, 20.6.1952。要請書に署名したのは、アフガニスタン、サウジアラビア、ビルマ、エジプト、インド、インドネシア、イラク、イラン、レバノン、パキスタン、フィリピン、シリア、イエメンの一三か国である。
＊63　MAE, Tunisie 1944–1955, vol. 366, Hoppenot à Paris, n° 1474, 24.6.1952.
＊64　TNA, FO 371/97099, JF 1041/176, Eden minute, 28.6.1952.
＊65　MAE, Tunisie 1944–1955, vol. 366, Massigli à Paris, n° 2904, 25.6.1952.
＊66　*FRUS*, 1952–1954, XI, pp. 778–779, Memorandum by Popper to Hickerson, 20.6.1952.
＊67　MAE, Tunisie 1944–1955, vol. 366, Washington à Paris, n° 4498/4502, 25.6.1952.
＊68　MAE, Tunisie 1944–1955, vol. 366, Secrétariat des Conférences, Note pour la Direction d'Afrique-Levant, n° 824 SC, 25.6.1952.
＊69　MAE, Tunisie 1944–1955, vol. 386, Hauteclocque à Paris, n° 1197/1198, 2.7.1952; Ibid., Hauteclocque á Paris, n° 1232/1233, 19.7.1952; Note pour le Ministre, 22.7.1952.
＊70　MAE, Tunisie 1944–1955, vol. 367, Lacoste à Paris, n° 1693/1694, 21.7.1952.
＊71　*FRUS*, 1952–1954, XI, pp. 784–785, Editorial Note.

＊72　TNA, FO 371/97102, JF 1041/241, Draft brief for the Secretary of State for the visit of Mr. Pearson. 9.9.1952.

＊73　*FRUS*, 1952–1954, XI, pp. 786–788, Acheson to the Embassy in France, no. 548, 30.7.1952.

＊74　MAE, Tunisie 1944–1955, vol. 367, New York à Paris, n° 1752, 25.7.1952.

＊75　MAE, Tunisie 1944–1955, vol. 386, Message du Bey de Tunis au Président de la République, 22.7.1952.

＊76　TNA, FO 371/97102, JF 1041/238, Rumbold to Allen, 10112/255/52, 6.9.1952. エジプトのファルーク（Farouk）国王は、七月二三日にナギブ（Muhammad Naguib）将軍の率いる自由将校団のクーデタにより失脚した。

＊77　MAE, Tunisie 1944–1955, vol. 386, Tunis à Paris, n° 1390/1395, 1.8.1952.

＊78　MAE, Tunisie 1944–1955, vol. 368, Washington à Paris, n° 5583/5592, 6.8.1952.

＊79　MAE, Tunisie 1944–1955, vol. 368, Washington à Paris, n° 5638/5645, 7.8.1952.

＊80　*FRUS*, 1952–1954, XI, pp. 793–794, The Chargé in the United Kingdom（Holmes）to the State Department, no. 668, 6.8.1952.

＊81　TNA, FO 371/97102, JF 1041/233, Eden to Harvey, no. 876, 2.9.1952.

＊82　*FRUS*, 1952–1954, XI, pp. 798–799, The Acting Secretary of State to the Embassy in France, no. 1041, 22.8.1952; pp. 801–803, Memcon, by Acheson, 5.9.1952.

＊83　TNA, FO 371/97101, JF 1041/224, Hope Minute, 8.8.1952.

＊84　*L'Année politique*, 1952, p. 247.

＊85　NARA, RG 59, Lot 58, D 48, Entry 1293, Box 5［40.1 UN Tunisia 1952–1953］, Memcon, 10.9.1952; Secret Security Information, 16.9.1952.

＊86　TNA, FO 371/97102, JF 1041/241, Draft brief for the Secretary of State for the visit of Mr. Pearson. 9.9.1952.

＊87　MAE, Tunisie 1944–1955, vol. 386, Le Bey à Auriol, 9.9.1952; Paris à Tunis, Circulaire n° 119, 14.9.1952.

＊88　*FRUS*, 1952–1954, XI, pp. 811–812, Dunn to the State Department, no. 1711, 18.9.1952.

＊89　TNA, FO 371/97102, JF 1041/246, Paris to London, no. 397, 25.9.1952.

＊90　*FRUS*, 1952–1954, XI, pp. 813–814, Acheson to the Embassy in Paris, no. 1780, 26.9.1952; pp. 814–815, Editorial Note.

＊91　NARA, RG 59, CDF, 320.00/9–3052, US-French Talks on the UN, 30.9.1952.

＊92　NARA, RG 59, CDF, 772.00/9–2952, Memcon, 29.9.1952.

＊93　MAE, Tunisie 1944–1955, vol. 369, Massigli à Washington, n° 4173, 2.10.1952.

＊94 MAE, Tunisie 1944–1955, vol. 369, aide-mémoire, 3.10.1952. この書簡は、一九五二年三月三一日に行われた、イギリス植民地相とフランス海外領土相の会談に言及している。その会談で英仏両国は、非自治地域に国連が介入する試みに断固抵抗すべきであると結論に達した。アフリカ植民地における英仏の協力と対立については、John Kent, *The Internationalization of Colonialism* を参照されたい。一九五二年の英仏会談については同書の二九五頁で触れられている。

＊95 MAE, Tunisie 1944–1955, vol. 369, Hoppenot à Paris, n°2245/2250, 4.10.1952.

＊96 MAE, Tunisie 1944–1955, vol. 369, Hoppenot à Paris, n°2245/2250, 4.10.1952.

＊97 MAE, Tunisie 1944–1955, vol. 369, Massigli à Paris, n°4231/4232, 7.10.1952.

＊98 NARA, RG 59, CDF, 320/10–752, Paris to Acheson, no. 2130, 7.10.1952.

＊99 MAE, Tunisie 1944–1955, vol. 369, Paris à New York, n°6853/6861, 8.10.1952; Paris à New York, n°2876/2880, 14.10.1952. モロッコ問題は、イラク政府が八月七日に総会に討議するよう要請している。次章第一節を参照のこと。なお、第一委員会とは、総会に提出する勧告や決議案を準備する主要委員会（The Main Committees）のうち、政治・安全保障の分野を担当する委員会である。*Yearbook of the United Nations, 1946–47*, p. 54.

＊100 NARA, RG 59, CDF, 320/10–1052, Acheson to Paris, no. 2082, 10.10.1952.

＊101 アメリカ国務省が北アフリカ問題の討議を急いだ理由は、スルタンがフランスの改革案を一〇月八日に公表した結果、アジア・アラブ諸国の態度が硬化したことにあると考えられる。この事件については次章第一節を参照のこと。

＊102 MAE, Tunisie 1944–1955, vol. 369, New York à Paris, n°2483/2486, 22.10.1952.

＊103 MAE, Tunisie 1944–1955, vol. 369, Tunis à Paris, n°1777, 22.10.1952; vol. 372, Note, 12.5.1953.

＊104 *FRUS*, 1952–1954, XI, pp.835–836, Dunn to the State Department, no. 2604, 28.10.1952, footnote 2.

＊105 NARA, RG 59, Lot 53 D 65, Entry 1496, Box 4,［Tunisia-Memos of Conversation］, Memcon, 28.10.1952.

＊106 *L'Année politique, 1952, p. 266.*

＊107 *FRUS*, 1952–1954, XI, Acheson to the French Foreign Minister, pp. 837–839, 31.10.1952; MAE, Tunisie 1944–1955, vol. 369, Schuman à Acheson, 31.10.1952.

＊108 *FRUS*, 1952–1954, XI, pp. 837–839, footnote 1.

＊109 TNA, FO 371/97105, JF 1041/295, Eden to Harvey, Conversations between Acheson and the French Ambassador, no. 887, 5.11.1952. *Le Monde*, 2/3.11.1952.

＊110　TNA, FO 371/97105, JF 1041/297, Franks to FO, no. 2069, 6.11.1952.

＊111　アメリカ側がこうした方針転換を行った理由について、史料は公開されていない。

＊112　*FRUS*, 1952–1954, XI, pp. 839–845, Draft Memcon, by Acheson, New York, 8.11.1952.

＊113　NARA, RG 59, Lot 53 D 65, Entry 1496 Box 4, US Delegation to the Seventh Session of the GA［Tunisia-Memos of Conversation］, Memcon between Muniz and Jessup, 18.11.1952; Memcon between Hoppenot and Jessup, 18.11.1952.

＊114　NARA, RG 59, Lot 53 D 65, Entry 1496 Box 4, US Delegation to the Seventh Session of the GA［Tunisia-Memos of Conversation］, Memcon between Muniz and Jessup, 21.11.1952.

＊115　*UNGA Official Records*, vol. 7 1952–53, First Committee, p. 193, p. 206, p. 231. ここでいうラテンアメリカ諸国とは、ブラジル、コスタリカ、キューバ、エクアドル、ホンジュラス、ニカラグア、パナマ、パラグアイ、ペルー、ウルグアイ、ベネズエラである。

＊116　*Ibid*., pp. 270–271. イギリスはアジア・アラブ案に反対投票し、ラテンアメリカ案では棄権した。またソ連はアジア・アラブ案に賛成し、ラテンアメリカ案に反対した。*ibid*., p. 274.

＊117　NARA, RG 59, CDF, 320.11/12–1152, Memcon, 11.12.1952.

＊118　ブルギバは回顧録で、一九五二年一二月二三日「アメリカは小さな一歩を踏み出した。（中略）国連の権限に賛成したのである」と日記に記した旨を述べている。彼は、アメリカ政府の投票は急進的な解決を目指すものではないが、フランスに「猶予」を与えたに過ぎないと肯定的に認識している。さらにこう力強く締めくくっている。「善意と正義の勝利の達成には時間がかかるかもしれないが、それは必ずやってくる。そしてわれわれはそれに値するのだ!」Bourguiba, *Ma Vie, 1952–1956*, pp. 176–178.

＊119　MAE Tunisie 1944–1955, vol. 387, Hauteclocque à Paris, n°2118/2122, 15.12.1952.

＊120　フランス側は、ムハンマド八世がナショナリストに近い立場を示したのは、「チェドリ皇太子の影響を受けた」からだと認識していた。MAE Tunisie 1944–1955, vol. 387, Hauteclocque á Paris, n°2142/2126, 15.12.1952.

＊121　MAE Tunisie 1944–1955, vol. 387, Tunis à Paris, n°2155/2158, 20.12.1952.

第5章

スルタンの廃位

1952年1月―1953年8月

モハメド五世廃位の後に発生した，モロッコでのテロ事件で炎上する車両
出典：*L’Histoire*（no. 307, Mars 2006), p. 70.

チュニジア問題と同じく、モロッコ問題もアラブ諸国によって国連に付託され、一九五二年末にはチュニジアのケースと類似の決議が採択された。しかし、モロッコのスルタンが示した態度はチュニジアのベイとは正反対であった。国連が問題を取り上げ、決議を採択したことから、モハメド五世は国際社会がナショナリストの熱意を部分的に汲み取ったと判断したのである。その結果、彼は地方議会を設立しようというフランスの計画を拒絶する。このことは、以前にまして国内の保守派の反発を招いた。モハメドの頑なな態度を見たエル・グラウイは、彼を廃位するようフランスに要求した。エル・グラウイが自らの部族を動員して力ずくで廃位を実現しようとするのを見て、フランス政府はやむなく自身の手で廃位を断行する。

第一節　国連の討議とカサブランカ虐殺事件

モハメド五世のイニシアチブ

第3章で説明したとおり、独立運動を開始したモハメド五世とエル・グラウイの関係が悪化し、総督が介入した結果、スルタンが譲歩する形で一九五一年に一時的に事態は沈静化した。同年末に国連で問題が取り上げられそうになったものの、西側諸国が討議の先送りを選択したため、問題は国際的な注目を浴びなかった。

その結果、チュニジアとは対照的に、一九五二年初頭のモロッコの情勢は比較的平穏であった。フランスが予想したとおり、チュニジア問題が国連でどのように進展するか、モハメド五世は見極めようとしていたと考えられる。こうしたなか動いたのは、皇太子のムーレイ・ハッサン（Moulay Hassan）王子であった。彼は二月二日にマスメディアのインタビューに答え、モハメド五世の構想が以下の点に基づいていると明らかにした。これは、親仏的な立場を保ちつつ独立を達成したいという、モハメドの基本方針を簡潔に表現している。

1　モロッコは最終的に完全な主権と独立を手にすべきである。
2　独立が達成された後でも、フランス人入植者は特権を持つ者として処遇され続ける可能性がある。
3　いかなる場合も、モロッコがフランス連合に加盟することには同意しない。[*1]

これに対してフランス外務省は「スルタンは、彼の王位を保障している保護国条約とナショナリストの間でバランスを保とうとしている」とコメントしている。フランスこそモハメドの地位を保障しているのだという、自意識が現れていると言えよう。しかし、モロッコ国内では当時、伝統主義者と呼ばれたエル・グラウイを中心とする保守派豪族と、ナショナリストの対立が再び深刻化しつつあった。フランス政府は、両者の対立をあまり深刻にならないよう心がける必要があることに気づいていた。外務省の覚書はこう続けている。「スルタンは、モロッコ帝国の政治的統一と将来の統治能力を確立するには、ある近代的な大国の軍事的・技術的支援が不可欠だと感じている。つまりはフランスである」。さらに、モロッコにフランスはなくてならないことをモハメド五世に証明する必要があると論じる。確かに当時のモロッコは、外国の関与なしには政治統合も近代化も困難な状況であった。フランスは、このことをスルタンに印象づけようと考えていたのである。

モハメド五世が政治的立場を公表しようと決意を固めたのは、チュニジア問題が安保理で討議されることがほぼ確実となった三月半ばのことであった。彼はフランス政府に対して三項目からなる要求書を送る。

1　戒厳令の撤廃と労働組合結成の自由
2　スルタン自身によるモロッコ政府の組閣
3　〔保護国条約に基づいている〕仏モロッコ関係を修正するための交渉[*2]

スルタンはこれらの要求についてアメリカへ側近を派遣して、その意図を説明させている。そうしてアメリカ政府から確固たる支持を得ようと考えたのである。彼は第一に、現在のモロッコ帝国政府の構成を変更して近代的な新政府を組織し[*3]、フランス政府と交渉ができるようにしたい。第二に、フランス連合に加盟すれば主権国家として国際社会から認められず、国連に直接アクセスできなくなる。そしてインドやオーストラリアがコモンウェルスの一部を構成しているのと同じ意味で、「フランス連邦（the French Commonwealth）」に加盟するのであれば問題ない、とも説明した[*4]。第1章第一節で説明したとおり、イギリスは従来から脱植民地化政策を推進し、一部の植民地を主権国家としたうえでコモンウェルスという組織を作ってきた。フランスが同様の政策を遂行し、コモンウェルスを結成するのであればそれには参加してもよい、という意味だったのである。三月末には首都の民衆に向けて自らの政治的スタンスを表明し、ナショナリストの立場に近いことを印象づけた。その甲斐あって、フランス外務省が五月に「スルタンは一九五一年二月の失点をかなり取り返した」と報告するほどだった[*5]。

この時期チュニジア問題に専心していたフランス政府は、モハメド五世の要求に何ら反応を示さなかった[*6]。第4章でみたとおり、フランス側は一九五二年の前半は、国連安保理および総会特別会期をめぐってアメリカの支持を取り付けるべく外交努力を続けていたのである。フランスはむしろ、モロッコ問題まで一九五二年秋の国連総会に持ち込まれるのではないかと危惧していた。このため四月末、ボネ駐米大使は本国政府に対して、「〔国連ではモロッコ問題に関しても〕アメリカの方針が諸外国に影響を及ぼすことをアメリカ政府に念押ししておくべきである」と勧告する[*7]。外務省もこれに同意し、五月半ばにボネ自身がマックブライド（Robert McBride）アメリカ駐モロッコ領事と会談した。その席でボネは、「モロッコの社会不安の原因はフェズ条約にあるとアメリカが見なしているような印象を民衆に与えれば、さらなる混乱が起きる」として、保護国体制に否定的見解を示さないでほしいと牽制した。また、シューマン外相がアチソン国務長官と北アフリカ情勢全体について協議したいと考えていると付け加えた。[*8] しかし、モロッコ問題に関してもアメリカ国務省の立場はチュニジアの場合と変わらなかった。数日後アチソンは「フランス政府がモロッコでの計画の全体像を明らかにすれば、わが国もより効果的な支援ができるだろう」と回答を寄こした。[*9] さらに、五月二八日にはアチソン—シューマン米仏外相会談が催されたが、第4章で述べたとおりフランスにとってはかばかしい成果はなかった。[*10]

一九五二年八月七日、フランスの懸念どおり、モロッコ問題も国連総会で協議すべきだとイラク政府が申請した。[*11] この結果、フランス政府は、スルタンが一九五二年三月に発表した覚書に対して公式に回答しなければならなくなった。チュニジア問題と同様、フランスが実質的な改革をモロッコに提示しない限り、国連でアメリカの支持を得られないことは確実だからである。ギヨーム総督が記しているように、「スルタンは、即座にフェズ条約を破棄し、〔条約を締結した〕一九一二年以前のような政治体制を構築するには、仏モロッコ間の協議を開始するほかないと考えている」[*12] とフランス側は見ていた。つまりモハメド五世は、国連がモロッコ問題を討議する可能性があることを踏まえて、フランス当局に独立に向けて交渉を始めるよう迫っていたのである。フランス外務省内で回覧された八月二一日付覚書は、スルタンに提示する改革案の要点を挙げているが、自国と自国民がモロッコの平和と近代化に貢献したという、従来どおりの主張を繰り返すものであった。チュニジアのケースと同様、共同主権の原則に基づいて、フランス人も参加する地方議会を設立し、現地人に何ら政治的権利を移譲しない腹積もりだったのである。[*13]

ギヨーム総督がモハメド五世に回答したのは、九月一七日であった。[*14] しかし、フランス政府は方針を大きく転換したわけではなく、国際世論の反発を買うことは必至だったため、この時点で回答の内容は公にされなかった。[*15] 回答を受け取るとすぐにスルタンは有力な政治指導者を招集し、どう対応すべきか検討を始める。そしてギヨームの予測どおり、フランスが相変わらず保護国体制にこだわり、自身の要求を省みていないことを理由に、スルタン側はフランスの回答を撥ねつけた。[*16] スルタンは一〇月八日に至り、このフランスの回答を公表する。北アフリカ問題が国連で協議されることがほぼ確実な情勢を前提に、彼はフランス政府の企みを世界の前に明らかにし、国連こそが仏モロッコ問題の解決に適切な役割を果たせると印象づけようとしたのだろう。実はモハメド五世は、九月末の段階でもフランスの回答の内容を公表することに消極的であった。フランスの態度を硬化させるのは間違いないからである。[*17] しかし、一〇月七日にフランス政府がチュニジア問題を総会で討議するのに反対する決定を下したことを見て、[*18] 国際世論を味方につけるため公表に踏み切ったのだと考えられる。

イスティクラール党の弾圧

国連総会が一二月からチュニジア問題の検討を始めるや、モロッコで重大な事件が起きた。イスティクラール党率いる集団が一二月七日と八日、カサブランカで武装蜂起したのである。これは直接的には、五日にチュニジア労働総同盟指導者のフェルハト・アシェド（Ferhat Ached）が暗殺されたことへの抗議だったが、モロッコの混乱を国連に印象づける目的があるのは明らかであった。この事件で少なくともフランス人八名が虐殺され、数多くのモロッコ人が警察と軍隊に殺害された。[*19] 八日にはモロッコ労働総同盟（Union Générale des Syndicats Confédérés du Maroc, UGSCM）が二四時間ストライキを敢行した。フランス当局はイスティクラール党、モロッコ労働総同盟、共産党の党員・組合員を約四〇〇名逮捕し、これらの集団を非合法化することで対抗した。一連の事件は「カサブランカ虐殺事件」と呼ばれ、フランス世論を激高させたとフランス外務省の史料には記されている。[*20] ただし、フランス政府の強硬姿勢には本国でも反発があったと考えられる。イギリス領事館が事件後に「作家のフランソワ・モーリアックなど左派勢力は、フランス警察が過剰に反応したと非難している」[*21] とロンドンに報告していることからも、それがうかがえる。

カサブランカ虐殺事件は、米仏関係も緊張させた。アメリカの世論は、フランスの典型的な植民地抑圧政策とみなしたのである。アメリカ国務省は駐モロッコ領事に対して、「どのような原因であれ、さらに暴力事件が起きれば、アメリカの世論は反仏的になるだろう」とフランス総督府に警告するよう、一二月一二日に訓令を送った。[*22] ギヨーム総督は「フランスが困難に陥っているのは、中世的な後進国をわずか四〇年で近代国家に変容させようとしているからだ」と訴え、「自分はイスティクラール党と共産党の関係を示す確実な証拠を摑んでおり、モロッコ人民の多くはイスティクラールに共感していない」と付け加えた。モロッコの近代化はともかく、イスティクラール党が共産党と何ら関係のない勢力であることはアメリカ側も十分に承知しており、当然、フランスの主張を聞き容れることはなかった。[*23]

国連における討議

その間、国連総会の第一委員会でモロッコ問題の討議が始まっていた。チュニジア問題に続き、アジア・アラブ諸国が一二月一三日に提出した決議案は、フランス政府とモロッコのスルタンが、モロッコの主権に基づいて平和的解決に至るよう交渉すべきだとしていた。四日後にラテンアメリカ諸国が提出した案は、「仏モロッコ双方がモロッコの自由な政治制度を確立するために協議を続けるべきである」としていた。第一委員会は一七日に、アジア・アラブ案を否決し、ラテンアメリカ案を採択した。そして一九日の総会本会議も同様に、アジア・アラブ案を否決したのち、ラテンアメリカ案を四五対三（棄権一一）の圧倒的多数で採択した。チュニジア問題では、国内自治を明確に謳う決議が採択されたのに比べると、モロッコ問題では「自由な政治制度」という曖昧な表現にとどまっており、明らかにフランスにとって有利な決議だった。これは、モロッコがチュニジアよりも政治的な発展が遅れており、国内自治を達成するには時間がかかると考えられていたためであろう。アメリカ政府もラテンアメリカ案に賛成票を投じた。[*24]

しかし、チュニジア問題と同様、フランスにとってこの国連決議は諸刃の剣であることに変わりはなかった。アメリカ政府は、国連にモロッコ問題も討議する権限があることに賛成した。フランス外務省はそれに不快感を隠さなかった。[*25] しかし他方、国連総会は、モロッコ情勢に直接介入しない方針を示した。そこでフランス政府はやはり、チュニジアと同様、従来どおり共同主権の原則に基づき、自国民の参加を前提とした地方議会の設立を進めようとする。国連総会の決議を受けて、ギヨーム総督はモハメド五世と一二月二二日に会談を持った。その席でギヨームは「国連やアラブ諸国、あるいは他の外国勢力の介入があるかもしれないと空しい希望をもってスルタンは今まで回答を留保してきたが、今後はただちにフランスとの協力関係を再開することを望む」[*26] と述べた。国連総会が直接介入を控えると決定するや、フランスはモハメドに屈服するよう迫ったのである。だが、スルタンの態度はチュニジアのベイとは対照的であった。モハメドは国連がモロッコ問題を検討する権限があると国際社会によって承認されたことに期待を繋ぎ、フランス案を断固拒絶したのである。ベイのような日和見主義ではなく、スルタンははっきりとナショナリズムの大義を支持した。ゆえにナショナリストの後退は一時的なものに過ぎず、かつての勢力を程なく回復すると見ていたのである。[*27] 後でみるとおり、ムハンマド八世とモハメド五世は、それぞれチュニジアとモロッコの現地最高指導者でありながら対照的な姿勢を示し、両者の違いは一九五四年により明確な形をとることになる。

とはいえ、カサブランカ虐殺事件を利用してイスティクラール党を非合法化したことは、フランスにとって大きな収穫であった。チュニジアでの成功に続き、モロッコのフランス連合加盟についても、展望が開けたと自信を深めたようである。一九五三年に入り、フランス政府は地方議会の設立に同意するよう、スルタンに積極的に圧力を加えていく。

第二節　伝統主義者の反発

一九五三年一月、急進社会党（le Parti radical）のマイエル（René Mayer）がフランス首相に任命され、ビドーを外相とする新内閣を発足させる。彼は首相指名を受ける前、国会下院で「チュニジア人とモロッコ人に、自らの行政管理に携わる（'de guider les populations de Tunisie et du Maroc vers l'administration de leurs propres affaires'）権利を与える」と宣言していた。フランスの国会は、チュニジア人とモロッコ人に将来的に自らの行政管理を担わせる点まで改革を行うことを正式に承認したわけだが、もちろんこれは協同政策の転換を意味するものではなかった。フランス政府はあくまで、現地人の持つ権限を「行政」に限定しており、政治的な意思決定を下す権利、すなわち主権を移譲する意図はまったくなかったのである。フランス国内では、社会党党首のモレ（Guy Mollet）が「保護国体制終了の日程と、チュニジアを独立国に移行させるための手順を決定すべきである」として政府を批判していた。同様に、ミッテラン・チュニジア担当国務大臣も北アフリカ保護国に国内自治を与えるべきだと主張していた。[*28] しかしいずれにせよ、モーリス・シューマン外務次官がイギリス外務省に語ったように、[*29] フランスの北アフリカ政策には何ら変更がなかったのである。

モハメド五世とエル・グラウイ

モロッコでは、一九五二年一二月のカサブランカ虐殺事件以来、スルタンと伝統主義者の対立がいよいよ深刻化しつつあった。ムスリム指導者として、伝統主義者たちはイスティクラール党の暴力的手法を嫌っており、またモハメド五世の宥和的姿勢がそれを助長しているとの理由で嫌悪感を抱いていた。モロッコの伝統的秩序とフランスの立場が揺らいでいることに、危機感を覚えたのである。

スルタンと伝統主義者の対立は、フランスに大変深刻な問題を突き付ける可能性があった。フランスは、マラケシュのパシャであるエル・グラウイと、モロッコ南部に勢力を持つ彼の傘下の諸豪族に対して軍事的財政的支援を行い、その地域で権力を確立させてきた。そうやって、南部の治安維持に協力させてきたのである。保護国条約を結んだスルタンの統治が及ぶ範囲は、事実上モロッコ北部に限定されていた。これは植民地宗主国がしばしば用いた「分割して統治せよ」という手法であり、フランスは主権者であるスルタンに対抗する勢力を育成することによってモロッコ統治を容易にしようと考えてきたのである。ところが、エル・グラウイら保守派のムスリム豪族は近代化を求めるモハメド五世の路線に反発しており、両者の対立は看過できないものになりつつあった。問題は、フェズ条約によってスルタンの地位保全を約束する代わりに、モロッコを保護国としたことであった。もしフランスがモハメド五世と伝統主義者の対立でスルタンに不利になるような形で介入すれば、国際条約に違反したと諸外国に非難される危険があったのである。

一九五三年一月二日、スペイン系マスメディアのインタビューを受けたエル・グラウイは、モハメド五世が社会の混乱を助長していると激しく非難した。国内でこうした圧力を受けて、スルタンはフランスが依然として共同主権の原則に固執していることを知りながらも、妥協する姿勢を見せた。一月一二日、彼はオリオール大統領に書簡を送り、将来的に行政管理をモロッコ人に委ねるというマイエルの宣言に言及しつつ、「協力関係の確立につながる解決方法」について交渉する意図があると述べた。[*30] 以前から求めている保護国条約の修正については何も書かれていなかったが、フランス側は無論、モハメドが方針を変えたとは受け止めなかった。[*31]

二月に入り、ビドー外相はアメリカ政府と北アフリカ情勢に関する会談に臨んだ。前年の大統領選挙で勝利したアイゼンハワー（Dwight D. Eisenhower）政権で国務長官に就任したダレス（John Foster Dulles）と二月二日に会談を持ったビドーは、彼の態度に期待を抱く。ダレスは「共和党政権は、大西洋同盟に基づくアメリカ政策の基本諸原則を再検討することはない」と述べ、「合衆国はフランス連合の「解体」を望むはずがない」と付け加えたからである。前政権が一九五二年末に北アフリカ問題に関する国連の権限に固執したのに比べると、明らかにフランス寄りの姿勢を見せたと言える。[*32] だが実際は、アメリカ政府は従来の「中道政策」から逸脱するつもりはなかった。ブルギバが一九五二年末に見抜いていたように、フランスに猶予を与えたに過ぎなかった。後で見るとおり、それは翌五三年夏に早くも明らかになる。

米仏会談の五日後、ビドーは一月のモハメドの書簡に対して返書を送る。ビドーの回答は、仏モロッコ問題は、スルタンと、フランスの代表である総督の間においてのみ検討できる、としていた。二月一八日、ギヨーム総督は、「フランスはモロッコの民主化を実現する決意であるが、それはスルタンの特権に打撃を与えるものではない」[*33] とモハメド五世に説明するよう、ビドーから訓令を受けた。フランスが目指す地方議会や国会の開設は、確かにモロッコ人に投票権を与えるという意味で政治参加を保障するものであり、スルタンの統治を否定しかねなかった。しかし繰り返し述べているように、フランス案には常にフランス人の参加が伴っており、モロッコ人の主権とは相容れなかったのである。このように絶えずフランス政府は、民主化を進めようとしているのにスルタンに阻まれているふうを装った。これは偽善的な態度だと言わざるを得ないだろう。事実、アメリカ領事からワシントンへの報告によれば、この時フランス当局はスルタンに「アメリカは北アフリカ情勢に関してフランスに白紙小切手を与えるだろう」[*34] と述べている。米仏会談でのダレスの発言を受け、フランス政府はアメリカの動向にかなり楽観的になっていたのである。

実際、前年と打って変わり、アメリカ政府は北アフリカ問題を国連で討議することに消極的であった。二月一九日にアジア・アラブ諸国は会合を持ち、この問題を秋の国連総会で討議するよう提案すべきかどうか、検討を行った。ちょうどその翌日、アメリカ政府はフランスに混乱をもたらさないとダレス長官が確約したとする週刊誌が発売された。[*35] アメリカ国務省は、現時点でフランスがチュニジア・モロッコと交渉して何らかの成果を出すのは難しく、国連が北アフリカ問題を討議するのは時期尚早だと考えていた。だからこそ、アラブ側の動きをこのタイミングで牽制しようとしたのだと考えられる。現に国務省は三月一〇日、アメリカの国連代表に対して、一九五二年末の総会決議の採択から日が浅いためすぐに討議しても無意味だとの理由で、一九五三年秋に総会が北アフリカ問題を討議することに反対するよう命じている。[*36] こうしたアメリカ政府の姿勢は、じつはヨーロッパ情勢とも関連していた。フランスによるＥＤＣ（European Defence Community: ヨーロッパ防衛共同体）条約の批准を実現するため、過度に圧力を加えないほうがよいと考えていたのである。[*37] このようにアイゼンハワー政権は、モロッコ問題に関して、トルーマン（Harry S. Truman）政権よりも全般的に親仏的になる傾向があったと言える。[*38]

その頃モロッコでは伝統主義者だけでなく、総督府のフランス人官僚も反モハメド五世運動を始めていた。その一人は、一九五三年二月七日の『パリ・マッチ（*Paris-Match*）』誌に「スルタンが変わるか、あるいはスルタンを変えなければならない」[*39]と題する記事を寄稿した。二月半ば、モハメド五世は側近に次のように漏らしたと報告された。「フランス人官僚が、激しい反スルタン・プロパガンダ活動を展開している。エル・グラウイは率先して指導者として活躍している」。[*40] モハメド五世こそがフランスの利益にとって最大の障害だと考え、反スルタン運動に深く関与している総督府の官僚もいた。こうした活動をパリ本国政府はあからさまに命じたわけではなかったが、以下で明らかにするように、とりわけビドー外相はこの状況を利用して、フランス案をスルタンに受諾させようと企てる。

ただし、ビドーを含めてフランス政府は、スルタンの廃位には反対し続けた。確かに、グラウイの圧力を利用するという戦術は、フランス政府が一九五〇年一二月から一九五一年二月までイスティクラール党を非難するよう要求していた時に採用した戦術と似通っていた。しかし以下で明らかになるように、一点だけ相違があった。もはやフランスが、廃位を脅し文句には使えなくなった点である。一九五一年と一九五二年に、かろうじて国連の直接介入という最悪の事態を回避できた程度だったのだから、今回も北アフリカ問題を取り上げられないよう、細心の注意を払う必要があった。とくに一九五一年の総会で問題が議論されたのは、ジュアン総督が廃位の脅しを用いたことが発端だったため、露骨な抑圧は控えようとフランス側も感じ始めていた。ゆえに廃位という脅しは選択肢にはなかったのである。

一九五三年三月二日、フランス総督は地方議会に関する勅令案を再びモハメド五世に提出した。このフランス案は、同数のフランス人議員とモロッコ人議員からなる地方議会を全国に七つ創設するとしており、言うまでもなくナショナリスト政党には受け入れがたい内容であった。カイロに亡命中のアラル・エル・ファシらイスティクラール党の指導者は、オリオール大統領に宛てて、この地方議会案は「モロッコの主権と両立しない」と批判する書簡を送った。三月半ばには、アジア・アラブ諸国が国連事務総長に対して「モロッコにおけるフランスの暴力的かつ抑圧的政策」[*41]を非難する書簡を送付した。しかし、このように国際世論を味方につけながらも、モハメド五世ははっきりフランス案を拒絶しなかった。これは、彼が国内で伝統主義者を中心とした強い圧力に晒されていたため、フランスに依拠しながら対抗しようという思惑があったためだと考えられる。ギヨームはパリに「国内諸派からしばしば相矛盾する圧力を受けて、モハメドは、フランスともイスティクラール党とも絆を保っておこうと心がけている」[*42]と報告している。

伝統主義者の請願書

三月に入って、エル・グラウイはスルタンの廃位に向けて踏み出す。マラケシュで二〇人ほどのカーイドと集会を開いたのち、モハメド五世の退位を求める請願書をモロッコ中で回覧し始めたのである。[*43] もともとこの活動は、フェズでアブデライ・エル・キッターニ（Sharif Abedelhaï el-Kittani）というムスリム同胞団の指導者が始めたのだが、エル・グラウイがそれを反モハメド運動のための有用な道具として利用したのである。[*44] 請願書の要点は次のとおりであった。

1　スルタンであるシディ・モハメド・ベン・ユーセフは、〔労働運動に共感したり女性の解放を企てるなど〕イスラム教に関してモロッコ人民に対する義務を放棄した。

2　非合法で過激な諸政党に肩入れし、政党の方針をそのまま国の施策にすることで、彼はモロッコを死に至らしめようとしている。

3　こうして彼は国の善意ある人々と敵対し、イスラム教の教義に反する道に踏み出した。

ゆえに、フランスのモロッコ総督とフランス政府に、モハメド五世を王位から追放してもらいたいというのである。この請願書は、瞬く間に部族長の間で回覧された。

三月末、モハメド五世はついに地方議会案について柔軟な姿勢を示し始める。ビドー外相が期待したように、エル・グラウイらの攻勢に対抗するため、フランス政府の介入が緊要だと考えたのである。そこで彼はこの問題は主権に関わると主張し、勅令に署名する条件をつけて総督府に伝えた。フランス人議員が参加する議会を設立する都市は一部に限定すること、その都市の地方行政の監督権を総督府からモロッコ宰相に移すことであった。このように原則部分で大幅な譲歩をしたものの、フランスの統制を弱体化させることで対抗しようとしたのである。[*45]

本国政府の官僚の中にも、間接的であれ、エル・グラウイの反スルタン運動の拡大に寄与した者もいた。ド・ブレッソン（Jacques de Blesson）全権公使から、本国政府が請願書について報告を受けたのは三月も末になってからであり、その際も詳細は不明のままだった。[46] 彼は、これは「保守反動勢力による、数ある〔反モハメド〕アピールのひとつ」にすぎないと報告したのである。[47] 四月一日、ビドーはギヨーム総督に訓令を送っている。「特定の人物が、スルタンの廃位といった極端な措置に出ることを訴えている。フランス政府は、これに断固として応じないことを明らかにしなければならない」。[48] 前述のとおり、フランスはフェズ条約に基づき、スルタンを国内反対派から守る義務を負っていた。したがって、エル・グラウイらの廃位運動は阻止しなければならず、ましてフランス人官僚は加担してはならない、というのがパリ本国政府の立場だったのである。しかし、以下で見るように、フランス政府はまるで積極的に動かなかった。追いつめられたモハメドがフランスの改革案を呑むのを待っていたのである。

だが伝統主義者である封建豪族にとっては、フランス政府の認識は両刃の剣であった。なぜなら、モハメドが地方議会の設立を認めれば、パリは王位を守るだろうから、廃位が不可能になってしまうためである。それだけにモハメドがフランス案にやや宥和的姿勢を示していることは脅威であった。エル・キッターニの呼びかけで四月四日から三日間、北アフリカ宗教同胞団がフェズで集会を開き、エル・グラウイをはじめ数多くのパシャとカーイドなどが出席した。この集会が、反スルタン運動を拡大する決議を採択したのである。[49] その結果、再びスルタンはフランスとの交渉に関心を示さなくなる。モハメド五世はギヨームに対し、カーイドの反乱がこれほど急速に拡大するのは総督府の協力なしにはありえず、状況が沈静化するまでは仏モロッコ交渉の進展が不可能であると伝えた。[50] 総督府のフランス人官僚たちが反スルタン運動に加担している限り、交渉は中止するというのであった。また彼は、四月一四日に本国政府に書簡を送り、現地の混乱を考慮して、交渉を行うとすればラバトではなくパリであるべきだと訴えた。実はこのとき初めて、パリの本国政府はモハメド五世の反スルタン運動に対する不満を知ったのだった。それまで総督府の官僚たちは、本国政府にエル・グラウイらの動きを故意に報告してこなかったからである。[51]

しかし、エル・グラウイによる政治的圧力を利用しようと考えていたパリ政府は、スルタンの要請を拒絶した。だが同じ頃、モロッコ国内の親スルタン派がエル・グラウイらに抗議の声を上げ始める。フェズのウラマーは、モハメド五世に支持を表明する書簡を送ったが、それはエル・グラウイたちにとって大きな打撃であった。保護国になる前の歴代王朝で長らく首都であったフェズは、モロッコの中でも特別な意味を持つ都市であり、フェズのウラマーの賛同がなければ正統性を備えたスルタンを選出できないからである。[*52]

一方、反スルタン運動に憤激したアジア・アラブ諸国は、この年の国連安保理に問題を持ち込もうと画策していた。四月八日にアメリカの国連代表ロッジ（Henry Cabot Lodge Jr.）がワシントンに送った報告によれば、この国々はアメリカの同意を期待していた。[*53] しかしダレスはロッジに、「総会決議から十分な時間が経過したとはわれわれは考えていない」とアジア・アラブ諸国に伝えるよう命じた。[*54] 同日、フランス外務省は自国の国連代表に、安保理での討議に反対するよう指示している。[*55] 翌月になってもアジア・アラブ諸国はアメリカ政府の支持を期待していたが、フランスにとっては幸運なことに、英米ともに討議には反対する姿勢であった。[*56] 米英仏三国の国連代表は六月二日に協議した結果、「討議をめぐる西側三国の意見が賛成とも反対ともわからない、曖昧なままにしておいて、アジア・アラブ諸国政府の判断を難しくするのが最善の策だ」と合意した。それによって「これら諸国が、不確定要素が高すぎるため、議題として取り上げるよう安保理に申請するかどうか決定できない状況を長引かせ」[*57]、最終的に申請を諦めるよう仕向けたかったのである。

モロッコ国内でスルタンの廃位を求める請願書が回覧されている間も、フランス人官僚は本国に事態の重大さを故意に伝えなかった。五月一五日になってようやく、ド・ブレッソンは「この運動は、当初予見していたよりもはるかに長引きそうだ」とパリに報告している。翌日ビドー外相は、総督府に対し、モロッコ各地にいる官僚へ「保護国条約に従って、反スルタン運動に対応せよ」と伝えるよう、指示した。ギヨーム総督が請願書の全文を本国政府に提出したのは五月二七日であったが、しかし今度はパリで五月二一日にマイエル政府が倒れた後、新内閣の構成について議会の承認を得られない事態が続いていた。[*58] フランス外務省は五月三〇日に「フランス政府は、モロッコ国民が民主的に意見を表明するのを妨げることはできない」[*59] というコミュニケを発表する。つまり反スルタン運動だとしても、それが国内の自発的意見である以上、抑圧できないという意味であった。しかしこれは、フランス新首相の指名を取り付けられず、新内閣が発足できない状況で、政府がモロッコの混乱を抑える効果的な手段を何もとれないことを示していた。翌日、モハメド五世はギヨーム総督に対して「請願書は裏切り以外のなにものでもない」ため、請願書に署名したパシャとカーイドを追放するよう要求した。しかしギヨームは「スルタンが地方自治改革を施行するための勅令に署名していれば、請願書は回覧されなかったであろう」と回答したのみであった。[*60] この頃すでにモロッコ人民の間では、フランスはモハメド五世を廃位するかもしれないが、その場合はアジア・アラブ諸国がただちにモハメドを支持して結束するだろう、という噂が広まっていた。ギヨームがエル・グラウイの運動を止めるのに消極的だと知ったスルタンは、今度は公にパリに働きかけることを選ぶ。彼は六月一日に、「〔フランス政府は、〕この組織的反対運動をすぐに制止できるだろう」[*61] と声明を出した。つまり、フランス世論と国際世論に訴えることにより、機能不全に陥っているフランス政府を動かそうとしたのである。

しかしこの段階に至ってもまだ、ギヨーム総督はモハメドが圧力に屈してフランス案を受け入れることを期待し、エル・グラウイを止めなかった。六月三日には外務省へ「世論が反スルタンを自由に表明できるようにすることが自分の義務である」[*62] と書き送っている。この頃、モロッコ国内ではいよいよ意見の対立が激しくなっていた。フェズ、セフル、メクネス、サレといった大都市のパシャは、モハメドに忠誠を誓う声明を六月三日に発表した。また、オリオール大統領のもとには、反スルタン運動に抗議するメッセージが続々と届いていた。[*63] しかし六月八日には、ロンドンに滞在中のエル・グラウイが自身の計画を公表する。

スルタンはもはや、信者の長ではない。彼を廃位するには、もはやフランスの同意は必要ない。（中略）新スルタンは、カーイドたちの手で、アラウィー王家の中から選ばれるだろう。[*64]

こうして六月の初めに、スルタンとエル・グラウイは相次いで、自陣を支持するよう公式にフランス政府へ要請したのである。

一九五三年六月、アメリカ国務省は突如方針を変え、安保理における戦術について、姿勢を明確にすることにした。国務省は六月一〇日、アジア・アラブ諸国から質問があれば、アメリカ政府は討議に反対することを国連代表は明言すべきであると結論づけた。そしてその際、ダレス国務長官が六月一日に「植民地地域が国内自治に向けて秩序ある発展を遂げるのが、西側諸国にとっては利益となる」と宣言した事実を強調することにした。[*65]このダレス声明には二つのポイントがある。一つは植民地における当面の目標が独立ではなく国内自治だと述べていること、そしてもう一つは国内自治を確立するには宗主国は主導権を維持したまま秩序ある権力移譲をすべきだと考えていたことである。フランス本国政府や総督府が反スルタン運動を抑えようとしないなか、アジア・アラブ諸国が問題を安保理に持ち込むのではないかと、この時期ダレスは危機感を抱き始めていたと考えられる。イギリス外務省はこの戦術転換に賛成したが、英仏の国連代表は、アジア・アラブ諸国が問題を国連に持ち込まないと予測していたため、ダレスの新方針に異を唱えた。[*66]しかしアメリカ国務省は、六月一五日にパキスタン外交官から問い合わせを受けると、「国連で問題を討議するのは賛成しない」[*67]と明言した。

フランスの瀬戸際政策

スルタンは六月末、オリオール大統領に宛てた親書をギヨーム総督に渡す。その内容は、フランス政府はフェズ条約に準拠して秩序回復のために介入すべきであり、そうすれば交渉を再開する意図があるというものであった。「マラケシュのパシャの行為、「中央権力の意図に刃向う、総督府官僚の明らさまな反逆」そして「ある宗教団体の長の行動」が、一九一二年条約のとくに第三条に抵触する、転覆を目論む策謀」に繋がっているからである。フランス政府が依然として共同主権の原則に固執していると知りつつも、モハメド五世は交渉に応じざるを得ないところまで追い込まれていたのである。彼がフランスに訴えたのを見たエル・グラウイ側は、スルタンがイスティクラール党を非難すべきだという新たな請願書を国内で回覧させ始めた。モハメドが交渉に言及したため、伝統主義者たちはフランス政府に、最大の問題はモハメドがイスティクラール党に味方していることだと再認識させて、彼との交渉を失敗に終わらせようとしたのである。一九五一年二月のときと同様、やはりスルタンは「〔同じ〕イスラム信者を非難などできない」[*68]と宣言し、請願書の要求を拒絶した。七月二一日のことである。一方、ギヨーム総督は伝統主義者たちの新しい請願書に、今回も寛容だった。彼は翌日に、「まさにイスティクラール党の手法のせいで、カーイドたちは「請願書で自衛」せざるを得なくなったのだ」[*69]と発表したのである。

この間、フランス政府が得た情報はわずかであった。後に外務省の官僚がアメリカ側に述べたように、政府が廃位に反対であると知っていた総督府の一部の官僚が、意図的に情報を伝えなかったのである。そのためエル・グラウイの運動は、パリ政府が知った時には、もはや手が付けられないほど勢いを増していた。こうした総督府官僚は、自分たちが仏モロッコ両国の利益に多大な貢献をしていると信じていた。[*70]ビドー外相は八月四日、エル・グラウイが「支持者の熱意を保つため」に、この日から七日までモロッコ全国の遊説行脚を開始したと知らされ、大きな衝撃を受けた。[*71]ビドーは総督府に、その目標と意図を調査して報告するよう指示し、「われわれがとても容認できないようなことでも既成事実さえ作れば大丈夫などと、無責任な分子に勘違いさせないのが肝要である」[*72]と強調した。これに対してド・ブレッソンは翌八月五日、「(エル・グラウイが)直接行動に出て、われわれに既成事実を突きつけようと企んでいると考える根拠は何もない」[73]と報告を送っている。

しかし、ド・ブレッソンの予測は楽観的に過ぎた。八月八日付のパリ宛ての報告から、彼自身が事の重大さを看過していたことがうかがえる。エル・グラウイは、豪族たちの反応に手応えを感じ、八月七日にド・ブレッソンに、モハメドを廃位するのにかつてないほど好条件が揃っていると伝えた。前述のビドーの訓令を受けたド・ブレッソンは、エル・グラウイを何とかして思いとどまらせようと説得を試みた。

一九一二年以来（中略）果たしてきた責任ゆえに、共和国政府はモロッコの内政に関心を抱かざるを得ない。（中略）われわれは秩序維持に関する義務を無視することはできない。（中略）モロッコ領内でなされた活動がどのような結果を生じようとも、それが対外的にどのような意味を持つのか、是非を判断できるのはフランス政府だけである。[74]

エル・グラウイたちが強引にスルタンを廃位に追い込み、それを阻止できずに傍観せざるを得なくなれば、フランスが統治能力を失っていることが白日の下に晒される。モロッコで秩序を維持できるかどうかは、フランスの統治能力の有無を示すのであり、国際社会からその責任を果たせないと見なされる事態をフランス政府は恐れたのである。それゆえ、フランスにとって問題は、スルタンの廃位が国際社会の同意を得られるかどうかだけではなかった。秩序維持という義務を遂行する能力があることを対外的に示すためにも、廃位を阻止しなければならなかったのである。

グラウイはド・ブレッソンに同意しなかったものの、八月一二日か一三日までは決定的行動をとらないと約束した。[75] にもかかわらず、伝統主義者たちはさらなる行動をとる。プチ・マタン紙のインタビューを受けた際に、「モハメド五世はスルタン位に留まるべきか」との質問に対し、グラウイは「それは完全にフランス次第だ！」と答え、エル・キッターニは「われわれは新しいスルタンを選ぶ自由を欲する」と述べている。彼らは、廃位を承認しないフランス政府に苛立ち始めていたのである。八月八日にド・ブレッソンは、事態が急速に緊迫しており、「エル・グラウイは配下の部隊をもはや統制できない状態にある」[*76]と本国へ報告した。スルタンがフランス案に同意しさえすれば、エル・グラウイは兵を引くに違いないという期待は、もはや根拠を失いつつあったのである。この頃、モハメド五世は逆に、オリオール大統領宛に親書を送り、「モロッコがフランスの戒厳令下に置かれている以上、フランス当局の承諾なしにこのように公に反対運動を展開できるはずがな」く、「（エル・グラウイの率いる）反対運動は、フランス政府に国際的な義務、とくに一九一二年条約に違反させようとしている」と警告した。[*77]

事態は急展開を迎えつつあった。フランス当局の優柔不断な対応に業を煮やした伝統主義者たちは、新スルタンの擁立を強行しようとしていた。八月一二日、フランス政府はド・ブレッソンに訓令を送り、エル・グラウイが新スルタンの擁立を宣言するのを全力で阻止するよう指示した。[*78]同じ日、ダレス国務長官は、エル・グラウイが新スルタンを擁立したら、モロッコだけでなくアラブ世界や国連でも深刻な事態が起きるという懸念を、われわれも共有するとフランス政府へ伝えるよう、ディロン（Douglas Dillon）駐仏大使に命じた。事態の深刻さに憂慮を強めたダレスは、続けてさらに別の電報をディロン宛に送っている。「誤解を生じないよう、ビドーにはっきりこう伝えよ。おそろしく不適切で時機を逸した対応のせいで、深刻な事態が生じかねないことをわれわれは非常に憂慮していると」。アメリカは、ビドーが「すべてはスルタン次第だ」と考えて、グラウイの運動を利用してモハメド五世にフランスの計画を呑ませようとしているのではないか、と危惧したのである。[*79]

フランス政府の瀬戸際政策は、辛うじて成功したかに見えた。ビドーは八月一三日にギヨームに、「明日までにスルタンから〔地方議会に関する〕計画への承諾を取り付けよ」と指示する。後述のように八月二一日にスルタンの出席する祭典が挙行されることから、新スルタンの任命が急速に迫っていると認識していたからである。スルタンが承諾したら、即座にエル・グラウイを制止し、スルタンの地位を守るつもりであった。ギヨームはこのときモハメド五世に渡す新たな提案をビドーから預かったが、その内容は公開されていない。[*80] ギヨームはすぐさまモハメドに謁見を求め、夕刻までに譲歩を取り付けるのに成功した。彼は、地方議会案のすべての点に同意し、かつ、宰相に自らの立法権を移譲すること、および国連の一切の介入を拒絶することにも同意させられた。[*81] フランス人の地方議会への参加を認めたことは、確かにナショナリズムの大義を裏切る行為であった。しかしフランスのみがスルタンの地位を防衛できる立場にいるため、モハメドは、モロッコ国内の分裂をこれ以上拡大しないために譲歩を決断したと言えよう。のちにド・マルジュリ（Roland Jacquin de Margerie）フランス外務省政治情勢部長補がイギリス外務省に語っているように、フランスはこの時点でまだ「スルタンの署名さえ手に入れれば、エル・グラウイとその支持者を鎮めることができる」[*82]と信じていた。ビドーは、際どいタイミングでモハメドの譲歩を取り付けることができたと安堵したのである。[*83]

第三節　フランスによる廃位

イマームの擁立

ところが、フランス政府の思惑は完全に外れる。八月一三日、ついにエル・グラウイとエル・キッターニは新しいスルタンの任命を宣言するために、九人のパシャと三〇九人のカーイドを集結させた。一五日、ギヨームはエル・グラウイとエル・キッターニに、拙速に任命を宣言しないと約束させた。しかし、この二人は、モハメド五世の叔父に当たるベン・アラファ（Sidi Mohammed Ben Moulay Arafa）を、八月一五日にイマームとして擁立した。[*84] フランスから承認を得ることができなかったため、やむを得ずスルタンではなくイマームに選出するにとどめたのである。だが言うまでもなく、これは新スルタンを承認するようフランスに迫る行動であった。グラウイ自身は「イマームとは、モロッコにおける最高宗教指導者であり、これまでスルタンが保持してきた宗教的権威を持つ」と説明している。しかしスルタンは本来、宗教権威と世俗権威の双方を保持するのであって、スルタンが世俗権威を、イマームが宗教的権威をそれぞれ持つのは論理的に不可能であった。アラファをイマームに任命したのは暫定措置であり、彼をスルタンとして擁立する布石であった。翌日、モハメド五世は新しいイマームを認めないと声明を出し、再度フランスに介入を求めた。二重権力状態が生じた結果、北西部の都市ウジダ（Oujda）ではモハメド派とアラファ派が衝突し、二三人の死者を出した。[*85]

八月一七日、モロッコ駐在のアメリカ領事は、介入を国務省に進言する。第一に、グラウイ派の活動を黙認したとナショナリストから見られた場合、アメリカの海軍・空軍基地がテロリズムの対象となる可能性があるからであり、第二に、「アメリカが、〔軍事基地という〕特別な条約上の権利を持つ唯一の国である以上、われわれはモロッコの苦難に介入することを期待されている」からであった。さらに、別のアメリカ人外交官は次のように論じている。

〔第三世界の人々の目には〕アメリカは、反共を掲げる西側と協力すれば、そのうち正統な熱望〔独立〕が承認されるという、希望の象徴でもある。このままでは、ナショナリズムがついに共産主義者の手に落ちてしまうのではと危惧せざるを得ない。[*86]

アメリカが介入せずにモハメドの廃位を容認すれば、モロッコ人民は失望し、独立への支援を共産主義に求めるかもしれないと国務省に警告したのである。また、ジャーニガン国務次官補[87]は、「モロッコ情勢は大変深刻であるため、西側とアラブ諸国の関係に影響を及ぼす可能性もわが国は懸念している[88]」とフランスに伝えた。イギリスのハーヴェイ大使も、フランスに「廃位は間違いなくアラブを憤慨させる可能性が高い[89]」と懸念を伝えた。ただし、英米ともに、フランスに廃位を回避するよう公に呼びかけることはしなかった。いたずらにフランスの反発を招くだけだからである。

エル・グラウイたちがアラファをイマームに任命したことは、フランス政府にとって大きな衝撃であった。この事件は、瀬戸際政策が完全に失敗したことを意味していた。この段階で、フランス政府には三つの選択肢があった。第一に、武力の行使も厭わず、エル・グラウイによるスルタンの廃位を阻止することである。第二は、エル・グラウイによるスルタンの廃位を受け入れること。最後は、フランスが自らスルタンを廃位することであった。八月一七日付のフランス外務省覚書は、フェズ条約により、フランス政府は二つの義務を負うと論じている。一つめの義務は、主権者スルタンの地位を保全し、かつスルタン王朝を保全するという二重の責任である。二つめは、政府が事態を放置せず、治安維持のためにあらゆる警察行動をとることであった。モハメドとグラウイの対立が内戦か、後者によるスルタンの廃位に帰結しかねない以上、どちらの可能性も防がなければならなかった。続いてこの覚書は、第三の選択肢を選ぶべきだと論じる。フランスによる廃位は、モハメド五世がアラウィー王家の危機を招いているのであれば、正当化されるというのである[90]。

なぜ外務省はこのような結論に至ったのであろうか。第一の選択肢は、エル・グラウイ率いるベルベル兵とフランス軍との衝突が必至であるため、あり得なかった。モロッコ駐在のフランス連合の軍隊はベルベル兵から構成されていたため、ベルベル部族との戦闘を命令すれば、兵が反旗を翻す可能性もあったのである。第二の選択肢も問題外であった。エル・グラウイに問題解決と治安維持に関わる主導権を委ねることを意味しており、モロッコにおけるフランスの権威に大打撃を与えるからであった。だからこそ、フランス外務省は最小悪の選択として、自らの手でモハメドを廃位すべきだと結論づけたのである。とはいえ、どのような選択をしても、仏モロッコ関係に深刻な影響を与えることは外務省も十分に認識していた。[*91]

ベルベル部族の動員

時間の余裕はなかった。モロッコではこの年の八月二一日にアイド・エル・ケビールという祭典が開催されることになっており、スルタンが宗教指導者として祭典に出席するため、フランス政府はこの日までに決断を下さねばならなかった。八月一七日、ついにエル・グラウイはマラケシュでベルベル兵の動員を開始する。これを見て、アラブ世界中でフランスへの抗議活動が広まり、国連の介入を求める声が強まった。[*92] 翌日、マラケシュのパシャはフランス政府とモハメド五世に最後通牒を送る。彼は、モロッコ人民がフランスによる廃位の決定を待ち望んでいること、そしてただちに断固たる行動を取らない限り、モロッコにおけるフランスの立場は失われるであろうと宣言した。[*93] グラウイの煽った反スルタン運動はもはや彼自身にも止められず、彼を支持するパシャ、カーイド、ベルベル部族員たちの行動は統御不能になっていた。この点はすでに八月八日にフランス政府に伝達されていたが、政府は軽視してしまったのである。ここでエル・グラウイが運動を中止すれば、彼の威信は完全に失墜してしまうことが明らかであり、ベルベル部族がスルタンを武力攻撃する危険は目前に迫っていた。

パリでは六月にラニエル（Joseph Laniel）を首班とする新政府が発足していた。八月一九日に開かれた閣議では、フランス案を受諾したスルタンを支持するか、エル・グラウイを支持して廃位を行うか、結論に達することはできなかった。八月二〇日の早朝、ギヨームはグラウイに、スルタンにイスティクラール党を非難させるかわりに、反スルタン運動を止めてほしいと要請した。しかしグラウイは、ベルベル兵がすでに首都ラバトに向けて出発していることを理由にこの要請を拒絶する。モハメドがそのような非難声明を出すはずがないことも彼は知っていたのである。同じ日、政府の閣議は、ベルベル人から成るフランス連合軍をエル・グラウイ軍と対峙させることはできず、唯一残された道はモハメドから自発的退位の約束を取り付けるか、それも不可能なら強制的に廃位するしかない、という結論に達する。これを受けてギヨーム総督は、モハメド五世に自発的に退位するよう要請した。予想どおりモハメドが拒絶すると、ギヨームは、二人の息子とともに彼を強制的に宮廷から退去させ、空路コルシカ島に移送した。[*94] 八月二〇日、マフザン[*95]はアラファを新しいスルタンに任命した。こうしてフランス政府はモハメド五世の廃位を最小悪として選択した。フランスはなんとか主導権を保ちつつ内戦を回避することはできたが、アラブ世界をはじめ国際社会から激しい非難を浴びるのは自明であった。

確かに、フランス政府は廃位という選択を必死に回避しようとしていた。一九五三年に限って言えば、この結果をもたらした責任の多くは、総督府の官僚にあると言える。これら官僚の一部は、政府の指令に反して反スルタン運動の拡大に貢献し、最終的には政府が阻止できないまでに勢力を膨張させてしまったのである。しかし政府もまた、責任を免れることはできない。当初は、反スルタン運動を利用してモハメドに地方議会に関する計画を受諾させようとしていたからであり、さらにはイスティクラール党との離間をも目論んでいたからである。しかしより構造的な原因を挙げるならば、米英側が正しく指摘していたように、スルタンの対抗勢力としてフランスがエル・グラウイとベルベル部族を支持してきたことが、根本原因であった。[*96] 序章でも述べたように、モロッコにおけるフランスの支配は、一九一二年以来、スルタンが代表するアラブ人とエル・グラウイが代表するベルベル人の、微妙な均衡の上に成り立っていた。両者の対立は、民族間の反目だけでなく、主要な政治諸勢力間の対立も体現していた。フランスが両者の間に立てずに、グラウイ側に立たざるを得なくなった根本原因は、スルタンが、第二次世界大戦後に急速に勢力を伸張させたナショナリストの側に与したからである。モハメド五世の廃位という事件は、「分割して統治せよ」という伝統的なフランス植民地統治原則がすでに崩壊していたことを意味した。

廃位に反対していたにもかかわらず、アメリカ国務省はこの事件に関して何ら公式声明を発表しなかった。「声明を出すからには、フランス側を刺激しないよう配慮しなければならない。しかし配慮した声明では〔政治的な圧力が〕弱すぎ、アラブ世界との友好な関係を保つという目的を達成することができない」[*97]からであった。だからといって国務省はフランスの行為を黙認したわけではなかった。ダレス国務長官は八月二四日、駐仏大使館に対して、フランス政府にはっきりと警告するよう指示した。

ラニエル〔首相〕に対して、われわれが重大な懸念を抱いていることを印象づけよ。残された時間は急速に減りつつある。フランスが、モロッコだけでなくチュニジアにも国内自治(internal autonomy)を与えるため、実質的な改革を少しでも実行に移そうとしなければ、また現地の妨害活動をものともせずにこの道を断固進もうという決意が見えなければ、われわれが現在の姿勢をいつまでとり続けられるか不明である。[*98]

「現在の姿勢」とは、一九五二年一二月の国連決議の後しばらくは、フランスに時間的猶予を与えるために、国連でチュニジア・モロッコ問題を討議することに反対する姿勢を指している。同じ日、ダレスはロッジ国連代表に対して、モロッコ問題を国連安保理で討議する件で、反対票を投じるよう訓令を送った。[*99]ディロンは八月一六日、アメリカの反対票がフランス世論に好印象を与えたと報告している。[*100]九月三日、安保理は賛成票五、反対票五、棄権一でモロッコ問題の討議を否決した。[*101]

つまり、アメリカ政府がモロッコ問題の国連討議に反対したのは、フランス政府に同調したからではなく、猶予を与えたにすぎなかったのである。アメリカはフランスの植民地政策にはまったく賛成しておらず、イスティクラール党らナショナリストの意見を容れて国内自治体制を早急に確立するよう求めていた。フランスが改革を怠るか、実行に踏み出せなければ、国連での討議に賛成する側にまわって圧力をかけるのは火を見るよりも明らかだった。この警告はフランス政府に明確に伝わったのである。

イスティクラール党が設立されて以来、フランス政府は、同党とスルタンの接近を防ぐべく、常に気を配ってきた。しかし、スルタンに同党を非難させることは最後までできなかった。だがカサブランカ虐殺事件を利用して、イスティクラール党を弱体化させることには成功した。一九五二年一二月の国連決議の結果、植民地での露骨な抑圧政策を強行するのは困難だと感じたフランス政府は、もはやモハメド五世に対して廃位という脅しを使えないと感じた。そこで今度はエル・グラウイの反スルタン運動を利用して、モハメドに地方議会案を呑ませ、イスティクラール党を非難させるという二つの目的を達成しようとしたのである。そうなれば、モロッコのフランス連合加盟に一歩前進すると期待したのであった。しかしエル・グラウイが自分の部族員を制止できなくなったため、フランス政府は、スルタンとイスティクラール党を離間させることができないまま、モハメド五世の廃位に踏み切ることを余儀なくされた。この事件が政治的殉教者としての彼の威信を高め、さらにイスティクラール党の勢力を強化することは避けられなかった。フランス側もこの点は十分に認識していた。こうして結果的に、廃位という事件は、フランス側にナショナリズムの強力さを認識させることにつながる。だがフランス政府はこの事実を無視しようとした。そして、アラファの統治下で、人民は地方議会案を少なくとも黙認するだろうと楽観視していたのである。

注

＊1　MAE, Maroc 1950–1955, vol. 84, Note, Direction Générale des affaires politiques, 9.2.1952.

＊2　Julien, *L'Afrique du Nord*, p. 334.

＊3　この時点では明らかではないが、その後の展開から、これは人民を代表する政府を作りたいという、モハメド五世の願望を表していると考えられる。

＊4　NARA, RG 59, CDF 651.71/3–2752, The Diplomatic Agent at Tangier（Vincent）to the State Department, Despatch no. 512, 27.3.1952.

＊5　MAE, Maroc 1950–1955, vol. 85, de Blesson à Schuman, n°1115, 29.5.1952.

＊6　この数か月後、イギリスのハーヴェイ駐仏大使は、フランス政府が対応しなかったことについて「シューマンは長らく外相を務めたが、モロッコ問題に取り組まなかったことで悪名高い」と記している。TNA, FO 371/102976, JM 1015/73, Harvey to FO, no. 289, 21.8.1953.

＊7　MAE, AM 1952–1963, Etats-Unis, vol. 359, Bonnet à Schuman, n°2031, 25.4.1952.

＊8　*FRUS*, 1952–1954, XI, pp.600–602, Memcon by McBride, 13.5.1952.

＊9　MAE, Maroc 1950–1955, vol. 85, Washington à Paris, n°3214/3229, 15.5.1952.

＊10　フランス外務省高官の中には「国連加盟と北アフリカにおける死活的利益のどちらをフランスが選ぶかは、アメリカ次第である」と、アメリカの態度如何では国連脱退もありうるとアチソンに警告すべきだと議論する者もいた。しかし現実には、シューマンはアチソンとの会談では、ここまで過激な発言をしていない。MAE, Maroc 1950–1955, vol. 160, Aide-mémoire pour le Ministre, 21.5.1952.

＊11　MAE, Maroc 1950–1955, vol. 85, Note pour la Direction d'Afrique Levant, n°1003/SC, 18.8.1952. いうまでもなく、モロッコ問題が国連で討議されるか否かはフランス政府にとって非常に重大であった。しかし米仏間ではチュニジア問題ほど頻繁に協議されてはいない。これは、チュニジア政府が一月に国連事務総長に直接訴えてはるかに大きな国際的関心を集めたため、モロッコ問題が常に後回しにされたからである。

＊12　MAE, Maroc 1950–1955, vol. 85, Rabat à Paris, n°564/565, 1.8.1952.

＊13　MAE, Maroc 1950–1955, vol. 85, Projet de Réponse au Mémorandum du Sultan du Maroc, 21.8.1952.

＊14　MAE, Maroc 1950–1955, vol. 85, Rabat à Paris, n°666/669, 17.9.1952.

＊15　*L'Année politique*, 1952, p. 254.

＊16　MAE, Maroc 1950–1955, vol. 85, Sidi Mohammed Ben Youssef à Guillaume, 3.10.1952.

＊17　NARA, RG 59, CDF, 771.00/9–2552, Dorman to Acheson, no. 29, 25.9.1952.

＊18　第4章第四節を参照のこと。

＊19　*FRUS*, 1952–1954, XI, pp. 142–144, Memorandum by Bonbright and Jernegan, 17.12.1952. イギリス領事館の記録では、モロッコ人の死者は一五〇〇人以上とされている。TNA, FO 371/102974, JM 1015/4, Casablanca to Allen, 39 P/52, 18.12.1952.

＊20　MAE, Maroc 1950–1955, vol. 85, Rabat à Paris, n°988/993, 23.12.1952.

＊21　TNA, FO 371/102976, JM 1015/73, Harvey to FO, no. 289, 21.8.1953.

＊22　*FRUS*, 1952–1954, XI, p. 604, The Acting Secretary of State to Rabat, no. 52, 12.12.1952.

＊23　*Ibid.*, pp. 604–606, Vincent to the State Department, no. 240, 14.12.1952.

＊24　*FRUS*, 1952–1954, XI, pp. 606–608, Editorial Note; *L'Année politique*, 1952, pp. 288–289. 本会議で、ソ連とイギリスはラテンアメリカ案の採決の際に棄権した。*Yearbook of the United Nations, 1952*, pp. 283–285.

＊25　MAE, Maroc 1950–1955, vol. 649, Note pour le Ministre, n°275 SC, non daté.

＊26　MAE, Maroc 1950–1955, vol. 85, Rabat à Paris, n°988/993, 23.12.1952.

＊27　NARA, RG 59, CDF, 771.00/12–2452, Dorman to Acheson, no. 73, 24.12.1952.

＊28　*L'Année politique*, 1953, p. 187.

＊29　TNA, FO 371/102937, JF 1015/4, Mayall to Allen, 10115/10/53, 19.1.1953. モーリス・シューマンは前内閣から外務次官の職に留まっている。

＊30　MAE, Maroc 1950–1955, vol. 86, Paris à Rabat, n°15 AL, 14.2.1953.

＊31　NARA, RG 59, CDF, 771.00/2–453, Dunn to Dulles, no. 4352, 4.2.1953.

＊32　MAE, Secrétariat Général 1945–1966, vol. 29, Paris à Rabat, Circulaire n°20, 3.2.1953.

＊33　MAE, Maroc 1950–1955, vol. 2, Bidault à Guillaume, n°303 AL, 18.2.1953.

＊34　NARA, RG 59, CDF, 771.00/2–1853, Dorman to Washington, no. 289, 18.2.1953.

＊35　*L'Année politique*, 1953, p. 203.

＊36　*FRUS*, 1952–1954, XI, pp. 609–610, The Acting Secretary of State to the US Mission at the UN, Gadel A-1, 10.3.1953.

＊37　一九五五年九月、あるアメリカの外交官は次のように記している。「北アフリカ問題に関して、フランス議会を混乱させたくない、というのが今までのアメリカの方針だった。フランスのＥＤＣ条約の批准というわが国第一の目的を達成するため、障壁

をできるだけ取り除きたかったのである」。NARA, RG 59, CDF, 651.00/9–2955, Holmes to Dulles, 29.9.1955.

＊38　ダレス国務長官は、「共産主義よりもヨーロッパ植民地主義のほうが害悪が少ないため、共産主義の防波堤として植民地主義を守る必要がある」と述べている。John Kent, "United States Reactions to Empire, Colonialism, and Cold War in Black Africa, 1949–57", *The Journal of Imperial and Commonwealth History*, vol. 33, no. 2, 2005, p. 209.

＊39　Centre d'Accueil et de Recherche des Archives Nationales［以下、CARAN］, Archives Georges Bidault, 457 AP, vol. 117,［Maroc, la crise d'août 1953］, Note, 22.8.1953.

＊40　NARA, RG 59, CDF, 771.00/2–1853, Dorman to Washington, no. 289, 18.2.1953.

＊41　MAE, Maroc 1950–1955, vol. 86, Situation Politique au Maroc（mars 1953）.

＊42　MAE, Maroc 1950–1955, vol. 86, Guillaume à Bidault, 16.3.1953.

＊43　モロッコには七つの同胞団が存在していたが、スルタンは自らの権威を揺るがすものとしてかねてから抑圧しており、対立が激化していた。Maxwell, *Lords*, p. 218.

＊44　NARA, RG 59, CDF, 771.00/7–2253, American consulate, Bordeaux to the State Department, Dispatch no. 10, 22.7.1953. これは、エル・グラウイの息子であるサーデク・エル・グラウイ（Saadek el-Glaoui）が同じ年の七月にアメリカの外交官に語った話である。彼は当時、フランスのボルドーに滞在中であったが、父親の反スルタン運動に批判的であった。

＊45　Bernard, *The Franco-Moroccan Conflict*, p. 140.

＊46　全権公使は、総督の不在中は代理を務める。私市『イスラーム主義』八七頁。総督は別として、総督府の官僚の多くは現地の入植者からリクルートされていた。

＊47　CARAN, Archives Georges Bidault, 457 AP, vol. 117,［Maroc, la crise d'août 1953］, Note, 22.8.1953.

＊48　Bernard, *The Franco-Moroccan Conflict*, pp. 139–140.

＊49　*Ibid*., p. 148.

＊50　*Ibid*., p. 142.

＊51　CARAN, Archives Georges Bidault, 457 AP, vol. 117,［Maroc, la crise d'août 1953］, Note, 22.8.1953.

＊52　Maxwell, *Lords*, p. 219.

＊53　NARA, RG 59, Lot 58 D 742 and 59 D 237, Tunisia General Correspondence 1953（Mangano File）, Memorandum, Hickerson to the Secretary, 9.4.1953.

＊54　NARA, RG 59, CDF, 330/4–953, Dulles to New York no. 383, 9.4.1953.

＊55　MAE, Maroc 1950–1955, vol. 651, Note pour le Secrétariat des Conférences, 9.4.1953.

＊56　TNA, FO 371/102942, JF 1041/29, FO to New York, no. 471, 26.5.1953; MAE, Tunisie 1944–1955, Washington à Paris, n°2730/2735, 14.4.1953.

＊57　NARA, RG 59, CDF, 330/6–1053, Dulles to New York, no. 482, 10.6.1953.

＊58　CARAN, Archives Georges Bidault, 457 AP, vol. 117,〔Maroc, la crise d'août 1953〕, Note, 22.8.1953.

＊59　*L'Année politique*, 1953, p. 234.

＊60　NARA, RG 59, CDF, 771.00/6–553, Dorman to the State Department, no. 430, 5.6.1953. 制度上は、パシャとカーイドは、フランス総督が三人の候補者をあげた中からスルタンが指名することになっていた。それゆえ、モハメド五世がパシャとカーイドの追放を要請したのは、正統な手続きに則っていたと言える。*L'Année politique*, 1953, p. 234.

＊61　*Ibid*., pp. 545–546.

＊62　CARAN, Archives Georges Bidault, 457 AP, vol. 117,〔Maroc, la crise d'août 1953〕, Note, 22.8.1953.

＊63　MAE, Maroc 1950–1955, vol. 86, Situation politique au Maroc, 6.1953.

＊64　MAE, Maroc 1950–1955, vol. 86, Situation politique au Maroc, 6.1953. アラウィー王家とは、モハメド五世などスルタンを輩出したモロッコ王朝の名称である。

＊65　NARA, RG 59, CDF, 330/6–1053, Dulles to New York, no. 482, 10.6.1953; *The Times*, 3.6.1953. ダレスは、一九五三年前半の、中東・南アジア一二か国を回った外遊から帰国した直後であった。

＊66　MAE, Maroc 1950–1955, vol. 651, Hoppenot à Paris, n°1245/1246, 12.6.1953; TNA, FO 371/102942, JF 1041/36, Jebb to FO, no. 443, 15.6.1953; FO to Washington, no. 2046, 15.6.1953.

＊67　*FRUS*, 1952–1954, XI, pp. 611–613, Memcon, by Metcalf, 15.6.1953.

＊68　MAE, Maroc 1950–1955, vol. 86, Situation politique au Maroc, 6.1953; *L'Année politique*, 1953, p. 260.

＊69　*Le Monde*, 23.7.1953.

＊70　*FRUS*, 1952–1954, XI, pp. 622–624, Dillon to the State Department, no. 695, 21.8.1953; pp. 614–615, Dillon to the State Department, no. 541, 12.8.1953.

＊71　CARAN, Archives Georges Bidault, 457 AP, vol. 117,〔Maroc, la crise d'août 1953〕, Note, 22.8.1953.

＊72 MAE, Cabinet du Ministre Pinay, n°28, Paris à Rabat, n°716/717, 4.8.1953. この時期ギヨームはフランスで休暇中であったため、ビドーのメッセージはド・ブレッソンに宛てられている。

＊73 CARAN, Archives Georges Bidault, 457 AP, vol. 117, [Maroc, la crise d'août 1953], Rabat à Paris, n°632/639, 5.8.1953.

＊74 CARAN, Archives Georges Bidault, 457 AP, vol. 117, [Maroc, la crise d'août 1953], Rabat à Paris, n°653, 8.8.1953.

＊75 Ibid.

＊76 Ibid.

＊77 *L'Année politique*, 1953, p. 264, p. 547.

＊78 *FRUS*, 1952–1954, XI, pp. 615–616, Dulles to the Embassy in France, n°471, 12.8.1953.

＊79 NARA, RG 59, CDF, 771.00/8–1253, Dulles to Paris, no. 508, 12.8.1953.

＊80 MAE, Maroc 1950–1955, vol. 86, Bidault à Guillaume, n°738/743, 13.8.1953.

＊81 Bernard, *The Franco-Moroccan Conflict*, p. 156; *L'Année politique*, 1953, p. 265. 後の展開から、おそらくフランスはイスティクラール党を非難することや外国勢力の介入を拒絶するようモハメドに要求していると考えられる。この推論が正しければ、イスティクラール党をモハメドが最後まで非難しなかったのは、彼の親ナショナリストという立場を維持するうえできわめて重要だったと言える。

＊82 TNA, FO 371/102975, JM 1015/64, Harvey to FO, no. 291, 18.8.1953.

＊83 MAE, Maroc 1950–1955, vol. 86, Guillaume à Bidault, n°753/755, 14.8.1953.

＊84 CARAN, Archives Georges Bidault, 457 AP, vol. 117, [Maroc, la crise d'août 1953], Rabat à Paris, n°720/729, 16.8.1953.

＊85 *L'Année politique*, 1953, p. 266. モハメド五世は八月一六日の声明で、自分が「モロッコ唯一の主権者であり、宗教の長である」と述べている。

＊86 *FRUS*, 1952–1954, XI, pp. 618–619, The Diplomatic Agent at Tangier（Satterthwaite）to the State Department, no. 72, 17.8.1953.

＊87 彼は、一九五二年六月に中東・南アジア・アフリカ情勢担当国務次官補に就任した。

＊88 MAE, Maroc 1950–1955, vol. 86, Washington à Paris, n°6318/6326, 18.8.1953.

＊89 TNA, FO 371/102975, JM 1015/64, Paris to FO, no. 291, 18.8.1953.

＊90 CARAN, Archives Georges Bidault, 457 AP, vol. 117, [Maroc, la crise d'août 1953], Note pour le M. Président Bidault, 17.8.1953.

＊91 これらの見解は翌日アメリカ側にも伝えられた。*FRUS*, 1952–1954, XI, pp. 619–620, Dillon to the State Department, no. 624,

18.8.1953.

＊92　Maxwell, *Lords*, p. 225.

＊93　Bernard, *The Franco-Moroccan Conflict*, p. 167.

＊94　*FRUS*, 1952–1954, XI, pp. 621–622, Dillon to the State Department, no. 672, 20.8.1953. 翌日、ディロン駐仏アメリカ大使はワシントンに報告している。「フランス政府が二枚舌を使ったというのには当たらないと、われわれは信じている。（中略）フォールやミッテランなど一部の閣僚はスルタンの廃位に強硬に反対した。（中略）しかし最終的には、事態の解決にあたって閣内の誰もが、武力を行使してエル・グラウイの動きを阻止することによって事態の解決を図るという決断を下そうとはしなかったのだ」。*Ibid.*, pp. 622–624, Dillon to the State Department, no. 695, 21.8.1953.

＊95　マフザンについては、第1章第二節を参照のこと。

＊96　TNA, FO 371/102976, JM 1015/73, Harvey to FO, no. 289, 21.8.1953. ただし、全ベルベル部族がグラウイの反スルタン運動で結束していたかどうかは疑わしい。一九五三年二月にすでにカーイドを辞職していた人物は、同年九月にアメリカ側に対して「ベルベル部族は実は、モハメド五世を心から支持していたのだ」と述べている。NARA, RG 59, Lot 72 D 232, Entry 5169, Box 1, [UN General Assembly（sept-dec. 1953）Morocco and Tunisia], Memorandum from Satterthwaite to Lodge, undated.

＊97　*FRUS* 1952–1954, XI, pp. 629–630, Dulles to the US Mission at the UN, no. 80, 25.8.1953.

＊98　NARA, RG 59, Lot 58 D 48, Box 5, Entry 1293, Memorandum to Byroade, 26.8.1954. ダレスが self-government ではなく、フランス流の internal autonomy という言葉を使用していることは注目に値する。前後の文脈から考えて、これは米英両国政府が用いた self-government を指している。しかし序章で述べたように、二つの用語の違いは曖昧であり、アメリカ政府内でも同じ意味で用いられることがあった。

＊99　*FRUS* 1952–1954, XI, pp. 627–628, Dulles to the Embassy in France, no. 627, 24.8.1953.

＊100　NARA, RG 59, CDF, 320/9–1653, Dillon to Dulles, no. 1094, 16.9.1953. ディロンは続けて「アメリカ代表は、（一九五三年秋に予定されている）国連総会でも可能な限りフランス代表と同一歩調を採るべきである。その理由は、国連でのアメリカの投票こそが、ビドー外相がＥＤＣ批准を積極的に推し進めている、非常に重要な要因の一つだからである」と論じている。

＊101　*Ibid.*, pp. 629–630, Dulles to the US Mission at the UN, no. 80, 25.8.1953. イギリスとアメリカは反対票を、ソ連は賛成票を投じた。*Yearbook of the United Nations, 1953*, p. 203.

第6章

チュニジアの国内自治

1953年1月－1955年6月

カルタゴ宣言を発表するためチュニジアに赴いたマンデス・フランス仏首相（右，在位1954–1955年）
出典：*Tunisie*, Publication de Secretariat d’etat a l’Information du Gouvernement tunisien, 1957, p. 24.

モロッコとは異なり、チュニジアではベイが地方議会の改革に同意したため、国連での討議の後も大きな混乱は起きなかった。むしろ国連での討議やスルタンの廃位によって国際社会の批判を浴びたフランスは、チュニジアでは非常に慎重な姿勢を見せた。そしてついに一九五四年三月、フランスはベイに国会開設に関する勅令に署名させることに成功した。チュニジアのフランス連合加盟への道を開く、重要なステップになるはずであったが、予期せぬ結末を迎えてしまう。同年の夏にはチュニジアの国内自治権の承認を余儀なくされ、このことが連合全体の組織改編へとつながっていくのである。

第一節　フランスの緊張緩和政策

地方議会選挙

第4章で説明したとおり、一九五二年にはチュニジアの問題が国連で取り上げられたため、強い国際的関心を集めた。西側諸国や第三世界諸国の思惑、そして仏チュニジア交渉の進展状況など、さまざまな要素が交錯するなか、国連総会が一二月に採択した決議はフランスにとって両刃の剣というべきものであった。しかし、総会決議を無視できると判断したフランス政府は、ベイに従来からの計画に署名するよう迫った。

その結果ベイがフランス人議員も加わる地方議会の設立に同意したことは、国内でさまざまな反応を呼んだ。コロンナ上院議員など入植者の指導者がこれを歓迎したのは言うまでもない。逆に、ムハンマド八世の裏切りに憤り、国連という国際舞台に問題を持ち込んだにもかかわらず「何ら目的を実現できなかった」ネオ・ドゥストゥール党に失望したチュニジア人も多かった。ネオ・ドゥストゥール党や共産主義者はフランス当局による「力の解決」に抗議するコミュニケを発表したが、その一方で、党員の一部はフランス当局の強硬な姿勢を和らげて他日を期しためには、いったん引き下がったほうがよいと論じる者もいた。[*1] また、地方議会の設立をベイが受諾したことに抗議して、「匪族」を意味するフェラガ（Fellagha）という名称で知られる集団が反仏武装闘争を開始していた。フェラガはベイの受諾直後にチュニジア南部で結成され、この地方を中心に活動していく。[*2]

なぜムハンマド八世はフランス案を受け入れたのか。シュニク元チュニジア首相が一九五三年二月にフランス側に語った内容は、特筆に値する。

　ベイは、いかなる特権も剝奪されたくないのだ。ベイは〔国会開設を唱えた〕一九五一年五月一五日演説の起草にまったく関わっていない。これはサラ・ベン・ユーセフの（中略）作品である。イギリス型の立憲君主制は可能な限り遠ざけたいと、ベイは考えている。[*3]

一九五一年五月にベイがネオ・ドゥストゥール党に接近した理由について、シュニクは「ベイはこの政党に恐怖感を抱いていたが、他に民衆の人気を獲得する手段がなかったからだ」と言う。これらから、ムハンマド八世は決してナショナリズム運動を支持していたわけではなく、機会主義的に利用して保身を図ろうとしていたと推測できる。一九五二年一二月にフランスの地方議会案を認めたのも、主権者としての特権を守ろうとしたからだった。ナショナリズムの大義が国際舞台で完全な支持を得ていないとわかれば、フランス側に与するのも吝かではなかった。実際、ナショナリストの要望どおり立法権をもったチュニジア国会が開設されれば、ほぼ名目に過ぎないとはいえ、彼が最後まで握っていた勅令に署名する権限も奪われる可能性があったのである。

ベイが署名した勅令に基づき、地方議会選挙が実施されたのは五三年五月三日と一〇日であった。フランス当局は直前の二日に、労働組合幹部やネオ・ドゥストゥール党指導者などを逮捕している。[*4] しかし、こうしてフランスは工作をして選挙妨害の危険を減らそうとしたにもかかわらず、選挙は多くの人民の目には正統なものとは映らなかった。チュニジア人有権者の投票率は五一%に過ぎず、首都チュニスでは八・八三%にしかならなかった。[*5] マイエル首相が下院で行った報告によれば、六九の地方議会のうち、定数を満たしたのは四〇議会しかなく、三議会はフランス人議員しか選出できなかった。選挙そのものが不人気のあまり、チュニジア人が立候補しなかったのである。さらに、意思に反して強引に立候補させられ、議員に選出されたチュニジア人もいた。全体として、『一九五三年フランス政治年報』の表現を用いれば、「地方議会選挙はチュニジア王国に緊張緩和をもたらすどころか、王国をテロリズムの舞台とした」。[*6] つまり、オートクロック総督はベイに強引に地方議会の設立を認めさせたものの、チュニジア人のボイコットが相次いだため、この議会は十分には機能しなかったのである。

他方、フランス人政治家の中にも、チュニジアでの根本的な方針転換が必要だと主張する者もいた。一九五三年五月、オリオール大統領は閣議で、「われわれの国に親近感を持たせたいと思うなら、抜本的な社会改革を行って人民を味方に付けなければならない。最終的には手段を変えなければならない」と述べている。[*7] また、かつてアルジェリア総督を務めたカトルー（Georges Catroux）将軍は、「フランスはチュニジアの主権を承認しなければならない。チュニジアは、チュニジア人閣僚だけで構成された政府が統治し、民選の立法議会がそれを支え、さらにフランス人入植者は総督の監督下にある評議会で意見を述べる体制であるべきだ」と勧告した。[*8] マンデス＝フランス（Pierre Mendès-France）は首相指名を求めて下院で演説した際、「国内自治を承認するという前提でチュニジア側と交渉すべきだ」[*9] と主張している。指名を獲得するのは失敗したものの、後述するように、彼はこの時点ですでにチュニジア人に主権を与えて、国内自治体制を整備させるべきだと唱えていた。同化政策ないし協同政策はもはや海外領土や保護国において現実的ではなく、現地人の主権を承認して脱植民地化政策を進めるべきだという見解は、一部の政治家の間では共有されていたのである。

フランス政府は、チュニジアで依然として脱植民地化に乗り出すことはなかったが、さりとてフランス連合への加盟を推し進めもしなかった。フランス外務省はモロッコ情勢に専念せざるを得ない状況にあった。モハメドを廃位してモロッコが落ち着きを取り戻した一九五三年秋に、ようやく新しいチュニジア総督にヴォワザール（Pierre Voizard）を任命した。この決定は、前述のオリオール大統領の閣議での発言を部分的には反映したものであったと言えよう。[*10] ただ、新総督任命の知らせは、ナショナリストの一部には好意的に受け止められた。ネオ・ドゥストゥール党幹部の一人は、「ヴォワザールの緊張緩和策を応援するつもりだ」と宣言した。[*11] その後ベイは人民に向けて、「問題解決を促進するために政治的雰囲気が落ち着くことを望む」との声明を発表した。当局によれば、ムハンマド八世がこの種の声明を自発的に出すのは初めてのことであり、これでテロ活動が鎮まるのではないかとフランス側は期待した。[*12]

フランスの緊張緩和策

九月二六日、ヴォワザールは首都チュニスに到着した。政府は訓令で、彼に「緊張緩和策」の実施を命じた。これは政治的緊張を緩和しうるものではあったが、フランスは実質的な権限をチュニジア人に移譲することはみじんも考えていなかった。そして、この政治的雰囲気の改善こそが、パリ政府とムハンマド八世の最大の目標であった。新総督が発表した改革は三点からなる。①マスメディアの検閲の廃止、②戒厳令の発令以来フランス軍部が掌握していた警察権を文民政府に移譲すること、③一九五二年一月に逮捕された政治家全員に恩赦を与えること、であった。[*13] 本国政府はさらにヴォワザールに対し、国会開設などを定めた一九五二年六月の改革を完遂すること、[*14] そしてこの過程において、ベイと二国間協定について交渉することを命じた。フランスとフランス人入植者の利権を保護するためには、二国間協定を締結して恒久的な紐帯を保障しなければならないと政府は判断したからである。[*15] この交渉を再開するための条件を探ることができるよう、ヴォワザールには広範な権限が与えられた。
一方、国連では、アジア・アラブ諸国が国連事務総長に対し、チュニジア・モロッコ問題を取り上げるよう八月半ばに要請していた。[*16] 国連総会は九月一七日に、いずれの問題も討議すべきと決定を下す。[*17] 英仏両国政府は前年冬と同じく、これに反対した。[*18] この年のスルタン廃位事件を受けて、国連ではおもにモロッコ問題が議論された。しかし一〇月末の国連総会第一委員会は、チュニジア問題についても決議を採択している。「チュニジア人民が完全独立に向けて権利を享受できるよう、必要な諸措置を講じるべきだ」とするアジア・アラブ案に基づく決議であり、アメリカ代表の投じた反対票を乗り越えて通過したものであった。[*19]
しかし、次章第一節で説明するように、一九五三年秋にモロッコ問題ですらアジア・アラブ諸国は、満足いく結果を得られなかった。そこで総会本会議では、これら諸国はチュニジア問題についても譲歩し、アイスランド代表の提出した修正案を受け入れた。アイスランド案は、「チュニジア人が自身の行政管理を行う能力を持つ」[*20]に至るべく交渉するよう仏チュニジア両国に勧告するものだった。だが国連総会本会議は、一一月一一日にはアイスランド修正案をも否決し、[*21] 代わりに、イラクが提案したチュニジアに関して討議を延期するという案を採択した。モロッコ問題に関する決議案ですら三日の総会本会議で否決されてしまったため、[*22] アジア・アラブ諸国はこれ以上深手を負いたくなかった。スルタンの廃位という宗主国による明らかな抑圧がみられたモロッコの決議でさえ採択されなかったのだから、チュニジアの決議が通る見込みは非常に低かった。このため苦肉の策として、「決議がないよりはまし」と判断したイラクが、このような決議案を提出したのである。
国連の討議が延期された後も、ヴォワザール総督は慎重な姿勢を崩さなかった。一九五二年六月の計画が国会の開設を定めていた点が入植者などから強い反発を受けたことはすでに第4章で説明したが、そのためフランス政府は修正が必要であると判断していた。施行すべき改革プログラムを策定するにあたり、ヴォワザール総督はナショナリストやベイと協議を開始し、他にもさまざまなチュニジア人に意見を打診し始めていた。[*23] ペリイェ前総督と比較しながら、彼の戦術についてフランス外務省はアメリカに次のように説明している。

ヴォワザールは、ベイとの協議や交渉を通じて、実行可能な改革を導き出せるだろうと期待している。ベイも、そのような戦術に賛成していると聞く。これに対して、かつてのペリイェ総督はナショナリストとの対立を厭わない戦術をとったので、ネオ・ドゥストゥール党は次第に要求を引き上げていったのだ。[*24]

かくしてフランスは依然として、ペリイェが進めた、地方議会に関する計画が失敗に終わった原因が、フランスの政策目的のせいではないとアメリカ政府を説得しようとしていた。つまり、拙速に事を運ぼうとしたペリイェの戦術のせいで失敗したのであり、協同政策のせいではないというのである。無論、アメリカ政府がこのような弁明に耳を貸すはずもなかった。翌五四年一月一日、ヴォワザール総督は、四一人のネオ・ドゥストゥール党指導者を釈放すると発表した。[*25] このとき釈放された指導者は、おもにスリムをはじめとする穏健派であった。このためネオ・ドゥストゥール党も以後しばらくは穏健派が主導権を握ることになり、フランス当局の慎重な路線と並行して「待ちの姿勢」[*26]を示す。

しかし、この緊張緩和策には大きな例外が残されていた。ネオ・ドゥストゥール党の最高指導者ブルギバには恩赦が与えられなかったのである。彼はチュニジアの地中海沿岸にあるガリト島に軟禁され、他のナショナリストとの接触を許されていなかった。さらに健康状態が悪化したにもかかわらず、適切な医療行為も受けられなかった。それゆえ、釈放されたネオ・ドゥストゥール党指導者たちは彼の釈放を要求するキャンペーンを展開する。[*27] フランス政府は、この要求には応じられないと宣言した。[*28] アメリカ側に説明したところによると、もし釈放してフランスないしはチュニジアに滞在を許せば、ブルギバはフランスの改革に反対する論陣を張って、両国の交渉再開を台無しにする可能性があるからであった。さらに「ベイもブルギバを釈放しないことに同意している」と続け、「ベイはブルギバのような「激しやすい」人物を、この重要な時期に、表舞台で活躍させることを望んでいない」[*29]と述べた。つまりベイも、ネオ・ドゥストゥール党と訣別しようとすでに決意していたのである。ただしフランス側にも、ブルギバを無視して問題の解決を目指すことを疑問視する声はあった。社会党所属の下院議員サヴァリ（Alain Savary）は、「ブルギバを攻撃したり排除しても、解決はあり得ない」[*30]と、この頃断言していた。

第二節　一九五四年三月改革

ベイの署名とムザリ内閣の成立

一九五四年二月二七日、フランス政府の閣議はヴォワザール総督が提出したチュニジア改革案を全員一致で了承した。この改革案は、制度改革、チュニジア新政府、ブルギバの移送、仏チュニジアの関税同盟と穀物市場同盟の創設、の四点から成っていた。[*31]

制度改革については、以下のように説明されている。長くなるが、フランス政府の意図を探るために、詳しく引用したい。

1　行政府

a　チュニジア内閣は八名のチュニジア人閣僚と四名のフランス人閣僚から構成される。

b　内閣官房は、総理大臣官房と改称し、今後は総理大臣の命令に服するものとする。

2　代表議会

チュニジア議会は、二等級普通選挙によって選ばれた四五人のチュニジア人議員から構成される。あらゆる政令を制定する前に、政府はチュニジア議会に事前に諮問しなければならない。在チュニジア・フランス人代表団は、二三人の代表と一九人の代表補佐から成り、直接普通選挙で選出される。財政問題を審議する際には、チュニジア議会は予算に関する特別会議を開催するが、その際には〔四五人のチュニジア人議員のほか〕二つの代表団も出席する。一九名から成る仏チュニジア経済委員会と、前述の在チュニジア・フランス人代表団四二名である。

3　地方議会

地方議会議長は、これまではベイがカーイドのなかから選んで任命してきたが、今後は各地方議会議員から選出される。

一見すると、フランス側が譲歩しているように見える。第一に、チュニジア人のほうがフランス人よりも閣僚の人数が多くなり、第二に、フランス人の内閣官房がチュニジア人首相に従属するようになり、第三に、地方議会にも民主的要素を導入しているからである。しかし、チュニジア人への権力の移譲は、やはり表面的なものに留まっている。議会の構成に、フランスの意図が巧妙に隠されていた。旧案よりも議会の権限ははるかに縮小され、立法権を持たない単なる諮問機関にすぎなかった。とりわけ重要なのは、予算を審議する際には議会にフランス人が加わると規定していた点である。この結果、予算問題はフランス人とチュニジア人が同じ発言権を持つことになり、やはり共同主権の原則に則っていた。[*32] また、以下でも触れるが、フランス人総督は依然として拒否権を保持して行政の最終決定権を握っていた。

改革案の二点目は、チュニジア新内閣に関するものであり、フランス政府は新内閣と改革の施行について協議することになっていた。ヴォワザールが選んだ新首相は、ムザリ（Mohammed Salah Mzali）であった。ムハンマド八世はすでに二月初頭にこの件でヴォワザールと合意していた。[*33] 三点目のブルギバの移送は、ガリト島よりも健康によい環境に住まわせることを指す。ブルギバの移送によってチュニジア人の不満を鎮め、改革の施行を容易にすることがフランス政府の狙いであった。四つ目の関税同盟と穀物市場同盟の締結は、両国の経済関係の強化が目的だった。

これらの四点に加え、外務省覚書は、二国間協定を締結することを勧告していた。ヴォワザールは、フランスとフランス人入植者の利益を確保することを目指して、仏チュニジア協定についてベイと協議すべきだというのである。こうした協定の締結を、パリ政府はすでに一九五三年九月の時点でヴォワザールに勧告していたことはすでに本章第一節で述べた。[*34]

いままでの改革は、何ら代償のない、「無償の贈り物」として実施されてきた。（中略）チュニジアにおけるわが国の特権はますます減退し、制度的な保障をもってしても利益を保護できなくなる可能性がある。（中略）チュニジア議会が力を蓄えるにつれ、仏チュニジア協定について交渉するのはますます困難になるだろう。

つまりフランス政府は、チュニジア人の主権をまったく認めないつもりだったにもかかわらず、この改革案を譲歩と認識していた。ただし、フランスの認識を完全な偽善だとして糾弾することはできない。なぜなら、以前も問題になったとおり、いったん国会が設立されてしまえば、独立を宣言しないという保証はなかったからである。[*35] 法的な意味で議会に権限がなくても、国際社会が独立宣言に呼応して独立を承認してしまえば、フランスの権益が大きく脅かされる危険はあった。だからこそ外務省は、一九五三年九月にも同じ指示を出したことに触れつつ、仏チュニジア協定を締結することで議会が勝手に独立を宣言しても特権を保持できるよう、用心すべきだとヴォワザールに勧告したのである。しかし彼は、総督は拒否権を保持しているのだから十分に阻止できると楽観しており、この後も新たな協定について交渉を行った形跡はない。

一九五四年三月四日、ベイは総督が提示した改革案に署名し、ムザリ内閣の成立を宣言した。フランスにとって、これはナショナリストに対する勝利の瞬間であった。フランス人入植者がチュニジア国会に出席する道が開かれたからである。ベイの承認はきわめて重要な意味合いを持っていた。二月にアメリカ国務省が的確に指摘していたように、「〔ネオ・ドゥストゥール党は〕改革案に反対したが、フランスは抗議を退け、民衆に改革を容認させるためにベイの支持と威信を利用した」[*36]のだった。

チュニジア人の反発

しかし事態はフランスの思惑どおりには進まなかった。この改革はきわめて不人気であり、チュニジア人からもフランス人入植者からも強い反発を受ける。駐チュニス領事館がワシントンに送った報告の表現を借りれば、「この改革は誰も満足させなかった。（中略）ネオ・ドゥストゥール党などの勢力は、チュニジア主権ではなく共同主権体制を目的とした「似非改革」を激しく非難し」た。しかし実際はネオ・ドゥストゥール党は、三月末の時点でこの改革に対してどのように反応すべきかまだ決意を固めていなかったようである。党は新制度に「前向きな反対(opposition constructive)」、つまり細部では改善の余地はあるものの全体として反対ではないという姿勢を示していた。またなかには、ベイの威信に正面から異議を唱えることを恐れてヴォワザール改革を承認しようという動きもあった。[*37]フランス側は、ブルギバがどう出るかによって、党の方針は大きく変わると見ていた。[*38]一方、入植者の側は、「フランス人集会（*le Rassemblement français*）」という圧力団体が三月一〇日に建議書を発表し、「現在の保護国体制を揺るがす、〔国会という〕国家機構」という既成事実を突きつけられたことに猛反発した。[*39] フランス外務省が懸念したとおり、国会を開設すれば、入植者の既得権益にとって大きな脅威となると恐れたのである。その五日後、今度は大モスクで学ぶチュニジア人学生らが、ヴュー・ドゥストゥール党の指導の下、デモを行った。また、反仏武装組織の活動も活発化し始める。一九五二年一二月に組織されたフェラガが、チュニジア南部で列車を爆破した。[*40] フェラガはエジプトとリビアの過激派組織から支援されていると見られ、その後ますます破壊工作をエスカレートさせることになる。

これはベイを大いに憂慮させる事態であった。改革案を承認したものの、彼は国民の人気を取り戻そうと躍起になる。ナショナリストの中には「ベイはナショナリズムの大義を裏切った」と非難する者もいたから、なおさらであった。彼はかねてよりブルギバをフランス本国に移送することを提案していたが、これはナショナリズムに好意的になったからではなく、民衆に根強い人気のあるブルギバの生活条件を改善すれば、自分の好感度も上がると考えたからであった。三月末にはコティ仏大統領に書簡を送ってこれを提案し、フランス外務省も同意する。外務省は、「ベイはフランスに要求を呑ませたと民衆に証明できるし、それは彼にとって大きな利益となるだろう。われわれが彼の協力に依拠〔してチュニジアを統治〕するのであれば、可能な限り味方しておかなければならない」と認識していた。こうして、ムハンマド八世の立場を強化することこそ、改革を無事に遂行するために不可欠だと理解されたのである。[*41]

ネオ・ドゥストゥール党は依然として、一九五四年六月に予定されている、国会議員の選挙に参加する可能性を排除していなかった。四月に開催された党全国評議会では、二つの建議が採択された。第一は、「〔国会開設を定めた〕一九五四年三月四日改革は、一にして不可分なるチュニジア主権を侵害しており、フランス人による政治制度参加を可能にするものだ」という批判だった。しかし第二の建議は、ネオ・ドゥストゥール党は「自由かつ公正な選挙が保証されない限り、次の選挙には参加しない」と述べ、この条件を満たすにはブルギバの釈放が不可欠だと結論づけた。[*42] 換言すれば、ブルギバが釈放されれば、チュニジアの主権を侵す選挙に参加を検討してもよい、とフランスに妥協する態度を示したのである。

四月後半になると、ネオ・ドゥストゥール党以外のナショナリストも、フランスの改革を批判し始めた。その一人にかつて大評議会チュニジア人部門の議長を務めていた、タハール・ベン・アンマルがいる。四月二一日に彼はフランスへ建議書を送り、改革は非民主的であり、共同主権に基づいた改革では主権を求める人民の熱意を満足させられないと批判した。これにはナショナリスト一五名の署名も添えられ、そのうち九名はムハンマド八世が一九五二年八月に召集した四〇人評議会のメンバーであった。[*43] つまりかつてはベイの側にいたナショナリストの一部が、距離を置き始めたのである。フランス外務省は、「ベン・アンマルは、かつては穏健派ナショナリストと目されてきたが、いまやネオ・ドゥストゥール党と同盟を結びつつある」と評した。[*44]

第三節　カルタゴ宣言

ブルギバの移送とフェラガの活動

一九五四年五月、チュニジアはさらなる混乱に見舞われる。アメリカの駐チュニジア公使は「フェラガはチュニジア中部と南部におけるフランスの権威を揺るがそうとしている。この地方の住民に脅威を与え、無力なフランスには住民を守る能力はないことを確信させようと努めている」と本国に報告した。五月後半にはフェラガの活動は北部まで拡大しつつあった。フランス外務省はこの状況について、「もはやディエン・ビエン・フー要塞陥落の影響だけではなく、チュニジア政府を一新し、フランスの改革案を撤回させようとするネオ・ドゥストゥール党の意思が背景にある」[*45]とコメントしている。ヴェトナムのディエン・ビエン・フー要塞がこの年の五月初頭に陥落し、第三世界ナショナリズムの力を世界に認識せしめたことはよく知られている。当然、これはフェラガの武装闘争を大いに刺激したと考えられ、脱植民地化に関する概説書でも、この時期のチュニジア情勢の混乱の原因をここに求める傾向が強い。[*46]しかし、フランス側の認識では、チュニジア情勢の悪化はヴェトナム情勢の影響だけで説明できるものではなく、独自の論理によって動いていた。ネオ・ドゥストゥール党がブルギバの解放を求めて国会設立を定めた一九五四年三月改革に反対したことのほうが、フェラガの活動に火をつけた直接的な原因だと考えられたわけである。

ただし、ここで注意しておきたいのは、フェラガがフランスの統治だけではなくベイの権威にも挑戦していたことである。チュニジアの統治者は、いかに名目に過ぎないとはいえ、国民の目には依然としてベイであった。それゆえ、武装蜂起はベイの権威をも動揺させつつあったのである。

こうしたなかフランス政府は、ブルギバをグロワ島というブルターニュ半島沖の孤島に移送すると発表した。[*47]第一に、来る選挙の成功がいよいよ危ぶまれるようになったからである。『フランス政治年報』には「ネオ・ドゥストゥール党が選挙に参加するか否かは以前にまして不透明で、依然ブルギバの態度にかかっている」[*48]とある。現に同党はこの時期に、「共同主権を具現化した〔国会設立に関する〕三月四日の改革には断固反対する」との声明を出した。[*49]フランス外務省では、すでに同党が選挙をボイコットするよう党員に指示を出したのではないかとの見方も生まれていた。第二に、フランスはベイの人気を復活させようと考えたからである。前述のとおり、ベイはそのためにブルギバの生活条件を改善するようフランス側に求めていたが、パリ政府もこれに応えたのだった。五月二一日、ヴォワザール総督はブルギバをグロワ島に移送すると宣言し、面会や意見の公表を許可すると述べた。[*50]当然、フランスは、これによって政治情勢を安定させ、来る選挙を成功させたいと願っていた。しかし事態はフランスの期待とは正反対に展開する。

グロワ島に到着するや、ブルギバはただちに行動を開始した。側近の一人に電話をし、二か月前に自分が党幹部に送った訓令を即刻公表するよう命じた。ブルギバは実は、三月一〇日に息子と特別に面会を許可され、改革の内容について所見を記した書簡を手渡していた。書簡には、この改革に反対し、ベイと訣別すると決意したことを国民に知らせるよう、記していた。彼によれば、「正統性はベイの特権ではなく、人民の特権であり、人民こそがすべての権力の源」[*51]であった。つまり、チュニジアの主権を蹂躙する改革に同意したムハンマド八世は人民の敵だと、人民に知らしめるべきだと命じていたのである。明らかにこれは、ベイの正統性に対して初めて正面から挑戦するものであった。四月に党全国評議会が採択した決議を見れば、党指導者はブルギバよりもはるかにフランスに妥協的だったことがわかる。彼らはブルギバの指令を受け取っていたにもかかわらず、ベイの権威を恐れて実行できずにいたのである。ブルギバが移送された翌日、五月二二日にネオ・ドゥストゥール党はブルギバの生活条件が改善されたにもかかわらず、ヴォワザール改革に反対する姿勢を維持することを表明した。[*52]確かにこの態度は以前よりもはるかにフランスに厳しかったが、依然としてブルギバには不満が残るものだった。ベイの権威に挑戦するよう、人民に呼びかける意見表明ではなかったからである。

ブルギバの指令がアラビア語の新聞に掲載されたのは五月二七日であった。本人の表現を借りれば、これは「爆弾のような効果」をもたらした。アラビア語のメディアに掲載されたため、一般大衆にもベイがナショナリズムの大義を裏切ったこと、そしてベイに抗議すべきことが理解できたからである。同時に、ブルギバの方針が明らかになったので、国政選挙にネオ・ドゥストゥール党が参加しないことも確実となった。ブルギバの声明に刺激を受けたフェラガはテロ活動を活発化させ、入植者たちもチュニジア人に暴力で対抗するようになった。五月二九日にはパリから帰国したヴォワザールを、空港で二〇〇人もの入植者が取り囲み、暴力行為から自分たちを守るよう訴えている。このときラマダンの期間中だったが、ベイはフランス人とチュニジア人の代表に謁見の機会を与え、暴力行為を自制するよう呼びかけた。ラマダン期間中は謁見をしないのが通例であるが、この慣習を破るほど、事態は緊迫していたのである。[*53]

このようにブルギバの発言はフェラガに大きな刺激を与えた。フランスはそのためジレンマに陥る。ブルギバがナショナリストと接触すれば状況が悪化するのは確実だったが、接触を再び禁止すれば政治的殉教者としての彼の評価は上がり、選挙の実施は困難になる。結局フランスはブルギバの活動を禁止しないことにした。五月末には、今度はベイがブルギバの言論活動を制限すべきだと主張し始めていたが、当局はこれを無視したのである。[*54]ブルギバはフェラガの活動を支援していなかったものの、深い同情は示していた。五月二八日にパリ・マッチ誌のインタビューを受けて、「「真摯な政治家」は自国民を暴力行為へ駆り立てたりしない。（中略）テロリストが武器を取るのは絶望ゆえであり、その責任はチュニジア人にはない[*55]」と述べている。ブルギバの言う「絶望」とはチュニジア人が主権を持てずにフランス連合に飲み込まれていくことに対する、人民の苦悩を表していた。ベイが一九五二年一二月にフランス人も参加する地方議会開設を承認した直後に、フェラガが活動を開始したことから、それは明らかであった。ブルギバは、フェラガの暴力行為は支持しないものの、追い詰めた責任はフランスの協同政策にあると、理解を示したのである。こうして彼の言動は間接的にフェラガの暴力行為を促し、フランスの統治とベイの権威の双方を揺るがしていく。

六月九日、ヴォワザールはパリに宛てて「ムザリ内閣の士気は低下している。閣僚たちは脅迫状を受け取った[*56]」と報告している。フランスに協力し続けるムザリ政権の閣僚たちは、テロリストの脅迫に晒されていた。こうしたなか、フランス外務省には新しい思考が芽生え始めていた。モーリス・シューマン外務次官は次のように述べている。「現状では、ムザリ内閣の孤立を回避して改革の実施が滞らないようにしたければ、ネオ・ドゥストゥール党を含め、両国の代表者が接触を持つほうが有益かもしれない」[*57]。実に、一九五二年一月に党員を逮捕、追放して以来初めて、フランス政府がネオ・ドゥストゥール党との交渉を視野に入れた議論であり、それだけフランス側も追い込まれていたことを意味している。一方フランスでは、ラニエル内閣が六月一二日に倒壊し、その後も新しい内閣が議会の承認を得られない状態が続く。チュニジア情勢はさらに混乱を極め、テロ事件が頻発した結果、多くのフランス人やチュニジア人が死傷した。現地住民のなかには、フランス人の経営する店舗に行ったり出勤したりしないよう脅迫を受けた者もいた[*58]。

一三日に、チュニジア大評議会の経済委員会選挙が実施された。政情の混乱を反映して棄権率はきわめて高く、フランス人部門では五〇％前後、チュニジア人部門に至っては七〇％もの人が投票を棄権した。さらに、選出されたチュニジア人委員はほぼ全員がナショナリストであり、国会設立に関する三月四日改革への反対を表明していた[*59]。このように現地人の間では、既存の保護国体制そのものへの不信感が広がっており、とくにベイが署名した三月四日改革はほぼまったく受け入れられなかったと言ってよい。ここに、ブルギバの声明がいかに大きな政治的効果を持ったかを見ることができる。

ムザリ内閣の倒壊

六月一六日、四人のチュニジア人閣僚がムザリ首相に辞表を提出する。ヴォワザールは「ベイの明示的な命令によらずに、チュニジア人閣僚が辞意を表明するのはこれが初めてである」[*60]と評している。同じ日、今度はムザリ自身が辞意を漏らした。ムザリ内閣の崩壊はベイの意思に反して起きたわけであり、ベイの権威が失墜し始めたことを物語っていた。アメリカのヒューズ（Morris Hughes）領事は「ベイは、今まで得ていた民衆の人気や尊敬を、決定的に失ってしまったように思われる」[*61]と国務省に報告している。こうして首相を引き受けるチュニジア人は一人もいないという、保護国体制が確立されて以来の異常事態が発生した。この事態を乗り切るため、ムハンマド八世はムザリに暫定的に首相の座に留まるよう命じ、ムザリは首相代行として職務を遂行する。またパリでも依然としてラニエル政権が倒れた後に次の内閣が発足できず、大混乱が続いていた[*62]。

ムザリ内閣が倒れたことで、ようやくフランス政府の認識に明確な変化が生じ始めた。六月一七日の外務省覚書は、フェラガの活動のせいで政治情勢が急速に悪化しており、フェラガが全土で半独立体制を樹立していると指摘した。続けて、こう記してある。

前内閣は、チュニジア国民の間で高く支持されたことは一度もなかった。ネオ・ドゥストゥール党の態度は、交渉に参加できずに疎外されてきたという不満から生まれているように見えたし、主権者たるベイが確固たる姿勢を示せば、同党は煽動などの直接行動に訴えることなく、最終的には前向きな反対の立場に戻るだろうと、われわれは期待していた。（中略）

社会秩序を回復する前に、われわれが組閣について同党と合意を模索すれば、おそらく事態はいっそう困難になるだろう（中略）。

ゆえに、まずわれわれはこの国の秩序と安全保障を早急に回復し、国政を再び安定させるべく努力しなければならない[*63]。

覚書は、フランス政府が軍を早期に増強し、秩序回復を目指すべきだと勧告した。つまり史上初めて、ネオ・ドゥストゥール党から新内閣について合意を取り付けなければならない、と認めたのである。

なぜ外務省は、この結論に至ったのだろうか。保護国体制が確立して以来、フランスは、ベイの権威に依拠して傀儡政権を維持してきた。そして、傀儡政権が行政を担っているふうを装うことによって、国内自治体制が機能しているように見せかけてきたのである。しかし、フェラガが活動を激化させ、ブルギバが声高に異議を唱えたため、ベイの権威は完全に失墜してしまった。ベイという隠れ蓑を失ったフランスは、統治を正統化する新たな手段を見つける必要性に迫られたのである。言うまでもなく、フランスとフランス人入植者の利権の保護が目的だった。こうしてナショナリストとの協働を探り、ネオ・ドゥストゥール党と交渉することが不可避だと判断した。同党との協力はチュニジアにおける利権を放棄するためではなく、反対にその利権を温存するために選択されたのである。フランスの観点からすれば、国民の強い支持を得たネオ・ドゥストゥール党は「実効的な協力者」[*64]になる資格を十分に備えた勢力であった。

マンデス＝フランスのチュニジア戦略

外務省の新思考と並行して、フランス下院は六月一八日にマンデス＝フランスを新しい首相に選出した。これがチュニジア政策に大転換をもたらすことになる。首相指名選挙を前に下院で行った演説で、彼は「残念ながら中断されているチュニジア・モロッコとの交渉を再開するつもりだ」と表明した。賛成票四一九（反対票四七）を得て指名されたのは、下院の大半の議員がこの政策に賛同していたことを示している。彼はリベラルな植民地政策で知られていたため、[*65]首相に指名されたというニュースはチュニジアのナショナリストの間では熱狂をもって迎えられた。[*66]翌日、マンデス＝フランスはチュニジア・モロッコ情勢省を設立し、フーシェ（Christian Fouchet）を同大臣に据えた。[*67]

マンデス＝フランスはジュネーブでインドシナ和平交渉を続けながら、「チュニジア戦略」と呼ばれる新政策の策定に向けて側近と協議を行った。チュニジア戦略の要点は、第一にベイの権威を回復して、政治における正統性の連続を確保すること、第二にネオ・ドゥストゥール党を交渉に参加させることであった。[*68] さらに、新しい首相の就任により、外務省の新思考は、同党との交渉再開を超えてさらなる展開を見せる。仏チュニジア関係の再定義である。六月二六日付の外務省覚書は、二国間関係の修正を目指す交渉の開始が、ネオ・ドゥストゥール党との合意に達するための必要条件であると論じた。[*69] つまり、両国関係の修正を目指さなければ、同党は交渉に応じないだろうと外務省は判断したのである。この政党がチュニジア人の主権獲得を目標に掲げている以上、以下で見るとおり、フランスはそれを承認しなければならなくなる。その際、内政に干渉する権利をフランスに与えたマルサ規約の修正ないしは破棄が不可避となると、外務省は考えた。

マンデス＝フランスの新戦略は基本的にナショナリストの主張に沿うものであり、ネオ・ドゥストゥール党の支持は得られるとフランス政府は踏んでいた。しかしそうだとしても、ブルギバの支持がなければ実施は困難になるのは目に見えていた。ただし、入植者やパリの保守派政治家から猛反発を浴びる可能性を考慮して、彼との会談は非公式に行われた。マンデスの要請を受けた社会党のサヴァリは七月上旬にブルギバと会談し、重要な決定が近々発表されること、そして彼の政党の支持がなければ新しい政策は暗礁に乗り上げると伝えた。ブルギバはフランスの方針を支持する旨、回答した。[*70] 数日後には、彼はル・モンド紙のインタビューで、「行政の「チュニジア化」の第一段階では、フランス人が引き続き警察を統制下に置くことに同意する」[*71]と発言している。当然、チュニジア人の主権が確立されるとは、最終的に行政をチュニジア人が担うことを意味する。しかし移行過程では、混乱を避けるためにフランス人が引き続き重要なポストに留まることをブルギバ自身が容認したのである。マンデスの意図を知ったブルギバは、移行期間中は可能な限り譲歩して、フランス世論による新政策への支持を固めようとした。

だが、その間もチュニジアの情勢は好転しなかった。七月五日にムハンマド八世はムザリ内閣の辞職を認め、代わりにフランス人の内閣官房を臨時首相に任命する。[*72] フランスの傀儡政権による統治は、ここに至ってチュニジア人の首相という外見すら維持できなくなったのである。ネオ・ドゥストゥール党はいうまでもなく、ベイの側近もこの決定を批判した。保護国体制はもはや完全に機能不全に陥った。

七月一六日、新設されたチュニジア・モロッコ情勢省の覚書は、新しい包括的な改革が必要だと論じている。[*73] 無論、マンデス＝フランスの戦略に基づいた改革である。この覚書は、マルサ規約に依拠した「改革の政策」が失敗に終わり、何ら成果を上げなかったと指摘する。フランスが構築した政治制度は、チュニジア政府を含めてすべて機能しなくなってしまったからである。さらに、

唯一続いている制度は、保護国体制が樹立されたときにすでに存在していたもの、つまりベイの王朝である。しかしベイは、総督との関係が改善した正にその瞬間に、民衆から無視されてしまい、（中略）もはや政治的権威を失った象徴でしかない。

そして、この失敗の原因はおもに共同主権の原則にあると率直に認めている。つまり、共同主権という名前の下に推し進めてきた協同政策は、戦後世界でまったく民衆に受け入れられないことを、ようやくフランス政府は悟ったのである。

これまでフランスは、入植者の特権を地方議会および国会への参加を通じて制度化しようと努力してきた。その最終目標は、チュニジアをフランス連合に加盟させることであった。しかしチュニジア統治の危機を経験したフランスが到達した結論は、今までのような、ベイという擬似伝統的な権威を使った統治の正統化はもはや不可能であるということであった。統治は現地住民の同意に基づかなければならず、彼らは主権と、国民のみから構成される

政治共同体を望んでいることを、ようやく理解したのだった。ブルギバの、「正統性はベイの特権ではない、すべての権力の源である人民の特権なのだ」という言葉のとおりであった。さらに言えば、一九五〇年のブルギバの七原則や一九五二年の国連総会決議の求めた内容を、フランスは遅まきながら受け入れたのだった。

しかし、フランス政府はチュニジア人の主権を無条件に承認したわけではなかった。次の三つの条件が付されていた。第一に、国内自治権を承認することは、決してフランスの権益の消滅を意味するものではなかった。むしろ、フランスとフランス人入植者の特権をチュニジア人に了承させる新しい手段として、自治を認めたのである。七月一六日覚書はこう続ける。

一連の二国間協定により、フランスはマルサ規約を破棄し、バルド条約の代わりに別の条約を締結できるだろう。主権を得るチュニジア人は、その自尊心ゆえに、約束を守るだろう。

チュニジア・モロッコ情勢省は、このやり方のほうが入植者の特権を守るという意味でははるかに効果的だと論じる。チュニジア人に主権を与えることで責任を持たせ、約束させるほうが、共同主権という形で強要するよりずっと有効だと判断したのである。

第二に、後に明らかになるが、フランス政府が認めるのはチュニジアによる主権の「国内的」行使のみであった。したがってチュニジアが享受できるのはあくまで国内自治であり、外交権を有する独立国になるわけではなかった。フランスは、チュニジア国内の親仏ナショナリスト勢力に、国内自治権のみを行使する新政治体制を構築させることを構想したのである。そのような勢力であれば、外交権を持たないことを民衆に説得できる、との思惑があった。この役割を果たせるのは、民衆の間で圧倒的人気を誇るブルギバが率いる、ネオ・ドゥストゥール党をおいて他にないと考えられた。

第三に、チュニジアを将来フランス連合に加盟させることを断念したわけではなかった。七月一六日覚書は、マルサ規約に代わる一連の協定を締結すべくチュニジアと交渉すべきだと論じ、それらを包括する一般条約の締結を勧告している。この一般条約を通じて「チュニジアのフランス連合加盟への途を開かなければならない」[*74]という議論であった。実は、フランス政府が国内自治に固執したのは、このフランス連合を防衛するためであった。連合は領内の従属地域の一切の自治を否定するので、理念的にはチュニジアの国内自治と矛盾する。しかしフランス政府は、チュニジアに外交権を与えずに連合に加盟させることができれば、その外観だけはなんとか維持できると考えたのである。現に、一九五四年一〇月までに外務省は、すでに活動停止状態にあったフランス連合高等評議会を再活性化しようと検討を始める。[*75]これは、チュニジアが国内自治権を持てば、フランス連合議会に出席できなくなり、高等評議会にのみ代表団を送るようになるからである。[*76]さらに、後で見るとおり、フランス政府は連合内で自治を承認し、連合そのものを再編する方向に転換する。チュニジアの経験に鑑みて、サハラ以南のアフリカに数多く存在する海外領土でも国内自治を承認するほうが、影響力を維持するには有益だと判断するのである。

こうしてフランスは、主権を承認したと言っても、あくまで将来的にもチュニジアを独立させない方針であった。これを厳密に解釈すれば、序章で述べたハーグリーヴズの定義に従えば、フランスの新方針は脱植民地化政策だとは言えないことになる。しかし、現実にはフランスによる自治権の承認は、将来的には独立に繋がることが明らかであった。論理的には、チュニジア人が主権の行使を国内に限定することに納得しているからこそフランスがこのような立場を維持できるのであって、いずれはブルギバを含めたチュニジア政府が独立を要求すればそれを拒めなくなる。だからこそ、アメリカ政府もフランスの新方針を歓迎したのである。この意味で、やはりカルタゴ宣言は、少なくともチュニジアでフランスが脱植民地化に転じたことを実質的に意味するものだと言ってよい。

他方、国際舞台では、アジア・アラブ諸国が七月半ばにチュニジア問題を国連総会に付託することを決定した。[*77]この動きを見て、フランス政府は新戦略の公表と実施を急ぐ。フーシェは七月二七日にアメリカのディロン駐仏大使と会談し、新戦略の概要を伝えた。[*78]ついで七月三〇日、フランス閣議は新チュニジア政策を了承し、この決定を受けて翌日にはマンデス＝フランス首相がフーシェとジュアン将軍[*79]とともにチュニジアを電撃訪問した。ムハンマド八世を前に、彼はいわゆるカルタゴ宣言を発表する。

フランス政府は、チュニジア国の国内自治を率直にここに承認し、宣言する。（中略）われわれは、主権を国内で行使する権限を、チュニジアの人民および諸制度に移譲する準備がある。

彼はさらに、フランス人の権利と利益は今後も尊重されなければならず、新しい仏チュニジア関係を規定するために両国は交渉に入るであろう、と続けた。[*80]

国内自治の内容を確定する交渉に向けて、ただちに準備が開始された。前述した、マルサ規約に代わる一連の諸協定で、チュニジアが具体的にどのような国内自治を享受できるのか、その範囲を細かく規定して両国が合意する必要があったからである。八月二日、ベイはベン・アンマルに、フランスと交渉するにあたって新しい内閣を発足させるよう命じる。[*81]八月四日、ネオ・ドゥストゥール党政治局は、新政権に党員を入閣させることを了承した。[*82]その三日後、四人のネオ・ドゥストゥール党員が加わったベン・アンマル内閣が発表され、[*83]ネオ・ドゥストゥール党全国大会は全会一致でこれを信任した。ついで両国政府は、九月初めから交渉を開始することを公式に表明する。[*84]

新戦略に対して、フランス人入植者とチュニジア人には多様な反応が見られた。入植者の圧力団体である「フランス人集会」は、「フランス人がチュニジアにおいて、「保護を受けて特権を有する」外国人になるとは、許しがたい事態である」と声明を出した。[*85] 既得権益は保護されるとしても、外国人として居住し続けるのは承服できないというのである。入植者がみなこう考えたとは言えないが、保守派の多くにとって自分が外国人として暮らすなど、考えられないことだった。チュニジア人の大半が交渉を歓迎する一方で、ナショナリストのなかにも完全独立を目指さない穏健な政府の姿勢に異議を唱える勢力もあった。ネオ・ドゥストゥール党内でも、事務局長のサラ・ベン・ユーセフがブルギバ路線を拒絶する強硬意見を述べた。また、ヴュー・ドゥストゥール党は「チュニジアの完全独立を目的としない交渉をフランスと開始することに反対する」との声明を出している。さらに同党はイスラム教を国教とするよう強く主張しており、フランスに倣って世俗化路線を唱えるブルギバに反対していた。[*86]

その間、フランス政府はチュニジア駐留軍を増強することを決定しており、前述のとおり、治安の回復が交渉開始の必要条件であった。マンデス＝フランスはチュニジア軍最高司令官のラトゥール（Pierre Boyer de Latour）将軍と会談して秩序の回復を命じ、彼をチュニジア総督に任命した。[*87] 二国間交渉中は治安の混乱を許さず、フランスの強いイニシアチブの下で進めることを、とくにフランス入植者にアピールする効果を狙ったと考えられる。パリではフランス下院が八月二七日、四五一票対一二二票の大差で新戦略を承認した。[*88]

第四節　二国間交渉とフェラガ問題

国内自治体制に向けて

両国の交渉が始まったのは九月四日であった。第一回会合でフーシェは、八つの協定をチュニジア側に提示し、一括して承認・施行されるべきだと強調した。内訳は、①一般規約（旧称は一般条約）、②チュニジアにおけるフランスとフランス人およびフランスにおけるチュニジア人の利益に関する規約、③行政技術協力に関する規約、④

軍事規約、⑤外交規約、⑥司法規約、⑦文化規約、⑧経済規約である。[*89] チュニジアではブルギバの穏健路線、すなわち当面は完全独立を求めず、国内自治権の要求のみに留める立場が主流だったが、独立を諦めたわけではないことをフランスも十分に認識していた。とくに、ネオ・ドゥストゥール党幹部は別としても、一般党員は国内自治を得るやただちに完全独立を要求し始めるだろうと、外務省は予測していた。現に交渉開始直後の九月七日、サラ・ベン・ユーセフはカイロにおいて、「チュニジア交渉団はカルタゴ宣言の枠内で要求を実現するべく努めるべきだが、もし交渉が失敗に終わったら、人民は完全独立を求めるべきだ」と声明を出している。[*90]

九月半ば、ラトゥール総督は、「チュニジア・ナショナリズムが急進化するのを避けるべきだ」と論じた。具体的には、ベイを元首とする既存の体制を残したい、ということである。憲法制定という課題をチュニジア人のみに託すべきではない、もしフランス人が制定に関与しなければチュニジア人は君主制を廃止して独裁制を許し、国内自治を定める諸規約を破棄しかねない、というのがその理由であった。また、「チュニジア共和国の誕生は、まちがいなくアルジェリア分離主義を高揚させてしまうだろう」と述べている。このように、ナショナリストの支持を基盤とする新しい体制づくりをしながらも、同時に君主たるベイも、治安の安定や自国民の権益のため、さらにはアルジェリアの民族意識を抑制するために利用しようという魂胆だった。ラトゥールは、入植者の利権を保護するためには、秩序を維持する責任はフランス人が負わなければならないとも論じている。[*91]

ブルギバはしかし、チュニジアに帰国することも、交渉に参加することも許されなかった。彼が帰国したり交渉に参加したりすれば、チュニジア側が要求を吊り上げ、ついには独立を求めかねないと危惧されたのである。ブルギバはマスメディアから「チュニジアは憲法を持つべきか」と質問された時、「当然だ」と回答し、自分は立憲君主制を望む、と付け加えている。[*92] このように彼個人は君主制を維持してナショナリズムの急進化を防ごうと考えていたが、現実に彼が帰国した時に世論がどう動くか、不確定要素が大きかったと言える。いずれにせよ、入植者は彼の帰国に猛反対していた。入植者の指導者の一人ピュオー（Gabriel Puaux）は、九月半ばに「マンデス＝フランス氏の推進している路線からは、〔ナショナリストの〕要求が増せばいずれわれわれを見捨てるという結末しか見えない」との危機感を表明している。[*93]

二国間交渉で最大の問題となったのは、フェラガであった。フランス当局は、カイロで活動しているサラ・ベン・ユーセフとフェラガが協力関係にあり、エジプトとリビアがフェラガに軍事援助を行っていると見ていた。また、アラブ連盟もフェラガに協力しているのではないかとも疑っていた。[*94] フェラガの活動を停止させるためには軍による掃討作戦が必要だとフランス政府は判断していたが、チュニジア政府は逆に、そんなことをすればチュニジア人の反仏感情を煽り、交渉は難航すると考えていた。このため早くも、ラトゥール総督は九月一一日にベン・アンマル首相と会談した際に、フランス軍による対フェラガ作戦を停止するよう要請された。[*95] 実は、チュニジア側には、フェラガを温存してそのまま国軍に再編し、治安維持の役割を担わせようという思惑があった。[*96] バルド条約は軍の創設を禁じていないと解釈されていたため、これは現行の体制でも可能だとチュニジア政府は主張していたのである。しかし総督は、フランス軍が秩序維持の任を果たさなければ深刻な問題が起きるとして、この要求を拒絶した。ラトゥールは、ではチュニジア政府はフェラガに投降を呼びかける用意があるかと質問したが、この質問に明確な回答はなかった。二日後、チュニジア側はフェラガと一か月間の休戦を結ぶべきだとフランス側に伝えたが、ラトゥールはこれも拒絶した。「フェラガに休息を与え、軍備を拡充させるだけだ」と彼は主張している。[*97]

チュニジア政府の三人の交渉担当大臣がマンデス＝フランスと会談したのは、九月二四日のことであった。マンデス＝フランスは大臣たちに、武装解除して自分の部族に帰還するようフェラガの兵に呼びかけてほしいと求めたが、チュニジア側が拒絶したためこの会談は何ら成果を生まずに終わった。[*98] そこでフランスは独自にフェラガに投降を呼びかけることにする。一〇月二日、マンデス＝フランスは、フェラガに完全な恩赦を与えて投降を促すよう、フーシェに指示し、翌日の記者会見でラトゥールはこの決定を公表した。[*99] 他方、チュニジアはフェラガにはるかに穏健に対応した。一〇月四日のチュニジア政府の声明は、個別のテロ活動を非難するだけで、フェラガを名指ししたわけではなかった。[*100] このように両国政府は共同歩調をとれなかったため、フェラガ問題は一向に解決しなかった。チュニジア側の態度について、ラトゥールはこうまとめている。

1　チュニジア政府が交渉の成功を望んでいるのは確かだ。チュニジア世論の大半が交渉の失敗を許さないことを知っているからだ。

2　ネオ・ドゥストゥール党は、フェラガ運動が〔フランス側に〕圧力をかけるための手段であるとかつて考えていたし、現在でも考えている。

3　しかしマンデス＝フランス政府のきわめて強硬な態度は、（中略）フランス人〔入植者〕の態度の硬化を招き、交渉に悪影響を与えるのではないかとネオ・ドゥストゥール党は危惧している。

4　ネオ・ドゥストゥール党は、革命的状況を引き起こす危険のある勢力によって包囲されるかもしれないと恐れている。

5　このようなさまざまな考慮の結果、ある者は真摯に、またある者は戦術的に、フェラガが活動を停止することを望んでいる。[*101]

チュニジア政府は困難な立場に置かれていた。フランス政府と国内自治に向けた合意を締結しなければならないが、一部のナショナリストの急進的な意見も考慮しなければならず、既存の政治体制の崩壊も防がねばならなかった。つまり、フェラガを容認すれば国内の急進派を満足させられるが、フランスが態度を硬化させて交渉が決裂する恐れがあった。反対にフランス側に譲歩しすぎれば、国内の支持を失って現体制が転覆する危険もある。こうしてチュニジア政府は、テロ活動自体は非難できたものの、フェラガを非難することができなかったのである。

フェラガ問題に対する意見の相違もあって、両国の交渉ははかばかしい進展をみせなかった。一九五四年一〇月上旬には、行政技術協力に関する規約だけは合意の直前まで進んだ。司法規約については、フランス政府は、管轄権の保持を主張した。チュニジア側はこれに当然反発し、自国民は自らの手で法廷で裁くべきだと管轄権の移譲を求めた。軍事規約についても、チュニジア代表団はフランス軍の駐留はあらかじめ合意された軍事戦略拠点に限定し、チュニジア軍を創設してフランス軍は撤退すべきだと要求した。前述のとおり、バルド条約はチュニジア軍の創設を禁じていないため、この案は何ら問題がないというのがチュニジア側の主張であった。[*102]

一〇月以降、チュニジア国内でフランスに対し強硬な意見が目立つようになった。交渉が膠着状態にあるため、国民からのチュニジア政府の支持も下がる傾向にあった。フェラガは活動を停止するどころか、アルジェリア領内にまで勢力を広げ、一種の解放軍の様相を呈し始めていた。[*103] ラトゥール総督は次のように本国政府に報告している。

> チュニジアの政情は悪化している。（中略）国内の緊張緩和のための措置をいくら講じても、ナショナリズムが高揚しているせいでチュニジア政府はかたくなになり、効果は上がらない。ネオ・ドゥストゥール党では急進派が優勢になった。[*104]

党内の穏健派は、ブルギバが呼びかければ強硬意見も収まるだろうと期待した。マンデス＝フランスもまたブルギバのイニシアチブに望みを寄せた。二人は一〇月末に秘密裏に会談し、対応を協議する。マンデス＝フランスが下院で攻撃されていることを知ったブルギバは、フェラガ問題を責任を持って終息させること、フェラガ構成員の罪を問わないと約束するなら、彼らに故郷へ帰るよう呼びかけることを言明した。[*105]

フェラガ問題の解決

だがフェラガ問題は、一一月一日にアルジェリアで生じた武装蜂起のため、解決がより一層困難になる。一九六二年まで続く、いわゆるアルジェリア独立戦争の火ぶたが切られたのであった。ラトゥール総督は本国政府に、ネオ・ドゥストゥール党の急進派サラ・ベン・ユーセフが、この頃から攻撃的姿勢を見せるようになり、彼が「交渉を失敗させるために、（中略）武力に訴えることも辞さないだろう」という見方もあると報告している。[*106] 一一月以降、ブルギバとサラ・ベン・ユーセフの対立が以前に増して目立つようになる。アルジェリアの蜂起はフランス議会にも重大な影響を与える。独立派、急進社会党、ド・ゴール派はマンデス＝フランスのフェラガ宥和策を激しく批判し、彼の北アフリカ政策こそアルジェリアの惨劇を引き起こした原因だと糾弾した。[*107]

こうしてアルジェリアの混乱により、両国政府はともに態度を硬化させ、交渉は膠着状態が続いた。妥結するには、フェラガ問題を解決するより他にない。フランス政府はチュニジア政府にその旨を一一月初頭に通達し、ネオ・ドゥストゥール党も一一月一四日に全国評議会で「フェラガ兵士に保護と自由を与えつつ」問題解決のためにフランスとともに努力するよう政府に要請することを決議した。[*108] この全国評議会の決議は二部構成であり、第一部でフェラガ問題が政治情勢全般と分離できないことを確認し、第二部でブルギバとサラ・ベン・ユーセフの即時チュニジア帰還が許可されるべきだと論じている。フランス国内では、フェラガによる暴力行為を正当化する決議だとメディアが一斉にネオ・ドゥストゥール党を批判し、国会議員もチュニジア政府に強硬姿勢を示すべきだと主張した。[*109]

緊迫する雰囲気のなか、妥協案を示したのがブルギバであった。彼は一一月一七日、ニューヨーク・タイムズ紙のインタビューにおいて、フェラガ問題を解決するための三条件を提示する。その第一は、投降したフェラガ兵士を報復から守ること、第二に彼らは「ナショナリストと同じ理想のために戦った愛国者なので、匪賊ないし無法者とみなしてはならない。彼らはオートクロック〔元総督〕の犯罪的な政策の結果生まれたのだ」。とくに重要なのが第三の「フェラガ支配地域の治安権限は、フランス政府ではなくチュニジア政府が有する」という条件だった。規約締結から一〇年間はフランスが警察権を維持するという要求をチュニジア政府が呑んでしまえば、世論の信用を失うだろう、とブルギバは主張したのだった。こうして、治安維持の権限を早急にチュニジア政府に移管するよう訴えたのである。そして彼は、国内自治は独立に向けた第一歩に過ぎないが、チュニジアは独立国としてフランスの勢力圏に留まりたいと願っているとも述べた。[*110]

ブルギバの提案のおかげで、仏チュニジア両国政府は協議を進めることができた。一一月一八日に開催された会合で、両国は原則合意に達する。マンデス＝フランスはこの直前、合意に向けて強い決意をフォール首相代理[*111]に伝えている。

〔マンデス＝フランス〕政権が倒れるかどうかが問題なのではない。それは二次的な話に過ぎない。（中略）アルジェリアやモロッコに何かしら影響を与えられるよう、チュニジアで解決にたどり着くことができるかどうかが重要なのだ。[*112]

武装集団の蜂起はアルジェリアやモロッコでも起きうることであり、現にフェラガは後に両国でも活動するようになった。このような武装蜂起を前にして秩序を維持し、フランスの影響力を保ったまま、いかに解決につなげるのか、すでにチュニジア一国に留まる問題ではないとマンデス＝フランスは主張したのである。世論から支持されず自分の政権が倒れることがあってもやり遂げなければならないほど、これは妥協できない課題であると彼は考えた。

一一月二〇日、両国政府の共同コミュニケが発表された。両国は、フェラガの社会への再統合を促すため、兵士に投降を呼びかけ、武器をフランス当局に返還した者は罰しないことを約束した。[*113] 基本的に従来からのフランス政府の立場を踏襲したものであり、その意味ではチュニジア側の譲歩であった。アメリカ公使は、ワシントンに宛てて「もし譲歩しなければ、ネオ・ドゥストゥール党の強硬姿勢にフランスが反発し、国内自治に向けた交渉そのものが決裂してしまうとチュニジア政府は恐れたのだ」[*114] と報告している。しかし現実には、チュニジア政府は一方的に譲歩したわけではなかった。というのも、実はフランス政府も、防衛や警察に関して柔軟な姿勢を示し、一定の譲歩を示したからである。一一月二六日、ラトゥールは、マンデス＝フランスが、防衛・警察問題に関する一般規約を、よりチュニジア側が受け入れやすくなるようにしたと、記している。[*115] ブルギバの要求を容れて、防衛と警察に関する権限の一部をチュニジアに移譲すると、決定したのである。

フェラガに関する合意はただちに実行に移された。ラトゥール総督とベン・アンマル首相は一一月二六日に会談し、チュニジア政府が二一名の代表団を密かにフェラガ活動地域に派遣し、各地域の代表と交渉することで合意した。ベン・アンマルの要請を受け、ラトゥールは翌日から軍事作戦を停止すると約束した。[*116] この合意は目覚ましい効果を上げる。チュニジア政府の密使を迎えたフェラガは、早くも一一月三〇日に投降することを受け入れた。翌月ラトゥールはイギリスの外交官に対し、一九九八名の兵士が投降して多数の武器を返却したため、フェラガ問題は九〇％解決したと誇らしげに語っている。[*117] そのおかげでマンデス＝フランス内閣は倒壊の危機を免れ、一二月一一日の下院投票で二九四対二六五という僅差で辛うじて信任を得ることができた。

さらに国際舞台でも、マンデス＝フランスの政策は支持を得た。一二月一七日、国連総会はチュニジア問題に関する討議の延期を決定する。[*118] フランスが討議を欠席し、他の三か国が票決を棄権した以外は、四五か国がこの決定に賛成している。[119] 国内自治に向けて両国の交渉が進むのを見て、国連は討議の必要はないと判断した。フランス政府はチュニジアの独立を承認するつもりがないと公言していたが、国連はそれを問題視しなかったのである。

第五節　フランス・チュニジア規約

治安維持の権限をめぐって

フェラガ問題が解決すると、国内自治に向けた交渉が再開された。一九五五年一月、外交と防衛問題を含む一般規約に関する交渉が始まった。しかし、一九五四年一一月の時点ですでに、チュニジア代表団はフランスが外交権と防衛権を保持することに難色を示していた。これは同月にアルジェリアで武装蜂起が勃発したため、フランスへの反感が高まったためである。一月四日に開催された交渉で、チュニジア代表団は、バルド条約はわが国の外交権と防衛権を明示的に禁じていないため、これらについて一般規約は触れるべきではないと主張した。だがフランス側は自らの権利を譲らなかった。[120]『政治年報』の表現を借りれば、「つまるところ、フランス交渉団は厳密な意味で国内自治に固執したのに対し、チュニジアにとっては、この国内自治は独立へと向かわなければならな」[121] かったのである。

一月一一日にブルギバが発表した声明は、チュニジア政府を困難な立場に追いやる。彼は「われわれにとって、国内自治とは完全独立に向かう一歩に過ぎない」と述べ、世論に独立の期待を与えたのである。ジェルイ（Aziz Djelloui）交渉担当大臣[122]はパリからチュニスに戻るとラトゥール総督と会談し、ブルギバの声明が交渉団に甚大な影響を及ぼしうると警告した。「交渉決裂は確かに破滅的だが、フランスの提案を受諾するのはさらに重大な破滅を招くだろう」[123]。つまり、ブルギバの過激な発言によって交渉は決裂しかねないが、一般規約にフランスの外交・防衛権を明記すれば政府が国民の支持を失ってしまう恐れがあった。だがベン・アンマルがさまざまな政治団体や労働組合に尋ねたところ、全員が交渉を決裂させないことを望んでおり、過激な要求をしてはならないとの立場であった。また、ネオ・ドゥストゥール党とチュニジア労働総同盟は、政府がパリで交渉を続けることを認めていた。チュニジア国内では、世論はともかく、政治団体のレベルでは、当面は国内自治で満足し、独立は急がないという考えが一般的だったのである。ただしラトゥール総督の目には、ベン・アンマル首相も、ブルギバ路線に従い、国内自治は独立に向けた一歩に過ぎないと考えていることは明らかであった。一月一八日付の本国宛て電報には、「もしフランスが外交と軍事に関する条項を一般規約に挿入せよと要求すれば、チュニジアはそのかわりに、対外主権をめぐる議論をしかるべき後に再開する旨規定すべきだと主張するだろう[*124]」とある。

一月二三日、パリで交渉の第二ラウンドが始まった。両交渉団は、警察に関して、最初の二年間はフランス人総督が監督することには同意できたものの、チュニジアに権限を移譲するまでの移行期間を何年とするかで意見が分かれた。フランス側は八年間、チュニジア側は二年間を主張していた。チュニジアの南部領土[*125]については、フランス当局の管理下に置いてフランス軍が駐留を継続することで部分的に合意がなった[*126]。

二月五日、マンデス＝フランス内閣は、北アフリカ問題をめぐる国会の信任投票で破れ、総辞職した。現地のイスラム教徒の間では失望感と幻滅が広がっていること、しかし入植者には満足感を隠さない者が多いことがパリに報告された[*127]。パリの後任政権が決まるまでのあいだ、必然的に交渉は中断された。しかし二月二三日に、交渉の再開に意欲を見せていたエドガー・フォールが首相に就任し、ジュリ（Pierre July）を新チュニジア・モロッコ情勢相に任命する[*128]。両国は、三月一五日に交渉を再開することで同意した[*129]。

その間、チュニジア側からはブルギバの早期帰還を求める声が高まりつつあった。ネオ・ドゥストゥール党政治局は三月一一日に次のような決議を採択している。

1　マンデス＝フランス政権のもとほぼ解決された諸問題について、交渉を妥結させる強い意思があるが、そうでない問題（警察と南部領土）については一歩も譲らないと公式に明言する。

2　ブルギバのチュニジア帰還をただちに実現する。党が極端な政策に走るのを防ぐことができるのは彼だけである。[*130]

この決議は、ネオ・ドゥストゥール党が一般党員の急進的な要求を抑えきれなくなりつつあることを示していた。サラ・ベン・ユーセフの鼓吹する、即時独立を求める声が強大になっていたのである。それを抑えられるのは、党代表のブルギバだけだと考えられた。二週間後、同党所属のマスムディ（Mohammed Masmoudi）交渉担当相は、政府の公式見解としてブルギバの帰還を要求する。[*131]

二国間の恒久的紐帯

予定どおり交渉は再開されたものの、重要な争点が未解決のまま残されていた。第一に、両国の「恒久的紐帯」の問題であり、フランスはバルド条約を補完する形でこの文言を一般規約に挿入するよう主張したのに対し、チュニジアはこれを拒絶した。第二の問題は南部領土であり、文民警察はチュニジア政府の管轄、国境を警備する憲兵はフランス政府の管轄とする方向で交渉は続いていたが、まだ最終的な合意には達していなかった。第三に、地方議会の人種構成の問題が未解決であった。国会にフランス人議員を参加させることはすでにフランス政府も要求を取り下げていたが、地方議会についてはチュニジア側も許容する意向であった。ところが、議席の割り振りについて意見が分かれていたのである。チュニジア側は当該地方の人口比で議員数を割り当てることを主張したが、フランス側は両国籍に同数の議席を割り当てるよう求めた。[*132] とくに第一の問題をめぐって対立は深刻であり、交渉は決裂寸前であるかに見えた。

しかし、ブルギバの帰還についてフランス側が譲歩したことにより、妥結への途が開かれる。三月三一日、スリム交渉担当相は、ラマダンが始まる四月二一日までに交渉はまとまりそうだと見通しを発表した。決裂寸前までいった交渉は四月五日に再開され、フォール首相とベン・アンマル首相の出席のもと、未解決の問題について交渉が進展する。南部領土では、「この地域が仏チュニジア共同の行政管理に属するが、（中略）国境地帯では警察は軍事当局の指揮下に置かれる」ことで同意した。[*133] 四月一三日には、フォールは、ブルギバがフランス国内を自由に通行することを許可した。チュニジアへの帰国は、フォールは現時点では認められないとしつつも、「事態は可能な領域にある」とも述べ、将来的には柔軟に対応できる含みを残した。[*134]

四月二一日、フォール首相はブルギバを首相官邸オテル・ド・マティニヨンに招いた。すでにフォールは、四月の前半に彼を交渉に参加させるべきだとの結論に至っていたようである。[*135] 実に、これはフランスの首相が公式にブルギバと会談を行った最初の機会であった。歴代首相は入植者と保守派政治家の反発を恐れ、彼を交渉に参加させられずにきたのである。交渉を成功させた要因として、ブルギバの参加とフォールがそれを許容したことを強調すべきであろう。[*136] またフランス代表団は、地方議会におけるフランス人議員数を七分の三までとする妥協を示した。両国代表団は、アラビア語を唯一の公用語とすることに同意したが、フランス語も同様に公式の場で使用すると決定した。[*137] 最大の妥協は、フランスがブルギバの帰還を承認した代わりに、チュニジアが「両国間の緊密で恒久的な紐帯の概念」という文言を一般規約に挿入することを許した点であった。[*138] これにより、チュニジアは外交と防衛に責任を持たず、フランスに委ねることに同意したとみなされた。両国政府ともに、交渉決裂という事態になれば、サラ・ベン・ユーセフと、最終的にはエジプトが利益を得るだけだと認識していたのである。そうなれば、チュニジアにおけるフランスのプレゼンスと親仏勢力の権威が失墜しかねなかった。

一九五五年四月二二日、両国代表団は規約の仮調印を行う。六月三日、フォール首相およびベン・アンマル首相が公式にフランス・チュニジア規約に調印した。[*139] ここに、一八八四年に締結され、チュニジアの内政に干渉する権利をフランスに与えたマルサ規約は失効した。

ところが、チュニジアの人民は完全にはこの規約に満足しなかった。規約には将来の独立について何ら言及がなかったからである。実際のところ、民衆は調印を予測したほど熱狂的に受けとめなかった。ヴュー・ドゥストゥール党とサラ・ベン・ユーセフは、失望感を表明した。逆に、既成事実が改めて条文化されたことに、フランス人入植者も憤りを隠さなかった。ラトゥールは「フランス本国から見捨てられたという感覚によって引き起こされた、やりきれない心痛が入植者を支配している」と記している。[*140] こうしてチュニジアは国内自治権を獲得したが、反対派が政府とブルギバを攻撃するなど、状況は依然として不安定なままであった。とはいえ、フランスはブルギバの帰還を許可した。彼の威信に支えられ、チュニジア政府は当面の間は少なくとも独立を求めることなく、新体制を固める努力を続けていく。他方、フランス政府は、ブルギバを帰国させると中長期的にはナショナリズムを高揚させ、独立へと向かわせる危険があると認識していたが、さしあたり世論を納得させるためにはやむを得ないと判断した。むしろ、チュニジア政府がしばらくは国内自治に専念して独立を要求しないことで、フランス連合への打撃を最小限に抑えることができると考え、満足したのである。

注

＊1 MAE, Tunisie 1944–1955, vol. 388, Hauteclocque à Schuman, n°2033, 24.12.1952; Hauteclocque à Paris, n°2193/2199, 27.12.1952; Lettre à Bidault, 5.2.1953; *L'Année politique*, 1953, p. 195.

＊2 MAE, Tunisie 1944–1955, vol. 392, Paris à Tunis, Evolution de la Situation en Tunisie depuis l'Assemblée Générale des Nations Unies de 1953, 24.9.1954. Fellagha とは匪賊を指す一般名称であるが、政府史料にしばしば大文字で登場し、チュニジアにおける固有の組織を指す。だが、のちにアルジェリアやモロッコにも同じ名称の組織が登場し、アルジェリア・フェラガなどと呼ばれるようになる。

＊3　MAE, Tunisie 1944–1955, vol. 388, Hauteclocque à Paris, n°175, 11.2.1953. オートクロック総督は、ベイは民主制の発展をまったく望んでいないと記している。Hauteclocque à Paris, n°462/464, 16.4.1953.

＊4　*L'Année politique*, 1953, p. 232.

＊5　MAE, Tunisie 1944–1955, vol. 388, MAE à Messieurs les chefs des postes diplomatiques, n°480 AL, 15.5.1953; *FRUS* 1952–195, XI, Dillon to the State Department, no. 5783, 4.5.1953.

＊6　*L'Année politique*, 1953, p. 233. マイエル内閣は一九五三年五月二一日に倒れる。

＊7　Périllier, *La Conquête*, p. 176–177. ただし彼自身は回顧録で、この発言について「手段の変更は人事の変更を意味する」と説明して、ナショナリストから距離を置いている。Vincent Auriol, *Journal du Septennat 1947–1954*, Tome VII, p. 152.

＊8　Périllier, *La Conquête*, p. 178.

＊9　*Le Monde*, 18 June 1954 に、マンデスのこの発言が掲載されている。

＊10　本章の注7を参照のこと。

＊11　*L'Année politique*, 1953, p. 285. 第4章第一節でみたとおり、一九五二年一月にネオ・ドゥストゥール党の急進派の幹部は追放されていることに注意されたい。

＊12　MAE, Tunisie 1944–1955, vol. 388, Note 'situation en Tunisie,' non daté. チュニジアでは一九五三年八月にフェラガと警察の間で衝突があり、八人の死者が出ている。*L'Année politique*, 1953, p. 271.

＊13　MAE, Tunisie 1944–1955, vol. 389, Bidault à Son Altesse Bey, 10.5.1954.

＊14　第4章第三節を参照のこと。

＊15　前述のとおり、一九五二年改革はチュニジア国会の開設を含んでいたため、この改革が完全に実施されれば、国会が保護国条約の破棄を一方的に宣言する可能性があった。二国間の紐帯を別の形で保障する必要があると議論されたのはこのためである。しかし、ヴォワザールが二国間の紐帯についてチュニジア側と交渉を行ったことを示す形跡は、公開された政府史料には存在しない。なお、翌五四年初頭にも同様の問題が発生したことを本章第二節で説明する。MAE, Tunisie 1944–1955, vol. 388, Compte-rendu de la réunion tenue chez le Secrétaire d'Etat, 14.9.1953.

*16 MAE, Tunisie 1944–1955, vol. 373, MAE au Résident-Général, n°1203/AL, 2.9.1953. ここでいうアジア・アラブ諸国とは、アフガニスタン、サウジアラビア、ビルマ、エジプト、インド、インドネシア、イラク、イラン、レバノン、リベリア、パキスタン、フィリピン、シリア、タイ、イエメンである。

*17 *L'Année politique*, 1953, p. 287.

*18 TNA, FO 371/102942, JF 1041/48, FO to New York, no. 842, 19.9.1953.

*19 MAE, Tunisie 1944–1955, vol. 373, Hoppenot à Paris, n°2791/2797, 21.10.1953; vol. 373, Hoppenot à Paris, n°2898, 26.10.1953.

*20 *L'Année politique*, 1953, p. 300. 原文は 'en vue de l'accession des Tunisiens à la capacité de s'administrer eux-mêmes' である。チュニジア国内自治権にも及ばない、はるかに小さな権力しか求めない議案であった。

*21 *Yearbook of the United Nations*, 1953, p. 212.

*22 *Ibid.*, p. 208.

*23 NARA, RG 59, CDF, 772.00/10–1453, American Consulate General（Morris Hughes）to the State Department, Despatch no. 57, 14.10.1953.

*24 NARA, RG 59, CDF, 772.00/12–253, Paris to the State Department, Despatch no. 1467, 2.12.1953.

*25 Bourguiba, *Ma vie, 1952–1956*, p. 136.

*26 Ibid, p. 204.

*27 Périllier, *La Conquête*, p. 187.

*28 *Ibid.*, p. 188.

*29 NARA, RG 59, CDF, 772.00/1–1254, Paris to the State Department, 12.1.1953.

*30 Bourguiba, *Ma vie, 1952–1956*, p. 196.

*31 MAE, Tunisie 1944–1955, vol. 389, Note pour le Président par la Direction d'Afrique-Levant, 27.2.1954.

*32 フランス外務省史料には記述されていないものの、前記の仏チュニジア経済委員会は一一名のフランス人委員と八名のチュニジア人委員から構成されることになっていた。この結果、予算問題を審議する際にはフランス人とチュニジア人がそれぞれ五三名ずつ出席する計算になり、両者が同数票を持つことを意味していたのである。*L'Année politique*, 1954, p. 194.

*33 Bourguiba, *Ma vie, 1952–1956*, p. 197.

*34 本章第一節の一七四頁を参照のこと。

＊35　フランスが特権を保持できるのは、ベイとバルド条約を結んでいたからだが、国会が設立されれば、国際社会はベイよりも権威を認める可能性が高い。そこで、バルド条約に代わる二国間協定を締結する必要があった。
＊36　NARA, RG 59, CDF, 772.00/2–1954, Paris to the State Department, no. 2150, 19.2.1954.
＊37　Bourguiba, *Ma vie, 1952–1956*, p. 209.
＊38　MAE, Tunisie 1944–1955, vol. 375, Note, La Situation en Tunisie, 23.3.1954.
＊39　*L'Année politique*, 1954, pp. 195–196.
＊40　Périllier, *La Conquête*, p. 200; MAE, Tunisie 1944–1955, vol. 392, Note, Evolution de la Situation en Tunisie depuis l'Assemblée Générale des Nations Unies, 24.9.1954.
＊41　MAE, Tunisie 1944–1955, vol. 389, Voizard à Paris, n° 383/390, 31.3.1954.
＊42　*Le Monde*, 4–5.4.1954.
＊43　MAE, Tunisie 1944–1955, vol. 389, Etude Critique des Décrets du 4 Mars 1954.
＊44　MAE, Tunisie 1944–1955, vol. 389, Note, 9.5.1954.
＊45　MAE, Tunisie 1944–1955, vol. 375, Note pour le Président, no. 97, 20.5.1954
＊46　この点については、終章第四節を参照されたい。
＊47　MAE, Tunisie 1944–1955, vol. 389, Note, 10.5.1954.
＊48　*L'Année politique*, 1954, p. 217. ル・モンド紙でも同様の記述が見られる。*Le Monde*, 5.5.1954.
＊49　*L'Année politique*, 1954., p. 218.
＊50　Périllier, *La Conquête*, p. 203.
＊51　Bourguiba, *Ma vie, 1952–1956*, pp. 226–227.
＊52　*Le Monde*, 23–24.5.1954; Bourguiba, *Ma Vie, 1952–1956*, pp. 226–236, p. 228.
＊53　*Le Monde*, 29.5.1954–2.6.1954; *L'Année politique*, 1954, p. 219.
＊54　MAE, Tunisie 1944–1955, vol. 389, Note pour le Secrétaire d'Etat, 1.6.1954.
＊55　ル・モンド紙によれば、この声明は六月四日にパリ・マッチ誌に掲載された。*Le Monde*, 5.6.1954.
＊56　MAE, Tunisie 1944–1955, vol. 375, Tunis à Paris, n° 724/726, 9.6.1954.
＊57　MAE, Tunisie 1944–1955, vol. 389, Paris à Tunis, n° 340/342, 11.6.1954.

＊58　*L'Année politique*, 1954, p. 225.
＊59　*Ibid.*, p. 226.
＊60　MAE, Tunisie 1944–1955, vol. 375, Voizard à Paris, n°767/768, 16.6.1954.
＊61　NARA, RG 59, CDF, 772.00/6–1654, Hughes to the State Department, Despatch no. 268, 16.6.1954.
＊62　*L'Année politique*, 1954, p. 226.
＊63　MAE, Tunisie 1944–1955, vol. 375, Note pour le Ministre, 17.6.1954.
＊64　「実効的な協力者」という概念については、序章第二節を参照されたい。
＊65　本章注9を参照のこと。
＊66　Périllier, *La Conquête*, p. 209; TNA, FO 371/108588, JF 1015/46, Tunis to FO, no. 901/601/48, 19.6.1954.
＊67　*L'Année politique*, 1954, p. 232.
＊68　ラクチュールは、この協議が六月二三日と二四日に行われたとしている。Jean Lacouture, *Pierre Mendès France* (Paris: Seuil, 1981), pp. 246–247.
＊69　MAE, Tunisie 1944–1955, vol. 389, Note pour le Ministre, 26.6.1954.
＊70　Lacouture, *Pierre Mendès France*, pp. 246–247. この会談に関する公式記録は残されていない。サヴァリは植民地問題でリベラルな立場をとっていることで知られており、一九五六年にはチュニジア・モロッコ情勢大臣に就任する。
＊71　*Le Monde*, 10.7.1954.
＊72　*Ibid*, 7.7.1954–10.7.1954.
＊73　MAE, Tunisie 1944–1955, vol. 389, Note pour le Ministre, 16.7.1954.
＊74　Ibid.
＊75　L'Institut Pierre Mendès France（以下、IPMF）, Territoires d'Outre-mer/l'Union Française, 1, 1/1/1, Note pour M le Président, 5.10.1954.
＊76　この点については、第1章第一節を参照のこと。
＊77　MAE, Tunisie 1944–1955, vol. 374, Tunis à Marotuni, n°54, 17.7.1954.
＊78　これに対してダレスは「国務省はフランス計画の概要を知り、安堵している」とコメントした。マンデスの新戦略は、アメリカがこれまで要求してきたチュニジアへの主権付与という原則に合致したためである。NARA, RG 59, CDF, 772.00/7–2754, Paris

to Dulles, no. 376, 27.7.1954; 772.00/7–3054, Dulles to Paris, no. 3067, 30.7.1954.

＊79 ジュアン将軍が臨席したのは、入植者を見捨てるわけではないというフランス政府の強い意志を示すためであったと考えられる。

＊80 MAE, Tunisie 1944–1955, vol. 390, la Déclaration de Carthage.

＊81 *Documents Diplomatiques Français*［以下、*DDF*］, 1954, doc.184, p.186, note 1.

＊82 Périllier, *La Conquête*, p.227.

＊83 四人のネオ・ドゥストゥール党員閣僚のうち、スリムとマスムディが交渉担当の国務大臣に任命されている。交渉担当大臣は全部で三名であり、最後の一人は同党の所属ではない。*L'Année politique*, 1954, p. 548

＊84 MAE, Tunisie 1944–1955, vol. 392, Boisseson à Marotuni, n°254/256, 16.8.1954; vol. 375, Note, La Situation en Tunisie depuis le 1er août 1954, 23.8.1954.

＊85 Bourguiba, *Ma vie, 1952–1956*, p. 255.

＊86 *DDF*, 1954, doc.84, Boisseson à Fouchet, n°269, 20.8.1954.

＊87 Périllier, *La Conquête*, pp. 210–211.

＊88 MAE, Tunisie 1944–1955, vol. 392, Note, 'Franco-Tunisian negotiations under way following approval by the National Assembly of French policy in Tunisia', 7.9.1954.

＊89 その後の交渉過程で、軍事規約と外交規約は一般規約に組み込まれた。

＊90 MAE, Tunisie 1944–1955, vol. 392, Latour à Fouchet, n°359/362, 10.9.1954.

＊91 MAE, Tunisie 1944–1955, vol. 392, Latour à Fouchet, n°237, 13.9.1954.

＊92 Périllier, *La Conquête*, p. 226. ブルギバは「ドゥストゥールとは憲法という意味であることを忘れないでほしい」と付言している。

＊93 *Ibid.*, p. 243. ピュオーはフランス国会の上院議員であった。

＊94 *DDF*, 1954, doc.179, Latour à Fouchet, n°238, 14.9.1954.

＊95 MAE, Tunisie 1944–1955, vol. 392, Latour à Marotuni, n°381/384, 11.9.1954.

＊96 *DDF*, 1954, doc.179, Latour à Fouchet, n°238, 14.9.1954.

＊97 MAE, Tunisie 1944–1955, vol. 392, Latour à Fouchet, n°405/407, 14.9.1954.

＊98 MAE, Tunisie 1944–1955, vol. 392, Note, 2.10.1954; *DDF*, 1954, doc.227, Fouchet à Latour, n°214/219. 27.9.1954.

＊99 Ibid., doc.238, Mendès-France à MAE, n°3993/3994, 2.10.1954; MAE, Tunisie 1944–1955, vol. 392, Latour à Fouchet, n°524/529, 3.10.1954. フーシェはラトゥールに投降を呼びかけるよう訓令を送った際、恩赦を与えれば、「チュニジアとチュニジア人が将来アラブ連盟ではなく西欧に向かうのだと、チュニジア人に知らしめる機会となる」と述べている。つまりフランスは、アラブ連盟の影響を受けたフェラガが国軍にそのまま編入されれば、アラブ連盟の影響力がチュニジアで強力となり、将来的に親西的あるいは親仏的ではない勢力が拡大してしまうことを恐れていたのである。

＊100 *L'Année politique*, 1954, p. 267.

＊101 *DDF*, 1954, doc.243, Latour à Fouchet, n°539/550, 4.10.1954.

＊102 MAE, Tunisie 1944–1955, vol. 392, Note, 2.10.1954.

＊103 *L'Année politique*, 1954, pp. 266–267.

＊104 MAE, Tunisie 1944–1955, vol. 376, Latour à Paris, n°637/640, 17.10.1954.

＊105 Bourguiba, *Ma vie, 1952–1956*, p. 264.

＊106 サラ・ベン・ユーセフの立場についてこう述べたのは、チュニジア交渉団の一員である。MAE, Tunisie 1944–1955, vol. 392, Latour à Paris, n°819/827, 9.11.1954.

＊107 TNA, FO 371/113789, JF 1015/2, Intelligence Brief, no. 1714, 18.11.1954.

＊108 Bourguiba, *Ma vie, 1952–1956*, p. 266.

＊109 *Ibid*., p. 267.

＊110 *Ibid*., p. 266; MAE, Tunisie 1944–1955, vol. 392, Bonnet à Paris, n°6447, 16.11.1954.

＊111 マンデス＝フランスは訪米中であったため、会合ではフォールが代理を務めた。マンデスの訪米については、第7章第一節を参照。

＊112 IPMF, Tunisie II/5, Négociations Questions diverses, C) Débats sur la Tunisie du 10/12/54, Mendès-France à Faure, Fouchet, Pélabon, n°6526/6529, 19.11.1954.

＊113 MAE, Tunisie 1944–1955, vol. 392, Note, 18.11.1954.

＊114 *FRUS*, 1952–1954, XI, pp. 897–898, The Chargé in France to the State Department, no. 2182, 22.11.1954.

＊115 *DDF*, 1954, doc.386, p.795, note 1.

＊116 *Ibid*., doc.385, Latour à Fouchet, n°962/968, 26.11.1954.

＊117 TNA, FO 371/108589, JF 1015/123, Tunis to FO, no. 29, 8.12.1954.

＊118 国連総会第一委員会は、前日の一六日に、総会に延期を勧告していた。*Yearbook of the United Nations*, 1954, pp. 82–83.

＊119 米ソはこの決定に賛成し、イギリスは棄権した三か国に含まれている。*Ibid.*, p. 84.

＊120 *DDF*, 1955, I, doc.7, Instructions du Ministère des Affaires marocaines et tunisiennes au Ministre délégué de France à Tunis, 5.1.1955.

＊121 *L'Année politique*, 1955, p. 176.

＊122 ジェルイはチュニジアの交渉担当大臣三名のうち、唯一ネオ・ドゥストゥール党員ではなかったことに注意されたい。交渉団のなかで彼だけが、ブルギバの声明の影響を客観的に判断できる立場にあったと言える。

＊123 MAE, Tunisie 1944–1955, vol. 394, Latour à Paris, n°160/171, 14.1.1955.

＊124 MAE, Tunisie 1944–1955, vol. 393, Latour à Paris, n°229/240, 18.1.1955.

＊125 この地域はアルジェリア・リビアと国境を接する地帯であり、一九世紀の保護国化以来、フランス軍の特別な管理下に置かれていた。

＊126 *L'Année politique*, 1955, pp. 176–177.

＊127 MAE, Tunisie 1944–1955, vol. 377, Latour à Marotuni, n°406/407, 8.2.1955.

＊128 MAE, Tunisie 1944–1955, vol. 377, Situation Politique en Tunisie（février 1955）.

＊129 *DDF*, 1955, I, doc. 128 Seydoux à July, n°637/645, 11.3.1955.

＊130 MAE, Tunisie 1944–1955, vol. 393, Seydoux à Paris, n°699/704, 13.3.1955.

＊131 フランス人入植者は、ただちに彼の帰還に反対する声明を出している。Bourguiba, *Ma Vie, 1952–1956*, pp. 311–312.

＊132 TNA, FO 371/113790, JF 1016/24, Williams to Bromley, 410/601/24, 25.3.1955; *L'Année politique*, 1955, p. 220.

＊133 *Ibid.*, pp. 220–221.

＊134 Bourguiba, *Ma vie, 1952–1956*, p. 312.

＊135 Edgar Faure, *Mémoires II*, pp. 179–184, pp. 191–196.

＊136 ジェッブ駐仏大使は、ブルギバの参加を決断したフォールの勇気とリアリズムを称賛している。TNA, FO 371/113790, JF 1016/32, Jebb to FO, no. 158, 22.4.1955.

＊137 Bourguiba, *Ma vie, 1952–1956*, p. 288. 彼自身はフランス語を第二の公用語とすることにも賛成している。*L'Année politique*, 1955, p. 223.

＊138　*Ibid.*, p. 222.

＊139　フランス・チュニジア規約の全文については、*Ibid.*, p. 643を参照。この直前の五月二四日、フランス下院は「憲法の第八部は修正可能である」とする議決を行っている。Mortimer, *France and the Africans*, p. 221. 終章で議論するとおり、チュニジア国内自治を承認することはフランス連合が体現していた同化主義の理念と矛盾し、最終的には連合の空洞化につながる意味を持っていた。フランス・チュニジア規約の調印直前に、フランス議会がこのような決議を行っていることは、政府内部でフランス連合の修正に向けた努力が始まっていたことと大きく関連していると考えられる。

＊140　MAE, Tunisie 1944–1955, vol. 393, Latour à Paris, n°1211/1222, 29.4.1955.

第 7 章

モハメド五世の復位

1953 年 8 月—1955 年 10 月

モハメド五世（左）に謝罪するエル・グラウイ（中央，マラケシュのパシャ）
出典：*L'Histoire*（no. 307, Mars 2006）, p. 71.

第５章で説明したとおり、チュニジアのベイとは異なり、モロッコでスルタンが地方議会の設立に反対の姿勢を貫いたことは、フランス政府にとって思わぬ結末を招いた。エル・グラウイら保守派の圧力を利用してスルタンに受諾させようとしたにもかかわらず、保守派の勢いに呑まれる形で、スルタンの廃位という予想外の事態に展開してしまったのである。この事件は、アラブ諸国を中心とする国際的批判とモロッコ人民の強い怒りを買い、フランスはモロッコを統治するのにこれまで以上の困難に直面する。

第６章でみたように、チュニジアの国内自治権を承認すると、フランスはすぐさまモロッコでも政策転換を検討し始める。しかし、以前から存在していた、国内での深刻な対立が大きな障害となった。エル・グラウイ、ナショナリスト、そして前スルタンのモハメドを支持する勢力が鼎立したため、フランスは改革を進めることができないまま情勢は停滞する。膠着状況を打ち破ったのは、もし改革を実行できなければ、一九五二年に続きモロッコ問題を国連で討議することに賛成するだろうと警告した、アメリカのイニシアチブであった。ところが改革が始まると、エジプトがソ連と結んだ軍備協定により、モロッコ情勢は予期せぬ急展開を見せる。

第一節　テロリズムと停滞

一九五三年八月にモハメドを廃位すると、フランス政府は一連の改革に着手した。前近代的なモロッコ政府機構であるマフザンとスルタンの権力を制限し、さらにチュニジアと同様、地方議会を設立する準備を始めたのだった。これらの目標を達成するために制定されたのが、八月末から九月にかけて発効した一連の勅令であった。まず、スルタンの権力を削ぐためにマフザンを改編することが決定された。[*1] また、一八の都市に地方議会を設置し、これも同様にフランス人議員とモロッコ人議員が同数議席を占める計画であった。[*2] これら地方議会は諮問議会としての性格を持つことになっていた。[*3] モロッコでもやはり、フランスは共同主権原則に基づいて改革を行うと決意しており、人民に政治的権限を移譲する意図はなかった。最終目標は無論モロッコをフランス連合に加盟させることであり、そのためにゆくゆくは国会を開設して、国会に連合加盟を承認させようと目論んでいたのである。

モロッコ人民とスペインの反発

スルタンの廃位にモロッコ人民は深い憤りを覚えた。亡命中のイスティクラール党指導者と、エジプトを中心とするアラブ諸国は、新スルタンであるアラファとフランスを攻撃するラジオ放送を開始し、モハメド五世は国民的英雄であるという一種の神話が民衆に広まった。この時期にはテロリズムも横行した。一九五二年一二月のカサブランカ虐殺事件でイスティクラール党の幹部が追放された結果、一般の党員は自分たちの主張を訴えるのに暴力を用いるしかなかったのである。一九五三年八月の廃位の直後からテロ活動は始まり、翌九月にはアラファ自身が危うく暗殺されかけた。一〇月以降、カサブランカといった都市部を中心にテロ活動が増大した。これらのテロ活動はおもに親仏モロッコ人を標的としたため、有力者たちはフランスの計画に非協力的になっていった。こうしてモロッコ人は、中央・地方を問わずあらゆる統治機関と距離をおいたのだった。[*4] その結果、政府機構の再編を除き、フランスの計画はまったく進展しなかった。

スルタンの廃位に憤慨したアラブ諸国は、八月の国連安保理ではモロッコ問題を討議するのに失敗したものの、国連総会で実現すべく引き続き努力した。しかしアメリカ政府は安保理と同様に、フランスに好意的な態度を示した。一〇月七日にエジプト代表がアジア・アラブ決議案を総会第一委員会に提出したが、これは「モロッコ人民の主権と独立を実現するよう必要な措置を講じること」を勧告するものだった。[*5] しかし、国連の直接介入を求めるこのような決議案は総会で採択される可能性が低く、現に一九日に第一委員会で否決された。この間ボリビアは、国連憲章の精神に則って、モロッコ情勢の緊張緩和とモロッコ人民が自由な政治制度を得る権利を確保するために、国連の介入を求める決議案を提出する構えを見せていた。一九五二年と同様の決議案であった。それを見たフランスの国連代表はアメリカ国務省に対して、ボリビアが何らかの決議案を提出しないよう働きかけてほしいと要請した。これに対してダレス国務長官は、わが国は支持も牽制もせず、傍観するとフランス側に伝えていた。[*6] しかし、一〇月一六日にビドー外相と会談すると、ダレスは態度をフランス寄りに変え、ロッジ国連代表に対してボリビア決議案に反対投票するよう指示した。[*7] 三日後、総会第一委員会においてアメリカ代表はボリビアの提出したラテンアメリカ案に反対票を投じ、第一委員会もこれを拒絶した。そして一一月初頭の国連総会本会議もまた、アメリカ政府の意向に沿う形で、ボリビア案を拒絶する。[*8] この決議案にソ連は賛成票を、米英両国は反対票を投じた。[*9] フランス政府は国務省の態度に概ね満足を覚えた。[*10]

一九五三年は、モロッコ情勢においてスルタンの廃位といった大きな混乱があった。これだけを見れば、北アフリカ保護国の何らかの政治的権利を求める国連決議が通過する可能性が、一九五二年と同程度かあるいはそれ以上にあったはずである。しかしチュニジア・モロッコ問題に関して、国連は明確な姿勢を打ち出すことができなかった。アメリカ政府が討議に消極的であったことが影響したのは明らかだった。国連での討議の行方は、現地情勢の混乱の度合いにかかわらず、アメリカの方針に大きく左右されたのである。

モハメドを廃位したせいで、フランスに新たな敵が生まれた。スペインである。そもそもは、一九〇四年と一九一二年に締結された仏西協定で、モロッコ北部がスペインの支配下に置かれたことに起因する。スペイン領モロッコは、スルタンの代理であるカリフが統治していた。カリフは形式的にはスルタンが任命するため、仏領モロッコでスルタンが廃位されると自国の領土にも影響が及ぶとスペイン当局は主張し、廃位について事前に協議がなかったことでその直後からフランス政府を非難していたのである。一九五四年一月二一日には、スペイン領の中心都市テテュアンで反仏集会まで開かれた。集会にはスペイン領のパシャとカーイドが出席し、抗議声明を採択してスペイン総督に提出した。さらにこれら封建豪族たちは、アラファを新スルタンとして承認しないと宣言したのである。フランス政府は一月上旬に、アメリカ国務省にスペイン政府をなだめてくれるよう要請したが、積極的な協力を得ることができなかった。[*11] こうしてスペイン領の反仏姿勢もアラファの正統性を大きく傷つけ、テロの頻発する仏領モロッコの政治的不安定を助長してしまった。警戒を強めたフランス政府は、一月二九日にモハメド五世をコルシカからマダガスカルの都市アンツィラベに移送した。[*12] コルシカはモロッコに近いためナショナリストと接触する可能性も高く、また前スルタンが再び民衆の人気を集めかねないと判断したためである。一九五四年二月九日、スペインのフランコ(Francisco Franco)総統は「スペイン領モロッコはこれまでどおり、スルタンのカリフであるムーレイ・エル・メーディ(Moulay el Mehdi)の統治下におかれる」と言明した。ただしスペインは、フランスの反発を考慮して態度を軟化させる。その直後に発表されたスペイン当局の声明は、カリフが一九一二年の仏西協定に則って「スルタンから移譲された主権的権利」を行使し続ける、とあった。[*13] カリフの権威がスルタンに由来すると強調し、かつ「主権」ではなく「主権的権利」と曖昧な表現を用いることによって、若干の譲歩を示したのである。

王朝問題

仏領モロッコではテロリズムの嵐が吹き荒れていた。そのため三月に予定されていた、地方議会議員選挙を開催することができなかった。[*14] 四月にはカサブランカでテロが頻発し、フランス製品、とくにタバコのボイコット運動も始まった。[*15] その結果、フランス政府は危機の根本原因を解決するための努力を開始した。最大の問題は、モハメド五世の後にスルタン位に就いたアラファであり、この件は今後「王朝問題」と呼ばれるようになる。フランスではアラファをスルタン位から退位させる必要があるとの認識が生まれつつあった。しかしいかにして自発的な退位に同意させるか、そしてその後は誰がこの国を統治すべきかは簡単に答えが出なかった。モハメド五世を復位させるなど問題外であったが、彼以外に正統なスルタンとして人民の支持を集めることのできる人物も見つからなかった。政府内部の非公式研究グループは、アラファ退位後に摂政評議会（the Regency Council）を設立する案を検討していた。摂政評議会はモハメド五世派の代表、アラファ派の代表、伝統主義者の代表の三名から構成されることが予定されていた。[*16] スルタンを選定できないならば、その地位を空席にし、代わりに主要な政治勢力を代表する人々が国を共同で統治すべきである、というのがフランス政府の検討していた代替案だったのである。

アラファを退位させるか否かは別として、フランス政府はなんとかこの政治的混乱を鎮めなければならなかった。五月二〇日、新総督としてラコスト（Francis Lacoste）が就任することが発表された。[*17] 政府がラコストに命じたのは、警察組織の再編、抑圧手段を講じるときに急進派ナショナリストと穏健派ナショナリストを区別して異なる対応をすること、そして政治的志向が異なるさまざまなナショナリスト集団と接触を再開することであった。ちょうど、チュニジアでヴォワザール総督が一九五三年九月から実施している「緊張緩和政策」に相当し、確かにある程度は危機的状況を緩和する効果はあったかもしれない。しかし、フランスの共同主権原則が変わらない以上、根本的な問題は解決しなかった。ラコストの総督就任が発表された頃、セフル地方のパシャであったベッカイ（Si Ould Embarek Bekkaï）は、三点から成る独自の提案を発表している。その要点は、①フランスはモロッコの主権を公式に承認する。②モロッコ最高評議会を設置し、主権者の選定にあたってモロッコ人民が意見を表明できることを期待しつつ、この評議会が暫定的に主権を保持する。③モロッコの主権を完全主権にまで発展させるのに適切な手段を、モロッコ最高評議会とフランス政府が模索する、というものであった。

こうしてベッカイは、モハメド五世を復位させないままモロッコの主権を承認すること、そして将来は独立を承認することをフランスに要求した。[*18] 主権の承認をまず要求し、ついで将来の独立を要求した点では、チュニジアのブルギバに似通っていたと言える。同じ主張は、ベッカイら旧パシャなどの地位にありながらもモハメド五世を支持する勢力が標榜した。ベッカイは廃位に反対してセフルのパシャを辞任しており、モハメドへの篤い忠誠を表明していた人物であった。彼が、モロッコ人民の多くが望むモハメドの復位は政治的に非現実的だと考えた理由は、エル・グラウイを代表とする伝統主義者の反対を考慮していたからである。彼のようにモロッコ人民の主権を要求する立場であっても、パシャたちの反発を恐れ、モハメドの復位を要求できなかったのである。民衆の多くがモハメドの復位を望む以上、それなしにモロッコの主権は論理的に達成が困難であった。モロッコではチュニジアとは異なって主権や独立を望まない伝統主義者の勢力が強大であったため、以下で見るとおり、このことが問題をきわめて複雑にする。

モロッコの主要都市であるカサブランカ、マラケシュ、ウジダといった都市でテロ事件が頻発するなか、ラコスト新総督がラバトに到着したのは一九五四年六月であった。[*19] モハメドの廃位からちょうど一年経つ八月が近づくと、政治情勢は一段と緊迫の度を増す。七月九日にイスティクラール党のバラフレジ事務総長が亡命先のマドリッドで、仏モロッコ交渉を開始できるとすれば、「モロッコの唯一正統な代弁者であり、モロッコ人民が全幅の信頼を寄せている、スルタンのモハメド五世」だけである、と発表した。[*20] 明らかに、アラファを正統なスルタンとは認めておらず、モハメド五世を交渉相手としない交渉は無効であると訴えていたわけである。また、七月半ばには、アジア・アラブ陣営がチュニジア・モロッコ問題を議題にすべきであると国連総会に申請した。[*21] 八月一日、フェズで発生したデモはモハメド五世の復位を要求し、なかにはイスティクラール党の急進派指導者の名前を掲げて「ファシ万歳」と叫ぶ者もあった。その週にカサブランカではテロ事件で四六名が死亡した。[*22]

だが、繰り返すが、フランス当局はモハメド五世の復位という選択肢をはじめから除外していた。エル・グラウイを中心とする伝統主義者の反発を招くことが必至だからである。近代化を進めようとしたモハメド五世こそがモロッコの敵であると固く信じていたエル・グラウイらにとって、いかに人民に人気があろうが彼の復位だけは許しがたかった。フランス政府が復位を強行すれば、モロッコが内戦に陥ることは明らかだった。ラコストは以下のように記している。

チュニジアには国民意識が見られるのに対して、モロッコ国内には二つの世界がある。都市部と地方の農村部である。都市にはエジプトやイラクの支援を当てにする勢力が存在するのに対し、農村は伝統的で封建的な勢力によって支配されている。[*23]

他方、ナショナリスト勢力にとっては、民衆に支持されているモハメド五世の復位こそが交渉の第一歩であった。イスティクラール党だけでなく、独立民主党（Parti démocratique de l'indépendance, PDI）も八月に「正統な国王のモロッコ帰還と交渉の再開」を求めている。[*24] こうしてイスティクラール党やＰＤＩなどのナショナリスト政党は、モハメド五世の復位と即時独立を求めるという点で、前述のベッカイよりも急進的であった。そこで彼らは急進派ナショナリスト、ベッカイらは穏健派ナショナリストと呼ばれるようになる。

フランス政府は、各政治勢力を伝統主義者、穏健派ナショナリスト、急進派ナショナリストの三派に分類した。興味深いことに、王朝問題の解決をめぐる立場の相違は、モロッコがどのような地位を獲得するか、換言すればモロッコでフランスがどんな立場を保持するか、という問題とも重なっていた。かつてフランスが自身の主導権を保つためにモハメド五世の廃位を余儀なくされたので、それを撤回するか否かという問題は必然的にフランスのプレゼンス自体への再評価と繋がったのである。それは同時に、モロッコの脱植民地化をいかに進めるかという問題と大きく重なる。まず、エル・グラウイ派のパシャたちは伝統主義者と呼ばれ、モハメド五世の復位に反対し、フランスのプレゼンスが後退するのに抵抗していた。これに対し、前述のとおり、急進派ナショナリストは彼の復位とモロッコの独立を要求していた。その中間に、穏健派ナショナリストのグループがあり、不人気なアラファをひとまず退位させ、新政府を樹立し、国内自治に向けて仏モロッコ交渉を開始するよう求めていた。[*25]

やはり情勢の行方を左右するのは、王朝問題であった。八月末にラコストは、本国政府に宛てた報告書のなかで、この問題の解決方法を見つけることが不可欠だと論じる。

モロッコ・ナショナリズムの掲げる要求は、すべて前スルタンに関わっている。(中略)思慮深いナショナリストのなかには、前スルタンの帰還にフランスが同意できないのはやむを得ないと理解している者も多い。[*26]

フランス政府はナショナリストがモハメドの帰還を熱望していること、アラファという正統性の低いスルタンのもとでは状況を打破できないと認識していた。ただし、ラコストの述べるように、復位の問題については、フランスの一部にはナショナリストの譲歩を期待する意見があった。ラコストは右の議論に続き、ナショナリストを納得させるには、摂政評議会であれ新スルタンであれアラファの代替手段を見つける必要がある。その際に、仮にモハメドを復位させせなくとも、フランス本土に移送しさえすれば十分だろうと論じた。フランス本土であれば彼の生活環境は改善され、さらにフランスが主導する問題解決のプロセスを、彼が「自発的に」受け入れているとの印象を人民に与えることができるからである。

一九五四年半ば、フランス政府はEDC、インドシナ、チュニジアの対応に専念していた。前章で論じたように、七月末にマンデス゠フランスはカルタゴ宣言を発表して、チュニジアの国内自治権を承認している。しかしフランス政府は、チュニジア問題が一定の決着を見るまではモロッコ問題に着手するつもりはなかった。伝統主義者の存在ゆえにあまりに複雑なモロッコ問題よりも、チュニジア問題のほうが解決が容易であると考えていたためであった。八月二七日、マンデス＝フランスは下院で「スルタンであるベン・アラファと協力しつつ、モロッコ主権の枠組みで、人民に国内自治権を承認しなければならない」と述べたが、同時に彼はこの件に割く時間はないことも認めた。また、政府は前スルタンの生活環境を改善すると約束したが、復位の可能性はないと言明した。国会はマンデス＝フランスの政策を四一九対一一二で信任する決議を行った。[*27] 早くもこの時点で、チュニジアに主権と国内自治権を認めた以上、モロッコでも同様の施策を採る必要があることをフランスはすでに認識していたのだった。

モハメド五世の処遇をめぐって、モロッコ国内の対立は依然続いていた。エル・グラウイら廃位を主導した勢力は、復位はもちろんのこと、フランス本土への移送にも反対していた。逆に、イスティクラール党のエル・ファシは九月に次のような声明を発表している。

フランスが廃位されたスルタンを復位させない限り、ナショナリストは改革についての協議に応じることもできないだろう。（中略）モロッコ・ナショナリストの目標は、完全独立の達成とモロッコのフランス地区・スペイン地区の統一である。[*28]

モロッコが二つの地域に分割されてしまっている以上、仏領モロッコだけが独立すれば、分断国家になってしまう可能性は十分にあった。それを回避するため、仏領のみが独立を果たすことがないようファシはあらかじめ牽制したのである。

これに対して穏健派ナショナリストのベッカイは、「だれが対仏交渉を行うのか決まらない限り」モロッコ問題は解決しないだろう、と述べている。彼の見解は、モハメド五世を交渉相手として承認した後に、フランスはモロッコに国内自治権を認めるべきだというものであった。そしてベッカイは、モハメドをフランスに移送しなければならず、究極的には復位も認めなければならないだろうと続けた。[*29] 前述のとおり彼は、復位をただちに要求せず、かつ独立ではなく国内自治で当面は留めるべきだとする点で、伝統主義者とナショナリストの中間の立場を採っていたと言える。

フランス政府は、九月になっても依然モロッコ問題に着手する気配を見せなかった。チュニジア・モロッコ情勢相であるフーシェは、九月八日にラコスト総督に送った訓令で、モロッコについてもチュニジアと同様の改革が必要だと政府は認識しているが、チュニジアとの交渉が妥結するまで待っていると述べている。アラファの退位を含む王朝問題の解決を最優先にすべきだというラコストの見解に同意したものの、ただちに行動を起こしてはならないというのがフーシェの指示であった。代わりに短期的措置として、彼は政治犯の釈放と改革を検討する評議会の設置を提案する。政治改革についてモロッコ人の意見を諮ろうというのが評議会の趣旨であった。また、ナショナリストに対しては「モハメド・ベン・ユーセフの復位をフランス政府は想定できないため、（中略）王朝問題は当面、放置すべきだ」と伝えるよう指示している。そして、これらの命令は国連でモロッコ問題を討議させないために行った、と彼は最後に述べている。[*30] つまりフランス政府は、将来必ず納得のいく解決を図るので、いまは無用の混乱を避け、アラブ諸国に働きかけて国連に問題を持ち込む挙に出ないでほしいとナショナリストに理解を求めたのである。ラコストはこの訓令の内容を九月二〇日に公表し、その翌日から国連総会が始まった。[*31]

しかし、アメリカ国務省はフランスの計画を歓迎しなかった。国務省官僚のなかには、端的に、このフランスの計画には「何ら目新しい点がない」と酷評する者もいた。モロッコの国内自治がまったく進展しないことに苛立った国務長官代理のフーヴァー（Herbert Hoover）は、パリに滞在中であったダレスに、可能であればマンデス＝フランスへこう伝えるよう勧めた。

さらに劇的な措置が講じられることを願う。さもなければわが国は、第九回国連総会で討議の回避や二国間交渉を促す決議に関し、貴国に協力できないだろう。[*32]

このように五四年秋には国務省で、国連でフランスを支持する方針を転換すべきであるという検討がなされていた。ただし、この件に関してダレスとマンデス＝フランスが話し合った記録は、公開された史料では発見できない。後述するが、この時期のダレスはフランスを刺激しないよう努めていたため、警告するのを控えたと考えられる。

実はその間、フランス政府は密かに解決に向けて工作を始めていた。五四年九月、法律家のイザール（Georges Izard）がアンツィラベのモハメドを訪問し、摂政評議会案を提示する。[*33] モハメドは「イスティクラール党が同意するのであれば」という条件付きでこれを受け入れた。[*34] 続けてフランス政府は、新スルタンの擁立についても画策する。一〇月一八日に密使をふたたびアンツィラベに派遣して、モハメドが新スルタンの任命に同意して自らの地位を放棄するのであれば、フランス本土へ移送しようと伝えた。しかしモハメドは今回はすぐさま拒絶し、自身の復位を要求した。退位を正当化する根拠がない、というのである。ただし、いまはマダガスカルにいて政治的な役割を果たせないため、何らかの決意をする前にモロッコの代表たちと協議を行いたいと付け加えた。[*35]

アメリカの支援

一一月一日にアルジェリアで武装蜂起が発生し、フランスは困難に直面する。ハンガリーやエジプトのラジオ放送局がフランスの北アフリカ政策を抑圧的だと激しく攻撃し、モロッコ・ナショナリストの暴力行為を助長した。同様に、スペイン当局まで、モロッコにおける反仏感情を煽る宣伝活動を行った。追い詰められたフランス政府は、アメリカに助けを求める。マンデス＝フランスは一一月二〇日に訪米し、ダレス国務長官と会談して、スペインとハンガリー・エジプトの宣伝活動について協議した。ダレスは力になろうとは約束したが[36]、公式に反仏活動を非難してほしいと乞われると、白紙小切手は渡せないと一蹴した[37]。しかし前月にアラファの退位を決定したとフランス政府から通知を受けていたこともあって、アメリカ政府は概ねフランスに好意的であった[38]。まず、バイロード（Henry Byroade）国務次官補がエジプト政府へ、カイロのラジオ放送局「アラブの声（the Voice of the Arabs）」の活動を懸念していることを伝えた。一一月二一日には、ダレスがシリアの駐米大使に対して「北アフリカに現存している、解決の可能性を妨害しかねないことを、アラブ諸国はすべて慎むべきだ」と述べた。翌日には、アメリカの駐エジプト大使と駐スペイン大使に、ラジオ局による反仏宣伝活動を制限してほしいと両国政府へ要請するよう指示した。この結果、ラジオ・カイロだけでなくエジプトのマスコミも反仏攻撃をトーンダウンさせた。また、スペインのフランコ総統や駐モロッコ高等弁務官も攻撃の手を緩めた[39]。

フランスはさらに、国連でも支持してくれるようにアメリカに求めた。すでに述べたとおり、国連総会は一九五四年九月二〇日に開幕しており、総会第一委員会が一二月から北アフリカ問題の討議を開始した。一二月九日、ボネ駐米大使はダレスと会談を持ち、総会の討議を来年まで延期する案に賛同してほしい、とアラブ諸国代表団に働きかけることを要請した[40]。アメリカ側は再びこの求めにも応じる。アジア・アラブ諸国が提出した決議案は「モロッコの真の代表と交渉を開始するようフランスに要請する」という内容であり、ソ連代表は支持を与えたものの[41]、ダレスはロッジ国連代表に反対投票するよう命じた。「パリの状況はきわめて微妙であり、フランス議会で、〔西ドイツ再軍備に関する〕ロンドン＝パリ合意をめぐってマンデス＝フランス内閣を支持する勢力は脆弱だ[42]」からであった。もしアメリカがこの段階でアラブに好意的な立場を示せば、アメリカからフランスに対する支持が十分ではないとフランスの世論は憤り、アメリカの推進する再軍備に反対する勢力が議会で急増する危険があると考えられたのである。

その結果、一一日の国連総会第一委員会でロッジは反対票を投じた。[*43] ただし、討議に際してロッジは「アメリカ合衆国は、アイゼンハワー大統領が六月二九日に述べた、民族自決の原則を支持する立場を維持する」と発言している。[*44] 国務省内で、なかなかモロッコの改革に乗り出そうとしないフランス政府へ苛立ちが高まっていたことは前述した。ロッジの留保はこうした苛立ちを反映していたと考えられる。今回は国連でまだフランスを支持するが、それはあくまで「猶予」に過ぎない。根本的にはアメリカはモロッコ人民の民族自決を支持しているのであり、フランスが改革を実行しなければ、来年は国連での討議を支持するかもしれないという警告であったと言える。一二月一七日、国連総会本会議は、仏米両国政府の意向どおり、モロッコ問題の討議を翌年の会期まで延期する決議案を採択した。[*45]

第二節　ラコスト計画

イザール使節団

前節で述べたとおり、フランス政府は一九五四年一〇月に密使を派遣してモハメドに自発的に退位を受け入れるよう説得を試みたが、この工作は失敗に終わった。そこで、アラファが退去した後の計画の練り直しを余儀なくされる。一二月、再びイザールが摂政評議会案を携えてアンツィラベを訪問した。前回の約束どおりナショナリストとの接触を終えたモハメドは、摂政評議会案に同意するとイザールに伝えた。その際、モハメドはイスティクラール党も含めて、すでにナショナリスト諸政党の同意を得ていると確約した。イザールの提案した計画とは、新スルタンではなく王位評議会（the Throne Council）[*46] を設立し、この評議会が任命した首相が臨時政府を樹立する。そしてその臨時政府がフランス政府と交渉のすえ、新しいモロッコの地位を確定するというものであった。モハメドによれば、臨時政府の役割は、モロッコ主権の統一性を確約する協定をフランス側と交渉し、両国関係を「緊密な紐帯」[*47]を基礎にして再定式化し、さらにはモロッコを立憲君主制に基づく近代国家に変容させることにあった。そして最後にモハメドは、情勢が一段落すれば、モロッコ人民に自由に主権者を選択する権利を与えるべきだ、と論じた。[*48]かくしてモハメドは、新スルタンの擁立を拒絶して、自身が返り咲く可能性を残そうとしたのである。ここで、モハメドも短期的には自身の復位も独立も求めておらず、アラファの退位とモロッコの主権だけを要求していた点に注目したい。この意味でモハメドは、ナショナリスト政党の同意を得たとはいえ、ベッカイら穏健派ナショナリストと歩調を合わせていたと言える。[*49]

ただし、フランス政府の計画には、重大な問題が未解決のまま残されていた。どうやってアラファに退位に同意させるか、という問題である。前年の八月にモハメド五世を廃位しているので、その後継のアラファをも廃位するわけにはいかなかった。アラファには自発的に退位してもらうしかなかったのである。当然、エル・グラウイらの猛反発が予想された。以下で見るとおり、フランスはアラファの退位という最初の一歩を踏み出す際に、深刻な障害に遭遇することになる。

しかし、このパリ本国政府の案に、ラコスト総督は異を唱えた。一九五五年一月、彼は長文の報告書を作成し、アラファの立場に関して深刻なジレンマが存在すると論じた。一方では、アラファの統治下では、フランスは入植者と伝統主義者の支持をあてにできる。しかし他方、アラファがスルタンである限り、テロリズムは終わらない。ナショナリストや都市部の大衆にとって、アラファが「王位にいることがテロ行為を十分に正当化する」以上、それは明らかなのである。[*50]このジレンマに直面してラコストは、アラファを退位させてもよいが、その後に別のスルタンを擁立すべきだと主張した。摂政評議会案を否定する理由は、第一に「モロッコ史上、摂政評議会は前例がない」からであった。第二に、スルタンの地位を守ると定めたフェズ条約の明白な違反を意味するからである。第三に、スルタンの空席を利用して、ウラマーが[*51]「モハメド五世こそが正統なスルタンである」と宣言する可能性があったからである。彼は「第三の人物」、つまりアラファでもモハメドでもない人物をスルタンに擁立すべきだと論じる。[*52]そしてそのためには、モハメドから復位はしないという約束を事前に取り付けるべきだと強調した。[*53]ラコストは、スルタンを空席にして摂政評議会に統治させている間に、モハメドがなし崩し的に復位を果たしてしまうことを恐れたのである。

ところで、前述のとおり、一九五五年二月にマンデス＝フランス内閣はアルジェリア情勢への対応をめぐって議会の信任を失ってしまい、フォールが後任に就いた。[*54]その間、モロッコ情勢は悪化の一途をたどる。三月半ば、ラコストはフォール内閣のジュリ新チュニジア・モロッコ情勢相に対して、カサブランカでヨーロッパ系住民を標的とするテロ攻撃が増加していると報告している。[*55]しかしフォール首相は進行中のチュニジア交渉に専心していたため、ラコストが直前の三月二日から一〇日までパリに滞在していたにもかかわらず、何も訓令を与えないといった有様であった。[*56]

テロ活動が激化したせいで、ラコストは行動を起こすのにさらに消極的になった。五月一五日に彼がチュニジア・モロッコ情勢相のジュリに提出した新計画は、王朝問題について政府の方針を転換するよう要請するものだった。[*57]仏チュニジア交渉が妥結してモロッコのナショナリストが追い風を受けていること、テロ活動の激化、アルジェリア情勢の悪化、四月一八日から二四日まで開催されたバンドン会議が民族自決・反植民地主義を掲げたことなどが複合した結果、フランスにとって状況が不利になっているという訴えであった。[*58]ラコストによれば、王朝問題は暴力に訴える者たちにとって単なる口実にすぎず、イスティクラール党をはじめナショナリストの真の目的は、モロッコだけでなく北アフリカ全域からフランスを駆逐することにある。ラコストは、パシャやカーイドら封建領主が地方では依然として絶大な権力を持っている以上、フランスの地位を保全するには彼らの支持が不可欠であると指摘した。「マラケシュのパシャは、フランスへの忠誠心を具現化する」[*59]存在であった。アラファの退去後に摂政評議会が設立されようが第三のスルタンが擁立されようが、それは自動的にフランスが伝統主義者を裏切ることを意味している以上、アラファをスルタン位に留めるべきだと結論づけたのである。新モロッコ政府はアラファの統治下で設立すべきだというのがラコストの主張であり、一月よりも保守的な案であった。

ラコストの新しい報告を受けて、フランス政府も、当面はアラファをスルタン位に留めたまま改革を行うことにした。しかし、ラコストとは異なって、パリの本国政府はナショナリストの意向をはるかに重視していた。一九五五年五月末、フォールとジュリはラコスト総督の解任を決定する。[*60]六月三日にフランス・チュニジア規約の調印をすませると、フォールは北アフリカ情勢に対応する省庁間の調整委員会を設立し、モロッコ政策の転換を検討しはじめる。[*61]この頃、情勢はいよいよ緊迫度を増しており、ラコスト総督が「モロッコにおけるわれわれの同胞と、フランス権益の安全がかかっている」[*62]と記したほどであった。カサブランカとラバトの経済活動は、多くの店舗が営業を見合わせたため麻痺しつつあった。ラジオ・ダマスカスなどの外国放送局も、店舗を閉めるよう、モロッコ人を煽っていた。[*63]フランス人労働組合は対抗措置としてフランス人にゼネストの敢行を指示し、六月末には主要都市のフランス人店舗が多く閉鎖された。[*64]こうしてモロッコでは日増しに混乱が拡大していく。

六月二〇日、フランス政府はラコストを解任し、グランヴァル（Gilbert Grandval）を新総督とすると発表した。[*65]そして翌日、フォール首相は国会でモロッコにおける新計画を発表する。①フランスのプレゼンスを恒久的に確保すること、②フランスによる直接統治の廃止、③近代政府機構の設立、④両国の真の「緊密な紐帯」を組織化する、というものであった。原則として、チュニジア同様にモロッコにも国内自治を付与することを明らかにしたのである。チュニジアでの経験によってフランスは、共同主権の原則はもはや現地住民の支持を得られず、最終的にはどの植民地にも主権を付与しなければならないこと、とくにチュニジアの姉妹国家であるモロッコでは時をおかずそうする必要があることを学んだのであった。ここではじめて、フランスが同化政策ないしは協同政策を放棄する対象を、チュニジアに限らず、植民地全般に適用しようと考えていることが明らかになったと言える。

米英の意見交換

この頃、米英両国政府はモロッコ情勢に憂慮を深めていた。フランスのメディアは当時、西側同盟の重要な加盟国でありながら、米英両国が仏領北アフリカに関してフランスを十分に支援していないと批判を展開していた。*66 デイロン駐仏大使は六月一六日、ダレスに対して「国務省がヘリコプターをインドシナから北アフリカに移転する許可を出さない」ため、フランス指導者たちが「北アフリカにおけるフランスの政策をアメリカが本当に支援しているか猜疑心を持ち、憤りを感じている」ことを強調した。*67 実は、五月下旬、フランス政府はアメリカ側に対して、ヘリコプターの移動許可につき同意を求めたが、拒絶されていた。*68 フランス指導者の苛立ちは、このような事情に起因していたのである。

そんな折、アメリカ国務省は、イギリスから「旧時代の植民地主義は終わった」ことをフランス政府に自覚してほしいと思うが、そうだとしてもイギリスは旧来の政策を継続してフランスの立場を支持するつもりだと聞かされた。*69 すでに議論したとおり、イギリスは米英の助言はフランス世論を苛立たせ、フランスが北アフリカで影響力を残すのに失敗する可能性を高めるだけだと認識していた。ジェッブ駐仏大使は一九五五年三月に次のようにイーデン英外相に書き送っている。

ここ数年の間に、ようやくわれわれは、フランスを西ドイツとともに西側の防衛システム全般に組み込むことに成功したばかりである。（中略）しかしわれわれは今後も、国内や国外の圧力、あるいはその両方のせいで、フランスがこのシステムから脱退しないよう努めなければならない。（中略）「アングロサクソン」のフランスに対する態度は、この戦いの結果をある程度左右しうる。（中略）とりわけ明らかなのは、もしフランスがサハラ以北のアフリカで影響力を失う事態が起きれば、フランス本土で左派と中立主義勢力が計り知れないほど力を増大させてしまうことである。[*70]

ジェッブは、中立主義的あるいは敵対的なフランスが誕生すれば、長期的観点に立てば西欧の防衛は不可能であると続ける。つまりイギリス外務省内では、もしフランスが北アフリカから完全に駆逐されるような状況になれば、フランス国内でＮＡＴＯ脱退を望む勢力が台頭するかもしれないという懸念が広がっていたのである。[*71] 重要なのは、米英が仏領北アフリカ情勢に介入すれば、この事態が発生する危険性が高まると認識されていたことである。イギリス外務省がフランスに助言するのを極度に嫌っていたのは、この理由からであった。イギリスは、その結果、フランスが自力で同化政策からの転換を図るのを待ち続ける道を選択する。仮にフランスが北アフリカ政策に失敗しようとも、米英の明示的介入がないのであれば、フランスの世論は米英を極度に批判することもないだろう、これがイギリスの計算だったのである。

だがアメリカ側の観測は若干異なっていた。国務省は、フランスの植民地問題に関する処理能力を低く評価していた。[*72] フォール首相が六月に発表した新計画で王朝問題が言及されていなかったため、アメリカの不信感はさらに増した。自らもイギリスから独立を果たし、植民地解放を掲げる超大国として、植民地問題全般についてアメリカの世論はイギリスほどフランスに寛容にはなれなかったのである。[*73] そこでディロン大使はフォールに対して国務省の懸念を伝えた。だがこの時、フォールは感情的に反応し、逆に米英が北アフリカでフランスを十分に支持していないと不満を並べ立てた。[*74] しかし彼の憤りは、必ずしも本心からのものではなかったかもしれない。フォール首相は七月二日、国務省官僚に対して、自分はモロッコ情勢を注意深く検討しており、「とくに王朝問題に関して、いつでもワシントンの見解を歓迎する」と伝えた。[*75] これを知った国務省は、フランスがついにアメリカ側の善意を認め、かつモロッコ問題に真摯に取り組み始めた証拠だとして歓迎した。ただし、アメリカはすぐにはそれ以上の反応を示さなかった。やはりフランス世論から、介入だと解釈されるのを恐れたからである。[*76] フランスの米英に対する猜疑心はアメリカ政府も重々承知しており、現実に助言するには慎重にならざるを得なかった。

第三節　グランヴァル計画とエクス・レ・バン会議

グランヴァルの着任とモロッコの主権

グランヴァル新総督は一九五五年七月七日にラバトに到着した。着任の直前に彼がチュニジア・モロッコ情勢省から受け取った訓令は、以下のような書き出しで始まっている。

フランスの恒久的なプレゼンスに対するモロッコ人の受動的な同意を積極的な同意へと変容させるには、モロッコ人自身に統治と行政の権限を移譲する他ない。(中略)モロッコ王国の主権を抑圧するなど、論外であり、失策である。モロッコの主権を確立しなければならず、また分割してはならない。それゆえ「共同主権」の原則は徹底的に排除する必要がある。[*77]

この訓令は、モロッコの主権に言及する点において、一九五五年六月のフォールの計画よりもさらに踏み込んでいた。フランスがこれまで依拠してきた「共同主権」の原則を撤廃し、同時に保護国体制を両国間の「新しい形態の連携」に置き換えることも明記しているからである。共同主権の放棄は、チュニジアのときと同様、ナショナリストとの協力がフランスによる統治を維持するためには欠かせないと、フランスが考えていたことを意味していた。続けて訓令には、近代的なモロッコ政府を組閣し、そしてその政府が行政の脱中央集権化を進めるべきだとある。ただし、主権の承認は一定の期間が経ってから行われるため、当分はモロッコ政府にはフランス人閣僚も含めるべきだとしている。時をおかず政府間交渉を開始したチュニジアとは異なり、フランス政府はモロッコ人の自治能力を低く評価しており、国内自治の承認にはかなり時間がかかると考えていたわけである。

この訓令には、前総督のラコストが一九五五年五月に提出した計画と明確に異なる点があった。アラファの統治下では、こうした近代政府の設立は不可能だと断じたことである。

アラファは在位中、権威も威信もまったく確立できなかった。(中略)その一方、在位中はまったく民衆に人気がなかったモハメド五世の神話が生まれてしまった。[*78]

つまりフランス政府は、アラファの擁立が完全な失敗に終わったこと、そしてモハメド五世の威信を高めるという逆効果を生んでしまったことを、率直に認めた。もともとモハメド五世は決して不人気なスルタンではなかったが、廃位された一九五三年八月以後は、民衆の間で圧倒的な人気を獲得したのである。ただ、アラファを廃位することも退位させることも非常に困難であった。[*79] そこでパリ政府は、一時的にアラファをラバトから国内の別の場所に移し、その間に新政府を樹立するという苦肉の策をひねり出した。さらにこの訓令は、「モハメド五世がモロッコで享受している信頼も無視できない」ことにも触れていた。それゆえ、彼の影響力を新政府から可能な限り排除するため、組閣は彼をマダガスカルからフランスに移送する前に終える必要もあると言っている。

だがこの訓令は同時に、まずはこの計画に同意できそうか、グランヴァル新総督に調査・報告を求めた。グランヴァルはそのためラバトに到着するや、モロッコを代表する政治勢力、とくに伝統主義者たちと協議に入った。七月一三日に会談したエル・グラウイは、以前と考えをまったく変えていなかった。つまり「モハメド・ベン・ユーセフの復位と、彼の嫡子がスルタン位を継承するという案を全面的に拒否する。モロッコの正統なスルタンはモハメド・ベン・アラファである」[*80]というものだった。しかしフランス政府がアラファ退位に傾きつつあると知るにつれ、伝統主義者たちの考えも変わり始める。七月末には、モハメド五世やその子孫がスルタンに就任しないという保証がなされれば、アラファの退位を受け入れてもよいという伝統主義者も現れた。グランヴァルが北部有数の都市メクネスのカーイド五二人と会談したところ、そのうち五一人までが「われわれは神とフランスにのみ従う」という立場であることが判明した。[*81] 究極的には、これらカーイドやパシャはフランスの軍事的経済的支援によって権威を保っていたのであり、フランスが方針転換をするなら受け入れざるを得なかった。こうした地方豪族の思惑がエル・グラウイに方針転換を促す。八月初めにグラウイはアラファの退位を受け入れたものの、そのかわり、自分が候補者六名をリストアップするので、そのなかから次期スルタンがすぐさま王位に就くべきである、とグランヴァルに伝えた。[*82] グラウイにしてみれば、スルタンの空位は必然的にモハメド五世の復位を意味してしまうため、論外であった。

他方、米英両国政府はモロッコ情勢をめぐって意見交換を続けていた。前述のとおり、アメリカ国務省はフランスの植民地問題に関する処理能力を疑問視しており、イギリス外務省はアメリカの姿勢に不安を覚えていた。イギリスは依然としてフランス政府への助言を極力慎む方針であったのに対し、国務省は逆に助言しそうな気配を見せていたからである。危機感を募らせたイーデン外相は、メーキンス（Roger Makins）駐米大使へ、「フランスの北アフリカ政策に好意的姿勢を示す」ほうがよい、とアメリカ政府に忠告することを命じた。[*83] 六月半ばから国務省の内部でも、モロッコ情勢に注意を払うべきだという見解がディロン駐仏大使から出されていたことはすでに述べた。七月にイギリス側からも同じ趣旨の見解が示されたことを契機として、ダレスも同意する。彼は七月一三日、タンジール駐在のホームズ（Julius Holmes）領事に北アフリカ情勢を検討するよう指示した。[*84]

この頃、モロッコ問題が一九五五年秋の国連総会で討議される可能性が浮上した。テロ活動がモロッコ・アルジェリア領内で頻発している状況を憂えたアジア・アラブ諸国[*85]は会合を開き、七月二六日、両地域に関する討議を国連総会に申請すべきだと決議した。これに対して、フォール内閣のピネー外相は、フランスの国連代表に、国連にはモロッコ・アルジェリア問題を討議する権限はない、しかしもし討議するのであれば、できるだけ先の日程に延ばすべきだ、との見解を送っている。[*86] 国連討議に関するフランス政府の方針は従来と同じであった。

伝統主義者との協議を終えたグランヴァルは八月二日に改革案を策定し、パリに送付する。[*87] 後にグランヴァル計画と呼ばれるものである。その内容は、王朝問題を回避した政府案と異なり、アラファの自主的な退位を取り付けるべきだとはっきり論じていた。エル・グラウイがアラファの退位に同意したため、このような提案が可能になったのである。だが彼は、その後の統治についてはグラウイとも異なり、「第三の人物」[*88]案ではなく摂政評議会案を推奨していた。グランヴァルの見解では、誰を選ぼうが、結局はアラファと同じ運命をたどるだけだからである。注目すべきは、この計画が、改革の履行について非常に厳しい日程を想定していたことである。

アラファの退位が八月二〇日までに決まらなければ、モロッコにおける私の信頼は霧散してしまうだろう。民衆の絶望はその時、〔フランスへの敵意から〕狂信を生み出してしまうだろう。（中略）大半の国内勢力との軋轢により、フランスとフランス総督の権威は消滅するだろう。

八月二〇日は、モハメド五世が廃位されてからちょうど二年になる。グランヴァルは、この日までにフランス政府がアラファの退位を決定しない限り、民衆の不満が爆発し、国が無政府状態に陥りかねないと警告したのである。パリのチュニジア・モロッコ情勢省は、即座にグランヴァル計画を詳細に検討する。八月三日付覚書は冒頭で「グランヴァル計画の提案は、モロッコ情勢の深刻さを示している。今後モロッコではテロリズムの圧力ではなく、ナショナリストの蜂起の危険が高まるだろう」と指摘した。ここではグランヴァル計画を進めるべきか結論を下していないが、アラファの退去後に「カリフなどの代理人を置くよりも、王位評議会*89を設置するほうが政情は安定する」とコメントしてある。つまり基本的にはグランヴァル計画に賛同し、事態が切迫しているので政府はただちに行動することが望ましいと考えたのである。

アメリカの警告とイギリスの制止

アジア・アラブ諸国が国連総会に北アフリカ問題を提起しようとしているのを見て、アメリカ政府は憂慮を強めていた。八月一日から三日にかけて、国務省はパリで北アフリカ情勢を検討する会議を開催し、ジャーニガン国務次官補*90と北アフリカに駐在するアメリカの主要外交官が出席した。この会議では次のような結論が下された。

フランス人の思考には近年、ある種の進展がみられる。北アフリカでの一連の出来事は、フランス本土に衝撃を与え、自己満足的な思考から目覚めさせつつある。（中略）入植者の本国における影響力は衰える傾向がある。（中略）マンデス＝フランスやフォールの対北アフリカ政策、グランヴァル計画は、支持するに値すると思われる。*91

アメリカは、フランスがチュニジアに国内自治権を付与すると決めて以来、協同政策を放棄しつつあると認識していた。グランヴァル計画も、アラファの退位など王朝問題に着手するものであるため、支持に値すると考えていたのである。イギリスがフランスの政策転換の兆しを察知していたことは前述したが、実はアメリカもそれに気づいていていた。七月、ディロン大使は国務省に、「フランスで新しい精神が生まれつつあることは疑い得ない。北アフリカ地域がわが国と自由な連合形態を持てるよう、フランス連合の組織そのものを見直すべきだ、と社会党員が主張しているのはその証拠である」[92]と報告している。ただし、八月初頭のパリ会議の結論は、フランスに政策転換の兆候が見られる点は評価しつつも、アメリカがフランスを支持できるかどうかは、国連総会の会期前に改革を開始できるかどうかにかかっているというものであった。そしてその旨、フランスに警告すべきであるとも結論づけている。最後にこの会議は、アメリカがフランス・チュニジア規約に満足を覚えていると表明し、そうすることによって間接的にグランヴァル計画への支援を表明すべきだとダレスに提案した。[93]

八月二日、ディロン大使とホームズ領事はフォール首相と会談を持った。[94]フォールは繰り返し、アラファの退位は避けられないかと二人に尋ねた。これに対してホームズは、「グランヴァル総督の計画は正しい行動指針に従っている。ただし、ベン・ユーセフ〔モハメド五世〕の了承を取り付ける必要がある」[95]と答えた。ディロンは「ここ数年、アメリカ政府は国連総会でフランスの立場を支持してきた。私見だが、モロッコ情勢が実質的に改善しなければ、この方針を継続するのは非常に困難になるかもしれない」と付け加えている。だがアメリカ側はこのとき、フォールがすでに決意を固めている印象を受けた。おそらくフォールは、閣内の反対意見を抑えるためにアメリカの外圧を利用しようとしていた。そして、以下に見るとおり、この直後にモロッコ政策を大きく転換させる。

アメリカはこのように直接フランスに働きかけるだけでなく、イギリスに対してもフランスの政策に共同で介入しないかと提案していた。前述のとおり、国務省はモロッコ情勢に関するフランスの処理能力に疑問を持っており、

「わが国がインドシナ戦争で供与した装備をフランスが北アフリカに転用しているせいで、国務省は世論の強い批判を被っている」とダレスはメーキンス駐米大使に八月一日に伝えた。[*96] 一九五四年一一月に勃発したアルジェリア戦争において、フランスはインドシナ戦争の時に供与したアメリカの軍備を用いていた。このため国務省は、世論からフランスが独立運動を抑圧するのに協力していると批判を浴びており、なんとかしてフランスにモロッコの改革を開始するよう説得したいと考えたのである。しかしイギリスはまたもアメリカの提案を退け、共同でフランスに警告することは見送りたい、と八月三日に返答した。フランスにおいて、本土と海外領土の間で新しい関係を構築すべきだという世論が徐々に生まれつつあるからだ、というのが理由だった。そうである以上、フランスに圧力をかけるのは無意味で却って悪い結果につながる、と。[*97]

アメリカ側は、フランスが植民地政策を変更しつつあると知っていたが、モロッコ情勢に具体的な進展が見られないことに苛立ちを覚えていた。そしてフランスが実際に行動を起こさないせいで、国連で寛容な姿勢を示してきた国務省は世論から厳しく批判されていた。自由な政治制度の設立に向けて二国間交渉を進めるよう勧告した一九五二年一二月の国連総会決議から、すでに二年半以上が経過していた。また、フランス駐米大使のクーヴ・ド・ミュルヴィル（Maurice Couve de Murville）がピネー外相に報告したように、アメリカ政府はバンドン会議に見られるような第三世界ナショナリズムの高揚に神経をとがらせていた。彼は、冷戦におけるデタント状況が、アメリカ政府の注意を、東側陣営の軍事的脅威から、第三世界の状況に向けさせていると指摘している。その結果、クーヴはピネーに、モロッコ問題解決に乗り出さない限り、アメリカ代表は国連での討議に賛成票を投じるだろう、と警告した。[*98] 現に七月末にホームズ領事はダレスに、「バンドン会議を念頭に置いて」、フランスやアジア・アフリカ諸国にどう対処するのか決定しなければならない、と述べている。[*99] こうして国務省は、フランス政府に何らかの圧力をかけることを検討していたのである。

これに対してイギリス外務省は、間接的な方法でフランスの政策決定に影響を及ぼそうと構想していた。政府に直接圧力をかけるのではなく、植民地問題に関してフランスの世論により脱植民地政策を支持させようというのであった。イギリスのある外務官僚は、省内で回覧された文書で、フランスの政治家やメディア、世論に、チュニジア、モロッコ、アルジェリアという北アフリカ三地域と新しい関係を結ぶことを容認する傾向が芽生えつつあると指摘している。

フランスの歴代政府が植民地問題で事なかれ主義の姿勢を示してきたのは、庶民が基本的に無関心であったことの表れである。（中略）しかしインドシナやEDCについて決定を下した最近では、一般の人も政党も北アフリカ問題に関心を持ち始めている。（中略）
この傾向に拍車をかける方法として、（中略）影響力の大きなわが国の新聞を利用する手がある。[*100]

このアイデアを採用した政府の働きかけにより、八月五日付のタイムズ紙に「根拠のない疑心暗鬼」と題する記事が掲載された。イギリスはフランスを植民地から駆逐しようとしているのではないかという不信感には根拠がなく、イギリス政府はフランス政府の北アフリカにおける取り組みを支援すべきだという主張だった。このような新聞記事で、イギリスのバックアップを、フランスの世論に印象づけようとしたのである。イギリスの作戦に、間もなくダレスも同意する。

依然として、モロッコ情勢は予断を許さなかった。フランスは即座に行動を起こす必要はあったものの、容易に手をつけることができないほど難しい舵取りを迫られていた。八月五日、アラファはル・モンド紙のインタビューに答え、いかなる状況でも退位することはない、と断言した。この発言は「グランヴァル計画を速やかに実行に移すという希望を完全に打ち砕いて」[101]しまう。閣僚の一部は、テロリズムに弱腰だとしてグランヴァルを非難したため、翌日の閣議はグランヴァル計画を了承するか結論を下すことができなかった。しかも、ビドー元外相を含め、モハメド五世の廃位を決定したかつてのラニエル内閣の主要閣僚たちも、アラファの退位に強硬に反対していた。[102]こうした反対派は明らかに、プレザンス・フランセーズ（La Présence française）などの入植者団体に強く支持されていた。

アメリカ国務省はこの状況に危機感を強め、フランスの新モロッコ政策を後押しする必要性を強く感じた。ダレスは八月一〇日、五日前にフランス議会上院で批准されたばかりのフランス・チュニジア規約に、アメリカは満足を覚えていると表明した。「グランヴァルを助けるため」[103]に、ディロン大使がダレスに、この趣旨で声明を出すよう進言したのである。ディロンの進言は八月一日から三日にかけて開催された国務省会議の勧告に基づいていたが、ダレスはこの会議の結論だけに従ったわけではない。直接フランス政府に助言をするのではなく、政府のリベラルな植民地政策への支持を強化するべく、フランスの世論に訴えるイギリスの手法を取り入れた結果でもあった。[104]実はアメリカ政府は、フランス・チュニジア規約が調印された四月には、イギリス政府と異なって、フランスに対する支持を表明していなかった。その後もディロン大使から再三促されたにもかかわらず、ダレスは退け続けてきたのである。[105]この意味では、ダレスの方針転換を促した諸要因のなかで、イギリスの政策が果たした役割は大きいと言っていいだろう。

フォール計画

しかし、アラファが退位を拒絶するという予定外の事態に直面したフォール首相がたどりついた結論は、グランヴァル計画を強行することではなかった。彼は、八月一一日と一二日に開催された調整委員会[106]と一二日に開催された閣議に自ら計画を提出し、どちらの席でも了承を取り付けるのに成功した。このフォール計画は、グランヴァル総督に次のように指示する。

ムーレイ・アラファに対して、モロッコ世論に沿った内閣を選定するよう提案せよ。内閣のメンバーは、フォール、シューマン元外相、ピネー、ジュリ、ケーニグ（Marie-Pierre Kœnig）国防相からなる「五人委員会」が同意した名簿から選抜される。スルタンが組閣できたら、閣僚を八月一八日からフランスに招聘し、そこでフランス政府代表団と協議を行う。アラファが組閣に失敗した場合は、フォールが名簿からモロッコ人代表団を選抜する任務を負う。この代表団も、同じく一八日からフランス代表団と協議する。フランス政府が具体的な危機回避策を決めるのは、この意見交換の後である。いずれにせよ、遅くとも九月一二日までには、モロッコ情勢が「危機的段階を脱する」のでなければならないだろう。*107

このフォール計画には際立った特徴があった。第一に、グランヴァルが気にかけていた八月二〇日を無視していることである。つまり、モハメド五世の廃位二年を機に騒動が起きても、それはやむを得ないと判断された。後述するが、九月下旬には国連でモロッコ問題が討議されることになっており、フォール計画が優先したのは、明らかに、国連での討議を阻止することだったのである。

そして第二に、この計画が想定しているモロッコ人閣僚あるいはモロッコ人代表団にはナショナリストが含まれていたことである。つまり、ナショナリストの役割をグランヴァル計画よりもはるかに重視していた。傀儡のスルタンであるアラファには危機を解決する能力などなく、組閣できないことはこの時点ですでに自明であり、結局はフォールが選ぶモロッコ代表がフランス政府代表と交渉することになるからである。アラファの無能ぶりを白日の下にさらし、ナショナリストの力強さをモロッコ民衆に印象づけようと考えたのだった。

第三に、最終的にはモハメド五世の復位を容認することである。ナショナリストの発言権が増せば、当然このグループが要求するモハメドの復位の可能性が高まる。八月一三日、フォール計画の内容を知ったグランヴァルは憤り、フォールに「あなたの計画はベン・ユーセフ〔モハメド五世〕のスルタン復位へ途を開くものだ！」と抗議したが、フォールは「今まで、それ以外の可能性があると思っていたのか？」と冷淡な対応を示したという。[*108] ただし、この数か月後にモハメドの復位が実現するとはフォールも夢想だにしなかったに違いない。この後、政府は一九五五年一〇月二五日にチュニジア・モロッコ情勢省を廃止している。[*109] フランス政府は、一九五四年夏に始まったチュニジア・モロッコ危機は、一〇月下旬の王位評議会設立をもって山場を越えたと見て、両国情勢を外務省の管轄に戻してもよいと判断したのである。つまり、王位評議会を中心に数年かけて国内自治体制を安定させ、その後に可能であればモハメドを復位させてもよい、というのがフォールのシナリオだったと考えられる。

八月一五日、グランヴァルはアラファにフォール首相からの書簡を渡し、八月一八日までにモロッコの主要な勢力を結集した内閣を発足させるよう要請した。[*110] しかし一七日までに、イスティクラール党とＰＤＩが伝統主義者との対話を拒否した。両党の協力がなければ危機解決はあり得ないため、アラファによる組閣の失敗は明らかであった。ナショナリストたちは、フランス当局が真摯に対話するという意図を信用しなかったし、かつモハメド五世を廃位に追い込んだ伝統主義者と交渉する気もなかったのである。[*111] この深刻な事態にグランヴァル総督は、本国政府に対して、状況を打開すべく「大至急」アンツィラベに使節団を送って、前スルタンからフォール計画について少なくとも消極的な承認を得るべきだと主張した。[*112] 予想どおり、すでにアラファは一七日に、フランスが求めるような組閣は無理であると回答を寄こしていた。[*113] こうしてフランス政府も、モハメドの協力は不可欠だとの結論に達した。モロッコ世論にフォール計画をアピールするためには、これ以外に方法がないと判断したわけである。調整委員会は八月一九日に、①モハメドのいるアンツィラベに使節団を派遣すること、②八月二二日にフランス南東部の保養地エクス・レ・バンでモロッコ諸勢力の代表と会議を開催することを決めた。[*114] 前スルタンの意向を聞くとフランス政府が公式に発表したために、ナショナリスト側も対話に応じることが可能になった。

スルタンの廃位から二周年が近づくにつれ、モロッコ情勢はいよいよ緊迫してきた。八月一七日の夜にはカサブランカでテロ攻撃が頻発した。八月二〇日までにモロッコ全土に混乱が拡大した。[*115] とくに、ウエド・ゼム事件では、四九名のヨーロッパ系住民が殺害された。翌日も、マラケシュ、マザガン、サフィなどの都市で混乱が続いた。[*116]

一九五五年八月二二日、このような一触即発ともいえる雰囲気のなかで、エクス・レ・バン会議は開幕した。フランス政府からは調整委員会のメンバーが出席した。モロッコ側からの主な出席者は、マフザン代表としてエル・モクリ、エル・グラウイと他の伝統主義者、イスティクラール党とPDI代表団、さらにベッカイ、ベン・スリマネ（Fatmi Ben Slimane）といった穏健派ナショナリストたちであった。[*117] 八月二六日、各グループと順番に会談し、意見を聞いたうえで、次の三点が危機を解決する条件となるだろう、と調整委員会は結論づけた。①ベン・アラファの退位、②王位評議会の設置、その中心メンバーはベッカイとする、③内閣は世論を代弁し、フランスと交渉する任務を負う、の三点である。

三日後、フランス閣議はこれを了承した。[*118] 前述のとおり、この成り行きは会議を開催する前からすでに予測されており、逆に言えば、フランス政府がこの結論に達したことを仏モロッコ両国の主要勢力に納得させるために、会議が開かれたというべきであろう。

エクス・レ・バン会議とフランス政府のその後の決定は、諸外国にも好意的に受けとめられた。それまでアジア・アラブ諸国はフランスに厳しい姿勢をとっており、八月上旬にはハマーショルド（Dag Hammarskjöld）国連事務総長に介入を要請するほどであった。[*119] しかし、ハマーショルドがアジア・アラブ諸国代表[*120]とモロッコ情勢について協議した際、開会中のエクス・レ・バン会議に注目するよう勧めると、態度を軟化させた。[*121] 一週間後には国連安保理へモロッコ問題の討議を申請すると発表したものの、もはや積極的に国連に持ち込もうという意欲を失っていた。代表の一人がジャーナリストに漏らしたように、「自国の世論の手前、強固な決意を持っていることを印象づけたかった」というのが本音であった。また、これら諸国は、アメリカが討議に反対することもすでに知らされていた。[*122] 結局、モロッコ問題の安保理での討議は申請されなかった。[*123] フランスがナショナリストと対話を始めた以上、さしあたり国際舞台で討議する必要はないと判断したのである。

言うまでもなく、アメリカ政府が好意的になったのは、八月上旬の仏米会談にほぼ従う形で、フランス政府がエクス・レ・バン会議を経てアラファの退位を決定したからであった。八月三〇日、ダレス国務長官は、フランスのモロッコ政策に同意し、国連総会の会期前にモロッコ内閣の発足を期待すると発表した。[*124] 五五年六月の声明は、フランス・チュニジア規約のみに言及していたため、今回アメリカは初めてモロッコについて意見を表明したのである。一九五一年以来、フランス政府は再三、公の支持を要請してきたが、ついにアメリカはその求めに応えたのだった。フランスが両保護国においてナショナリストの意向を重視すると明らかにしたことが、その大きな要因であった。このダレス声明のもう一つの特徴は、フランスは両国の独立を承認せず、国内自治だけを認めていたにもかかわらず、支持を打ち出したことである。一九五五年当時、アメリカ政府の当面の関心は、フランス政府が植民地の独立を承認するか否かではなかった。一九五〇年代はじめから明らかだったように、とくにモロッコの独立は時期尚早だと考えてきたからである。むしろ、植民地地域の人民の主権を承認するか否かが重要だったのである。

第四節　アラファの退位

アンツィラベ交渉

八月三〇日、前チュニジア総督のラトゥール将軍がモロッコ総督に任命された。[*125] ラトゥール将軍に対し、政府は、王朝問題の解決が「残念ながら、モロッコ内閣を発足させるための前提かつ不可欠な条件である」[*126]と強調した。エクス・レ・バン会議の成果があったからこそ、フランス政府はこのような困難な指令を出すことができたのである。ラトゥールの最初の任務は、アラファに自発的に退位するよう勧告することであった。無事アラファが退位すると、ラトゥールは宰相であるエル・モクリに王位評議会の設置を要請する。王位評議会はエル・モクリとベッカイ、そして未定だがもう一人のメンバーから構成されることが決まっていた。評議会はまず、ベン・スリマネを首相に任命し、閣僚にはイスティクラール党とＰＤＩの党員を含む内閣を発足させる。[*127] この内閣が近代的かつ民主的な政治体制を樹立し、同時にフランス人入植者の利権を保障する計画であった。ついで訓令は、新たな両国関係を築くべきだと指示した。グランヴァル計画にコメントする形で作成された八月三日覚書では触れられていない、新しい点であった。これは保護国体制に変化をもたらし得る譲歩であり、モハメド五世がフランス政府に覚書を提出した一九五〇年一二月以来、一貫してモロッコの独立を要求してきた結果でもあった。危機を回避するためにモハメド五世の力を借りる以上、彼にリップサービスする必要があると考えたのである。とはいえ、フランス政府はこの段階で、フェズ条約に修正を加えるべきかどうか、まだ決定していなかった。最後にラトゥールは、一連の改革を九月一二日までに終え、軍人でもある以上、秩序の維持についても責任を持つよう指示された。[*128]

この間、すでに八月中旬にフランス政府が派遣を決定していた、モハメド五世の居宅を訪ねる使節団は準備を進めていた。総責任者のカトルー将軍は、政府より九月一日に次のような命令を受け取った[129]。それは、①フランス政府は、エクス・レ・バン会議を受け、世論を代表する内閣を発足させてモロッコの直接統治を終了すると決定したことを、モハメド五世に伝える。②危機解決の過程について、モハメドの承認を得る。③政治活動に携わらないという約束をモハメドから取り付ける。④新体制樹立後、たとえば一〇月一五日に、フランス本土の入国を許可することをモハメドに伝える、という内容であった。いずれもきわめて重要であり、それだけモハメドの支持がなければ危機の解決が不可能であることを示していた。だが一方でフランス政府は、彼の影響力を極力抑えようともしていた。新体制を樹立するまで本土に上陸させないところに、それがよく表れている。

ラトゥールはラバト到着後、早くも九月五日にアラファと会談を持った。アラファは世論の動きをよく理解しており、自発的に退位する方向へ傾いていた[130]。数日後には、退位した場合の見返りについて総督と協議するまでになっていた[131]。

さらに九月六日から七日にかけてイスティクラール党は党大会を開催し、以下の条件でエクス・レ・バン合意を承認することを決定している。その条件とは、①ベン・アラファの退位、②摂政評議会の設立という原則、ならびにその構成員についてモハメド・ベン・ユーセフが自発的に同意を表明する、③フランス政府がモロッコの統一と主権、領土的一体性を認め、二国間で自由意思に基づいて協議した緊密な紐帯の枠内で、将来的に主権国家とすることを公に約束する場合にかぎり、わが党は摂政委員会の決めた内閣と閣僚を承認する[132]、というものであった。とくに注目すべきは三点目である。イスティクラール党はあくまで独立を目指しており、最終的にはフランス政府もそれに同意すべきだと主張していた。だが、繰り返し強調するが、フランスは国内自治しか認めていなかった。確かに、同党が「緊密な紐帯」を強調しているように、フランスの影響下での独立を要求していたが、この点では明らかな齟齬をきたしていたのである。こうして同党とフランス政府は、同床異夢のまま危機解決に向けて協力と対立を続けていく。

モハメド五世との会談で、フランスはぼぼ満足のいく結果を得た。九月八日には、フォールが発表する声明の草稿がモハメドに提出された。とくに重要な点は、以下のように原文でも箇条書きされている。

1 フランスの政策の基盤は、モロッコの主権を（中略）承認することにある。モロッコを近代的で自由な主権国家にするのが目的である。モロッコは、自由に同意された緊密な紐帯によって、恒久的にフランスに結びつけられた国となる。

2 フランス政府は、アラウィー王家の恒久性と歴史的使命を保護するあらゆる体制を承認する。

3 内閣は、国内の多様な勢力を代表するものでなければならない。（中略）内閣はまた、民主的で近代的な諸制度を構築しなければならない。（中略）さらに、モロッコにおけるフランスおよびフランス人の利益と、両国の恒久的な紐帯を保障するために、以下についてフランス政府と対話しなければならない。

（中略）

a 両国は連邦制のもと、連合を組織する。その一環として、両国をともに益する行政評議会を設立する。

b 両国民はそれぞれフランス国籍、モロッコ国籍を有するが、今後両国に共通の市民権を創設し、（中略）両国民の共同体を作る。[*133]

しかし、この直後にモハメド五世が態度を変え始め、フランス側を困惑させる。これは穏健派ナショナリストのベッカイ率いる使節団がアンツィラベを訪問し、より強硬に独立を求めるよう助言した結果であった。九月九日にカトルーは次のようにパリに報告している。「彼は〔保護国の地位を定めた〕フェズ条約の破棄を重要視し、（中略）

これを両国間の交渉の第一条件だと捉えている」[134]。同じ日、モハメドは自らの立場を明らかにする。フォールの草稿の1と2については受諾したものの、3は「これまでモロッコ人が何度も拒否してきたフランス連合の意図が見られる」[135]として拒絶した。

しかしカトルーは九月九日のうちに、「ベン・ユーセフは、わが国との緊密な紐帯を維持しつつ、自由な主権国家の創設に向けた政策を支持すると述べた」[136]と発表した。八月中旬にモハメドを一連の過程に関与させることにしたフランス政府にとって、この結果はおおむね成功だったと言ってよい。しかし問題は、フランスの希望とは裏腹に、モハメドが最後までフランス連合を拒否する姿勢を頑なに貫いたことであった。カトルーは次のように報告している。

この例が、他の海外領土に徐々に波及すると想定しなくてもよいのだろうか？（中略）〔フォールの草稿の3で示された〕連邦の地位こそが、フランス連合の体制を最終的に特色づけるはずだ。私の予測ではこれは他に拡大して展開するにちがいなく、モロッコの選択が連合にとって危険をはらむものかどうか（中略）見極める必要がある。[137]

カトルーの不安が、どの程度フランス政府内で共有されていたのかは不明である。しかし政治家の多くは、フランス連合が機能不全を起こしていることに気づいていた。後述するが、この「連邦の地位」こそがフランスが最後の頼みの綱としていた解決であった。つまり、チュニジアにすでに認め、今からモロッコにも承認しようとしている、連合の枠内での国内自治体制の樹立である。本来は、同化政策を具現するフランス連合と国内自治の概念は相容れないはずであった。フランス政府が、連合の理念を歪めてまで連合の維持に固執していたのは、第6章第三節で議論したとおりである。モハメドは、国内自治を求めるだけでなく、連合加盟をも拒絶したのであり、フランスにとって頭痛の種となった。もしモロッコが加盟を拒否し続ければ、他の海外領土もそれに続き、連合そのものの解体に繫がる危険性があった。このようにフランス連合に関する箇所はきわめて微妙な点を含むため、アンツィラベ合意の詳細はこの段階では公表されなかった。[*138]

実は、イギリス外務省も危機感を抱いていた。イギリス外交官が一九五五年九月上旬に開催した秘密会合の記録が、フランス政府に漏れ伝わっている。イギリス外交官たちは、次のようにフランス政府を納得させなければならないと、議論していた。

現状の構造に代えて、フランスと海外領土との「緊密な紐帯」の枠組を可能にするような連邦制の連合を作らせるのが、わが国の目標である。（中略）これこそが、フランス帝国が空中分解するのを防ぐために有用な解決であり、アフリカにおけるイギリスの利益を危険から救うことにも繫がる。[*139]

ここで、「連邦制」という言葉を英仏が正反対の意味で用いていることに注意したい。モハメドとのやり取りのなかでフランスが用いた「連邦制」はフランス連合のタイプ、つまり現地住民の政治的自律性を否定する組織の性質を表している。反対にこのイギリス外交官の会談記録では「連邦制」はそれを肯定する組織を形容している。いずれにせよイギリス外務省は、フランス連合が現状のままでは戦後世界に適合的ではなく、現地住民の反発を受け、フランス植民地帝国が瓦解すると危惧したのである。イギリスはすでに、現地住民に広範な自治権を与える統治を実践し始めていた。フランスが影響力を残せずに植民地帝国が解体すればイギリス植民地にも悪影響を及ぼすため、なんとかフランスをこの方式に転換させる必要があると考えていたのである。

第6章第三節で触れたように、フランス政府は、チュニジアに国内自治を認めて以来、すでにフランス連合の組織改編を検討していた。とくに海外領土大臣のテトジャン（Paul-Henri Teitgen）を中心に、アフリカ行政の脱中央集権化を導くための「基本法」の制定に向けて準備を進めていた。[*140] これは連合を形式的には存続させつつも、各海外領土で現地住民に自治権を与えることを目指す法律であり、従来の同化政策からの根本的な転換が図られることになる。つまりフランスは、イギリスの理想とする植民地統治の形態へと進みつつあったわけである。

このように、モハメドの態度はモロッコ問題に新たな火種をもたらした。しかしそうはいっても、アラファの退位を含めて危機解決プロセスに関して概ね彼から承認を得ることができたのは、フランス政府にとって大きな収穫であった。次の段階は、スペイン政府に情報を伝えることと、王位評議会の残る一人の人選であった。

スペイン政府はこの頃、この案件を国際問題にすることで、発言権を得ようと画策していた。九月九日と一〇日、ピネー外相は、駐仏スペイン大使カサ・ロハス（José de Casa Rojas）と会談を持ち、モハメド五世との合意の内容を伝えた。[*141] フランス政府は一九五三年のスルタンの廃位で強く非難されたことに懲りて、事前にスペイン側に政策の方針を伝えたのである。とはいえ、スペインに不信感を抱いていたことに変わりはなかった。フランスの計画では、アラファは退位した後にタンジールに移送されることになっていたが、ここはタンジール管理委員会[*142]が国際管理する地域であり、スペインもこの委員会に代表を派遣していた。それゆえラトゥール総督は、事前にアラファの移送についてスペイン政府の同意を取り付けるべきだと主張していた。しかしこの提案は、何があろうとスペインは介入してくると考えていたピネー外相に拒絶される。[*143] ピネーがスペイン政府に、アラファをタンジールに移送する可能性があると伝えたのは九月一三日のことであった。[*144] ピネーの予測どおり、スペインは問題に介入しようとする。カサ・ロハスはタンジール管理委員会の委員長宛てに、「委員会の決定前にフランス政府は結論を下すべきではない」と述べる書簡を提出した。[*145] これに対してイギリスとイタリアの委員は、フランスを支援するとただちに約束する。[*146] 九月二〇日に国務省はアメリカ代表を通じ、「フォール計画を妨げる行為はなんであれ反対する」との立場を表明した。翌二一日のタンジール管理委員会は、「スペインの要請は、委員会の権限を越える」[*147]と結論を出し、スペインは譲歩を余儀なくされた。こうしてスペイン代表以外はフランスを支持したため、アラファのタンジールへの移送について、フランスは委員会の同意を取り付けることに成功したのである。

アラファの抵抗

チュニジア・モロッコ情勢相のジュリは九月一〇日、王位評議会の最後の一人に伝統主義者を任命するべきだと提案した。「ベッカイと均衡がとれるよう、フランスの友人である伝統主義者のなかから探す必要がある」[*148]からであった。三人目をナショナリストにしたら入植者は反対するだろうし、本国の議員もモハメドが復位するのではないかと疑念を抱く怖れがあったからである。[*149] しかし伝統主義者の任命はナショナリストから反対され、両国の代表が九月一七日に会談を開いたものの、合意には達しなかった。[*150]

他方で、アンツィラベ交渉の結果モハメド五世の権威が一層増したことから、思わぬ展開が見られた。アラファが退位に応じなくなったのである。エル・モクリとエル・グラウイの臨席のもと九月一六日に開かれたラトゥール総督との会談で、彼は自分が退位すれば両国にとって有害であると述べた。モロッコの新聞が、モハメド五世は復位したらアラファに報復するだろうというナショナリストの談話を発表したことも、理由の一つであったが、[*151] それ以外にもケーニグをはじめとするフランス政府内の保守派も、退位を拒絶するよう圧力を加えていたと考えられる。[*152]

こうしてアラファの退位をめぐり、モロッコ内勢力の二極化が目立ってくる。伝統主義者や入植者にとって、アラファの退位はすなわちフランス政府の方針転換の第一歩であり、何としても改革に踏み出す第一歩を阻止しようと必死だった。この時期、プレザンス・フランセーズの組織した抗議活動が頻発していた。ラバトのフランス人官僚が九月二〇日にパリに宛てた報告は、きわめて悲観的な内容であった。

モハメド五世の帰還が将来的にありうるという、まさにその予測にフランス人たちは一丸となって抵抗している。王位評議会の設立は復位を含意していたと、彼らは確信したのだった。（中略）このままでは流血の惨事は避けられそうもない。（中略）この状況を収めるには、三人目に最良の人物を選ぶしかない。[*153]

事態が緊迫するなか、この報告書は、アラファの退位を取り付ける前に王位評議会の設立を強行すべきだとさえ論じている。九月二二日にモロッコ総督はアラファと会談したが、「王位を去ることはないという強い意志」を確認しただけに終わった。ラトゥールの見るところ、アラファが頑なな姿勢を崩さないのは「パリ、とくにモンテル氏の率いる使節団など軍部からの圧力」があるためだった。[*154]

モロッコ国内の対立が激化するにつれ、問題が国際舞台に持ち込まれる可能性が高まった。イスティクラール党は九月下旬、王位評議会に関わる状況を打開するためにスペインの力を借りようとしていた。同党のバラフレジ事務総長は九月二二日にメディアに対して次のように語っている。

フランス政府との交渉をフランス人入植者の一部とフランス本国の一部が阻止している今、モロッコ問題を国際舞台に上げるのが有益である。この問題に関する国際会議を招集するのに最も適した国は、スペインであるように思える。[*155]

この日、スペイン外務省がフランス・スペイン・モロッコ三国で会議を開くことを望んでいると、アメリカ国務省はフランスに伝えている。[156]

加えて、国連総会の事務局も、総会本会議でモロッコ問題を討議すべきだと勧告した。ジュリは「討議が行われれば、国連におけるフランスの威信に恐ろしい結果をもたらすだろう。とりわけこれを機に、敵意あるプロパガンダが、新たな反仏宣伝活動と暴力行為を煽る危険がある」と記している。[157] フランス政府は従来どおり、北アフリカ問題を総会で討議することに反対すると決めていた。フォール首相はチュニジアと、さらにはモロッコでも、改革を進めていると言えば、アジア・アラブ諸国に対抗できると考え、総会での討議を受け入れることも検討した。しかし結局、アルジェリア問題への悪影響を考えて、やはりこれまでと同じ戦術を採用すると決めたのである。[158]

スペインが国際会議の開催に意欲を見せ、そしてとりわけ国連でモロッコ問題が討議される可能性が高まった結果、パリ政府は万難を排してアラファの退位を強行すると決定する。九月二三日、ジュリはラトゥールに訓令を送り、このまま拒絶し続けても、フランス政府は王位評議会を承認するだろうとアラファへ伝えさせた。[159] 九月二七日にモロッコ総督は、もう一度アラファに同じ警告をするよう命じられている。二日後の二九日に国連総会でピネーが演説することになっており、[160] それまでに改革が何かしら進展しているように見せたかったのである。当日、すでにニューヨーク入りしていたピネー外相からも、国連の議事日程上、緊急に改革を実行する必要があるとの連絡がフォールに届いた。[161] 結局、アラファは退位を承諾したものの、ピネーの演説には紙一重の差で間に合わなかった。ピネーは二九日、「わが国との紐帯を保ったまま、モロッコを近代的で民主的な主権国家に導く意図がある」[162] としか言えなかった。

とはいえ、フランスはアラファを退位させることには成功した。アラファはモロッコ時間の二九日深夜に退位を強要され、翌三〇日にタンジールに向けて出発した。[163] これを受けて国連総会も審議に消極的になる。ピネーから退位の報告を受けなかった国連総会は九月三〇日、モロッコ問題を討議すると決定したが、一二月三日になって総会本会議は討議の延期を決める。[*164]

第五節　王位評議会

エクス・レ・バン会議において、アラファの退位は最初のステップであった。つまりフランスの危機解決計画はようやく端緒についたばかりであったが、第一の有意義なステップであったことも間違いない。フランス側の想定以上に時間がかかってしまったが、それでも下院でモロッコ問題の審議が始まる一〇月六日よりも前にこれを達成できたのはフォール内閣にとって成功であった。この結果、フォール内閣は議会の信任を取り付ける可能性が高くなったと考えられたのである。[*165]

アラファがラバトを去った翌日、フランス政府は次の段階に向けて声明を発表した。その要点は以下の五点である。

1　モロッコを民主的な主権国家に導き、かつ同国と自由意思に基づいた、緊密で恒久的紐帯を保持することを、フランスは望む。

2　近代的なエリートを養成すれば、徐々に広範なモロッコ国内行政を任せられるようになる。こうしてモロッコ当局は、フェズ条約の枠内で権限と権力を十全に行使することが可能になる。

3　モロッコはフランスとの合意の下、近代化と民主化を推進する。

4　モロッコはフランスとフランス人の利権を保障し、二国間の恒久的な紐帯を維持する。

5　フランスは防衛・外交上の責任を全うするため、近代的政治制度の構築に努める。その一環で、両国は互いの利益に関わる情報交換の場として評議会を設置し、両政府の代表団が協議を行う。[*166]

この声明は概ねエクス・レ・バン会議とアンツィラベ合意を反映していたが、決定的な相違があった。第二点にあるとおり、モロッコは今後もフェズ条約の下に置かれるとし、保護国体制の撤廃を望むモハメド五世の意向に反していた点である。第五点などは、彼が拒否し続けているフランス連合の構想に酷似していた。[*167] フランスはまだモロッコをフランス連合に加盟させるのを諦めていなかったのであり、モロッコの外交および防衛政策を統制する手段を確保しようとしていたのである。

エジプトの中立主義政策とリフ反乱

アラファが退位した頃、モロッコの内外で二つの重大な事件が発生していた。そのためモロッコ情勢は、まったく予想外の展開を見せていく。一つは、九月二二日にエジプトがチェコスロヴァキアと軍備取引協定を締結したことであった。名目上は両国の商取引であったが、実質的にはチェコスロヴァキアの名前を借りたソ連が、エジプトの大規模な軍拡に協力する取り決めだった。以後、ソ連からエジプトに大量の軍備が安価に売却される。ほとんどが旧型のＭｉＧ戦闘機などであったが、イスラエルに対抗するには十分な装備で、中東の軍事的緊張は一気に高まった。この協定は、エジプトがナセル（Gamal Abdül Nasser）首相のイニシアチブの下、中立主義政策に乗り出したことも意味していた。それまでエジプトは、「アラブの声」というラジオ放送を通じて、反英・反仏宣伝活動を行ってはいたが、軍備は基本的にイギリスをはじめとする西側諸国から購入してきた。だが今回の協定は、西側だけではなくソ連の協力も得て国家建設を進めるという意欲を示しており、しかも東西両陣営を張り合わせることによってより有利な条件で軍備を獲得する狙いがあった。[*168] そしてモロッコでも、エジプトに倣って、アラブ中立主義のもと国家建設を進めようとする勢力が急速に力を増していた。この点は本章末で詳しく述べる。

二つめは、前年のアルジェリアに続いてモロッコで武装蜂起が発生したことである。アラファは退位したが、モロッコではいまだ王位評議会は設立の見込みもないまま、フランスが直接統治を行っている状況だった。人民に広がる不安を利用して、反仏勢力が武装蜂起したのである。一〇月一日から三日にかけて、複数のゲリラ部隊がスペイン領との境界付近を中心に数か所のフランスの軍事拠点を襲撃した。[*169] 翌三日にはテテュアンの新聞に、アラブ・マグレブ解放軍[*170]を名乗る集団の声明文が掲載された。彼らはモロッコ国民に対して、フランスに反旗を翻し、リフ地方や中アトラス山脈地方の軍事拠点を占領するよう訴え、アルジェリアとモロッコが完全独立を達成するまで闘争を継続するよう呼びかけた。[*171] ラトゥールが本国へ、「王位評議会の設立よりもモロッコを救うことを優先すべきだ」[*172]と電報を打つほど、事態は切迫していたのである。同日、マダガスカルのモハメド五世はフランスに対して、週内に事態が収束しなければ、北アフリカ全域で武装蜂起が起きる危険があると警告を送っている。[*173] いくら名目上の主権者とはいえ、スルタンも王位評議会も不在という異常事態が続くなか、モロッコに内戦の足音が近づいていたのである。

ところで、エジプトの軍拡にソ連が突如として関わってきたため、国務省はナショナリストとの和解をフランス政府に促すべきだと考え始める。九月二九日、ホームズ領事は北アフリカ問題に対するアメリカの政策を変更すべきだと論じた。

> アメリカはアフリカとアジアにおけるナショナリズムの焼結《しょうけつ》に直面している。このため、（中略）北アフリカ政策の策定にあたり従来のようにフランスに配慮できない。米仏関係で一時的にどのような不都合が起きようとも、西側はこれらの地域の防衛を重視して政策を立案すべきである。[*174]

一〇月三日、ダレスは国務省高官たちと北アフリカ情勢を協議する。その席でホームズは、ソ連がエジプトに武器を売却し、リビアと外交関係を樹立したこと、タンジール管理委員会で議席を要求する可能性があることを指摘し、これらはソ連が北アフリカに近年関心を持っている証拠だと論じた。そこでダレスらは、イギリスとともにフランスに助言するべきだと結論づけたのである。[*175]

ホームズは一〇月六日にマクミラン（Harold Macmillan）イギリス外相と会談し、共同歩調をとろうと提案した。

フランスは、モロッコで合理的な解決を見いだそうと努めておらず、ナショナリズムの潮流から目を背けようとしている。（中略）フォールが提案した摂政評議会とモロッコ内閣の設立は、合理的である。（中略）ダレスは、〔次の一〇月二四日の外相会談の時に〕フランス側に事の重大さを知らしめる必要があると考えている。[*176]

しかしイギリスはこの提案を拒絶する。マクミランはアメリカのオルドリッチ（Winthrop Aldrich）駐英大使に、「事態の推移を見守るしかわれわれに途は残されていない」[*177]と伝えた。イギリス外務省は依然として、「フランスの北アフリカ政策は、フランス国内の問題である。ゆえに、説教は差し控えるべきだ」[*178]という姿勢を崩していなかった。こうして国務省は、イギリスと共同歩調をとることをまたしても断念したのである。八月とは異なって今度はアメリカは、単独でフランスに警告することもなかった。

イスティクラール党の強硬姿勢

この頃イスティクラール党の態度に変化が現れていた。一〇月四日に、カイロにいた急進派指導者のエル・ファシが、マグレブ解放軍を創設し、アルジェリアとモロッコの解放闘争を指揮するための「統合司令部」の設置を宣言した。エジプトの鼓吹するアラブ中立主義の影響を受けて、反乱軍への支持を公にしたのである。また彼は、エクス・レ・バン合意に同意できないと言いはじめた[*179]。言うまでもなく、これはフランスの計画を完全に否定する姿勢であった。そのためフランス政府は、イスティクラール党が彼を非難しない限り、同党とは交渉できないと声明を出す[*180]。ところが一〇月六日、同党も、エクス・レ・バン合意に賛成しないと公式に発表した[*181]。王位評議会がいまだに設立されず、リフ地方を中心に武装蜂起が相次ぐなか、エル・ファシが誇示したこの姿勢は、当時会期中だった「フランス議会に大きな危機感を醸成した[*182]」のである。

だがフォールはこの時、イスティクラール党との協調は必要であり、また可能だと判断していた。彼は、党内で急速に芽生えつつある亀裂を利用できると考えていた。一〇月上旬に下院でモロッコ問題を討議した際は、こう熱弁をふるっている。

イスティクラール党の協力（中略）を獲得することが不可欠である。（中略）彼〔エル・ファシ〕の考えが、イスティクラール党全体の意思ではない。だが、明日にはそうなってしまうかもしれない。そうなるか否かはわれわれにかかっている。パリに失望した他の党員が、完全にカイロを向くのを止めようではないか[*183]。

イスティクラール党員のなかにも、エジプトの中立主義政策はリスクが高いため、フランスと協力関係を続けるべきだと考える者も多かったのである。現に一〇月七日、ある党幹部が「ファシは彼個人の名において語っているのであって、イスティクラール党の名において語っているわけではない」との声明を発表している。ただし、後で見るとおり、党はファシを明確に非難しているわけでもなく、中立主義政策については曖昧な態度をとり続ける[*184]。フランス下院は一〇月九日にエクス・レ・バン合意を採択し、フォールの政策に信任を与えた。

王位評議会について、フランスはイスティクラール党の同意なしに進めることにした。設立が一〇月一五日に発表され、当初の予定から一人増えて四名で構成することになった。エル・モクリ、ベッカイ、伝統主義者のほか、ナショナリストへの支持を表明していたもう一人のパシャが選抜された。構成員を四人にするという苦肉の策で、フランス当局は伝統主義者や入植者の不安を鎮め、同時にナショナリスト政党の反発も和らげようとしたのである。[*185] ようやく王位評議会の設立にまで漕ぎ着け、改革は確かに軌道に乗り始めた。このことは、フランス政府を大いに安堵させたと考えられる。モロッコでも、チュニジアの国内自治体制に準じた政治体制が樹立されるはずであった。そして本章第三節で述べたとおり、一〇月二五日にはチュニジア・モロッコ情勢省が廃止されたが、これは危機が一定の解決を見たというフランス政府の見解を反映していたと言える。

ただし、仏西関係は依然として緊張していた。アメリカ国務省から警告を受けたスペイン政府は国際会議の開催を主張しなくなったが、フランス外務省は、エクス・レ・バン合意がスペインの利益を損なうと認識していた。フランスがモロッコ・ナショナリストの要求に部分的とはいえ応じるせいで、スペインも同じように譲歩しなければならないからである。しかも悪いことに、モロッコの民主化が進めば、スペイン領がフランス領に吸収される危険性があった。モハメド五世は、形式的にはスペイン領モロッコにおいても正統性を持ったスルタンであった。[*186] モハメド主導のもとで人民が両地域の統合を望めば、必然的にフランス領によるスペイン領の併合を意味するからである。

加えて、リフ地方というスペイン領との境界付近で武装蜂起が発生したことから、スペイン領から大量の軍備が密輸されているとフランスは判断していた。[*187] スペイン当局は危機解決への努力を妨害しようとしており、ひいてはわが国の地位を脅かすつもりではないかと、フランスは疑念を持った。一〇月二二日付ル・モンド紙は、スペイン領から仏領モロッコ向けに二本、アルジェリア向けに一本の武器輸送ルートがあると報じた。[*188] 一〇月一五日に在マドリッドの仏大使館は、スペイン政府から警告文を受け取っている。リフ地方の蜂起にスペイン当局も関わっていたという記事をフランスの新聞が掲載したことに対する抗議であった[*189]。だが、二日後にピネー外相が境界地域の警備をスペインが強化したことに謝意を述べたところ、スペイン政府の強硬な姿勢は一時緩和される[*190]。

予定より大幅に遅れて設立された王位評議会は、一〇月二二日に、ベン・スリマネを首相に任命し、組閣を要請する。この四日前、フランス政府はラトゥール総督に対し、王位評議会がベン・スリマネを首相に任命するのを、総督は支持せよと指示していた[*191]。しかし問題は、王位評議会の構成について、PDIの了承は得られたものの、イスティクラール党が拒否していたことであった。委員を四人とする策に訴えたものの、急進派ナショナリストの代表を一人も含まない王位評議会はやはりイスティクラール党の承認を得ることができなかったのである。同党はそんな王位評議会が選んだ首相の正統性を認められず、その内閣にも参加できないとの立場を表明していた。同党員を閣僚に含まない内閣が現実に機能するとは考えられなかった。この危機を回避するため、モハメド五世が承認するのだからという理由で、入閣を承諾するよう、ベッカイが同党の説得にあたった。しかしイスティクラール党は頑なであった。モハメドの権威をもってしても態度を変えないことから考えて、エクス・レ・バン会議の頃よりも明らかに同党は態度を硬化させていたのである。とはいえ、フランス政府はイスティクラール党が「内閣への参加を完全に排除していない」と観測していた。同党が「正統性に疑いを持ちえない、高い権威を持つ人物が新政府を信任しなければならない」と言明していたからである[*192]。裏を返せば、モハメド五世が信任すれば内閣に参加してもよい、という意思表示であった。

つまり、なんとしてもイスティクラール党員を入閣させたければ、フランス政府がモハメド五世に仲介を要請すれば実現できたはずだった。そのほうが、ベッカイに仲介を要請するよりもはるかに効果的であったろう。しかしフランスは、モハメドにそのように要請しなかった。チュニジア・モロッコ情勢省は次のような覚書を記している。

政府は、モハメド五世の権威を弱体化させるべく、新たな政治主体を育てたいと考えている。彼の人格から独立し、イスティクラール党だけでなく、フランスと協力することを熱望する勢力すべてが結集した、新しい政治勢力のことである。[*193]

フランス政府は、モハメドの権威のみを当てにした戦略は不十分だと認識していたのである。ナショナリストの勢力拡大を図り、将来の政治指導者を育成しようと考えていた。ここには、ベイを協力者とする保護国体制が機能不全に陥った、一九五四年夏以降のチュニジアの経験が大きく影響を及ぼしていると言ってよいだろう。ナショナリスト勢力を協力者としなければ、フランスによる植民地統治は不可能であることはすでに明らかであった。ところがナショナリストが脆弱だったため、モロッコではチュニジア型の解決を図ることが困難だったのである。将来的に安定した政治体制を確立するためには、モハメドやスルタンという個人のカリスマや伝統的権威に頼るのではなく、ナショナリストの力が不可欠だとフランス政府は見抜いていた。

エル・グラウイの変心

ところが、予想外の出来事のせいで事態は急展開を見せる。一〇月二五日、伝統主義者エル・グラウイが「モハメド・ベン・ユーセフ陛下の速やかなる復位」を承認すると発表したのである。彼はこう付け加えている。

私の希望は、あらゆるモロッコ人民の希望と合致する。つまり、フランスとの緊密な紐帯を保持したまま、モロッコが独立することである。[*194]

彼がスルタンの復位を認めると同時に、独立を求めていることは注目に値する。この点については後述したい。エル・グラウイの声明を受けて、ラバトのモロッコ総督府は、「モロッコ在住のフランス人は、もはや本国政府がモハメドの帰還を拒むことができないと気づいている。（中略）街中がモロッコ人の歓喜で溢れている」とパリに報告している。[*195] エル・グラウイは、頑迷にモハメドの復位に反対してきたが、人民からも豪族からも支持されず、ひいてはフランス政府からも見放されつつあると自覚したのだった。それは結局のところ、モロッコ国内の分裂を招いただけだったのである。

こうしてエル・グラウイはついにナショナリスト勢力の圧力に屈服した。しかし、これは単なる屈服ではなかった。彼がモハメドの復位を認めたのは、政治社会における伝統的な要素を維持し、温存するためでもあったのである。モハメド五世はかねてより、国家の独立と近代化を希求するナショナリストを支持してきたものの、その一方で形式的にはパシャやカーイドの任命権を持つ、モロッコの伝統的なイスラム社会の頂点に立つ人物であった。このような人物が政治の舞台中央に躍り出たことにより、フランスはまたもや政策の転換を迫られた。[*196] グラウイの変心を受けて、モハメドの復位とモロッコの独立を承認する方向へ急速に傾いていったのである。その経過は、次の章で詳しく検討したい。

復位と独立

本章を締めくくるにあたり、なぜフランス政府がモハメドの復位とモロッコの独立を同時に承認する必要に迫られたのか、その論理について検討しておきたい。アメリカから警告を受け、一九五五年九月にフランス政府が伝統主義者の反対を押し切って改革を開始した時、その目標はあくまで将来的な国内自治体制の樹立であった。にもかかわらず、なぜ突如として方針転換が必要だと判断されたのか。

それは、一九五五年九月にエジプトがソ連から大量の軍備を購入する協定を締結したことに原因がある。この事件でモロッコには、エジプトに倣って中立主義的独立を目指すべきだと主張する勢力がナショナリストの中で急激に拡大した。従来から独立を掲げる勢力は存在していたが、それはあくまでフランスとの協力関係を維持したまま独立を目指す人々であった。それゆえに、フランス当局には耳を貸さないという選択肢もあったし、現に独立を承認する必要がなかったのである。

一般的に脱植民地化研究では、植民地が独立を達成するかどうかが問題とされてきた。しかしこの観点には重要な点が抜け落ちている。それは、どのような独立を達成し、どのような国家建設を進めるのかという点である。独立前夜に現実に植民地が直面したのは、独立後にどこの国から国家建設のための援助を獲得するかという問題であった。独立を達成しても、通常、独力で国家建設を進められるわけではない。そのためには欧米を中心とする先進国などから資金、技術、そして軍備を獲得することが不可欠である。モロッコでは一九五五年以前から独立を求める勢力はいたにもかかわらず、フランス政府が国内自治だけを承認すると言い続けられたのは、国家建設を支援する国は簡単に見つからないだろうと踏んでいたからであった。可能性があるとしたら米ソとヨーロッパ諸国だけであったが、もしフランスが独立を承認しないのであれば、同盟国であるアメリカや西欧諸国はその意向に逆らってまでモロッコの国家建設に協力はできないであろう。

エジプトとソ連の軍備協定が一変させたのは、まさにこの点であった。ソ連はそれまで第三世界への援助にさほど積極的ではなく、とくに軍備面で大規模な援助を行うことはなかった。ところが一九五五年協定は、数次にわたってソ連がチェコスロヴァキアを通じて大量の軍備をエジプトに売却する取り決めであった。元来、中東地域では西側諸国、とりわけイギリスが軍備供給を独占してきたため、ソ連が参入したことはイギリス政府を驚愕させた。イギリスはまさに軍備という安全保障の手段を提供することで、イラクなど親英アラブ諸国の忠誠をつなぎとめていたのである。イギリス政府は一気に危機感を募らせ、イラクも軍備を求めてソ連に接近するのではないかと脅えることになる。[*197] イラクがエジプトに倣って中立主義を選択すれば、イギリス資本の石油会社は国有化され、イギリスが輸入する石油価格が高騰すると恐れたのである。[*198]

フランスはこれと同じ危惧をモロッコに抱いていた。つまり、フランスの意図に反して、モロッコがエジプトに倣って中立主義的な独立を果たす危険が生じたのである。現実には、スルタンという君主を戴くモロッコがソ連と取引するのは政治的に難しかったかもしれない。しかしその場合でも、エジプトから旧式の軍備を受け取ることは十分に可能だった。ソ連の軍備で近代化に成功したエジプトは、他のアラブ諸国に旧式の軍備を輸出する余裕が生まれていたからである。[*199] こうして中立主義的独立という目標が現実的な選択肢として人民にアピールする力を持つようになり、この主張を掲げる政治勢力がモロッコで急速に勢いを拡大できたわけである。

だが、ここでさらに別の問題が生じる。エジプトの軍備協定が発表されてからも、フランスは何ら新しい政策を打ち出さず、翌月になっても依然として王位評議会の設立という既定方針を遂行しようとしていた。なぜ方針転換する必要がなかったのであろうか。それは、モロッコの政治勢力があまりにも分裂していたため、独立を宣言して国家の統一性を保ったまま国家建設を進めていく政治集団が存在しなかったからである。政治勢力が分裂している限り、フランスの意向に反して独立は達成できるはずがなく、したがってフランス当局も従来の方針を守っておけばよかったのである。むしろフランスの関心は、軍事反乱の鎮圧であった。

この見通しは、エル・グラウイがモハメド五世の復位を承認したことで、根本的に覆されてしまう。モハメドがスルタンに復帰すれば、モロッコが政治的一体性を手にする可能性が生まれるからである。復位をフランスが拒むことは、まったく非現実的であった。それゆえ、グラウイが復位を認めた時点で、フランス政府もまたモロッコの独立ないしは、表面上はそれに近いものを認める方針を打ち出さざるを得なくなった。次章で見るように、ただちに独立という文言を使わないにしても、何らかの形で保護国条約を改定する必要があった。エル・グラウイが復位の容認と独立の要求を同時に発表したのは、このような論理を十分に理解していたからである。

注

＊1　具体的には、ワズィール・部局長会議（Conseil des Vizir et Directeur）の権限を強化し、限定評議会と呼ばれる新たな評議会を設立した。それまで形式的にはスルタンが独占してきた立法権と行政権を、以後はそれぞれの組織が行使するものだった。両組織には、フランス人閣僚とモロッコ人閣僚が同数ずつ参加することになっていたため、フランス当局の介入が強まることは自明であった。二つの評議会について詳細は、MAE, Maroc 1950–1955, vol. 89, Rabat à Paris, n°110/8, 12.10.1955; vol. 87, 'Les Relations de la France avec la Tunisie et le Maroc', n°159 AL, 18.10.1954.

＊2　*L'Année politique*, 1953, pp. 283–284. 地方議会議長にはカーイドかパシャが就任することが予定されていた。

＊3　TNA, FO 371/102977, M 1015/108, Rabat to FO, Despatch no. 88, 30.9.1953; *FRUS*, 1952–1954, XI, pp. 632–634, Dillon to the State Department, no. 1088, 16.9.1953.

＊4　Bernard, *The Franco-Moroccan Conflict*, p. 190.

＊5　*Yearbook of the United Nations*, 1953, pp. 203–207. この決議案は、同じ頃にチュニジア問題に関してアジア・アラブ諸国が総会第一委員会に提出した決議案と同趣旨である。

＊6　*FRUS*, 1952–1954, XI, pp. 634–635, Editorial Note; NARA, RG 59, CDF, 320/10–753, Dulles to New York, GADEL no. 19, 7.10.1953.

＊7　NARA, RG 59, CDF, 320/10–2053, Dulles to Paris, no. 1505, 20.10.1953.

＊8　*FRUS*, 1952–1954, XI, pp. 635–636, The Acting Secretary of State to the Embassy in the United Kingdom, 15.10.1953.

＊9　*Yearbook of the United Nations*, 1953, p. 208.

＊10　MAE, Maroc 1950–1955, vol. 655, Hoppenot à MAE, 13.11.1953. この結果、フランス政府はチュニジア・モロッコ情勢に前年よりも自信を持っていたようである。イギリス外務省はそのように認識していた。TNA, FO 371/102937, JF 1015/33, FO Minute by Price, 8.12.1953.

＊11 MAE, Maroc 1950–1955, vol. 161, Note pour le Président du Conseil, 12.11.1954.

＊12 *L'Année politique*, 1954, p. 180.

＊13 *Ibid.*, p. 185.

＊14 *Ibid.*, p. 198.

＊15 *Ibid.*, p. 205, p. 214.

＊16 Bernard, *The Franco-Moroccan Conflict*, pp. 229–234.

＊17 彼はジュアンやギヨームなど前任のモロッコ総督とは異なり、軍人ではなく文官であった。フランスの駐米大使館は、アメリカのメディアが新総督の就任を歓迎していると報告した。従来の抑圧的なモロッコ政策を転換する兆しだと、アメリカでは認識された。MAE, Maroc 1950–1955, vol. 3, Washington à Paris, n°3230/3232, 22.5.1954.

＊18 *L'Année politique*, 1954, p. 217.

＊19 *Ibid.*, p. 227.

＊20 *Ibid.*, p. 239.

＊21 MAE, Maroc 1950–1955, vol. 87, Situation Politique au Maroc（Juillet 1954）. この申請を行ったのは、アフガニスタン、ビルマ、エジプト、インド、インドネシア、イラン、イラク、レバノン、パキスタン、フィリピン、サウジアラビア、シリア、タイ、イエメンの一四か国である。*Yearbook of the United Nations*, 1954, pp. 84–85.

＊22 *L'Année politique*, 1955, p. 250.

＊23 *DDF*, 1954, doc.23, Lacoste à Mendès-France, n°192, 30.7.1954.

＊24 IPMF, Cartonniers DPMF, Maroc 2, 2/V/3 "opinion" Entretiens, -Sous-chemise ‹Balafrej›, Note sur nos conversations avec Hadj Ahmed Balafrej-Genève, 8.8.1954. ＰＤＩは、モロッコ第二の勢力を持つナショナリスト政党である。

＊25 *DDF*, 1954, doc.23, Lacoste à Mendès-France, n°192, 30.7.1954.

＊26 *Ibid.*, doc.86, Situation Politique au Maroc en Août 1954. Lacoste à Fouchet, n°529, 22.8.1955.

＊27 *Ibid.*, doc.144, p. 289, note 3. モハメド五世は、六月二五日付マンデス宛ての書簡において、自らの帰国を要請している。*Ibid.*, doc.2, Note du Ministère des Affaires marocaines et tunisiennes, 22.7.1954.

＊28 MAE, Maroc 1950–1955, vol. 88, Situation politique au Maroc et en Tunisie（septembre 1954）, 27.10.1954.

＊29 Ibid; *DDF*, 1954, doc.287, p. 595

＊30 MAE, Maroc 1950–1955, vol. 3, Fouchet à Lacoste, Action politique et sociale à entreprendre dans un avenir immédiat, 8.9.1954.

＊31 MAE, Maroc 1950–1955, vol. 655, Mendès à Fouchet, n°182/SC, 21.9.1954.

＊32 NARA, RG 59, CDF, 771.00/10–2154, Hoover to Tangier, no. 74, 21.10.1954.

＊33 前述のように、これは一九五四年初めからフランス政府が検討していた案であり、政府はモハメドと旧知の仲であったイザールに頼んで彼の意向を探ろうとしたのである。

＊34 Bernard, *The Franco-Moroccan Conflict*, pp. 229–234.

＊35 *DDF*, 1954, doc.287, p. 596, note 1; Bernard, *The Franco-Moroccan Conflict*, pp. 229–235.

＊36 MAE, Maroc 1950–1955, vol. 161, Mendès-France à Marotuni, n°6582, 20.11.1954.

＊37 The Dwight D. Eisenhower Library〔以下、DDEL〕, White House Office NSC Staff; Papers, 1948–61, OCB Central Files Series, Box. No. 61, OCB 091.4 Africa,（File #1）(2),〔3.1954–11.1956〕, 'Detailed Development of Major Actions Relating to US policy on French North Africa', 14.4.1955.

＊38 NARA, RG 59, Lot 58 D 45, Entry 1293, Box 2,〔French Policy〕, Memcon, 19.10.1954. また、後述するように、フランス国会が一九五四年一二月末にドイツ再軍備問題について討議を予定していたことも、ダレスの好意的な対応に繋がったと考えられる。

＊39 MAE, Maroc 1950–1955, vol. 161, Bonnet à Paris, n°6740/47, 29.11.1954. Ibid., La Tournelle à Paris, n°709/710, 2.12.1954.

＊40 *DDF*, 1954, doc.426, Bonnet à Mendès-France, n°7011/7013, 9.12.1954.

＊41 *Yearbook of the United Nations*, 1954, p. 85.

＊42 *FRUS*, 1952–1594, XI, p. 662, Dulles to Lodge, no. 316, 11.12.1954.

＊43 *DDF*, 1954, doc.443, Hoppenot à Mendès-France, n°3532/353, 13.12.1954; *UNGA Official Records*, vol. 9, 1954, First Committee, p. 518.

＊44 *Ibid*., p. 534. これは、一九五四年六月二九日にインドシナ情勢に関連して米英両国首脳が、特定の国の名を挙げずに、あらゆる民族は自由選挙に基づいて統一すべきであるとの原則を述べたものである。*DDF*, 1954, n°443, p. 906, note 1.

＊45 *FRUS*, 1952–1954, XI, p. 662, Dulles to the US Mission at the UN, 11.12.1954, footnote 3.

＊46 これは実質的には摂政評議会のことである。しかし、フランス外務省は王位評議会という名称を好んだ。「摂政」という言葉が別のスルタン、つまりモハメドが在位していることを含意してしまうと考えたからである。

＊47 「緊密な紐帯」の原語は l'interdépendance であって、直訳すれば「相互依存」である。これは、国際政治理論で用いられる

「相互依存」とは異なる意味で使われている。この場合は、二国間の強い紐帯を指しており、モロッコにチュニジアと同様に主権を付与することになっても、その後もモロッコをフランスの影響力圏に留め置くという意味である。このため本書では以下で、「緊密な紐帯」という訳語を用いる。

＊48　Bernard, *The Franco-Moroccan Conflict*, p. 255; Georges Izard, 'Le "Secret" d'Antsirabé', in *Etudes Méditerranées*, n°4（printemps, 1958）.

＊49　モハメドの要求するモロッコ主権が独立よりも穏健と言えるのは、一九五四年七月のカルタゴ宣言のように、主権が認められても将来的に独立に繋がらないことも論理的にはありうるからである。独立を前面に出さずに主権の要求に留めることによって、たとえば国内自治でもよいとの含みを持たせているわけであり、その分、柔軟な姿勢を示していると言えよう。

＊50　*DDF*, 1955, I, doc.26, Lacoste à Fouchet, n°110（1 à 5, 7）, 12.1.1955.

＊51　ウラマーについては、第3章第一節を参照。

＊52　*Ibid*. p. 77.

＊53　*Ibid*. p. 79.

＊54　MAE, Maroc 1950–1955, vol. 91, Situation politique au Maroc（Février 1955）.

＊55　*DDF*, 1955, I, doc.131, Lacoste à July, n°545/560, 15.3.1955; TNA, FO 371/113831, JM 1016/13, Casablanca to Hayman, 24 P/55, 14.3.1955.

＊56　*L'Année politique*, 1955, p. 213.

＊57　*DDF*, 1955, I, doc.280, Lacoste à July, n°1517/1–2, 14.5.1955.

＊58　アルジェリア情勢は一九五四年一一月の武装蜂起以来、悪化を続けており、五五年三月三一日にはフランス議会が非常事態を宣言するまでになっていた。バンドン会議はインドネシアのバンドンで開催された国際会議で、参加したアジア・アフリカ諸国が第三世界の反植民地ナショナリズムを鼓舞した。

＊59　この段階ですでに、フランス当局がアラファの廃位を検討しているという噂がモロッコで流れていた。五月九日、エル・グラウイはマスメディアに「スルタン位の問題は宗教的なものであり、外の勢力が干渉することは許されない」という談話を発表している。*DDF*, 1955, I, doc.280, p. 640, note 1.

＊60　Edgar Faure, *Mémoires II*（Plon; Paris, 1984）, p. 265.

＊61　この委員会の主要メンバーは、フォール以外に、ジュアン元帥、戦争大臣のケーニグ将軍、ブルジェス＝モヌリ（Maurice

Bourgès-Maunoury）内務大臣、フリムラン財務大臣であった。

＊62 *DDF*, 1955, I, doc.325, Lacoste au Ministère des Affaires marociannes et tunisiennes, n°1802/1807, 7.6.1955.

＊63 MAE, Maroc 1950–1955, vol. 89, Lacoste à July, n°1909/1917, 12.6.1955.

＊64 *L'Année politique*, 1955, p. 246.

＊65 *DDF*, 1955, I, doc.343, p. 779, note 1. イザールがフォールに対して、前年一二月のアンツィラベで合意された計画の概要を伝えたのはこの数日前だったと考えられる。王位委員会の設立から始まる改革案に、モハメドとナショナリストが賛同したことにパリ政府は自信を持ち、本格的に改革を開始するために、異論を唱えるラコストの解任に踏み切ったのであろう。Izard, 'Le "Secret" d'Antsirabé', p. 74.

＊66 TNA, FO 371/113806, JF 1072/6, Paris to the Western Department, FO, no. 10723/37/55, 24.6.1955.

＊67 DDEL, Dulles, John Foster Secretary of State: Papers 1951–1959, Subject Series Box no. 6 North African Survey-1955 Julius Holmes [re U.S. policy toward North African countries], Dillon to Dulles, 16.6.1955.

＊68 *DDF*, 1955, I, doc.300, Pinay à Couve de Murville, n°7878/7881, 26.5.1955; doc.351, MAE à Washington, n°9205/9210, 20.6.1955.

＊69 NARA, RG 59, CDF, 751 S.00/6–2355, London to State Department, despatch no. 3764, 23.6.1955.

＊70 TNA, FO 371/113803, JF 1051/3, Jebb to Eden, 23.3.1955.

＊71 興味深いことに、その後北アフリカ情勢に関連して、アメリカも類似の見解を共有することになる。一九五八年二月、アルジェリア反乱軍を援助している基地がチュニジアにあるとの情報を得たフランス空軍は、アルジェリアとの国境に近い同国のサキエト村を爆撃する。この事態を受けて米英両政府はフランス政府に対して両国の査察団を受け入れるよう「最後通牒」を送付したが、この直前にダレス国務長官は次のように述べている。「もしアルジェリア問題をフランスの手から取り上げるようなことをすれば、フランスで激しい反応を招き、NATOを破壊してしまうだろう」と。つまりアルジェリアでの統制力をフランスが失い、その結果影響力を失えば、米英に対する世論の反感が急激に高まり、NATOからフランスが脱退する事態になるだろうとの危惧である。Connelly, *Diplomatic Revolution*, p. 161.

＊72 TNA, FO 371/113806, JF 1072/5, Makins to Kirkpatrick, no. 10643/1/55/55, 30.6.1955.

＊73 注71で述べた「最後通牒」の文言に、アメリカはアルジェリアの民族自決を承認するよう盛り込もうとしていた。しかし、フランスを刺激する表現を削除すべきだというイギリス政府の助言を容れ、民族自決には言及しない文面を送付した。つまり、「アルジェリア問題をフランスの手から取り上げるようなこと」を慎むよう、アメリカに助言したのはイギリスであったと言え

る。Connelly, *Diplomatic Revolution*, p. 161.

＊74　TNA, FO 371/11806, JF 1072/6, Paris to Western Department, no. 10723/37/55, 24.6.1955.

＊75　NARA, RG 59, CDF, 751S.00/7–255, Paris to Dulles, no. 24, 2.7.1955. フォール首相がアメリカの意見をなぜ聞く気になったのか、理由は不明である。しかし、アメリカの支持を利用して、フランス国内のリベラルな論調を促し、国内と政府内でリベラルな勢力を有利にできると考えたのではないか。ちょうど一九五二年九月にチュニジア問題の国連討議を受諾するか否かをめぐって、シューマン外相が他国の助言に耳を傾ける旨声明を発表したのと通ずるものがある。

＊76　NARA, RG 59, CDF, 751S.00/7–555, Tangier to the Dulles, no. 2, 5.7.1955.

＊77　*DDF*, 1955, II, doc.27, July à Faure, 12.7.1955.

＊78　Ibid.

＊79　退位と廃位の区別は、第3章の注10を参照。

＊80　*DDF*, 1955, II, doc.28, Grandval à July, n°2326/2333, 13.7.1955.

＊81　*Ibid.*, doc.63, Grandval à July, n°2542/2545, 28.7.1955.

＊82　*Ibid.*, doc.75, Grandval à July, n°2594/2600, 2.8.1955.

＊83　TNA, FO 371/113806, JF 1072/7, Jebb to FO, 18.7.1955.

＊84　DDEL, Papers 1951–1959, Subject Series Box no. 6 North African Survey-1955 Julius Holmes［re U.S. policy toward North African countries］, Dulles to Dillon, 13.7.1955.

＊85　アフガニスタン、ビルマ、エジプト、インド、インドネシア、イラン、イラク、レバノン、リベリア、パキスタン、フィリピン、サウジアラビア、シリア、タイ、イエメンの一五か国である。*Yearbook of the United Nations*, 1955, pp. 63–65.

＊86　*DDF*, 1955, II, doc.98, Pinay aux Représentatives diplomatiques de France à l'étranger, circulaire n°62, 9.8.1955.

＊87　*Ibid.*, doc.76, Grandval à July, n°2601/2645, 2.8.1955. グランヴァル計画では、新スルタンは二年間の空位の後に擁立されることになっていた。

＊88　この表現は、新スルタンとしてモハメドでもアラファでもない三番目の人物を選ぶことを指している。

＊89　摂政評議会と王位評議会という表現の相違については、本章の注46を参照。

＊90　彼は一九五二年六月以後、中東・南アジア・アフリカ担当国務次官補の任にあった。

＊91　*FRUS*, 1955–1957, XVIII, doc.28, Paris to the State Department, no. 526, 4.8.1955.

＊92 NARA, RG 59, CDF 771.00/7–2155, Dillon to Dulles, no. 282, 21.7.1955.

＊93 *FRUS*, 1955–1957, XVIII, doc.28, Paris to the State Department, no. 526, 4.8.1955.

＊94 *Ibid*., doc.182, Paris to the State Department, no. 489, 2.8.1955.

＊95 TNA, FO 371/113806, JF 1072/11, Paris to FO, no. 290, 4.8.1955. グランヴァル自身も、モハメド五世からフランスの改革案への了承を取り付ける必要があると主張している。*DDF*, 1955, II, doc.76, Grandval à July, n°2601/2645, 2.8.1955.

＊96 TNA, FO 371/113806, JF 1072/10, Makins to FO, no. 1790, 1.8.1955. フランスは、相互防衛援助計画（MDAP, Mutual Defense Assistance Program）と呼ばれるスキームに基づいて、インドシナ戦争のために多くの装備をアメリカから供与されていたが、今度はそれをアルジェリア戦争で転用していた。

＊97 TNA, FO 371/113806, JF 1072/10（b）, FO to Washington, no. 3158, 3.8.1955.

＊98 *DDF*, 1955, II, doc.99, Couve de Murville à Pinay, n°4217/4228, 9.8.1955.

＊99 NARA, RG 59, CDF, 651.71 A/7–2655, Tangier to Dulles, no. 36, 26.7.1955.

＊100 TNA, FO 371/113806, JF 1072/10（b）, Ramsden Minute, 2.8.1955. 新聞を利用するのは、もともとはジェッブ駐仏大使のアイデアであった。

＊101 Faure, *Mémoires II*, pp. 391–392.

＊102 NARA, RG 59, CDF, 771.00/7–2855, Paris to Dulles, no. 419, 28.7.1955.

＊103 *FRUS*, 1955–1957, XVIII, doc.28, Paris to the State Department, no. 526, 4.8.1955.

＊104 TNA, FO 371/113806, JF 1072/14, Makins to London, no. 464, 18.8.1955. しかしダレスはイギリス側に同意する一方で、「何らかの直接行動が必要になるかもしれない可能性に、われわれは心を閉ざすべきではないと考える」と付け加えている。

＊105 DDEL, Dulles, John Foster Secretary of State: Papers 1951–1959, Subject Series Box no. 6 North African Survey- 1955 Julius Holmes［re U.S. policy toward North African countries］, Dillon to Dulles, 16.6.1955.

＊106 この委員会は、一九五五年六月初めに設置されたものである。本章二三二頁を参照。

＊107 Gilbert Grandval, *Ma Mission au Maroc*（Paris: Libraire Plon, 1956）, p. 193; CARAN, Edgar Faure, 505 APII, 345, Maroc,［Août 1955, Comité de Coordination］, sans titre, non daté. なお、なぜ九月一二日という特定の日付が挙がっているのかは不明である。

＊108 Grandval, *Ma Mission*, p. 201.

＊109 *DDF*, 1955, II, doc.332, p. 741, note 2.

*110 *Ibid.*, doc.107, p. 241, note 1.

*111 *Ibid.*, doc.113, Grandval à July, n°2855/2861, 17.8.1955; doc.117, Grandval à July, n°2884/2887, 18.8.1955.

*112 *Ibid.*, doc.116, p. 259, note 1, Grandval à July, n°2873/2878, 17.8.1955.

*113 *Ibid.*, doc.118, Grandval à July, n°2894/2899, 18.8.1955.

*114 *Ibid.*, doc.129, p. 296, note 2.

*115 ホームズも、この危険性を八月九日の時点で指摘していた。*Ibid.*, doc.112, Couve de Murville à Massigli, 16.8.1955.

*116 *Ibid.*, doc.131, p. 302, note 2.

*117 *Ibid.*, doc.144, Note, Conversations franco-marocaines d'Aix-les-Bains, 27.8.1955. スリマネは、かつてフェズのパシャであった人物であり、ベッカイと同じくモハメド五世寄りの穏健派ナショナリストであった。

*118 *L'Année politique*, 1955, p. 263.

*119 *DDF*, 1955, II, doc.125, Lucet à Pinay, n°1530/1538, 19.8.1955.

*120 レバノン、イラク、イラン、エジプト、インド、ビルマの六か国である。

*121 *Ibid.*, doc.135, Lucet à Pinay, n°1580/1586, 24.8.1955.

*122 *Ibid.*, doc.149, Alphand à Pinay, n°1672/1677, 30.8.1955.

*123 *Yearbook of the United Nations*, 1955, p. 64.

*124 *Le Monde*, 31.8.1955.

*125 危機解決の計画をめぐってフォール首相と衝突していたグランヴァルは、この一週間ほど前に辞意を漏らしていた。MAE, Maroc 1950–1955, vol. 3, Grandval à July, n°33/42, 23.8.1955.

*126 *DDF*, 1955, II, doc.150, Instructions du Gouvernement au Général Boyer de Latour Résident général de France au Maroc, 30.8.1955.

*127 エクス・レ・バン会議で合意された項目に、イスティクラール党はモハメド五世がフランスに移送されるまでは内閣に参加しないこと、ただし移送する前も内閣を支持することが含まれていた。*Ibid.*, doc.144, Note de M. Duhamel, Conversations franco-marocaines d'Aix-les-Bains, p. 366.

*128 *Ibid.*, doc.165, circulaire n°68, Pinay aux Représentatives diplomatiques de France à l'étranger, 3.9.1955.

*129 *Ibid.*, doc.157, Instructions du Gouvernement au Général Catroux et à M. Yrissou, 1.9.1955. この訓令でも明らかなように、フランス政府は、イザールが二度目に訪問した一九五四年一二月よりも、前スルタンが態度を硬化させていることに気づいていた。こ

れは、エクス・レ・バン会議に見られるようにフランスがナショナリストの見解を重視し始めたため、ナショナリストに支持されたモハメドの発言力が高まったからである。彼は王位評議会を承認しないのではないか、またフランス本土への移送以上のものを要求するのではないかといった懸念があった。

*130 *Ibid.*, doc.171, Latour à July, n°3174/3177, 6.9.1955.

*131 *Ibid.*, doc.198, Latour à July, n°3290/3210, 10.9.1955.

*132 *L'Année politique*, 1955, p. 269.

*133 *DDF*, 1955, II, doc.185, Teitgen à Soucadaux, n°162/166, 8.9.1955.

*134 *Ibid.*, doc.188, Soucadaux à Teitgen, 9.9.1955. ベッカイの使節団はアンツィラベに九月五日に到着している。

*135 *Ibid.*, doc.190, Soucadaux à Teitgen, n°347/352, 9.9.1955.

*136 *L'Année politique*, 1955, pp. 269–270.

*137 *DDF*, 1955, II., doc.190, Soucadaux à Teitgen, n°347/352, 9.9.1955.

*138 この合意は九月一二日にフランス閣議で了承された。なお、公表されたのは、独立がほぼ確実視されるようになった、一九五五年一一月に入ってからである。*L'Année politique*, 1955, p. 270; *Le Monde*, 8.11.1955.

*139 MAE, Cabinet du Ministre, Pinay, vol. 13, Position Anglaise sur la Question Arabe, non daté.

*140 Kent, *The Internationalization*, pp. 306–307; Joseph Roger de Benoist, *L'Afrique Occidentale Française de 1944 à 1960* (Dakar, 1982), pp. 162–163. この法律は、策定に尽力したドゥフェール（Gaston Defferre）海外領土相の名をとってしばしばドゥフェール法と呼ばれる。

*141 *DDF*, 1955, II, doc.204, Pinay à de La Tournelle, n°705/708, 12.9.1955.

*142 タンジールは第二次世界大戦後、イギリス、フランス、アメリカ、スペイン、イタリア、ベルギー、オランダ、ポルトガル、ソ連の代表から構成されるタンジール管理委員会（Tangier Control Committee）が統治してきた。しかし、ソ連は委員会に代表を送らず、欠席を続けていた。*FRUS*, 1952–1954, XI, p. 138, 'The Current Situation in North Africa', 12.9.1952.

*143 *DDF*, 1955, II, doc.205, Pinay à Latour, n°1231/1233,12.9.1955.

*144 *Ibid.*, doc.213, MAE à Tournelle, n°722/726, 14.9.1955. 九月一五日にアメリカ国務省は、パリとマドリッドのアメリカ大使館を通じて、アラファをタンジールに移送する計画に同意するようスペイン政府に働きかけている。NARA, RG 59, CDF, 771.00/9–1555, Hoover to Paris, no. 1042, 15.9.1955.

＊145 *DDF*, 1955, II, doc.225, p. 525, note 3.

＊146 *Ibid*., doc.225, Tanger à July, n°164/167, 18.9.1955.

＊147 NARA, RG 59, CDF, 771.00/9–2055, Hoover to Tangier, no. 154, 20.9.1955; 771.00/9–2155, Tangier to Dulles, no. 141, 21.9.1955.

＊148 *DDF*, 1955, II, doc.196, July à Latour, n°1200/1203, 10.9.1955.

＊149 *L'Année politique*, 1955, p. 271.

＊150 *DDF*, 1955, II, doc.223, Réunion du samedi 17 septembre chez M. July, Procès-verbal.

＊151 *Ibid*., doc.221, Latour à July, n°3171/3173, 16.9.1955.

＊152 TNA, FO 371/113806, JF 1072/18, Conversation between the Secretary of State and Holmes on October 6 1955.

＊153 *DDF*, 1955, II, doc.227, Panafieu à July, n°3290/3291, 20.9.1955.

＊154 *Ibid*., doc.235, Latour à July, n°3297/3302, 22.9.1955. モンテル（Pierre Montel）はフランス下院国防委員会の委員長である。

＊155 *Ibid*., doc.240, note 3.

＊156 *Ibid*., doc.234, Pinay à Tournelle, n°763/765, 22.9.1955.

＊157 *Ibid*., doc.233, July à Latour, n°1318/1320, 22.9.1955.

＊158 NARA, RG 59, CDF, 771.00/9–1255, Dillon to Dulles, no. 1123, 12.9.1955.

＊159 *DDF*, 1955, II, doc.237, July à Latour, n°1331/1334, 23.9.1955.

＊160 *Ibid*., doc.250, July à Latour, n°1361/1364, 27.9.1955. ピネーは、アメリカ側からモロッコ問題についてフランスの立場を説明するよう求められたため、演説することになったものと考えられる。一九五二年秋に、当時のシューマン外相がアチソン国務長官に促されて総会で演説を行ったのと同じである。

＊161 NARA, RG 59, CDF, 771.00/9–2955, Dillon to Dulles, no. 1445, 29.9.1955.

＊162 *UNGA Official Records*, vol. 10, Plenary Meetings, p. 154.

＊163 ただし彼は出発直前、従兄弟にスルタンの地位を譲ると声明を出した。こうして彼は、公式には王位評議会の正統性を否認したのである。*L'Année politique*, 1955, pp. 273–275, pp. 283–284.

＊164 本会議では延期に賛成五一、反対〇だった。棄権したのは五か国である。*Yearbook of the United Nations*, 1955, pp. 63–65.

＊165 TNA, FO 371/113835, JM 1016/151, Jebb to FO, no. 382, 29.9.1955.

＊166 *DDF*, 1955, II, doc.259, July à Latour, n°1418, 1.10.1955.

*167 しかしフェズ条約を修正する意図がないにもかかわらず、フランス政府は新しい両国関係について言及したのは、前述した九月上旬のイスティクラール党の声明に配慮したためと考えられる。

*168 エジプトが東側からの軍備を求めた理由と、この軍備協定以後の中東の国際関係は、池田亮「スエズ危機と一九五〇年代中葉のイギリスの対中東政策」『一橋法学』第七巻第二号、四九四頁を参照のこと。

*169 *DDF*, 1955, II, doc.275, p. 617, note 2.

*170 この集団は、アルジェリアの武装反乱組織とも連携を保っていた。Roger Le Tourneau, *Évolution politique de l'Afrique du Nord Musulmane 1920–1961*（Paris: Librairie Armand Colin, 1962）, p. 245. テテュアンはスペイン領モロッコの中心都市の一つである。

*171 Pierre Boyer de Latour, *Vérités sur l'Afrique du Nord*（Paris, Librairie Plon, 1956）, p. 173.

*172 *DDF*, 1955, II, doc.275, p. 617, note 2.

*173 *Ibid*., doc.271, p. 610, note 1.

*174 *FRUS*, 1955–1957, XVIII, doc.29, Memorandum, Holmes to Dulles, 29.9.1955.

*175 *Ibid*., doc.184, Memorandum of a Conversation, State Department, 3.10.1955.

*176 TNA, FO 371/113806, JF 1072/18, Conversation between the Secretary of State and Holmes, 6.10.1955.

*177 TNA, PREM 11/951, Conversation between the Secretary of State and the American Ambassador, 14.10.1955.

*178 TNA, FO 371/113806, JF 1072/20, FO Minute by Phillip, 5.10.1955.

*179 *Le Monde*, 6.10.1955.

*180 *Ibid*., 7.10.1955.

*181 *L'Année politique*, 1955, p. 287.

*182 *Ibid*., p. 285.

*183 *DDF*, 1955, II, doc.332, p. 739, note 1.

*184 *Le Monde*, 9/10.10.1955.

*185 Bernard, *The Franco-Moroccan Conflict*, pp. 328–329.

*186 *DDF*, 1955, II, doc.273, Madrid à Pinay, n°1882/SGL, 4.10.1955.

*187 *Ibid*., doc.304, Melilla à Pinay, n°179/AL, 15.10.1955.

*188 *Le Monde*, 22.10.1955.

＊189　*DDF*, 1955, II, doc.309, p. 687, note 1.

＊190　*Ibid.*, doc.309, Pinay aux Représentatives diplomatiques de France à Madrid, n°851/858, 18.10.1955.

＊191　*Ibid.*, doc.332, Note du Ministère des Affaires marociannes et tunisiennes, 25.10.1955.

＊192　Ibid.

＊193　Ibid.

＊194　*L'Année politique*, 1955, pp. 288–289.

＊195　*DDF*, 1955, II, doc.334, Rabat au Ministère des Affaires marociannes et tunisiennes, n°3644/3655, 26.10.1955; *Ibid.*, doc.334, p. 744, note 1.

＊196　ただし、フォール首相がグランヴァル総督にモハメドの復位を仄めかしていたように、フランス政府にとって彼の復位はまったく予想外というわけではなかった。しかしフォールは、復位はあるとしても、もっと先になると考えていた。この点については、本章第三節で述べた。

＊197　一九五五年一〇月初頭、イギリスの閣議において、マクミラン外相は「他のアラブ諸国、たとえばイラクに、ソ連と取引してもなんの得にもならないと理解させるよう、措置を講じるべきだ」と論じている。イラクはエジプトとは異なり親英路線を堅持していたが、エジプトがソ連から大量の軍備を購入するならば、イラクですら親英路線を放棄して中立主義に寝返るかもしれないという恐れがあった。当時、アラブ・イスラエル間で軍事的緊張が高まっていたため、イラク軍部も軍拡を熱望していたからである。TNA, CAB 128/30, CM 34（55）, 4.10.1955.

＊198　池田亮「イギリスの対中東政策と対ソ脅威認識、1955–56：スエズ危機の前史として」『一橋法学』第九巻第一号（二〇一〇年）。

＊199　現にエジプトは、一九五五年一〇月下旬にシリア・サウジアラビアと軍事協定を締結し、軍備供給を約束している。TNA, FO 371/115525, V 1073/1151, Damascus to FO, no. 414, 22.10.1955; V 1073/1171, Cairo to FO, no. 1539, 26.10.1955.

第 8 章

モロッコの独立

1955 年 10 月－1956 年 5 月

モハメド五世（前列右）に忠誠を誓うエル・ファシ（前列左，イスティクラール党指導者）
出典：*L'Histoire*（no. 307, Mars 2006）, p. 71.

第7章で議論したとおり、エル・グラウイがモハメドの復位を容認した結果、モロッコの独立は不可避となった。フランスはモハメドを実効的な協力者とみなし、彼を中心に国内を政治的に統一させようと目論んだのである。従来、チュニジアで脱植民地化が先に進行し、それにモロッコが続いてきたが、ここにきてモロッコが先に独立を承認されるという逆転現象が発生した。そして今度は「独立」の内容をめぐり、モロッコ国内の政治勢力間、そして仏モロッコ間で複雑な交渉が繰り広げられる。一九五六年三月に至って両国政府の交渉は妥結し、フランス政府はモロッコを独立させるという原則を認めた。この結果、スルタンは権威を大幅に拡大することに成功し、一九五五年秋以来続いていた軍事反乱は終息に向かった。

第一節　モハメド五世の復位と組閣

フェズ条約の修正

エル・グラウイがモハメド五世の復位を認めたため、モロッコの政治状況は根本から覆った。モハメドの復位を阻む要素が、すべて消滅してしまったからである。そして復位が避けられなくなると、イスティクラール党は態度を変化させた。一〇月二七日に同党が発表した声明は、以下の三点に要約できる。[*1] ①エクス・レ・バン合意はすでに現状にそぐわなくなった。王位評議会は存在理由を失っている。②人民が一致してモハメド五世を支持している以上、フランスはフェズ条約に基づいてモロッコの内政と外交に介入する権利を失った。③臨時政府は、モハメド五世の帰還後に樹立されるべきである、というものだった。

そもそもフランスは、国内反対派からスルタンを守るという口実で、モロッコを保護国にしたのであった。それゆえイスティクラール党の主張は、決して根拠のないものではなかった。同党はついに、保護国体制の終了を正面から要求し始めたのである。さらに同党は、スペイン領とフランス領モロッコの統一も達成しようと考えた。

フランスは、もはやモハメド五世の復位を阻むつもりはなく、その後どう対応するかに関心を移していた。こうした情勢の激変は、クーヴ・ド・ミュルヴィル駐米大使が的確に指摘したように、もはや「エクス・レ・バン計画の射程を完全に超えて」[*2]いた。そのためフランス政府は、国内自治体制の樹立という従来の計画そのものを放棄し、まったく新しい計画を策定することを迫られたのである。フランスの恒久的プレゼンスを確実にするため、なんとしてもモハメドがモロッコに帰還する前に彼から保証を取り付ける必要があった。チュニジア・モロッコ情勢省が廃止されたため、再び監督官庁になった外務省は、一〇月三一日の覚書でモハメドの思惑をこう予測している。それは、①彼は反仏的態度ではなく、親仏的態度に基づいて、将来のモロッコを導いていくつもりだろう。②フェズ条約に代えて、新しい仏モロッコ協定を締結するべく交渉を開始するのがよい。③交渉に従事するのは、自分が自由意思に基づいて選抜したモロッコ内閣でなければならない。④フランス総督府は、直接統治を廃止しなければならない、というものだった。

逆に外務省は、フランス政府の採るべき立場を以下のように要約している。

1　モロッコの問題が国際的な関心事となるのは、極力回避する。それをスペインは表立って、アメリカは密かに望んでいる。

2　今後は、〔フェズ条約の〕不可侵性というテーゼに固執するのは不可能である。しかし以下の条項は除外して考える必要がある。

a　タンジールとスペイン影響力圏に関する条項。これを修正すれば、国際的な厄介事を創り出してしまう。

b　スルタンに対するフランスの関与に関する条項。

c　フランスに留保された、改革の主導権に関する条項。

d　防衛と外交に関する条項。

3　モハメド五世をして、さまざまなモロッコ世論の潮流を含む、大同団結の政権を樹立する必要性を知らしめる。

4　直接の行政統治を効果的に終了し、かつ統制を段階的に放棄すべく、われわれは忠実に振る舞うことを望む。[*3]

この覚書は、フランス政府がついに、モロッコの保護国体制を規定したフェズ条約を修正する必要を認めた点で画期的であった。ただし2のcとdが示すように、フランス当局は改革のイニシアチブと防衛・外交権は保持すると決意していた。これは、チュニジアの国内自治体制と似てはいるものの、改革を主導するという意味では、よりフランスの統制力の色濃い体制だと言える。また、フランス領モロッコの問題はスペイン領に飛び火する可能性がある以上、チュニジアよりも常に国際的な関心事となる危険があった。

それでは、フェズ条約の修正はなぜ決定されたのであろうか。モハメド五世やイスティクラール党など国内で独立を求める政治勢力が強いことを考えれば、保護国体制をどう修正しようと、現地勢力の要求をエスカレートさせ、独立に繋がる恐れがあった。そして言うまでもなく、独立の承認はフランス連合にモロッコを加盟させるという目標の放棄を意味した。つまりフェズ条約の修正は、戦後のフランス植民地政策の根幹に関わる問題だったのである。そのようなリスクを冒してまでフランス政府が方針転換を余儀なくされた理由は、第7章の末尾で議論したとおりである。モハメド五世がこの時点でも独立の要求を捨てていない以上、フランス側がまったく譲歩を示さなければ、逆にモハメドがフェズ条約の破棄を宣言する恐れがあった。国民の多くから絶大な支持を得ている彼には、それが可能だったのである。

このシナリオは、二つの意味でフランス側には脅威であった。第一に、モハメド五世のリーダーシップのもとフランスの影響力圏を離れてしまう危険があった。一〇月三一日にラトゥール総督はパリ政府に宛てて「スルタンがフェズ条約の破棄に反対しなければ国際会議が開かれ、われわれはモロッコを失うことになるだろう」[*4]と書き送っている。実際、イスティクラール党のバラフレジ事務総長が、条約の破棄と国際会議の開催を要求する声明を一一月三日に出している。[*5]第二の脅威は、この中立主義的独立が達成されると、フランス人入植者の利権が消失する可能性があった。モハメド五世に譲歩するのは、そうした入植者の不安を鎮める狙いもあったのである。ナショナリストの態度の硬化に入植者が不安を感じている現状では、「もしモハメド五世が、〔独立を求める〕イスティクラール党や抵抗勢力に似た計画を公に唱えるならば、社会に平穏をもたらすことができるかもしれない」[*6]からであった。ここで抵抗勢力とは、武力闘争を開始していた解放軍を指す。つまり、彼の復位が独立かそれに近い案を伴わなければ、ナショナリストたちの要求に押されてモハメドはフランスとの交渉なしに独立を宣言するか、あるいはそれをモハメドが拒んだ場合、ナショナリストと入植者の対立などから内戦に陥る危険が高かったのである。一〇月初頭から頻発した武装蜂起がこの危惧に拍車をかけていた。

こうしてフランス政府は、モハメド五世の権威によってイスティクラール党を統制して秩序を回復できるなら、穏健な独立もやむを得ないと考えるようになった。フランスがなにも譲歩しなければ、モハメド五世はナショナリストの信頼を失い、権威が失墜することは明らかであった。それはモロッコの内戦を意味しており、エジプトなど外国勢力が介入すれば、フランスの影響力が霧散する危険も十分あった。すでに議論したように、当時の両国の政治指導者の目には、モハメドの復位と独立の承認が常にワンセットでなければならないことが、明らかであった。

こうしてフランス政府は、何らかの形でモロッコの「独立」を承認することを決定した。しかし独立とはいっても、その具体的な内容は、フランス側にもモロッコ側にも一致した意見はなかった。そもそも外務省の一〇月三一日の覚書のように、フランス政府には、外交と防衛の権利を与えないまま「独立」という地位を与えることが可能だという議論すらあったのである。一方、モロッコ国内にも、親仏的な独立を目指すべきか、エジプトに倣って中立主義的な独立を目指すか、多様な政治勢力が存在した。両国間で、またモロッコ国内でも、「独立」という概念の均衡点をめぐって新たな駆け引きが始まる。

モハメド五世の帰還

一〇月三一日、アラファが公式に退位を表明し、スルタン位の法的正統性はモハメド五世へと移った。[*7] 同じ日、フランス政府もまた公式に彼の復位を宣言した。[*8] 彼はこの翌日からパリ近郊で精力的にナショナリスト指導者やフランスの主要政治家と会談を重ね、今後のモロッコについて協議を始めた。

一一月四日、フランス外務省はモロッコ情勢の方向性を見定める必要があると論じている。

モロッコは、フランス人の正統な利権は保障しつつ、民主的な政治体制の設立に向かい、恒久的な紐帯によってフランスとの連帯を保つのだろうか。それとも、モロッコは東洋世界に向かい、強引に獲得した独立を通じて、アラブ連盟諸国の特殊なイデオロギー的テーゼや政治制度に与するのだろうか。[*9]

フランスが、前者を望んでいたのは言うまでもない。興味深いのは、モロッコはフランスのもとを離れたら、アラブ連盟、とくにその盟主であるエジプトを頼る可能性が高いとみていたことである。前述のとおり、当時のエジプトはアラブ中立主義を鼓吹しており、他のアラブ諸国にも広げようとさかんに反仏・反英宣伝活動を行っていた。

エジプトとモロッコの間に楔を打ち込むべく、近代的な政治制度を構築するために積極的に支援すべきだというのが、外務省の見解であった。

一一月五日から六日にかけて、フォール首相とモハメド五世はパリ近郊で会談を行い、モロッコの地位について合意に達した。会談後のコミュニケは、モハメドがモロッコ内閣を樹立し、モロッコを「両国が自由意思に基づいて合意した緊密で恒久的な紐帯を通じてフランスと深い関係を維持する、独立国家の地位」に導く、とある。[*10]このコミュニケはフェズ条約の破棄には触れなかったものの、「独立国家の地位」に言及した点は重要である。「独立的」国家である以上、本章の冒頭で説明した一〇月三一日の外務省覚書の想定とは異なり、外交や防衛に関する権限をフランスが維持することはきわめて困難であった。フランスに「独立国家の地位」に言及させたことは、モハメド五世にとって収穫であったと言ってよい。フランスにとっての収穫は、モハメドがモロッコを「緊密な紐帯」を伴う親仏的国家にすると保証したことであった。両者に満足のいく取引だったと考えられる。フランスにしてみれば、独立が避けられないのであれば、強い影響力を保持したいのは当然であり、逆に言えばモハメドの確約を得られなければ、独立に言及するコミュニケを発表しなかったであろう。

ではモハメド五世は、なぜフランスと協力することを選択したのか。一〇月七日に彼と会談を持ったフランス外務省の高官は、マグレブ解放軍、ナショナリストたち、伝統主義者、フランス人入植者といったモロッコ国内勢力の間で深刻な対立があり、モハメド五世が危機意識を抱いていると論じている。

亡命指導者たちの要求に押されてイスティクラール党が態度を硬化させる一方で、パシャやカーイドといった伝統主義者は、封建制度が強力な民衆運動によって掘り崩され瓦解しつつある状況に狼狽している。この状況でモハメド・ベン・ユーセフ陛下が、対立する諸勢力の宥和を助ける人物を探していることは議論の余地がない。モロッコ人だけではなくフランス人の中からも、彼はそのような人物を見つけようとしている。今日までモロッコ人どうしを対立させ不和の温床を育ててきたフランスではあるが、彼の考えでは、内戦を回避するための理想的な同盟者となりうるのだ。

このフランス高官は、フランス政府がモハメドの要請に応えるべきであると勧告し、さらに「「分割して統治せよ」という古い植民地統治の原則を適用しようとするのは、最悪の失策だ」と付け加えている。[*11] 内戦の脅威が迫るほどの深刻な対立を前に、モハメド自身がフランスのプレゼンスを必要としていた。

脱植民地化政策研究ではしばしば軽視される点だが、新興国家にとって、独立とは最終目標ではなく国家建設の出発点である。そのためには少なくとも最初は外国の支援に頼らざるを得ないが、問題はどこの国から支援を期待できるか、という点であった。前述のように、ナショナリストのうち最も急進的な勢力はエジプト的な中立主義を主唱しており、当然エジプトの支援に頼ることを想定していた。イスティクラール党のなかには、アメリカをはじめとする西側諸国に支援を求めようとする動きもあった。しかしこうした急進的な勢力がモハメドに代わって国内の実権を握れば、次に予測されるのは封建秩序の急激な崩壊であった。これらの勢力がいわば上からの革命を断行することにより、伝統主義者を駆逐して国家の近代化を図ることは明らかだからである。伝統主義勢力にとっては、従来からの庇護者であるフランスが最も危険の少ない存在であった。反対にナショナリストにとっても、急進的な勢力を除けばフランスとの同盟は受容できる範囲だった。この意味で、モロッコ国内勢力を束ねるべき指導者であるモハメド五世にとっても、最も無難な勢力はフランスだけであった。独立を獲得できるのであれば、伝統主義者を反目させてまで中立主義路線を採る必要はまったくなかったのである。彼は、最小悪の選択としてフランスとの同盟を選んだと言える。

アラブ中立主義の脅威が高まるなか、モハメドの復位が決定的になって以来、フランスは従来の方針を転換して、ナショナリストではなく彼を協力者とせざるを得なくなった。だが問題は、モロッコの秩序を回復するには彼の権威が不十分なことだった。モハメドに権威を与え、「実効的な協力者」とするためには、独立を約束するしかなかった。彼が、親仏姿勢を堅持したままモロッコ国民の支持を維持し、政治共同体の分裂を回避するには、この手段しか残されていなかったのである。独立を付与すればフランス連合の維持に悪影響を及ぼすことは必至だったが、それは甘受しなければならないとフランス政府は判断する。

イスティクラール党の抵抗

しかし、一一月六日のフォールとモハメド五世の宣言は、イスティクラール党のエル・ファシら、最も急進的な勢力によって拒絶された。ファシは一一月八日、この宣言はモロッコ人民にとって到底受け入れられるものではない、と声明を発表する。[*12] 彼は、フランスはフェズ条約の破棄にまで踏み込むべきであり、モハメド五世にそう主張すべきだと促していたのである。

モハメドの復位の決定を受けて、フランスのモロッコ総督も交代し、一一月一一日は新任のデュボワ（André-Louis Dubois）がラバトに到着した。[*13] モハメド五世もただちにスルタンに復位し、その翌週、両国交渉の最終的な目的を発表した。

交渉の結果、保護国体制は終了するだろう。（中略）しかし独立は、二国家間の、変わらぬ強固な連携と、今後のますます緊密な協力を排除するものではない。フランスとの関係は、アラブ諸国民との紐帯の維持と両立しないわけではない。

つまりスルタンは、独立後にフランスとアラブのどちらかを選択する必要はなく、いずれとも緊密な関係を維持できると主張した。まさに国内の諸勢力間でバランスをとり、国家の瓦解を回避することを目指した発言であったと言えよう。そして彼は、将来のモロッコ政府が、国内体制の整備や、立憲君主制の下での民主的制度の構築などを目指すと続けている。[*14]

スルタンの帰還が独立の展望を開いた以上、それは同時にフランス領とスペイン領モロッコの統合という可能性を生んだ。そしてフランス領がスペイン領よりも大きく、しかもスペイン領のカリフはスルタンの代理人である以上、実質的に統合はスペイン領がフランス領に編入されてしまうことを意味していた。したがって、スペイン当局がモハメドの復位に反発したのは当然であった。一九五五年一二月末の段階で、フランス政府は「この数年スペイン政府は、モロッコに関してまったく建設的な施策をとってこなかった」[*15]と記している。スペインが抵抗しているため、スルタンとナショナリストは、統一のチャンスを逃さぬよう、スペインに働きかけなければならなかった。もし両地区が別個に独立してしまえば、その後の統合が困難になるのは必至だからである。ナショナリストたちは、スペイン側との接触を開始することが、独立交渉の過程で統合の展望を開くと考えた。

エル・グラウイがモハメドの復位を承認したわずか二日後、フランスのトゥルネル（Guy Le Roy de La Tournelle）駐スペイン大使が本国政府へ、スペイン政府がモロッコの独立に反対していると伝えている。近代化の遅れたモロッコの社会制度が脆弱であるため、社会不安を利用して共産主義が浸透する可能性が高いというのが、その論拠であった。[*16]これを見たアメリカ国務省は、スペイン政府の説得を試みる。一一月一日、ダレス国務長官はマドリッドを訪問してフランコ総統と会見し、フランスによる問題解決を妨げないでほしいと要請した。[*17]国務省は、モロッコの穏健なナショナリストと良好な関係を保てば、「ナショナリズム運動が急進的なパン・アラブ主義者に取り込まれる恐れは減る」ため、スペインを協力的にすることができるだろうと考えていたのである。モロッコ・ナショナリズムがエジプトの鼓吹するパン・アラブ主義と結びつけば、最終的にソ連を利するだけだとスペイン政府も理解するだろう、と予測していた。[*18]

しかし国務省の説得によっても、スペイン政府は急には態度を変えなかった。カサ・ロハス駐仏大使は一一月一一日、帰国前のモハメド五世と会談を持った。その席でカサ・ロハスは、スペイン政府は一貫してアラファを正統なスルタンと認めてこなかったと強調したうえで、わが国と事前協議することなく、モロッコの新しい地位についてフランスと合意しないようモハメドに要請した。モハメド五世は、スペインの正統な利害を考慮に入れると約束するが、実際には親仏的姿勢を崩すことはなかった。彼は会談ののちにフランス政府に対して、「スペイン政府の自尊心を満足させる方法を見つけることは可能か」と問うたものの、自分は親仏的であり続けると強調した。[*19] モロッコ両地区の統合の可能性が非常に高い以上、スペイン当局の意向とは無関係にフランスの協力を得て国家建設を進めたい、というのがモハメドの判断であったと考えられる。

モロッコの外交権

だが、フランスとモハメド五世の期待どおりに事態は進行しなかった。というのも、モハメドは帰国を果たしたものの、武装集団の活動は収まる気配を見せなかったからである。[*20] 彼が復位したとしても、フランスから曖昧な約束を得ただけでは、人民の独立への熱意を満足するには十分ではないことは明らかだった。現に、モハメドの権威はいまだ完全には確立されておらず、彼の権威に武力をもって対抗する集団が存在していた。さらに、一一月一九日にはラバトを含む主要都市で、多くのパシャやカーイドが虐殺される事件が発生し、フェズ地方では社会の混乱を利用して税の支払いを拒否する運動まで起きていた。[*21] スルタンは人民に平静を呼びかけたものの、リフ地方の武装集団を名指しで非難することもできなかった。これら武装集団が愛国的な目標を掲げる以上、名指しで非難すれば、かえって人心が離れる可能性があったからである。さらに、イスティクラール党もまた、スルタンを無条件に支持しているとは言えなかった。一一月二一日の党執行委員会は、スルタンが発表した一一月一八日声明について大筋では了承したものの、来る仏モロッコ交渉がフェズ条約の破棄を含む独立を明示的に目標として掲げるのでなければ、新政府に加わらないとの立場を表明した。[*22] 同党員の参加なしに、いかなる新政府も機能しないのは明白であった。こうして最大のナショナリスト政党は、フランス当局とスルタンの双方に対して、フェズ条約の破棄と保護国体制の終了を迫ったのである。

フランス政府が、一一月初旬にモハメド五世と合意した「独立国家の地位」という概念を超え、より明確な独立の承認を決意するのは、まさにこのような状況下であった。イスティクラール党がフェズ条約の破棄を迫ってから、フランス政府は、モロッコへ外交および防衛の責任を移譲することに急に積極的になった。現に一一月一七日にはピネー外相が駐スペイン大使館に対して、新しい仏モロッコ関係について以下のように書き送っている。「フェズ条約の基本的条項、とくに防衛と外交の面でフランスに委託された責任を維持することに関わる条項は、消滅することはないであろう[*23]」。つまりこの時点では、フランス側はモロッコに二つの権利を与えることは想定していなかったのである。ところが、イスティクラール党の態度が明白になると、フランス政府はこの二つの権利を与えて完全独立を承認する方針に転じるのである。

一一月二二日、スルタンはベン・スリマネを首班とする内閣を断念した。ベン・スリマネはイスティクラール党の反対を受け、首相就任を辞退していた。[*24] エクス・レ・バン合意に従って王位評議会は彼を首相に任命したが、彼はもはや危機を乗り切る正統性を持っていないとみなされたのである。モハメド五世は主だった政治集団と協議を重ね、[*25] 一一月二六日、ベッカイを新首相に任命する。これを受けたイスティクラール党は、「わが党の重要度に見合った閣僚ポストを得ることを条件に」ベッカイ内閣への参加を受諾した。[*26] こうして、外交権・防衛権を持つことをもって初めて「独立」とみなすことにつき、両国政府の間で、そしてモロッコの諸政治勢力間でようやく合意が達成されたのである。パリではアルジェリア問題の影響でフォール内閣が一一月二九日に倒れたが[*27]、フランス政府はこの方針を変えず、モロッコの独立に向けて準備を進める。

一一月三〇日、デュボワ総督がパリに送った報告によると、ベッカイはすでにモロッコ人のみからなる新内閣の組織に同意し、閣僚ポストのうち九をイスティクラール党、六をＰＤＩ、五を他の勢力に割り当てると決定した。デュボワが受け取った訓令によれば、「フランス人顧問は閣僚に協力しなければならない[*28]」とあった。つまり、フランス人顧問が新内閣でしかるべき助言を行うという条件付きではあったが、イスティクラール党員の入閣を認めていることから、フランス政府は外交・防衛権を有するモロッコの独立をすでに容認していたことが、ここから見て取れる。同じく一一月三〇日、デュボワはベッカイから、両国の交渉が妥結するまでは、フェズ条約が両国関係の法的基盤として効力を有することを確認する書面を受け取った。これは「フェズ条約に従ってモロッコ総督に留保された権限は、（中略）損なわれていない。つまりモロッコ閣僚の権限は、モロッコ政府と総督府の合意の結果として決定される[*29]」ことを意味していた。こうして二国間交渉に際しても、主権国家と保護国という従来どおりの関係で協議すべきだと両政府間では合意に達したのである。

他方、一二月初めに開催されたイスティクラール党大会は、主権を相互に尊重しつつ二国間交渉を行うべきだとする建議を採択した。両国が緊密な連携を保つとしても、その内容は独立が承認された後で初めて定義されるべきだと強調された。したがって、ベッカイ首相とイスティクラール党の間には依然として決定的な意見の相違があった。また同党はこの建議で、モロッコは独立後に軍隊を持たなければならないこと、これまでパシャとカーイドが権力を独占してきた地方行政でも、今後は三権分立の原則に基づいて地方豪族は行政権のみ行使すべきであるとした。ただし独立国家モロッコはフランス人入植者の利権を保護しなければならないと論じている。最後の点は別として、このようにイスティクラール党はモロッコ政府よりもおおむね強硬な姿勢を示していた。しかし、デュボワ総督は党内にも意見の対立はあり、強硬派はエル・ファシによって指導されているだけだと理解していた。[*30] そして穏健派のバラフレジがホームズ米領事に述べたように、ファシの立場は「党内ではかなりの傍流だ」[*31] というのが実情であった。こうしてフランス側は、この党をベッカイの路線に近づけることが可能だと判断していたのである。

一二月七日、ベッカイはイスティクラール党員を含む内閣を組織した。一二月半ばに彼はデュボワ総督に対して、フェズ条約が両国の交渉期間中も法的に有効であることを確認する文書を提出している。つまり、入閣する前は強硬な姿勢を見せていたイスティクラール党も、この点については譲歩したのである。ただし、モロッコ側は一方的に譲歩したわけではない。ベッカイは一二月一九日の覚書で、モロッコ政府に国内治安維持の権限を移譲すべきだと新たな要求をした。[*32] この要求はフランス側にとっては意外であり、国内治安はフランスが大部分の責任を保有することにモロッコ政府は同意するものと考えていた。一二月初めの時点で、スルタンの関心がリフ地方での反乱に向いていると外務省は認識しており、その結果、治安維持についてはモロッコ人の能力を超えているとして交渉で押し切れるだろうと楽観視していたのである。[*33]

ベッカイ内閣がこのように強硬な姿勢を見せる一方で、スルタンは早期の独立交渉の開始を望んでいた。モハメド五世が治安維持について妥協的な姿勢を示したことには、別の狙いがあった。彼はリフ地域の反乱軍の活動を懸念しており、[*34] 独立を獲得したと国民に早急に知らしめることで、国内で権威を確立しようと考えていた。フランスからさらなる譲歩を引き出すよりも、権威を確立するほうが彼にとって優先順位が高かったのである。一二月二一日、モハメド五世はデュボワ総督に対し、早期に交渉を開始できるようコティ大統領に書簡を送りたいと述べ、意欲的な姿勢を示した。デュボワは、翌年一月二日に予定されている総選挙が終わったら、できるだけ早い時期に交渉を開始したいと回答した。そして、本交渉の前に、予備交渉を一月前半から開始できるだろうと付け加えている。

この数日後、フランス総督はモロッコ側に、一九五六年二月半ばに交渉を開始する旨通達した。[*35]

第二節　仏モロッコ議定書

スペインとの合意

一九五五年一二月半ば、スペインのガルシア＝バリーニョ（Rafael Garcia-Valiño）高等弁務官は、スペイン領モロッコの自治権獲得を支持する旨、声明を出した。[*36] フランス政府がモロッコの独立に向けて準備を進めるのを見て、ついに抵抗を諦めたと言える。そして一二月末、ロハス駐仏大使はフランス外務省のマシグリ事務次官に対して、翌一九五六年一月にフランス領・スペイン領の代表者会談を開きたいと通知した。[*37] 一月一〇日に開かれた会談では、デュボワ総督が、両国の事務レベルで接触を続けること、リフ反乱については軍事協力を模索することを提案し、スペインの了承を得た。このようにスペイン当局は態度を軟化させつつあった。イギリス外務省は、それまでスペイン当局はリフ反乱に好意的中立を保ってきたものの、この反乱がスペインにとっても脅威になりつつあると理解したことが変化の理由だと論じているが、[*38] おそらくこの観測が正鵠を得ていると考えられる。

スペイン当局も、自国領内にファシらの目指す中立主義的独立を支持する勢力が強いこと、ゆえにその勢力を抑え込む必要があることを認識していた。それには穏健派ナショナリストとの協力が不可欠であるため、やはりフランスと同じような改革を行わなければならない、というのがガルシア＝バリーニョの見解であった。[*39] ナショナリストと協力すればモロッコの統一は近づき、スペイン領がフランス領に吸収されてしまう可能性は高まるが、それもやむを得ないと考えるようになったのである。一月一三日、スペイン政府は、現地当局およびカリフとの合意に基づいて、スペイン領モロッコに「自治（l'autogouvernement）」を導入する意図があると声明を発表した。[*40] 本節の冒頭で言及した声明と同じ内容であるが、今度はスペイン本国政府という高いレベルで基本路線が公表されたのである。しかし、このようにスペインが改革に前向きであると公表したことは、逆にモハメド五世やベッカイを不安にさせた。スペイン政府は、両地区の統合について何ら言及していなかったからである。デュボワが一月一〇日のバリーニョとの会談をモハメドとベッカイに伝えたとき、二人は両地区それぞれに政府が存在すれば統一が難しくなり、事実上の分断につながるのではないかとの懸念を示した。さらに両者には、別の懸念があった。スペイン地区政府がファシの勢力下に入れば、モロッコ全体にそれが広まりかねない[*41]。そこでフランスは、スペインに警告することにした。スペイン政府に宛てたフランス政府の一月一七日付書簡には、「スペイン政府はモロッコ統一と両立しないような政府機構を樹立する意図がない[*42]」ことをモハメド五世に示すべきである、と記されていた。

一九五六年一月半ば、モロッコでは二種類の活動が治安を脅かしていた。一つはリフ反乱であった。「ファシの名前を引き合いに出し、彼と同じような「真の」民族解放を目指す」ナショナリストたちが、モロッコ人兵士の士気に悪影響を及ぼしていると、デュボワはパリに報告している。つまり、ファシの活動の結果、彼こそ真の民族解放の闘志だと人民が信じれば、当然フランスのプレゼンスは危うくなる。だからこそ、スルタンはフランス政府に対して独立に向けた交渉を早く始めるように促したのである[*43]。もう一つは、北西部の都市であるウジダなど、アルジェリアとの国境付近でテロリストの活動が続いていた。スルタンが人民に平穏を呼びかけても、大きな効果はなかったのである。そこでピネー外相は、一月一八日、「警察権力をパシャとカーイドに返還すべきだ[*44]」というデュボワの提案を了承する。こうして警察権力は確かにモロッコ人の手に委ねられることになったが、これは同時に、パシャら伝統主義者の権力を削ぐべきだというイスティクラール党の主張をもフランス政府が退けたことを意味していた。こうして地方では、新生モロッコ政府が警察を直接管理するのではなく、従来どおりパシャらの伝統的権力の支配下に置かれた。社会情勢がいまだ混乱していたため、権力をスムーズに移行する必要があったわけだが、地方では近代的なモロッコ政治体制が貫徹することなく、旧来の権威が存続した。デュボワの頭の中では「明らかに問題は、スルタンかエル・ファシのどちらが勝利するか」[*45]だと、ホームズ領事がアメリカ国務省に書き送ったように、スルタンの権威はまだ完全に確立されているとは言いがたく、ファシの勝利に終わる危険もあると観測されていた。

デュボワによれば、スルタンをはじめモロッコの政治家たちは、交渉開始の時点ですでに独立を既成事実とみなし、独立を達成した主権国家として臨むべきだと考え始めていた。明らかにこれは、イスティクラール党が一九五五年一二月初めに「主権を相互に尊重しつつ二国間交渉を行うべきだ」と表明した立場に呼応するものであった。デュボワは本国政府に対して、フェズ条約を明白に破棄して「スルタンがイスティクラール党の野望を出し抜くこと」[*46]を可能にすべきであると勧告している。つまりフランスに対して強硬な態度を示すことにより、独立に向けた主導権を同党に奪われないように、モハメド五世に政治的支持を与えるべきだというのである。一向に治安が安定しないことにいら立ったモハメド五世は、一日も早く独立を獲得して、自身の権威を確立しようと躍起になっていた。「フランス当局が誠意を見せない限り、リフ反乱軍に武器を置くよう呼びかけるつもりはない」[*47]とまで、彼はマスコミに語っている。リフ反乱軍に投降を呼びかける取引条件として、代わりにフランスは治安維持の権限をモロッコ政府へ移譲せよ、というのである。

一九五六年一月三〇日、モロッコとアルジェアに駐在するフランス政府官僚たちは、意見交換の場を持った。その席で、両地域には同じ脅威が迫っていると指摘された。

フランスはマグレブとの緊密な紐帯を維持しようと努めているが、それを水泡に帰そうと企む同じ動きがモロッコとアルジェリアに見られる。(中略)特定のイスラム指導者は「第三勢力」たらんと長年夢見てきたが、その影響力が大西洋岸に到達するまでこの動きは止まないのではないか。モスクワから多方面にわたって支援を受け、少なくとも一時的には、スペインからも協力を得たようだ。[*48]

ここでいう「特定のイスラム指導者」とは明らかにエジプトのナセル首相を指しており、「第三勢力」とは彼の鼓吹してきたアラブ中立主義の勢力であった。フランスは、ナセルがモロッコとアルジェリアのナショナリストに、中立主義の立場を示すよう促していることを知っており、それによって北アフリカをフランスの勢力圏から離脱させようとしていると認識していた。そして反仏活動家たちの一部は、エジプトで訓練を受けているとの情報も得ていたのである。[*49]

またモロッコに関しては、次のように論じられている。

世論の目に、スルタンと政府が成功を勝ち取ったと映るよう、われわれが支援することが決定的な意味を持つ。そうすれば彼らは時機を見て、カイロと距離を置くがアラブ世界とは断絶せずに、〔アラブと西欧の〕中間の道を選ぶ勇気を持つことができるだろう。モロッコが、この中間の道を選択することをわれわれは希望している。

かくしてフランスの外交官たちは、スルタンとモロッコ政府が成功を収めていることを世論に印象づける必要があると説いた。フランス政府は二月に入って、スルタンらに同調してモロッコへの独立付与を急ぐが、その背景にはこの会議の見解があったと考えられる。[*50]

独立交渉の開始

他方、フランスでは、一九五六年一月二日の総選挙の結果、社会党が勝利を収め、党首のモレが一月三一日に新内閣を発足させていた。外相に就任したのはピノー（Christian Pineau）であり、前年一〇月に一度は廃止されたもののこの内閣で復活したチュニジア・モロッコ情勢相には、サヴァリが任命された。社会党はかねてより、両国問題に関してリベラルな立場を表明してきた。同党が選挙で勝利を収めたことは、フォール内閣期と同様に、世論がモロッコとの交渉を支持していることを示していた。アメリカのディロン駐仏大使にサヴァリが語ったように、モレ内閣は議会の多数派を得て、問題の決着に大いに自信を持っていた。[*51] 二月一一日には、モロッコに国内自治を与える協定が両国間で妥結され、独立に向けた交渉を行うためにモロッコ政府が持つべき法的権限が正式にフランスから移管された。[*52]

両国の交渉は、予定どおり二月一五日に開始された。フランス側の代表は、ピノー、サヴァリ、デュボワ、マシグリであり、モロッコ側からはベッカイ首相と三人の交渉担当の国務大臣が出席した。二月一八日付のフランス政府覚書によれば、主要論点は四つだった。①モロッコ国家の法的地位、②独立、③両国間の緊密な紐帯、④その他である。①について覚書は、イスティクラール党の見解とは異なり、フェズ条約が現時点では有効であること、それゆえ両国は同等の法的地位にはないことを確認している。②についてはこう記述されている。

> モロッコの独立とは、国内・国外における完全な政治的自律を指すと考えなければならない。独立に伴う権能（軍事、外交）はすべて付与されねばならない。妄信的なパン・アラブ主義者が、現政権のナショナリストから権力を奪いとるのを阻止するために、こうした権能は必要である。（中略）われわれが提示する案がすべての権能を包含しなければ、モロッコに受け入れられる可能性は低いだろう。

第三の緊密な紐帯とは、経済的紐帯、技術支援、外交と防衛における連帯などを指すとされた。このうち防衛に関して、モロッコにフランス軍が駐留を継続することが不可欠であるが、それには今までとは別の正当化が必要だと覚書は指摘した。従来、フランスは保護国体制を根拠にこの駐留を当然視してきたが、独立後はその根拠がなくなるのは自明であった。今後はアルジェリア戦争を理由にしなければならないが、国際的な批判を浴びることは覚悟しなければならなかった。それを最小化するためにはアメリカの支援が必要であるが、もし「緊密な紐帯」が保護国体制の焼き直しに過ぎないと受け取られれば、アメリカから支援を得られないとフランス外務省は考えていた。[*53]

交渉が始まると、モロッコ側は予想どおり、まずフランス政府が独立の承認を宣言することが肝要であり、それから主権国家として「緊密な紐帯」について話し合いたい、との基本姿勢を示した。これに対してフランス側は、「緊密な紐帯」のないモロッコの独立を議会は承認しない、と拒絶した。[*54] しかし、すぐにフランス側は譲歩を示す。実は、すでに前モロッコ総督ラトゥールは数日前、チュニジア・モロッコ情勢相のサヴァリに、誠意がないと非難されぬよう、フェズ条約を破棄し独立を認める意志を公表すべきだと勧告していた。[*55] 結局、両国政府は、まず独立を承認するものの、そのための条件として、「緊密な紐帯」の内容を定義する交渉に入る意思を表明する、という妥協を図った。こうして交渉の第一段階は三月二日に終了し、フランス政府は「外交・防衛に関わる権利も含めモロッコの独立を承認する」と宣言した。また共同コミュニケは、両国政府が「両国間の緊密な紐帯の内容を確定するための交渉を開始する」と謳った。[*56] 両国政府の合意は三月二日協定という通称で呼ばれた。さらに「移行期間中は、駐モロッコ仏軍の現在の地位は据え置く[*57]」ことでも両者は合意した。つまり、アルジェリアとの国境を警備する権限については、両国が合意するまでは引き続きフランス軍が保持することが了解されたのである。

したがって、一九五六年三月二日をもってモロッコの保護国体制は終了したというのが通説的理解であるが、フランス政府の観点からすればこの理解は正確ではない。緊密な紐帯の内容について交渉が妥結しない限り、独立国であるモロッコの権限は確定しない、というのがフランスの立場だからである。外交、防衛、軍事といった重要な論点については、来るべき交渉の過程で両者が決定しなければならなかった。この点に関して、マシグリはあるアメリカ外交官に興味深い発言をしている。

フランスは大筋において、過去にイギリスが用い、成功を収めてきた路線に従ったに過ぎない。モロッコに紙の上ではすべてを与えるが、実際には本質的な影響力は残すことを期待する、という路線だ。*58

本書の序章で、イギリスの脱植民地化政策について概説した。イギリスはすでに一九四七年に、インドとパキスタンに独立を付与した。またそれ以前にも、カナダ・オーストラリアなど白人植民地には広範な自治権を承認し、第一次世界大戦後は独立国としての地位をも容認してきた。フランス政府によるモロッコの独立承認は、このようなイギリスの政策に倣ったものだったと言える。共同主権の原則を放棄した一九五四年七月の決定に続き、フランスの植民地政策は再び大きな転換を遂げた。

モロッコの独立に関する三月二日の宣言が、世論に与えた心理的効果は絶大であった。数日後、外務省は譲歩をしなければならなかった理由をこう述べている。

一一月以降のモロッコは、伝統主義者の退潮と民族解放の熱意が暴力的に結晶化したことで、革命前夜の様相を呈していた。（中略）リフ反乱は、拡大こそしないものの、消滅することもない。国内の他の地域、とくに内陸地方では、フランス人・モロッコ人の地方官吏は、ますます権威を維持しづらくなっている。モロッコ人兵士の士気は深く傷ついた。（中略）それぞれ違った理由によるが、ソ連、エジプト、スペインが体制の転覆を狙っている。それを阻止するためには、スルタンを無条件に支援することが唯一の手段であるように考えられる。[*59]

現に、この宣言により、スルタンはモロッコ人民から熱狂的な支持を得ることができ、権威の確立に成功する。[*60]国際世論も、三月二日協定を歓迎した。イギリス大使のジェッブは三月六日の声明で、「フランスがモロッコ・チュニジア問題に与えた解決策は称賛すべきものであり、偉大なる近代国家の名に値する」[*61]と絶賛している。ついで一一日に開催された英仏首脳の会談で、イーデン首相はモレ首相に対して、ナセルの影響力に対抗するため、イギリスは北アフリカにおけるフランスのプレゼンスを支持すると確約した。[*62]またアメリカ政府も三月七日、二つの声明を発表している。一つ目はモレに宛てて、モロッコの独立を祝い、緊密な仏モロッコ関係をアメリカは支持すると伝えていた。二つ目はスルタン宛てであり、独立の承認を祝福する声明であった。[*63]こうして英米両国政府ともに、三月二日協定を歓迎したものの、両者の態度は若干異なることが見てとれる。イギリスがフランスの立場に無条件の支持を与えているのに対し、アメリカは仏モロッコの友好関係をより強調していた。そしてより本質的な違いは、アメリカがこの時点で「独立の承認」に言及した点であり、モロッコに対して強い支持をイギリスよりも明確に表明したといえる。つまり、イギリス政府はフランスに配慮してまだ承認を控えていたが、アメリカ政府はこの段階でモロッコの独立を承認したのである。

第三節　外交関係の樹立

リフ反乱の終結

ラバトに帰還した直後、モハメド五世は三月七日に演説を行い、独立を勝ち取ったことを高らかに謳った。

フランスはモロッコの独立を承認し、かつ主権に伴うすべての権能の行使を承認した。フランスはまた、モロッコの領土的統合を保障することも約束した。

われわれは法的義務を果たし、何ら制約なく、国軍を組織し、外交代表を派遣するであろう。[*64]

続けて彼は国民に対し、平静と秩序の回復を訴えた。ただし、リフ反乱軍を名指しで批判することは今回も避けた。[*65]

フランスが独立を原則的に承認したため、スペイン政府もモロッコ政府との交渉を急ぐ。三月九日、ロハスはフランスへ、「スペインも、緊密な紐帯を保つ独立を（中略）承認する準備がある」[*66]との文書を提出した。三月半ばには、マドリッドへスルタンを招聘する。スルタンはこれを機にモロッコの統一を図りたいと期待したが、自分がスペインを訪問すると仏西関係に悪影響を及ぼすのではないかと懸念もした。この懸念を知ったサヴァリは、デュボワ高等弁務官[*67]を通じて、フランス政府はマドリッド訪問に反対していないこと、三月二日協定を忠実に履行する意向であることをモハメド五世に伝えている。ただしサヴァリ自身、この訪問がフランスとの協議なく行われているように見えれば仏モロッコ関係に重大な影響を及ぼすと考えていた。このため彼は、マドリッドにはフランス人顧問が随行しなければならないと、伝えさせた。[*68] スルタンは、ただちにこれを了承した。[*69]

三月二日協定は、今までスルタンの権威に異議を唱え続けてきた勢力の態度を一変させた。三月一三日にエル・ファシは公式声明で、スルタンの停戦の呼びかけをリフ反乱軍も理解するであろうと述べた。従来、スルタンを中心とする新政治体制に批判的だったファシが、態度を軟化させたのである。まさにこれこそが、仏モロッコ両国政府の狙いであった。ファシは三月半ばに自身の立場を公表した。[*70] それは、①モロッコは一九五六年末までに国連加盟を実現する、②モロッコはアラブ連盟に加盟する、③モロッコはアメリカ軍基地に関する合意を受け入れない、④タンジール地方はただちに統一モロッコに編入される、というものであった。こうして彼は、依然としてモロッコ政府より強硬な立場をとっていたものの、明らかに三月二日協定を受け入れることを前提としていた。かつて中立主義的独立を唱えていた頃とは、根本的に立場を変えたのである。

なお、ファシが三番目に挙げたアメリカ軍基地に関する米仏協定[*71]は、独立が迫ると米仏モロッコ三国政府間の争点となった。アメリカ国務省は基地使用権を失いかねないと心配し、フランス外務省は米モロッコだけで協議を進めるのではないかと懸念した。[*72] モロッコ政府のなかにも、ファシが言うとおりこの協定を自動的に更新するのではなく、より自国に有利になるよう改正しようという意見もあった。結局、この問題はその後何ら進展が見られないまま独立後に持ち越しとなり、米仏モロッコ三国で改めて協議することになった。[*73]

ファシに続き、イスティクラール党穏健派のバラフレジも三月一五日にＡＦＰのジャーナリストに「一週間以内にリフ闘争は終結するかもしれない」と語った。彼も事態が鎮静化しつつあると認識していたのである。さらに三月一七日には、タンジールの政治指導者が解放軍指導者と、数日前に接触するのに成功したことがル・モンド紙で報じられた。[*74] つまり、スペイン地区でも解放軍が軍事活動を停止する兆しが見えていた。このように秩序が回復する兆しが見られるのは、三月二日協定をはじめとして、これまでわが国が誠意ある対応をしてきた結果であると、デュボワは本国政府に書き送っている。[*75] 三月一八日には、イスティクラール党の会合においてエル・ファシが、「国家に責任を持つ人間として、今までにフランスから獲得した成果〔親仏的な独立を指す〕を承認する」と演説した。さらに彼は、独立にあたってエジプトから援助を受けることにも慎重な姿勢を示した。[*76] こうしてファシは、徐々に親仏的なスルタンとモロッコ政府に同調するようになる。さらに、三月二〇日にはデュボワ高等弁務官が、リフ地方など混乱が続いていた地域でも、反乱軍の姿勢が軟化しつつあるとの情報をパリへ伝えている。[*77] こうして一九五五年秋から始まった混乱は収束する兆しを見せ始めた。だが、後でも触れるように、今度はアルジェリア情勢が悪化し、モロッコも再び不安定な情勢になる。

交渉の再開

仏モロッコ交渉の第二段階は三月二四日に始まった。フランスのチュニジア・モロッコ情勢省は、今回の交渉は独立国家の名に値するよう、次の各分野で制度を確立するのが目的だとしている。①軍事・防衛、②行政・技術協力、③外交、④文化、⑤司法の五分野である。[*78] そして、両国代表が分野ごとに特別委員会を任命し、審議することで合意した。[*79] 以下では、モロッコが主権国家としての地位を対外的に示すために不可欠な①と③に絞って議論したい。

フランス政府は①の軍事・防衛問題について、いかに強い影響力を保持できるか、具体的にはモロッコ軍の編成にどれほど発言権を持ちうるかに関心を持った。同省の覚書はこう記している。

モロッコには、独力で防衛できる能力はない。フランスとの緊密な紐帯が必要なのである。〔中略〕モロッコにおけるフランス軍は、将来的には国内の治安維持には責任を負わなくなるであろう。

フランス側は、モロッコ政府軍の整備を手伝うべきだと考えた。兵士はモロッコ人から徴用し、将校はフランス人とモロッコ人で構成すべきだとした。こうしてモロッコ軍にも影響力を残そうともくろんだのである。そして、早くも三月二七日には防衛問題を審議する特別委員会が設置された。その席でモロッコ側は、モハメド五世がスペインを訪問する前に、モロッコ王軍を組織し、国王の権威の象徴にしたいと主張した。[*80]

③の外交面について覚書は、「両国は、お互いの利益に反するような目的をもった同盟には加盟しないことを約束しなければならない」と強調した。一見すればこれは双方を拘束するように見えるが、現実にはそうではない。すでにフランスが加盟している北大西洋条約機構などがモロッコの意向によって左右されるはずもなく、事実上、フランスの意向に沿わない同盟にモロッコを加入させないための議論であった。モロッコのアラブ連盟加盟自体はやむをえないとしても、フランスは、エジプトの影響で反仏色の強い同盟に加盟することを恐れていた。ただしフランス政府は、国際連合のような国際組織に同国が加盟するのは支援する意向であった。[*81]

その間スペイン政府は、フランスとの交渉が妥結する前に、スペインもモロッコと何らかの宣言を発表し、フランスと対等の地位を承認させようと画策していた。しかし、スペインの思惑を砕いたのはモロッコ政府であった。デュボワによれば、三月三〇日の時点で、スペイン・モロッコ宣言の内容について両国政府は合意に達しておらず、スルタンの訪問が延期される可能性すらあった。モロッコ政府はスペインの要求を拒絶し、スペインの国益を尊重するかわりに、国家の独立と統一を達成したいとの提案を行っている。[*82] 結局、スペインはフランスと対等の地位を得られないまま、フランス地区への事実上の吸収を認めさせられた。

エル・ファシが方針を大きく変えた結果、リフ情勢は次第に鎮静化していった。三月二九日、解放軍は一時停戦を宣言し、その翌日には解放軍指導者がラバトを訪問して、スルタンに対して忠誠を誓った。[*83] しかし、これは全解放軍がスルタンの権威に服したことを意味するものではなかった。解放軍はモロッコ人グループとアルジェリア人グループから成っており、スルタンの呼びかけに応えたのはモロッコ人だけであった。[*84] その後も、アルジェリア人グループは反乱を継続する。

四月四日、モハメド五世はマドリッドに向けて出発した。彼はフランコ総統と数度にわたって会談を持ち、四月七日にはモロッコの独立と統一を承認するスペイン・モロッコ宣言が発表された。三月の仏モロッコ宣言に続き、この宣言もモロッコ人民から熱狂的に歓迎された。[*85] フランスもこの宣言には満足した。スペインの地位がフランスよりも低く定められていたからである。スペイン・モロッコ宣言によれば、両国の関係は「自由な協力（libre coopération）」によって規定され、フランスとモロッコ間の「緊密な紐帯（interdépendance）」よりもはるかに脆弱な関係であった。[*86] 後日、デュボワ高等弁務官は本国政府に対して、親仏路線を堅持するというスルタンの意を受けたモロッコ政府が、いかにスペイン側の要求を拒絶したか報告している。

当初スペインは、フランスがモロッコに付与したものは真の独立ではないと主張した。（中略）ベッカイ首相は握りこぶしで机を叩き、フランスは本当にモロッコに独立を付与したのだと断言した。（中略）スルタンの強固な意志が、モロッコの利益に貢献しただけでなく、フランスの利益をも（中略）守ったのだ。[*87]

つまりモロッコの政府代表は、フランスの政策を弁護し、スペインと接近しない姿勢を明らかにしたのである。モロッコ側には、スペインとフランスを競合させてより良い条件で独立を獲得する選択もあったが、そうせずに親仏路線を維持したのであった。

王軍の設立

アルジェリアとの国境付近では、依然として不穏な情勢が続いていた。[*88] 解放軍のアルジェリア人グループがスルタンの呼びかけに応えなかったからである。この年三月にアルジェリアで武装闘争が激化すると、反乱軍がモロッコ領内に侵入し、それが治安の悪化をもたらしていた。このためフランス政府は、モロッコ政府から、治安維持の権限を早く移譲するよう迫られた。四月四日、ベッカイらモロッコ政府の閣僚はフランス当局と会合を持ち、警察におけるモロッコ人幹部の登用をこれ以上遅らせるべきではないと主張している。[*89] さらに、四月九日にスペインが警察権力をモロッコ側に移譲すると宣言したことも、フランス当局に早急な移譲を求めた要因であった。[*90]

フランスはこの要求に同意する。ただし、四月一二日にサヴァリは、次の要件を満たさなくては譲歩してはならないと総督へ命じた。第一に、フランス人および外国人の生命・財産を守るために、軍隊と憲兵隊（gendarmerie）を指揮する権限をフランスが保持すること。第二に、反乱軍が武装解除しない限りフランス軍が介入しなければならないこと、そしてアルジェリア国境付近の安全保障はフランス当局が主導権を保持すること。第三に、必要に応じてフランスの国土監視局（Direction de la surveillance du territoire, DST）がモロッコで活動することであった。[*91] こうしてフランス政府は、秩序維持に関してはきわめて強い権限を残そうと考えていた。アルジェリア反乱軍が、フランス当局の取り締まりを逃れるためモロッコ領内を拠点に活動する可能性は十分にあり、国境付近の警察権限を保持することはフランスにとって必須だったと言える。

スルタンはスペインから帰国するとすぐ、四月一六日に王軍の創設に関して声明を発表した。ラマダンの終了を祝うアイド・セギール祭の開催される五月一二日までには一万人規模の軍隊を整備したいと述べ、これがモロッコ王軍創設に向けた重要な第一歩となると発表したのである。リフ地方の情勢が鎮静化してきたとはいえ、依然としてアルジェリア国境を中心に不安定な状況が続くなか、モハメド五世は自己の権威を高めて新体制をより強固にしようとしたのである。また三月二日協定以後、イスティクラール党は体制そのものには反対しない、いわゆる体制内反対派となっていたが、それでもアルジェリア国境線の見直しや西サハラ領の領有を主張するなど、ナショナリスティックな態度を強めていた。[*92] これを見たPDIは、イスティクラール党がクーデタを企てていると批判するまでになっていたのである。[*93] モハメドがモロッコ王軍の創設を優先課題としたのはこのような事情からであった。四月二五日に開催された仏モロッコ会談では、一万五〇〇〇人規模の王軍の創設が決定された。[*94]

これとは対照的に、国内治安維持に関する両国の議論は合意に達しなかった。四月一六日にサヴァリはデュボワに対して、アルジェリア国境付近では、フランスが主導権を握るなどの条件を再び伝える訓令を送ったが、その三日後、モロッコ政府は治安維持の権限を内務省に移管するよう要求する声明を発し、両国関係は緊張する。四月二〇日にデュボワの補佐官であるラルエット（Roger Lalouette）はベッカイ首相と会談した際、権限移譲を実現するには、次のような条件が必要だと提示している。①フランス当局はフランス人の生命と財産を防衛するために介入する権利を保持すること、②アルジェリア国境沿いにフランス軍の兵士が巡回する権利を認めること、である。しかしモロッコ側は、二つ目の条件ではフランス軍の制服を着用しないことを求めている。[*95] フランス人兵士の巡回が、モロッコ人の国民感情を刺激することを避けるための配慮であった。こうして両国政府は、国内の治安権限について大筋で妥協できたのである。しかし防諜活動に携わるDSTについては、妥協は成立しなかった。四月二五日にモロッコ側はフランスに、DSTの権限を移譲するよう要請したが、サヴァリは翌日デュボワに訓令を送り、当面はフランスが権限を維持すると伝えさせた。間違いなくこの問題はチュニジアにも波及するからだというのが、その理由であった。[*96]

外交協定の締結

王軍の創設にめどがつくと、スルタンは外交面でも政府が権限の行使を開始すると決めた。アメリカ領事館が本国政府に送った、「軍隊の創設と外交権限の掌握を同時に提示することにより、スルタンは独立に不可欠な要素を着実に獲得していることを世論に印象づけようとしている」[*97]という報告は、的確な分析と言ってよいだろう。四月二三日、モロッコ政府は外務省を設置し、バラフレジを外務大臣に任命することを決定した。この決定を受けてフランス政府は、モロッコと諸外国の外交使節団の交換は、パリとの明示的な合意があるまでは不可能である、とモロッコ政府に警告した[*98]。前述のとおり、三月二日協定はモロッコに独立を付与するという原則を発表しただけであって、その後いかなる案件についても合意に至っていない以上、モロッコ政府に外交権はないというのがフランス側の理解であった。この意味では、フランス政府の警告は当然だった。しかしモロッコ政府による外務省設置の決定は、今すぐ外交関係を持てばモロッコ人民の歓心を買うことができると見ていた英米を悩ませることになる[*99]。英米の駐仏大使は非公式にフランス政府と協議したが、外交関係樹立に関するわが国とモロッコの交渉が完了するまで、外交使節団を交換しないでほしいというのがフランス側の回答であった[*100]。

モロッコ政府はフランス政府の説得に努めた。ベッカイは四月二八日、フランスの理解を得るべく、「まずフランスやスペインとできるだけ早く外交関係を樹立し、その後初めてエジプトやアメリカと関係を結ぶ」のがスルタンの意向だと伝えている。フランス側は、スペイン、アメリカ、イギリスなどが外交関係の早い開設を望んでいるため、モロッコは急いでいると観測していた[*101]。やむを得ず、パリ政府もモロッコとの外交関係の樹立を急ぐことを決定する。四月三〇日に本国政府は、バラフレジ外相をパリに招聘してモロッコの外交関係にめぐる問題を協議すべきだとモロッコ側に提案するよう、デュボワ総督へ指示した。モロッコの単独行動は、フランス議会の不安を招いていた[*102]。そのためフランス政府はモロッコの外務省設置自体は既成事実として追認し、五月一六日に開会するフランス下院でいかにして仏モロッコ協定を可決させるか、という点に関心を移し始めていた[*103]。

五月六日から八日にかけて、ベッカイ首相とバラフレジ外相はパリに滞在し、両国政府はモロッコが開設すべき外交関係の内容に関して合意に達した。フランス議会が了承すれば、この合意は一九五六年六月から効力を持つことになった。この合意は、重要案件についてはモロッコとフランスの間で事前に協議することなど、外交面でもフランスの影響力を色濃く残すものとなった。同日、「緊密な関係を定義するための協定」に向けて、両国政府が交渉に入ることも宣言され[*104]、その後ただちにチュニジア・モロッコ情勢相のサヴァリはラバトへ派遣された。

しかし、仏モロッコの外交関係が樹立される見通しが立つと、イギリスは予想外の反応を示す。五月一〇日、「ナセルを出し抜くために」、イギリス政府はモロッコの独立を承認し、仏モロッコ交渉の妥結と同時に外交関係を樹立する旨決定したのである。フランス政府は、まず議会の承認を得てからモロッコと諸外国の外交関係の樹立を認めようと考えていたが、それよりもイギリス政府の動きは早かった[*105]。そしてチュニジアの場合と同様、このイギリスの動きが仏モロッコ交渉に拍車をかけたのである[*106]。この動きは、一九五一年夏以後、一貫してフランス政府の立場を支持してきたイギリスの政策からは、若干逸脱していた。しかし、ナセルの中立主義により中東情勢が緊迫化するのを見たイギリス政府は、モロッコ国民がエジプトに親近感を持つ前に急いで独立の承認に踏み切ったのだと考えられる。

五月一五日、モロッコ王軍が公式に発足した。解放軍は王軍のパレードには加わらなかったものの、式典を妨害しないとモロッコ政府に約束していた。この式典にデュボワは、「モロッコ軍のパレードは両国の揺るぎない協力の象徴となり、政府と慎重に対峙したほうが得策だと解放軍に知らしめることだろう」[*107]と強い期待を寄せている。とはいえ、前述のとおりこれは解放軍のモロッコ人グループに当てはまるだけで、アルジェリア人グループは依然としてモロッコ国内で武装闘争を続けていた。五月半ばになっても、スルタンは当時ラバトに滞在中であったサヴァリにこのグループに対する懸念を漏らしている[*108]。

ところが、五月一五日にモロッコが発表したコミュニケはフランスを大いに驚かせた。この日モロッコ政府は

「スルタンは、ラバト駐在のスペイン代表を大使の地位に引き上げることに同意した」と発表した。スルタンはフランス議会の承認を待たずに、スペインと外交関係を結ぶようモロッコ政府に指令したのである。サヴァリは即座にベッカイに対して「モロッコ軍が発足した日にこのような決定に至ったことが、フランス議会と世論にどれほど悪影響を与えたか想像してほしい」と抗議した。[*109] だが、アルジェリア情勢が深刻化するなか、モロッコ側は民衆に対してフランスと距離を置いた姿勢を示さねばならず、フランス議会を慮る余裕などなかった。この時期モロッコ政府は、「アルジェリアでフランス軍が戦闘を継続中に、仏モロッコ外交規約の前文に「連帯」という文言を挿入するとは、言語道断である」と主張し始めていたほどである。とはいえ、王軍を提供したことで、モロッコ世論はフランスに対する態度を軟化させており、スルタンも早期にフランスとの外交協定を締結するだろうとフランス政府は確信していた。[*110]

だが、五月一八日、解放軍の一派が、フランス人兵士がモロッコ領内を巡回して治安維持にあたることを拒否する、と声明を出した。[*111] そしてその五日後には、フランス人兵士がアルジェリア国境付近で拘束され、捕虜になる事件が発生している。[*112] フランス外交官が「解放軍が支配するモロッコ東部では、スルタンは社会への統制力を失っている」[*113] とアメリカ側に伝えたように、アルジェリア情勢の悪化とともにモロッコの治安も深刻度を増していた。こうして、ベッカイがフランス当局に対して「フランス軍の巡回を中止しない限り、モロッコ政府はフランス人の安全を保障できない」と警告するまでに至ったのである。[*114] しかしサヴァリが五月三〇日に議会上院で確約したように、フランス政府はこの要請は拒絶した。[*115]

このように対立はあったものの、五月一九日に両国政府は外交協定に調印する。[*116] その内容は五月八日にフランス側が提示した協定案[*117] とほぼ同じであった。こうしてフランス政府は予定どおり、議会で討議を始める前に外交協定を調印することに成功したのである。[*118] 五月三一日からフランス議会は北アフリカ問題に関する討議を開始したが、それは六月二日に終了し、モレ内閣を二七一対五九（棄権は二〇〇）で信任することを可決した。[*119] こうしてモロッコは公式に独立を達成し、諸外国と外交関係の樹立を進めていく。

一九五六年七月、フランスはモロッコを国連の加盟国候補とすべきだと国連安保理で提起する。安保理の勧告に基づき、一一月一二日に国連総会はモロッコの加盟を承認した。八月九日にはスペイン領モロッコもモロッコ政府の管轄下に置かれることが決定し、統一が実現した。一〇月二九日には、タンジールの国際管理を終了し、モロッコ領内に編入することが決定された。外交と防衛以外の仏モロッコ間の緊密な紐帯については、行政・技術協力協定が一九五七年二月六日に、文化協定が一九五七年五月三〇日に調印された。[*120] こうしてモロッコは、国土の統一に成功し、フランスと強い紐帯を保ったまま独立を果たしたのである。ただし、本章でおもに扱った一九五六年六月以後、とくに七月下旬にはスエズ運河の国有化が発表されたことにより、ナセルの中立主義に触発されたモロッコでは反仏勢力が急激に力を増す。この結果、スルタンとモロッコ政府の権威は揺らいだまま、フランスとモロッコの緊張関係が続くのである。

注

＊1　*Le Monde*, 28.10.1955; NARA, RG 59, CDF, 771.00/11–355, Rabat to Dulles, no. 191, 3.11.1955.

＊2　MAE, Afrique-Levant 1944–1959, Maroc 1953–1959, vol. 4, “Sultan Ben Youssef”, Couve de Murville à Paris, n°6118/6121, 1.11.1955.

＊3　*DDF*, 1955, II, doc.342, Note du MAE, 31.10.1955.

＊4　彼はついで、一種のドミノ理論を展開している。それは、フェズ条約が一方的に破棄されれば、「アルジェリアは持ちこたえることができず、北アフリカ全体が失われ、残りの海外領土がそれに続くだろう」、というものであった。それほど切迫した危機感を持っていたわけである。*Ibid.*, doc.339, Latour à Pinay, n°3707/3710, 31.10.1955.

＊5　Bernard, *The Franco-Moroccan Conflict*, p. 335.

＊6　これはアメリカ駐モロッコ領事の報告にある表現である。NARA, RG 59, CDF, 771.00/11–355, Rabat to Dulles, no. 191, 3.11.1955.

＊7　彼はラバトを離れる際、自分の従兄弟にスルタン位を譲ると宣言し、フランス主導の改革が正統性を持たないとの立場を取っていた。第7章の注163を参照。

＊8　*Le Monde*, 1.11.1955.

＊9　*DDF*, 1955, II, doc.346, Note du MAE, 4.11.1955.

＊10　*Ibid.*, doc.369, p. 817, note 4. 原文は、'au statut d'état indépendant uni à la France par les liens permanents d'une interdépendance librement consentie et définie' である。独立（l'indépendance）ではなく独立国家の地位（le statut d'état indépendant）という、不明瞭な言葉を意図的に使っているところに、少しでも独立の余波を抑えたいフランス側の苦心の跡が見られる。

＊11　*Ibid.*, doc.353, Note de la Direction générale des Affaires marocaines et tunisiennes, 9.11.1955.

＊12　*Le Monde*, 9.11.1955.

＊13　*DDF*, 1955, II, doc.366, p. 812, note 2.

＊14　MAE, Maroc 1950–1955, vol. 92, Situation politique au Maroc（novembre 1955）.

＊15　*DDF*, 1956, I, doc.3 Annexe, La Tournelle à Dubois, n°342, 31.12.1955.

＊16　*DDF*, 1955, II, doc.335, La Tournelle à Pinay, n°503/504, 27.10.1955.

＊17　MAE, Afrique Levant, Maroc 1953–1959, vol. 21, La Tournelle à Pinay, n°2134/EU, 17.11.1955.

＊18　NARA, RG 59, CDF, 771.00/10–2955, Hoover to Geneva, no. 34, 29.10.1955.

＊19　*DDF*, 1955, II, doc.359, Note du Département, 11.11.1955.

＊20　*L'Année politique*, 1955, p. 301.

＊21　*Ibid.*, p. 302.

＊22　*Le Monde*, 23.11.1955.

＊23　*DDF*, 1955, II, doc.369, Pinay à La Tournelle, n°958/963, 17.11.1955.

＊24　*L'Année politique*, 1955, p. 302.

＊25　*Le Monde*, 24.11.1955.

＊26　現在公開されているフランス政府史料には、いつイスティクラール党が内閣への参加を受諾すると表明したか記録が残されていないが、おそらくは一一月二八日だと考えられる。*Le Monde*, 29.11.1955; MAE, Maroc 1950–1955, vol. 92, Situation politique (novembre 1955）などを参照。

＊27　Rioux, *The Fourth Republic*, p. 252. フランス下院は一二月二日に解散された。

＊28　*DDF*, 1955, II, doc.404, Pinay à Dubois, n° 2094/2100, 2.12.1955.

＊29　*Ibid*., doc.399, p. 886 note 1.

＊30　*Ibid*., doc.408, Dubois à Pinay, n° 4167/4177, 6.12.1955.

＊31　MAE, Maroc 1950–1955, vol. 162, de Blesson à Pinay, 12.12.1955.

＊32　*DDF*, 1955, II, doc.436, Dubois à Pinay, n° 1132/CC, 21.12.1955.

＊33　NARA, RG 59, CDF, 771A.00/12–955, Dillon to Dulles, no. 2775, 9.12.1955.

＊34　Ibid.

＊35　*DDF*, 1955, II, doc.438, Dubois à Pinay, n° 4365/4368, 22.12.1955; Ibid., p.977, note 1. スルタンは早ければ一月の第一週に交渉を開始したい意向である、とデュボワは記している。

＊36　*Le Monde*, 17.12.1955. しかし同時に、スペインのフランコ総統はフランス領モロッコにおける民主化改革を非難している。このような相矛盾する態度にフランス側は戸惑ったが、概ねスペイン当局の態度は軟化していると見ていた。MAE, Afrique Levant, Maroc 1953–1959, vol. 21, Madrid à Paris, n° 2305/EU, 21.12.1955.

＊37　*DDF*, 1955, II, doc.445, MAE à La Tournelle, n° 1066/1075, 28.12.1955.

＊38　TNA, FO 371/119348, JF 1015/10, FO Minute by Watson, 10.1.1956

＊39　*DDF*, 1956, I, doc.14, Dubois à Pinay, n° 80/98, 11.1.1956.

＊40　*Ibid*., doc.16, p. 32, note 1.

＊41　*Ibid*., doc.16, Dubois à Pinay, n° 106/118, 12.1.1956.

＊42　*Ibid*., doc.26, Pinay à Dubois, n° 128/130, 17.1.1956.

＊43　*Ibid*., doc.25, Dubois à Pinay, n° 135/144, 16.1.1956.

＊44　*Ibid*., doc.33, Dubois à Pinay, n° 167/175, 18.1.1956.

＊45　NARA, RG 59, CDF, 771A.00/1–2756, Holmes to Dulles, no. 275, 27.1.1956.

＊46 *DDF*, 1956, I, doc.49, Dubois à Pinay, n°266/274, 28.1.1956.

＊47 NARA, RG 59, CDF, 771A.00/1–2356, Rabat to Dulles, no. 269, 23.1.1956.

＊48 *DDF*, 1956, I, doc.58, Dubois à Pinay, 30.1.1956.

＊49 TNA, FO 371/119367, JF 1022/2, Paris to African Department, FO, 10723/28/56, 18.2.1956. 一九五六年一月半ば、フランスは米英両国に対し、中東でエジプトの威信が高まっているせいで、北アフリカにおける自国の利益が危機に瀕していると訴えている。*DDF*, 1956, I, doc.22, Annexe Aide-mémoire, Paris, 13.1.1956.

＊50 駐エジプト米国大使館からも、この会議と同様の見解がワシントンに送られている。「エジプト政府の目的は、チュニジアとモロッコの完全独立であり、さらに両国をアラブ連盟に加盟させ、エジプトと緊密な外交政策をとらせることである」。NARA, RG 59, CDF, 751 S.002–756, Cairo to Dulles, no. 1526, 7.2.1956.

＊51 NARA, RG 59, CDF, 771.00/2–1056, Dillon to Dulles, no. 3594, 10.2.1956.

＊52 *DDF*, 1956, I, doc.95, Dubois à Savary, n°418/424, 12.2.1956.

＊53 MAE, Cabinet du Ministre, Pineau, vol. 28, Note, Réflexions préliminaires sur le problème marocain. 2.1956.

＊54 *DDF*, 1956, I, doc.120, Procès-verbal Séance d'ouverture des négociations franco-marocaines, 22.2.1956.

＊55 NARA, RG 59, CDF, 651.71/2–2156, Dillon to Dulles, no. 3776, 21.2.1956.

＊56 Bernard, *The Franco-Moroccan Conflict*, p. 349.

＊57 *L'Année politique*, 1956, p. 202.

＊58 NARA, RG 59, CDF, 651.71/3–356, Dillon to Dulles, no. 4004, 3.3.1956

＊59 *DDF*, 1956, I, doc.159, Note de la Direction général des Affaires marocaines et tunisiennes, 10.3.1956.

＊60 *Ibid.*, doc.139, Lalouette à Savary, n°582/589, 4.3.1956.

＊61 *Le Monde*, 8.3.1956. この時点ではまだ、仏チュニジア交渉は妥結しておらず、チュニジアの独立は承認されていない。にもかかわらずイギリス政府がこのような声明を発したことは、フランスに対して非常に寛容であり、強く支持していることを示している。

＊62 *DDF*, 1956, I, doc.161, Compte rendu des conversations franco-britanniques aux Chequers. 11.3.1956.

＊63 *Le Monde*, 9.3.1956. 駐仏大使館のアメリカ外交官のなかには、フランス世論の反発を懸念する者もいた。この頃フランス政府は、ドイツに駐留するフランス軍をアルジェリアに移送することにアメリカ政府の許可を得ようとしていたが、アメリカ側は同

意しなかった。そのためフランスの世論は硬化していたのである。NARA RG 59 CDF, 751S.00/3–756, Paris to Dulles, no. 4060, 7.3.1956. フランス世論について、アメリカ政府は以下の文書で分析を行っている。DDEL, Papers as President of the US, 1952–1961（Ann Whitman File）, International Series Box 12, France 1956–1960(6), Murphy to Hoover, 3.3.1956.

＊64 *Le Monde*, 9.3.1956.

＊65 *L'Année politique*, 1956, p. 194.

＊66 *DDF*, 1956, I, doc.156, Pineau à La Tournelle, n°225/227, 9.3.1956.

＊67 三月二日協定以後、総督ではなく高等弁務官（High Commissioner, Haute Commissaire）という称号が使われるようになる。

＊68 *Ibid*., doc.177, Savary à Dubois, n°605/606, 16.3.1956.

＊69 *Ibid*., doc.191, Dubois à Savary, n°790/800, 20.3.1956.

＊70 NARA, RG 59, CDF, 771.00/3–1656, Holmes to Dulles, no. 423, 16.3.1956.

＊71 この協定については、第3章第一節を参照のこと。

＊72 MAE, Cabinet du Ministre, Pinay, vol. 28, Note pour le Secrétaire d'État, n°1508, 9.11.1955.

＊73 この問題は、本書で扱う時期よりもかなり後に決着を見る。アメリカ政府はモロッコ独立後に三国交渉を呼びかけるが、仏モロッコともにこれを拒絶した。やむなくアメリカは二国の政府と個別に交渉することにし、まずフランスとの交渉はド・ゴールが政権に復帰した後の一九五八年八月から始まり、ついで一九五九年にモロッコと交渉を行った。アメリカ軍がモロッコから撤退するのは一九六〇年代に入ってからである。Olivier Pottier, 'Les bases américaines au Maroc au temps de la guerre froide（1950–1963）: un face à face Franco-Américain', *Revue d'Histoire Diplomatique*, 2003, n°1.

＊74 *Le Monde*, 17.3.1956.

＊75 *DDF*, 1956, I, doc.175, Dubois à Savary, n°714/717, 15.3.1956.

＊76 *Ibid*., doc.187, Dubois à Savary, n°762/771, 19.3.1956.

＊77 *Ibid*., doc.175, p. 429, note 1.

＊78 *Ibid*., doc.202, Note de la Direction générale des Affaires marocaines et tunisiennes, 26.3.1956.

＊79 *L'Année politique*, 1956, p.195.

＊80 *Le Monde*, 29.3.1956; DDF, 1956, I, doc.250, p. 609, note 1.

＊81 *Ibid*., doc.202, Note de la Direction générale des Affaires marocaines et tunisiennes, 26.3.1956.

＊82　*Ibid.*, doc.212, Dubois à Savary, n°965/970, 30.3.1956.
＊83　*Le Monde*, 30.3.1956, 1/2.4.1956.
＊84　このことを，エル・ファシは四月二日に発表している。MAE, Afrique-Levant, Maroc 1953–1959, vol. 25, Couve de Murville à Paris, n°2137, 3.4.1956.
＊85　*DDF*, 1956, I, doc.236, Dubois à Savary, n°1101/1109, 12.4.1956.
＊86　*Ibid.*, doc.224, Dubois à Savary, n°1053/1059, 7.4.1956.
＊87　*Ibid.*, doc.245, Dubois à Savary, n°643, 14.4.1956.
＊88　MAE, Afrique-Levant, Maroc 1953–1959, vol. 25, Couve de Murville à Paris, n°2137, 3.4.1956.
＊89　*DDF*, 1956, I, doc.239, p. 580, note 1.
＊90　*L'Année politique*, 1956, p. 199.
＊91　*DDF*, 1956, I, doc.239, Savary à Dubois, n°928/935, 12.4.1956. 憲兵隊とは，地方における軍事警察を指し，ＤＳＴは，防諜活動や反テロ活動などに従事する諜報機関である。
＊92　*Ibid.*, doc.228, Dubois à Savary, n°1064/1065, 9.4.1956. 国境線の変更が先例となることを恐れたフランス側は，この要求を拒絶した。*Ibid.*, doc.259, Lacoste à Savary, n°541/S/Sud/2, 19.4.1956. エル・ファシは三月二八日に西サハラ領有を主張する演説を行っている。*L'Année politique*, 1956, p.194.
＊93　*DDF*, 1956, I, doc.250, Lalouette à Savary, n°1202/1205, 17.4.1956.
＊94　*Ibid.*, doc.268, Savary à Dubois, n°1073/1076, 25.4.1956.
＊95　*Ibid.*, doc.262, Lalouette à Savary, n°1272/1278, 20.4.1956, and p. 630, note 1.
＊96　*Ibid.*, doc.274, Savary à Dubois, n°1086/1091, 26.4.1956. ＤＳＴの問題は，四月はじめに行われた仏チュニジア交渉においても重要な議題となった。*Ibid.*, doc.226. Comptes rendus des négociations franco-tunisienne relatives à l'ordre public.
＊97　NARA, RG 59, CDF, 771.00/4–2156, Rabat to Dulles, no. 384, 21.4.1956.
＊98　*DDF*, 1956, I, doc.276, Savary à Dubois, n°1408/1412, 27.4.1956.
＊99　NARA, RG 59, CDF, 771.00/4–256, Dulles to Tangier, no. 506, 2.4.1956.
＊100　TNA, FO 371/119368, JF 1023/22, Tunis to FO, 24.4.1956; FO 371/119368, JF 1023/22（A）, Minute［Diplomatic Relations with Tunisia and Morocco］, 27.4.1956.

＊101 *DDF*, 1956, I, doc.283, p. 682, note 1.

＊102 *Ibid*., doc.283, Savary à Dubois, n°1157/1160, 30.4.1956.

＊103 北アフリカ問題に関する討議は五月末に始まることが予定されていた。

＊104 *Ibid*., doc.311, Savary aux Représentatives diplomatiques de France à Londres et al, 12.5.1956. この協定の要点は以下のとおりである。①両国は相互に情報交換を行う、②両国は、脅威が迫る場合には協議を行い、また脅威が迫っていない場合も、とくに外務大臣レベルで通常の意見交換を行うための手続きを定める、③お互いの利益に合致しない政策は採用しない、④お互いの利益に反する国際協定を締結しない、⑤国際組織においては両国代表間で継続的に協力関係を保つ、⑥モロッコが外交使節を持たない外国では、モロッコ政府の要請に従って、フランス代表がモロッコ国民の庇護に当たる。

＊105 *L'Année politique*, 1956, p. 204.

＊106 この時イギリス政府は、チュニジアの独立も承認している。詳細は次章を参照のこと。

＊107 *DDF*, 1956, I, doc.315, Dubois à Savary, n°1627/1633, 15.5.1956. モロッコ軍には、現役の解放軍兵士は参加しなかったものの、かつて解放軍に属していた兵士も加わっている。Moshe Gershovich, *French Military Rule in Morocco* (London; Frank Cass, 2000), p. 212.

＊108 *L'Année politique*, 1956, p. 203.

＊109 *DDF*, 1956, I, doc.321, Savary à MAE, n°1667/1672, 16.5.1956.

＊110 *Ibid*., doc.325, Savary à MAE, n°1732/1738, 18.5.1956.

＊111 *Ibid*., doc.327, note 1.

＊112 *Ibid*., doc.338, note 1.

＊113 NARA, RG 59, CDF, 751S.00/5–2356, Paris to Dulles, no. 5574, 23.5.1956.

＊114 *DDF*, 1956, I, doc.338, Dubois à Savary, n°1834/1840, 24.5.1956.

＊115 *L'Année politique*, 1956, p. 204.

＊116 NARA, RG 59, CDF, 651.71/5–2156, Rabat to Dulles, no. 442, 21.5.1956.

＊117 要点は、本章の注104を参照のこと。

＊118 NARA, RG 59, CDF, 651.71/5–1156, Dillon to Dulles, no. 5296, 11.5.1956.

＊119 Bernard, *The Franco-Moroccan Conflict*, p. 369.

*120 *Ibid*., pp. 369–370.

第9章

チュニジアの独立

1955年6月－1956年6月

チュニジア憲法制定議会の開会を宣言するムハンマド八世

出典：*Tunisie*, Publication de Secretariat d’etat a l’Information du Gouvernement tunisien, 1957, p. 40.

第8章で説明したとおり、一九五五年一一月にフランス政府がモロッコを独立させる方針を決定したことは、ただちにチュニジア情勢にも影響を及ぼした。「政治的解放」の度合いがモロッコよりも進んでいると自認してきたチュニジア国民が、モロッコに後れを取ることを容認するはずもないからである。その結果、フランスはモロッコに続いてチュニジアを独立させる方針も決定し、一九五六年初頭から交渉に入る。しかし逆説的なことに、フランス政府はモロッコよりもはるかに政情の安定していたチュニジアに対しては、さほど積極的に権限の移譲を認めようとしなかった。両国の交渉は難航するが、モロッコにすぐ続いて一九五六年三月に妥結し、フランスはチュニジアを独立させるという原則を承認した。

第一節　ブルギバとサラ・ベン・ユーセフの対立

第6章で述べたように、一九五四年七月のカルタゴ宣言の結果、チュニジアは国内自治権を得た。その後、仏チュニジア両国は交渉に入り、国内自治の内容を確定する作業を行ったが、両国政府が合意に達したのは一九五五年四月であった。規約を調印する直前の六月一日、フランス政府はブルギバの帰国を承認し、彼は民衆から「国父」として熱狂的な歓迎を受ける。[*1] ブルギバは穏健派として、さらなる自律性を求める国民に歯止めをかける役割を期待されており、それゆえに彼の帰国を歓迎したフランス人入植者も多かった。後にチュニジア高等弁務官に就任するセドゥー（Roger Seydoux）は、当時特使としてチュニスに滞在中で、パリの本国政府にそう報告している。[*2]

チュニジア政府と国内問題

しかし、国内自治を獲得しても、チュニジアの社会経済問題が解決したわけではない。いまやフランス政府に代わって、チュニジア政府が責任を負わなければならなくなったのである。資金難にあえぐ政府は、フランスに対して早くも七月末に三〇億フランの供与を要請している。[*3] 失業率は高く、労働賃金の賃上げを要求するデモも頻発していた。同じ時期、ネオ・ドゥストゥール党とともにナショナリズム運動を展開してきた最大の労働組合のUGTTが、労働者の賃金の低さに不満を唱え、八月にゼネストに訴えることを決めた。政府が賃金を三〇%上げると決定したため、この計画はすぐに中止されたが、この程度の増額では労働組合には不満の残るものであった。[*4]

また、ブルギバとサラ・ベン・ユーセフの対立も大きな問題であった。サラ・ベン・ユーセフもフランス政府によって帰国を許されており、高い失業率に不満を持つ反政府勢力から支持されていた。ただし彼は当面は帰国せず、国外からフランス・チュニジア規約に反対する活動を展開していく。彼は反仏運動の拠点であるカイロで七月一二日にこの規約への反対を表明し、チュニスで開催されたネオ・ドゥストゥール党大会の出席者の一部から支持を得た。七月一五日、党はサラ・ベン・ユーセフに対して早急に帰国するよう指示したが、彼はこの指令を無視した。[*5] これを見たブルギバは、彼との軋轢は一時棚上げにし、国内体制の基盤固めを優先する方針に転じる。[*6]

モロッコほど深刻ではなかったものの、一九五五年夏になってもチュニジア国内の治安状況は安定しなかった。とくに問題となったのはアルジェリアとの国境付近であり、同年七月には、エル・ケフという北西部の都市でアルジェリア武装集団による暴力事件が頻発していることが報告されている。[*7] こうした武装集団が所持する武器のうち相当数が、リビア経由で北アフリカに供給されていることを、フランス政府は把握していた。[*8] つまり、アルジェリアで反乱が続く限り、外国から反乱軍へ軍備が持ち込まれ、そのため周辺国であるモロッコやチュニジアの治安も不安定になったのである。一九五五年八月には二度にわたってアルジェリア武装集団がチュニジア西部に侵入し、治安部隊との戦闘が起きた。フランス外務省は、アルジェリア武装集団は、かつてのチュニジア・フェラガのメンバーと接触を試みようとしているのではないかとも見ていた。[*9]

その間、チュニジア政府は国内自治体制の確立に向けて準備を進めていた。一九五五年六月に調印されたフランス・チュニジア規約は八月三一日に施行され、ベン・アンマル首相は九月にチュニジア人のみからなる新しい内閣を発足させた。同日、特使として派遣されていたセドゥーが、総督に代わって新たに設けられたチュニジア高等弁務官に任命された。また、サラ・ベン・ユーセフも新体制の発足に合わせてチュニスへ帰還を果たした。[*10]

ネオ・ドゥストゥール党の党内抗争

だが、同年秋になっても国内情勢は一向に安定する気配をみせなかった。むしろ第七章で述べたように、エジプトが中立主義に基づいてソ連との軍備協定を締結した結果、かえって混乱を深めていた。チュニジアでもモロッコと同様に、エジプトに倣った中立主義を標榜する勢力が勢いを増しつつあったからである。また、アルジェリア反乱軍の活動も活発化しつつあった。反乱軍兵士たちが「避難場所を探したり、休息をとったり、あるいは兵士の募集や弾薬補給のために」チュニジアを通過するので、フランス人入植者たちは怯えているとの報告がパリに届いている。[*11] 一〇月三日深夜に、アルジェリア国境付近でアルジェリア・フェラガによってフランス人二人が殺害される事件が起き、入植者たちの恐怖は現実のものとなる。フェラガの活動は、リビアとアルジェリア領コンスタンティヌ県の中間に位置するチュニジア南部付近に混乱を起こすことを目的としていると考えられていた。そこでセドゥーは、チュニジア軍最高司令官に対してアルジェリア国境付近で掃討作戦を行うように要請し、政府にはフランス軍を増強させることを提案している。[*13] 彼はブルギバにも力を借りようと決断した。ブルギバは、入植者の不安を鎮めるために声明を出すこと、ベン・アンマル首相にはアルジェリア・フェラガを名指しで非難するよう求めることを請け合った。[*14]

ところがブルギバが行動を起こす前に、サラ・ベン・ユーセフはフランス・チュニジア規約を全面的に否定する演説を行い、ここからチュニジア政治情勢は一気に緊迫し始める。モロッコでイスティクラール党のエル・ファシが解放軍の結成を宣言した数日後のことであった。このようにチュニジアでも、政府を構成する中心政党の一部が反仏・反政府の立場を明確にしたわけである。一〇月七日、サラ・ベン・ユーセフはチュニスの大モスクで、同規約はフランスの植民地主義的な収奪を合法化するにすぎず、チュニジアをフランス連合に加盟させるためだと糾弾した。そして、完全独立を目指して闘うべきだと人民に訴え、さらにアルジェリア「愛国者」に連帯感を抱いていると述べたのである。ル・モンド紙によれば、これは彼がチュニジアに帰国後初めて開いた集会であり、「ネオ・ドゥストゥール党内の対立が初めて表面化した出来事」であった。[*15] 驚いたセドゥーは、ただちにベン・アンマル首相に対して、政権の中枢を担う与党の書記長がこのような攻撃的な演説を行ったことに抗議した。[*16] 親仏派勢力を率いるブルギバと、反仏・親エジプト派勢力を率いるサラ・ベン・ユーセフによる党内抗争であり、ちょうどモロッコのイスティクラール党内で発生した抗争と同種のものであった。以後、両派閥は大衆の支持を得ようと、なんども集会を開いた。

ブルギバの反応は素早かった。ネオ・ドゥストゥール党の政治局は翌八日、サラ・ベン・ユーセフを除名処分にすると決定した。[*17] この措置に世論の一部は憤り、なかには抗議の意思を示すために閉店する商店もあった。[*18] このことからわかるように、ブルギバの親仏的な姿勢は全国的に支持されてはいたが、サラ・ベン・ユーセフの支持者も都市部では無視できない存在だった。[*19] カイロでは、エル・ファシが議長を務める北アフリカ解放委員会の会議が開催され、ブルギバを委員会から追放すること、今後はブルギバではなくサラ・ベン・ユーセフをネオ・ドゥストゥール党の正統な指導者とみなすことが決定された。サラ・ベン・ユーセフは一週間後、「神聖なるチュニジアの大義」[*20] を支持してくれるナセルに謝意を表す電報を打ち、彼の中立主義についても賞賛した。

チュニジア人民は、独立を求めるあらゆるアラブ諸民族と高潔なる精神を共有している。アラブ世界の安全保障を確保するために軍備を整えたエジプトの政策によって、独立の真の意味が再確認された。[*21]

こうしてサラ・ベン・ユーセフは、ナセルの政策のなかでもとくにソ連から大量の軍備を購入した点を賞賛し、チュニジア国民もエジプトに倣って真の独立を目指すべきと考えたのである。

ベン・アンマル首相は一九五五年一〇月一四日に、翌年に憲法を制定すると発表し、[*22]新体制発足に向けて制度設計を進める意欲を示した。しかし、アルジェリア・フェラガのテロ活動や、ネオ・ドゥストゥール党内の抗争もあって、フランス側が国内自治体制の確立に不安を持ち始めたことも事実であった。チュニジア・モロッコ情勢省は、ブルギバが過半数の党員から支持を得ているものの、サラ・ベン・ユーセフもフェラガの元兵士の間で支持され、アジア・アラブ諸国や北アフリカ解放委員会で評価が高いことも認識していた。加えて、ヴュー・ドゥストゥール党も依然、フランス・チュニジア規約に反対していた。[*23]

ただし、全体としてフランス当局は事態を楽観視していたと言える。一九五五年一一月半ばに開催される予定の、ネオ・ドゥストゥール党全国大会が今後の情勢を占ううえで決定的な意味を持つと見られていた。エジプトなど諸外国はまたしてもサラ・ベン・ユーセフへの支持を表明するだろうが、党としてはブルギバ路線を了承するであろう、と予測したのである。[*24]しかし、セドゥーが一〇月半ばに外務省に[*25]「もし一一月一五日の党大会で明確な綱領が決まらなければ、カイロの大佐〔エジプトのナセル首相〕にチャンスを与える、国際的な大事件となるだろう[*26]」と書き送っているように、予断を許さない状況でもあった。

ところが、モロッコ情勢が急転すると、チュニジアにおいてもまったく新しい要素が発生しつつあった。すでに議論したとおり、前スルタンの復位が一九五五年一〇月後半以後に不可避となり、それと同時にモロッコが独立する展望が不意に開けたのである。この展開はチュニジア高等弁務官であるセドゥーにとっては脅威であり、一一月三日にパリ本国政府に次のような警告を送っている。

チュニジア世論は、自分たちはモロッコよりもずっと諸外国と成熟した関係を築いてきたため、政治的自由を手にするのもモロッコより先であるべきだと考えている。（中略）フランス政府がモロッコに少しでも妥協し、フランス・チュニジア規約が定めた以上の譲歩をすれば、即座に規約反対派に付け込まれてしまうだろう。

それゆえ彼は、「フランス・チュニジア規約にまったく利益がなかったとチュニジア人に思われないよう、モロッコ政策を決定するのが肝要だ」と強調した。[*27] つまり、チュニジアには国内自治権しか与えていないのに、モロッコに独立を与えては、チュニジア人が許すはずもない、だからモロッコの独立を承認するべきではない、とセドゥーは主張したのである。しかし、この後モロッコ情勢は、彼の危惧したとおりの展開を見せる。フランス政府はモロッコの独立を承認する方針を固めたため、チュニジア人が独立を要求すれば拒絶できない立場に追い込まれた。

第二節　ネオ・ドゥストゥール党全国大会

親仏路線の採択

ネオ・ドゥストゥール党の全国大会は、一九五五年一一月一五日から一九日にかけてスファックスという東海岸の都市で開催された。フランス側の期待どおり、この大会はブルギバ派の勝利に終わった。しかし、党は親仏路線の継続を決定したものの、次のような要求をチュニジア政府に行う動議も採択している。第一に、フランス・チュニジア規約は独立に向けた一里塚に過ぎない、という要求である。サラ・ベン・ユーセフの主張する中立主義的独立は退けたものの、やはり近い将来の独立を希望した。第二に、チュニジア政府は規約を早期に履行せよという要求である。具体的には、地方議会選挙の早期実施、憲法制定議会による草案づくり、人民主権と立憲君主制に基づく国政の整備などである。第三に、国軍の基礎になる補助軍の創設を要求した。[*28] そして最後に、アルジェリアが「完全なる解放と独立に至るまで闘争を遂行する崇高な責務」がチュニジアにはある、と述べた。アルジェリア人民の苦境が解決されない限り、チュニジアにも平和が訪れない、というのがその理由であった。[*29]

アジア・中東の諸国がこの党大会に代表団を派遣していたことは重要である。[*30] チュニジアの独立が急速に現実味を帯びるなか、アラブ世界で覇権を争うエジプトとイラクが、チュニジアに影響力を及ぼすべく、その後火花を散らしていく。[*31] 今まで北アフリカ情勢ではエジプトが突出して威勢を誇っていたが、早期の独立が確実視されるようになると、イラクも積極的に関与を試み始めていたのである。こうした政府レベルだけでなく、実はイラク王立軍事学校では北アフリカ活動家の訓練を行っているとの情報をフランス当局は摑んでいた。この情報は、イラクと防衛条約を締結していたイギリス政府を大いに困惑させた。[*32]

ネオ・ドゥストゥール党が親仏路線を採ったとはいえ、フランスの懸念が完全に消えたわけではない。サラ・ベン・ユーセフはチュニジア国民のあいだで無視できない人気を誇っていた。党大会が採択した経済改革案は地主層の反発を招き、急進的な改革を恐れる階層はサラ・ベン・ユーセフの支持に回るのは自明だった。[*33] さらに、世俗化を進めるブルギバに反感を持つ宗教指導者たちも、サラ・ベン・ユーセフを支持した。党大会の直後にセドゥーは、一時的に政治情勢は安定するだろうが、この効果が長続きするか疑問だとパリに報告している。また、チュニジア政府は日和見主義的であり、ネオ・ドゥストゥール党の計画を実行に移すことができるか大いに疑問だとも記した。加えて、閣僚の一部は親ユーセフ派であった。健康状態の思わしくないブルギバはそう長く権力の座に着いていられないと見ていたことと、ブルギバに反感を抱くチェドリ王子に影響を受けていたことが、その理由であった。[34] 実際、チェドリ王子だけでなく王室全体が、チュニジアをイスラム教色の強い国家に保つべきだとの立場を採るサラ・ベン・ユーセフに親近感を抱いていたのである。一方のブルギバは、王制を廃止して共和制を樹立しようと目論んでいるとの噂が流れていた。[35]

チュニジアに国内自治権を承認した以上、フランス政府としても国政に介入することは許されなかった。それゆえ、フランス政府が関われるのは、治安維持問題だけに限られる。一一月末から一週間ほどパリに滞在したセドゥーは、次のようなチュニジア政府の要望を受けて、外務省と協議している。[36] 第一に、本格的な国軍の創設は不可能だとしても、補助警察隊と呼ばれる組織を創設することによって、警察の人員不足を補いたい。第二に、フェラガを掃討するための軍隊を創設したい、というのである。セドゥーはどちらの要望も拒絶することを勧告したが、一部地域に関しては警察官の増員を認めるべきだと述べている。また、チュニジア軍の創設について、フランス政府は秘密裏に早急に検討を開始すべきだと主張した。将来的に軍の設立は不可避であるため、フランスがいち早くイニシアチブを握るのが得策だとの判断であった。

国内では依然として緊張状態が続いていた。ブルギバとサラ・ベン・ユーセフは互いに各地で集会を開き、論争を続けていた。[37] 一九五五年一二月にも数名の死傷者が出るテロ事件が発生し、両派とも、相手がこのようなテロ活動を生み出す原因を作っていると非難しあった。さらにセドゥーが記しているように、「ブルギバの支持者は、ある程度は直接的にこの状況を創り出すことによって、〔チュニジア政府がフランスに求めたような〕補助警察隊の創設を認めさせたい」[38]という目論見もあったと考えられる。ブルギバの思惑どおり、治安の回復を優先するため、フランスは妥協を余儀なくされた。セドゥーは一二月八日、補助警察隊をチュニジア当局の指揮下で発足させることにつき、両国は合意に至ったと公表した。[39]

ベイの抵抗

こうした安全保障問題とは別に、ネオ・ドゥストゥール党の採択した動議は深刻な対立を巻き起こした。ムハンマド八世とベイ王家が、国政改革に熱心ではなかったからである。ムハンマド八世は「あまりに急激に改革を進めたため、チュニジアだけでなくモロッコにも悪影響を及ぼしているほどだ」との懸念を述べている。ベン・アンマル首相もまったく同じ意見をセドゥーに伝えていた。[*40] 自分が調印したフランス・チュニジア規約には何ら付け加えてはいけないということ、[*41] つまり国内自治権以上の権力をチュニジアが持つことは許されない、というのがベイの立場であった。とくに彼は、チュニジア政府が強力な警察権力を握るのを嫌い、フランス・チュニジア規約に則って秩序維持の責任はフランス高等弁務官のみが負うべきであると強調した。[*42] これらのベイの発言には、ブルギバが自らの立場を浸食しつつあるという危機感が表れているといってよい。これは、独立に向けてスルタン自身が主導権を発揮したモロッコとは対照的であった。

一二月二五日にセドゥーと会談を持った際、ブルギバはムハンマド八世とチュニジア政府の態度に苛立ちを露わにした。ベイと王家が、王制の維持に熱心なサラ・ベン・ユーセフに親近感を表明していることに憤ったのである。これに対してベイは、ブルギバの共和主義志向に不快感を隠さなかった。ブルギバは立憲王制自体には反対しないが、ベイにはイギリス国王と同じ役割を求めていた。またブルギバは、改革を実行に移す能力がない現政府にも批判的ではあったが、この時点ではアンマル首相の退陣など政府の再編は必要ないと考えていた。さらに、サラ・ベン・ユーセフの目指す中立主義的な独立ではなく、フランスと合意のもと独立すべきであると繰り返した。ただしブルギバには、このころサラ・ベン・ユーセフ派を暴力的に抑圧するつもりはなかった。彼を政治的殉教者に祀りあげてしまうと、かえって国民の人気を高める危険があったからである。抑圧するのではなく、ネオ・ドゥストゥール党の反対勢力の間でも孤立させるべきと考えたのであった。[*43]

一九五五年末、チュニジア政局は大きく動く。一二月二八日、チュニジア政府はついに、憲法制定議会選挙を実施し、四月八日に議会を開会すると発表した。これは、ブルギバとUGTTを支持するマスメディアもずっと熱望してきた決定であった。[*44] つまり、欽定憲法ではなく、民主的な手続きを経てチュニジア憲法を制定するとの決定であり、ベイの立場が決定的に弱体化することを意味していた。当初ムハンマド八世は、この勅令に署名を拒絶したが、ブルギバの説得の結果、やむなく署名に応じた。[*45] 勅令は、憲法制定議会が普通選挙によって選出されること、選挙が三月二五日に実施されることを定めていた。セドゥーが言うとおり、次のような意味を持つ勅令だった。第一に、これまで名目上は絶対君主であったベイが、ついに主権が自身ではなく人民にあることを認めた。ムハンマド八世は一九五一年五月に憲法制定を求める演説を行っているが、[*46] これは明白に人民に主権があると宣言したものではなかった。第二に、ヴュー・ドゥストゥール党とサラ・ベン・ユーセフ派に決定的な打撃を与えた。前者にとっては「憲法とはコーランを指す」のが大前提であり、後者は、この勅令は一九五五年六月規約でブルギバが得た成果を制度化するものに過ぎないと批判していたからである。[*47] そして第三に、憲法制定議会の召集日程が間近に迫っていることから、チュニジア政局の動向と、後述の仏チュニジア交渉の日程は大きく制約を受ける。選挙では、ブルギバ路線に賛成するネオ・ドゥストゥール党を勝利させることがフランスにとって至上命令であり、そのためには一九五六年初頭から始まる交渉で何らかの成果を選挙前に出すことが不可欠だからである。

第三節　フランス・チュニジア議定書

サラ・ベン・ユーセフの追放

一九五六年に入っても、サラ・ベン・ユーセフはフランス・チュニジア規約に反対するキャンペーンを展開していた。高い失業率を背景に、彼はヴュー・ドゥストゥール党、フェラガの元兵士、ネオ・ドゥストゥールとUGTTの「社会主義」志向を恐れるブルジョワといった幅広い勢力から支持を集めていた。そうした勢力の一部は、アルジェリア反乱軍との連携を保っていた。[*48] ル・モンド紙は一月二〇日、「無法者」で「徒党を組んだ」アルジェリア人がチュニジア領に侵入した結果、「ネオ・フェラガ主義」が拡大していると報じている。[*49] さらに後日、同紙は「反乱軍はチュニジア領内でも活動を続けている」[*50] と伝えた。

この頃パリでは、チュニジア政府が間もなく独立を要求するだろうと予測し、準備を進めていた。一月二〇日にフランス外務省は、政府はただちに重要な決定を下すべきだと論じた。その理由として、アルジェリアでテロ事件が頻発したためサラ・ベン・ユーセフが影響力を増していること、モロッコの独立が約束されていること、チュニジアの社会経済的苦境、そしてアラブ諸国の一部がチュニジアの独立を支援していることを挙げている。さらに外務省は、チュニジア政府の警察力の増強も許容すべきであるとも論じた。警察力を増強しても、フランスが国防において責任ある地位を占めることと矛盾しないからである。そのうえで外務省は次のように主張している。

> 外交と防衛に関して、ある利益をモロッコに認めるならば、チュニジアにもそれを適用しなければならない。(中略)チュニジア政府の威信と立場をユーセフ主義者の攻撃から守るために必要ならば、チュニジア側にすぐにそう保証できる覚悟がなければならない。

前述のとおり、チュニジア政府は常に世論に対し、モロッコよりも先に政治的自由を手にすると取り繕う必要があった。独立が約束されない限り、サラ・ベン・ユーセフら反対派が、モロッコより低い地位に置かれることを不満に思う国民の間で支持を拡げる危険があることが、この時点で明らかになりつつあった。フランスにとっての優先課題は、やはり、ブルギバ派と政府が国内で権力を確立することであった。

ただしモロッコの場合と同様に、ここで問題となったのは、どのような内容の独立を承認するかという点であった。とくに、フランス・チュニジア規約とバルド条約を修正ないしは破棄する必要があるか否かが論点だった。外務省の見解は、同規約は解釈の幅が広いため、修正を施さなくともチュニジアの国防に関する権利を承認でき、規約を破棄する必要はない、というものであった。だが問題はバルド条約であった。バルド条約もまた、チュニジアからフランスが防衛に関する権利を奪う規定を含んでいないため、破棄しないのが望ましいとされた。しかし外務省は続けて、「もしフェズ条約を根本的に修正するのであれば、バルド条約をそのまま維持することは難しいだろう」と論じている。[*51] フェズ条約の破棄については、この時点で仏モロッコ両国政府が公式に合意していたわけではなかったが、破棄を要求するイスティクラール党員の入閣が決まっており、破棄を前提に二国間交渉を開始することになっていた。これがベッカイ内閣の組閣をめぐって重要な争点となったことは、第8章第一節で議論したとおりである。だとすれば、バルド条約の修正ないし破棄に、フランス政府はこの頃大きく傾いていたと言える。

フランスの予想どおり、チュニジア政府は公式に独立を要求した。一九五六年一月二一日から二三日にかけて、ネオ・ドゥストゥール党は全国大会を開催した。このとき党は、国軍の創設を促すべくチュニジア政府に働きかけるよう、党政治局に信任を与えることを決定した。[*52] この決定を受けて、ブルギバは一月二六日にセドゥーと会談を持ち、国軍の創設と、チュニジア政府が外交権を持つこと、さらに警察力の増強をフランスへ要請した。つまり、外交と防衛、治安維持という独立国家としてきわめて本質的な権限を移譲するよう求めたのである。彼はこのとき、モロッコの情勢が急展開したせいで自分は厳しい立場に置かれていると訴えた。チュニジアのほうがモロッコより国際的に低い評価をされていることに国民は納得しないだろう、よって数週間以内にこの要求を認めてほしい、という主張であった。そして、二月初めにパリを訪問してフランスの主要な政治家と協議したいと述べた。二月中旬から仏モロッコ交渉が始まることになっていたため、それより前に何らかの形で独立への道筋を付けておく狙いがあったと考えられる。だが、セドゥーの対応は冷淡であった。「フランス・チュニジア規約のインクも乾かぬうちに、それに疑義を呈することになれば」フランス世論を失望させるに違いない、と答えるのみだったのである。[*53] だが、これはフランス政府の方針ではなかった。内閣発足を一月末に控え、フランスは重大な決定はできない状況であったが、実際には独立の承認は大筋では決まっていたというべきである。

この頃チュニジアでは、長引く国内の政治闘争に一定の終止符を打つ事件が発生した。一月二七日にチュニジア政府が、サラ・ベン・ユーセフとその支持者の大規模な掃討作戦に乗り出したのである。このとき一〇〇名もの支持者が逮捕され、多くの武器が押収された。サラ・ベン・ユーセフは国外に逃亡し、翌日にはリビア経由で国際管理下にあったタンジールに到着した。[*54] チュニジア警察は掃討作戦と並行して、ベイの王宮と王族の住居を包囲した。ベイがサラ・ベン・ユーセフに隠れ家を提供していると、常に疑いをかけられていたからである。[*55] こうしてネオ・ドゥストゥール党の親仏路線に反対する勢力に、一挙に壊滅的な打撃が加えられた。ブルギバは国内権力を大幅に強化するのに成功した。

独立交渉に向けて

他方フランスでは、一月初めの総選挙で社会党が勝利を収め、モレが首相に就任したことはすでに述べた。彼は首班指名を受けるため、一月三一日に下院で演説した際、フランス・チュニジア規約は「緊密な紐帯を構築したうえで独立（l'indépendance dans le cadre d'une interdépendance organisée）」を承認するための障害にはならないと述べ、独立に向けて交渉する意欲があると表明した。[*56] このモレを首相に任命した以上、議会も当然チュニジアの独立に前向きだったことを示している。ただし、モロッコの場合と同様、「独立」と「緊密な紐帯」の具体的な内容はこの段階では決まっておらず、両国間の交渉で確定されることになる。
ブルギバは二月二日にパリに到着し、六日までの間に、モレ、マシグリ、サヴァリ、セドゥーといった主要な政治家と会談を行った。そして、チュニジアが「緊密な紐帯を伴った独立」を享受し、防衛外交の権限を有するように、フランス・チュニジア規約の一部修正を公式に要請する。[*57] フランス側は、防衛と外交に関しては大筋合意したものの、警察権の即時移管については拒絶した。アルジェリア・フェラガが依然活動しており、治安に問題がある、というのがその理由であった。[*58]
フランスは、ブルギバのこの要求を十分に予測していた。外務省は、交渉開始の際に作成された覚書で、長期的な視点に立って以下の点に留意したうえで、防衛と外交について合意すべきだと記している。[*59] 第一に、防衛・外交政策においてフランスが強い影響力を保持するのは大前提であった。チュニジア国軍の創設は問題ないが、とくにアルジェリア国境付近では、フランス軍が防衛の権利を有するべきである。アルジェリア反仏勢力の一部がチュニジアを拠点に活動している以上、この点は譲れないというわけである。
第二に、来る三月二五日の憲法制定議会の選挙ではブルギバが勝利できるよう、彼の国内的な立場を強化すべきである。それゆえ、投票日までに両国交渉を成功裏に終えて、得点を稼いでやらなければならない。そこでセドゥーは、交渉を二段階に分けることを提案する。まずフランス政府がブルギバの立場を補強するために独立を承認するつもりだと宣言し、四月に憲法制定議会が招集された後に交渉を再開するという案であった。ちょうど仏モロッコ交渉が、モハメド五世と親仏政権の立場を強化するために、一九五六年三月二日をもって二段階に分割されたのと同じ事情であったと言える。[*60]
第三に、ブルギバの権力増大によってベイの立場が弱体化してはならない。バルド条約で、フランスはベイの地位は守ると約束したからである。よって、ブルギバが立憲君主制に同意する場合に限り、支持すべきだとフランスは考えた。[61]第四に、必要とあれば一九五五年六月規約の一部修正に反対すべきではない。修正を認めず、拡大解釈で独立を認めれば、フランスの一方的譲歩を意味することになる。それはフランスの利権を曖昧にするため、拡大解釈という前例を作るのは危険だからだった。そして第五に、この時点でフランス側はバルド条約を破棄すべきかどうか決断していなかった。前述のとおり、フェズ条約の破棄が決定されれば、バルド条約の破棄に向けて強い圧力になることは明らかであった。しかし、それでもフランス政府高官のなかには、独立を承認するとしてもバルド条約の維持に固執する者もいた。実際、後で見るように、独立を承認した後ですらバルド条約の破棄をフランス政府は最後まで承認せず、可能な限りチュニジア外交にも容喙する権利を保持しようとするのである。

ところで、一月末以来ベイの王宮は、チュニジア警察によって包囲されたままであった。おそらく政府は、ムハンマド八世に、交渉の開始に同意するよう圧力をかけていたのだと考えられる。ところが、交渉の開始は立憲王制の廃止につながる危険があるため、ベイは難色を示していた。二月六日、ベイはフランスから帰還したセドゥーと会談し、包囲が続いていることに強い苛立ちと憤りを表した。しかし、チュニジアが国内自治権をすでに享受している以上、秩序維持に関わることにしかフランスは介入できないというのがセドゥーの回答であった。ベイはサラ・ベン・ユーセフの国外退去を王室にとっての脅威とみなしている、とセドゥーは本国へ報告した。しかしセドゥーは、両国が交渉を開始するのを承認するようベイに勧告した。形式的には、ベイがフランス・チュニジア規約を批准した以上、彼がその修正を認めない限り交渉は始められない。ベイが交渉の開始を認めるならば、そのかわり王家と彼の地位を保証するとセドゥーは約束したのである。[62]

二月初旬にパリでブルギバと会談した後、チュニジア・モロッコ情勢相のサヴァリは、ベイの明示的な承認があれば、両国代表団による独立交渉を開始するつもりだと二月七日に表明した。また、フランスの説得が実り、ムハンマド八世もこの交渉の開始を承認し、それに向けて新内閣を組織するとのコミュニケを発表した。続けてフランス政府は二月一一日に、フランス・チュニジア規約で保障されたフランス人入植者の利権は今回の二国間交渉では議題とならず、変更が加えられることはないと発表して入植者の動揺を牽制した。*63

サラ・ベン・ユーセフの勢力が減退しつつあったとはいえ、チュニジアを含め北アフリカ情勢が安定に向かっていたわけではなかった。チュニスなど主要都市では、一九五六年二月に入ってテロ活動が再燃したとマスメディアは報道している。*64 このころ、フェラガの残党が今度はサラ・ベン・ユーセフに倣って完全独立を求めて活動を再開し、チュニジア解放軍の結成を宣言する小冊子を住民に配布した。チュニジア・フェラガが再結成されつつあるとの情報もあった。アルジェリア・フェラガはいまだに侵入を繰り返し、中西部のガフサ地方ではフランス人が九名殺害される事件が起きた。*65

前述のとおり、詳細は未定であるとはいえ、フランス政府はチュニジアを独立させる方針をすでに固めていた。独立を承認しない限り、フランスに親近感を持つ人民を離反させてしまい、親仏派の指導者は国内の支持を失って失脚する可能性が高い。そうなれば、結果的に北アフリカにおける反仏ナショナリストの活動を助長してしまうと予測された。そして、これら反仏ナショナリストを煽っているのは、中立主義とパン・アラブ主義を掲げるエジプトであると考えられた。*66

しかし、チュニジアとモロッコの独立が、他のフランス植民地に多大な影響を与えることも明白であった。第一に、アルジェリアの「分離主義」を許容するサインだと受け止められる恐れがあった。フランス政府は両国の独立を承認するとしても、アルジェリアの独立まで認めたわけではなかった。第二に、フランス連合との関連で次のような点が、フランス政府の史料で指摘されている。

二国が、憲法第八部で規定されているような形でフランス連合に加盟することは不可能である。（中略）フランスは、フランスの集合体〔フランス連合を指す〕（中略）とモロッコ・チュニジアとをつなぐ結節点でなければならない。両国は、フランスとそれぞれの国が締結する（独立に関する）条約の規定によって、共和国と「協同（associés）」する国家となる。[*67]

明らかにフランス外務省は、チュニジアとモロッコをフランス連合に加盟させないまま独立を付与してもやむを得ないと考えていた。ついにフランス政府は、両国の加盟を断念したのである。つまり、第四共和制のフランスが植民地政策の根幹に据えていた連合に大きな例外が生まれることが不可避となったわけである。第7章第四節で述べたように、すでに当時、連合の各領土に事実上の国内自治権を承認する法案が政府内で検討中であった。それゆえフランス連合は、二重の意味で形骸化が進む。

独立交渉

二月二五日、ベイは独立に向けてフランスと交渉するために、ベン・アンマル首相を中心とした政府代表団を任命する。一方、フランス側代表はモレ首相、ピノー外相、サヴァリ、セドゥーから成っていた。二月二九日に交渉が始まると、ベン・アンマルはバルド条約の破棄と、チュニジアが完全な主権を行使できるようにフランス・チュニジア規約の修正を要求した。しかしピノーは「バルド条約の破棄について政府はまだ決定していない」と答え、[*68]両者の意見は平行線をたどる。第8章第二節で述べたように、三月二日にフランスはモロッコの独立の原則について合意したが、仏チュニジア両者の溝は埋まらないままであった。チュニジア側は、フランスの提出したコミュニケの草案を「バルド条約を完全に破棄するものではない」ことを理由に拒絶したままであった。[*69]三月一七日にフランス側が提出した案は、チュニジア外交について両国政府が同等の発言権を持つという、フランスの強力な権限を規定していた。その結果、交渉は決裂寸前であった。[*70] 完全独立を目標とするチュニジア政府にとって、フランスの主張はまったく受け入れがたかった。フランスは、チュニジアはエジプトに地理的に近いため、単独で外交権を持てばエジプトの強い影響を受けかねない、と恐れたのである。[*71]

ブルギバは、交渉の停滞を打開したのは自分のイニシアチブであったと回顧録で述べている。彼はピノーと会合を重ね、三月一八日に合意に至った。続いてサヴァリの同意も取り付けると、最も強硬な態度を示していたモレをも説得するのに成功した。[*72] こうして、フランス政府はチュニジアへ外交権を付与し独立を承認すると決定したというのである。

しかし、アメリカ国務省の史料からは別の要因が浮かび上がってくる。それは、アメリカ政府がフランスの立場の支持を明らかにしたことが、交渉の妥結を可能にしたというものである。従来のアメリカの姿勢からの大きな転換であった。駐仏アメリカ大使のディロンは、三月二〇日、「北アフリカにおけるプレゼンスの継続を確保するような解決を見つけようというフランスの戦い」と「フランス人とイスラム教徒住民の共存」において、「アメリカ合衆国は完全なる支持を約束する」と演説し、フランスの北アフリカにおける地位を支持した。[*73] この演説の内容を事前にディロンから知らされたフランス政府は、譲歩を決意したのだった。演説の前日、ピノーはディロンに対して、この情報を得たことが「フランス政府がチュニジアとの合意に至った主要素の一つである」と明言している。[*74]

これはアメリカが、フランスのチュニジア政策全般を支持した最初の声明であった。第7章第三節で述べたとおり、ダレス国務長官は一九五五年八月にフランスのモロッコ政策を支持する声明を出していたが、ついに北アフリカ全域まで支持の範囲を拡げたのである。ディロンの演説はフランスのほとんどのメディアから好意的に迎えられた。[*75] アメリカは決して、フランスの北アフリカ撤退を望んでいないとフランスの民衆にもチュニジアの民衆にも知らしめることができ、その結果フランス政府は譲歩することが可能になったと言える。

一九五六年三月二〇日、フランスとチュニジアは議定書を発表する。憲法制定議会選挙の投票日の五日前であった。①フランスはチュニジアの独立を承認する、②バルド条約は今後の仏チュニジア関係を支配するものではない[*76]、③フランス・チュニジア規約のうちチュニジアの独立と両立しない条項は修正ないし破棄される、④チュニジアは外交・安全保障・防衛に関する責任を行使でき、国軍を設立できる、という内容であった。両国は、とくに防衛と外交政策に関わる協力の仕方について四月一六日に交渉を開始することにも同意した[*77]。つまりモロッコのケースとまったく同様に、独立の原則を確認する声明を出すことをもって交渉の第一段階は終了し、引き続き外交や防衛政策の内容を定義するために第二段階に移るという形式であった。フランス政府の理解では、第二段階の終了をもってチュニジアは独立したと承認される。だがアメリカ政府は、この直後の三月二二日、チュニジア政府に対して独立の獲得を歓迎するメッセージを送付した[*78]。モロッコのときと同じく、三月二〇日の交渉の第一段階終了をもって独立は付与されたとみなしたわけである。

第四節　外交関係の樹立

ブルギバ内閣の成立

仏チュニジア両政府が議定書を交わすことができた結果、ネオ・ドゥストゥール党は三月二五日の選挙で圧勝する。同党がＵＧＴＴなどと結成した選挙連合が議会の全九八議席を独占し、サラ・ベン・ユーセフ派や共産党は一議席も獲得できなかった。投票率は全国平均では八四％に上ったが、しかしユーセフ派が根強い人気を持つチュニスでは五〇％に過ぎなかった[*79]。議会では親仏派が圧倒的な勢力を誇ったものの、チュニジア国内には依然として反仏路線を支持する勢力が残存していた。一方、仏チュニジア交渉は、治安維持の権限移譲に関しては滞りなく進行した。四月四日から七日までの協議で両国政府は、予定よりも早くチュニジアに権限を移譲し、国境地帯でのフランスの責任をより限定的にすることに合意している。[*80]

前節で強調したとおり、交渉の第一段階が終了しても、フランスはチュニジアに外交権を認めたわけではない。だが、チュニジア政府は可能な限り独自の外交政策を遂行しようと試み始める。すでに選挙直前の三月二三日には、ブルギバは「同胞であるアルジェリアが主権を獲得するまでは、われわれは満足できないだろう」[*81]と声明を発表していた。明らかに、アルジェリア戦争を遂行するフランスを牽制した発言であった。次いで彼は、三月末に開催された憲法制定議会の第一回会合の直後には、防衛大臣と外務大臣を含めた新内閣を発足させると明言した。ベン・アンマル首相はフランス側に、当面は両大臣の任命をしないと三月二〇日に約束したばかりだったが、早くもそれを覆す発言をしたのである。[*82]

ここからもわかるように、議定書の調印後にブルギバの威信が急激に高まり、それに反比例して首相の威信は低下した。この時期、サラ・ベン・ユーセフ派は議定書に抗議してテロ活動を続けていたが、[*83]アンマルは彼らを非難しなかったため、国内で批判が集中していたのである。[*84]四月八日にはアラブ連盟政治委員会が、加盟国はチュニジアの独立を即時承認してよいと発表した。チュニジアは親仏的かもしれないが、加盟国を増やすことが勢力拡大につながるとアラブ諸国は判断したのだと考えられる。ブルギバの政策がアラブ諸国からも承認されたことになり、この結果ブルギバの威信は絶大となってサラ・ベン・ユーセフを圧倒した。フランスの歓迎するところであった。[*85]四月一四日にはついにブルギバ内閣が発足した。[*86]彼はさらに、フランスの制止を押し切って、自ら防衛大臣と外務大臣を兼務することを決めた。[*87]

とはいえブルギバは、安堵する暇もなかった。アルジェリア情勢は悪化し、サラ・ベン・ユーセフ派が生きながらえるなか、アルジェリアの独立運動を弾圧するフランスに対して断固たる姿勢を示すことで、国内の支持基盤を固めなくてはならなかった。[*88] アルジェリア人民はチュニジア人民と近い関係にあり、当然国内には解放闘争を支持する声が強かったからである。実際、四月一五日にはサラ・ベン・ユーセフがカイロで、チュニジア政府が「フランス帝国主義者」と協力関係にあることを非難する声明を出した。[*89] ところが四月二三日付のフィガロ紙に掲載されたブルギバのインタビューが、フランス政府を憤らせる。「チュニジア政府は「アルジェリアの同胞」を支援するであろう。チュニジア義勇兵がアルジェリアでフランス軍と戦闘することに反対しないし、われわれは武器の輸送を妨害するフランス軍に加担する気はない[*90]」と述べたのである。直後にセドゥーに釈明したように、彼はチュニジアや中東における反ブルギバ・キャンペーンを考慮して、「アルジェリア反乱軍からユーセフ派の活動を引き離すことでしか、こうしたキャンペーンに対抗し、チュニジア国家の権威を強化することができない」と考えていた。[*91] 彼が親仏路線を採用していることは、アラブ人民には周知の事実であった。それを前提に、しかしアルジェリア戦争についてはフランスを支持できないところに、ブルギバの苦しい立場が垣間見える。

外交関係の開始に向けて

四月二四日、ブルギバはチュニスに駐在する外国領事を集め、領事使節団を外交使節団に昇格するつもりだと宣言した。フランス政府は即座に抗議し、新たな合意を締結するまではフランス・チュニジア規約が効力を持っており、外交権はフランスにあると強調した。[*92] フランスにしてみれば、一九五六年三月議定書は規約を必要ならば修正すると定めただけであり、どのように修正するかを決めたわけではなかった。この議定書は、バルド条約は今後の両国関係を支配できない（"[The] treaty can no longer govern"）と述べたにすぎず、同条約は依然として法的に有効である。ゆえにチュニジアが外交関係を諸外国と結べるのは、議定書がフランス議会によって批准された後でなければならない。これがフランス政府の見解であり、現にアメリカにもそのように説明している。[*93] フランス議会が北アフリカ問題について討議するのは五月末の予定だったため、それまではフランス政府は世論に対して、チュニジアは保護国であることを示さなければならなかったのである。

しかし英米両国政府は四月二四日のブルギバの発言を受けて、「問題の早期解決を促す」ために、外交関係の樹立を検討し始める。当然、フランス政府は、チュニジア・モロッコとの交渉が完了するまでは外交関係を樹立しないよう英米に働きかけた。[*94] しかしブルギバは五月一日にも「真に主権を持ち、独立したチュニジアにならなければ、フランスと交渉を再開できないだろう[*95]」と発言する。交渉の第二段階では独立国チュニジアとして協議に臨むという、ブルギバの強い決意表明であった。アメリカのヒューズ駐チュニジア領事は、ブルギバの姿勢に関して次のように記している。

彼は、われわれ〔アメリカ〕が通常の外交関係を結ぶ意欲を示すことで、自分を後押ししてくれるよう望んでいる。そうすれば彼は、チュニジア人民に、自分の親西側路線が西側諸国に評価されていると証明できるのだ。[*96]

この展開を見たモレは急遽、ブルギバと首脳会談を開いて協議することにした。[*97] 五月八日、イギリス外務省はブルギバに対して、「外交関係に関して仏チュニジアが合意でき次第」、独立を承認したいと伝える。しかしブルギバはこの留保条件を嫌い、イギリスの申し出を拒絶した。ところがアメリカ国務省はより好意的であった。同日、アメリカは口頭で、三月二二日にベイに送ったメッセージ[*98]がすでに独立の承認を意味しているため、早期に外交使節の交換を行いたい、とチュニジア政府に伝えたのである。[*99] アメリカ国務省は同じ内容をその翌日にフランス外務省にも伝えている。[*100] 対照的に、フランスの立場を支持するという、イギリスの従来からの姿勢も変わらなかった。五月一〇日、イギリス政府は、フランスがチュニジア・モロッコと合意に達した後に両国を承認すると決定したと声明を出した。[*101]

モレ首相の招聘に応じたブルギバは、パリに五月九日から一二日まで滞在する。[*102] フランス側が提出した外交規約の草案は相変わらず外交面でフランスに強い発言権を認めていた。両者の会談は物別れに終わったが、次回はチュニスで交渉を再開することで合意した。[*103] ただしブルギバはこの時、若干の譲歩をしている。彼は「五月三一日か六月一日に北アフリカに関するフランス下院の討議が終了するまで、どの国とも外交関係を樹立しない」とフランス側に伝えたのである。[*104]

フランス政府は、自国よりも早く米英両国にチュニジアと国交を樹立されないよう躍起になっていた。五月一二日に、前チュニジア・モロッコ総督のラトゥールはアメリカにこう訴えている。フランス外務省は三月の議定書を批准してバルド条約を破棄するよう議会に望んでいるが、もしブルギバが独立の内容に関して協議を拒否するならば、議会はバルド条約の破棄に賛成しないだろう。よって、わが国が新たな協定を結ばないうちに他国が外交使節を交換するのは、六月一日以後であっても、議定書に反する行為である、と。これに対してアメリカは、すでにチュニジアの独立を承認したとの立場を採っていたものの、ブルギバが六月一日より前に外交関係は結ばないことを伝えていたため、[*105] 国交の樹立は急がない方針だった。一方イギリスでは、フランス議会が新しい外交協定を批准しないまま閉会した場合、それでもチュニジアの独立を承認すべきか否かで意見が分かれていた。チュニジアをエジプトの中立主義や、さらに悪い方向へ向かわせないために、外交関係を結ぶべきだという議論もあった。しかし結局イギリス外務省は、「同盟国に失望したとフランスの国民に思われるほうが、はるかに損失が大きい」[*106]というジェッブ駐仏大使の意見に賛成する。つまり、フランスがチュニジアと協定を交わしてから、チュニジアと外交関係を結ぶことにしたのである。

ブルギバとしても、フランスとの交渉決裂を避けたいことに変わりはなかった。五月一六日、彼はセドゥー高等弁務官に妥協案を提示する。第一に、チュニジアはフランス議会が問題を討議している間は他国と大使の交換を行わない。第二に仏チュニジア両国は、討議後に外交協定に関する交渉を再開する。[*107]しかし第三に、仏チュニジア両国間の外交使節については、討議前に大使に昇格させる、というものだった。[*108]逆にフランス側は、討議を開始する前に外交協定を締結すべきであるとの立場を崩さなかった。五月二三日にチュニジア・モロッコ情勢大臣のサヴァリはセドゥーに対して、仏モロッコ外交協定がまもなく調印されることをブルギバに伝え、交渉の開始を要求せよと命じた。そして、チュニジアにはモロッコよりも優遇した外交権限を与える用意があると付け加えている。[*109]チュニジアの外交権限をモロッコよりも制限するとしていた、従来のフランスの方針と比較すれば大きな譲歩であった。ブルギバはこれを聞いて、態度を和らげる。彼は、フランス議会での討議よりも前にフランスとの外交使節を大使に昇格させないと決定したことをセドゥーに伝えた。[*110]一六日に示した妥協案の第三点目からさらに譲歩したのである。また、「諸外国と外交関係を結んだ後に、仏モロッコ間よりも〔チュニジアの権限を制限する条項が〕限定的な(restrictive)外交協定をフランスと締結するであろう」[*111]とも付け加えている。つまり、外交関係を諸外国と結んだ後に、フランスと友好同盟条約を結ぼうという意向であった。[*112]

しかし仏モロッコ外交協定が調印された五月二八日、ブルギバは決定的な声明を発表した。「フランスと交渉を再開する前に、チュニジアが諸外国に派遣する外交官を任命する」[*113]と述べたのである。フランスがモロッコに外交権を認めたため、チュニジア政府はモロッコよりも早く諸外国との国交を樹立することにしたのである。この結果フランスも、チュニジアと外交使節を交換せざるを得なくなる。他の国々、とくにソ連やエジプトに先を越されては面目が立たないからである。五月三一日、国務省はフランス側に対して、六月五日にフランス議会が閉会する直後にブルギバは外国の大使を受け入れるかもしれないと警告した。つまり、アメリカは閉会直後に国交を樹立する、という警告であった。もしソ連などの非友好国がアメリカより先に大使館を開設することになれば「憂慮すべき事態だ」からだ、というのがその理由であった。[114]

結局フランス議会は、この会期中に仏モロッコ外交協定は批准したものの、チュニジアについては何ら決定を下せなかった。議会の閉会した六月五日に、セドゥーはパリに対し、国務省と同種の警告を送っている。つまり「米英といった諸国はチュニスに領事しか派遣していないのに、ソ連やエジプトといった国は〔国交を樹立して〕大使を派遣している」事態になるだろう。たとえ同盟国も大使を派遣したとしても、わが国がチュニジアと国交を樹立していなければ、やはりわが国は弱い立場に置かれてしまうだろうと彼は続けている。そこで、まず仏チュニジア間で大使を交換し、その後チュニジアに諸外国と大使を交換する許可を出せばよいとセドゥーは勧告した。[115]だが、仏チュニジア交渉の停滞を打ち破ったのは、またもやアメリカであった。この日ヒューズ米国領事は、アメリカ政府が領事館を大使館に昇格させ、公使か大使を任命することを決定した、と発表した。[116]ただし、アメリカ政府は大使館の設置を決めたものの、大使のアグレマンを申請しないことも決定していた。[117]チュニジアの国民には国交を樹立したかのように取り繕いながら、法的には大使を派遣して外交関係を結ばない措置であった。換言すれば、アメリカ政府はフランスの面子を守りつつ、チュニジアと国交を樹立するようフランスに迫ったのである。

六月六日、フランスの閣議は、バルド条約と一九五五年のフランス・チュニジア規約は新しい合意を締結するまでは有効であること、そしてそれに代わる新たな合意を締結する意向を確認した。[118]ブルギバはこれに激怒する。翌日彼はセドゥーに対して、自分はいま必死に持ちこたえているが、反仏勢力にいつ押し流されてしまうかわからない。カイロの圧力によって私の威信が失われるのは避けたほうが得策ではないか、と激しく抗議した。[119]

六月九日、仏チュニジア両国は、外交協定に関する交渉も二段階に分けることで合意した。第一段階で両国は大使を交換してチュニジアに外交権を認め、第二段階で友好同盟条約の締結へ進むというものである。一二日、フランスの閣議はこの方針を確認し、セドゥーが提出した協定の草案を承認した。[120]

両国政府は六月一五日に、大使の交換を規定した外交協定に調印し、ここに交渉の第一段階が終了した。[*121] この協定の第一の特徴は、「チュニジアが常駐外交使節団を派遣しないと決定した国においては、チュニジアが希望すれば、フランス政府が代わりに代表を派遣してチュニジア人の財産と利益を保護する任務を負う」と規定している点である。[*122] 仏モロッコ外交協定では、「モロッコが希望すれば」という文言がなく、その分チュニジアのほうがモロッコよりも強い外交権を持っていたと言える。第二の特徴は、両国政府は「外交情勢に関する協力の方法を規定する条約の締結を前提に、（中略）双方の利益に関連する問題については、情報を交換する」と規定していた点である。こうしてこの協定は確かに両国間の友好同盟条約を締結することを謳ったものの、大きな欠陥を持っていた。フランスが認めているように、「ラバトでの合意〔仏モロッコ外交協定を指す〕とは異なり、仏チュニジア協定は、外交面での両国の協調の仕方を定めているわけではない」からである。六月二六日に発表された共同コミュニケは、友好同盟条約締結に向けて両国は交渉を開始すると謳っていたが、[*123] 現実にはアルジェリア戦争の激化、一九五六年秋のスエズ危機・戦争をめぐる混乱のせいもあって、この交渉はついに開始されることはなかった。

こうしてフランスは、チュニジアが他国と国交を樹立することを承認した。この後もエジプトの中立主義、アルジェリア・ナショナリストの活動、サラ・ベン・ユーセフ支持者の活動などにより、とくに南部を中心にチュニジアの混乱は続く。しかしチュニジアは一九五六年七月二六日、国連安保理によって加盟申請を認められた。[*124] 同年一一月一二日にモロッコとともに総会で加盟が承認され、名実ともに国際社会の一員となったのである。国内自治権と独立を獲得する過程で、国民の人気を決定的に失ってしまったベイは退位を余儀なくされる。一九五七年七月、ブルギバは王制の廃止と共和制の成立を宣言し、自ら大統領に就任した。

注

＊1　*L'Année politique*, 1955, p. 247.

＊2　MAE, Tunisie 1944–1955, vol. 378, Seydoux à Paris, n°1915/1920, 29.6.1955. とはいえ、フランス人入植者のなかにもブルギバを依然として敵視する者がいたことは言うまでもない。*Ibid.*, Latour à Paris, n°1703/1705, 6.6.1955.

＊3　MAE, Tunisie 1944–1955, vol. 378, Latour à Paris, n°2268/2273, 27.7.1955.

＊4　MAE, Tunisie 1944–1955, vol. 378, Situation Politique en Tunisie, 8.1955; *L'Année politique*, 1955, p. 265.

＊5　MAE, Tunisie 1944–1955, vol. 378, Physionomie de la période du 20 juin au 20 juillet 1955, 23.8.1955.

＊6　MAE, Tunisie 1944–1955, vol. 378, Situation Politique en Tunisie, 8.1955.

＊7　MAE, Tunisie 1944–1955, vol. 378, Latour à Paris, n°2171/2173, 20.7.1955.

＊8　TNA, FO 371/113894, JT 10317/112, FO Minute by Kirkpatrick, 18.6.1955.

＊9　MAE, Tunisie 1944–1955, vol. 378, Situation Politique en Tunisie, 8.1955. 八月二日には七一人の入植者が殺害され、八月二〇日には三七人の入植者が殺害されている。チュニジア・フェラガとは、一九五四年末まで活動した組織であり、かつては単にフェラガと呼ばれていた。しかしモロッコでもアルジェリアでも同様の組織が生まれたことから、一九五五年以後は、チュニジア・フェラガという名称で呼ばれることが多くなる。

＊10　*L'Année politique*, 1955, pp. 279–280. 第一次アンマル内閣においては、財務大臣など一部の閣僚ポストにはフランス人が就いていた。

＊11　MAE, Tunisie 1944–1955, vol. 378, Seydoux à Paris, n°3089/3095, 30.9.1955.

＊12　アルジェリアで結成されたフェラガについてもこのような名称で呼ばれた。本章注9を参照。

＊13　MAE, Tunisie 1944–1955, vol. 378, Seydoux à Paris, n°3128/3132, 4.10.1955. セドゥーは、アルジェリア・フェラガの活動が、一部のチュニジア国民の積極的な賛同とは言わないまでも、暗黙の了解は得ているとの認識を持っていた。MAE, Tunisie 1944–1955, vol. 378, Seydoux à Paris, n°3301/3306, 14.10.1955.

＊14　MAE, Tunisie 1944–1955, vol. 378, Seydoux à Paris, n°3146/3149, 6.10.1955.

＊15　*Le Monde*, 9/10.10.1955. ヴュー・ドゥストゥール党は大モスクで学ぶ学生の間で強い影響力を持っていた。

＊16　*DDF*, 1955 II, doc.281, Seydoux à Paris, n°3171/3173, 7.10.1955.

＊17　*L'Année politique*, 1955, p. 293.

＊18 *DDF*, 1955 II, doc.295, Seydoux à Paris, n° 3270/3279, 13.10.1955.

＊19 カイロから帰国する際に、彼はアラブ連盟から可能な限り騒擾を起こすよう指令を受けているに違いない、とセドゥーは観測している。TNA, FO 371/113792, JF 1016/93, Williams to Bromley, 1446/601/102, 17.10.1955.

＊20 *L'Année politique*, 1955, pp. 293–294. 北アフリカ解放委員会については、第2章注25を参照。

＊21 *Le Monde*, 23.10.1955.

＊22 ただしベン・アンマルは、憲法をベイが下賜する欽定憲法とするのか、民選の国会が定める民定憲法とするのか、この段階では特定はしていない。MAE, Tunisie 1944–1955, vol. 378, Seydoux à Paris, n° 3281/3294, 14.10.1955.

＊23 MAE, Tunisie 1944–1955, vol. 378, La Situation en Tunisie, 18.10.1955.

＊24 Ibid.

＊25 第7章第五節で述べたとおり、チュニジア・モロッコ情勢省は一九五五年一〇月二五日に廃止されたため、チュニジア問題も外務省の所轄に戻された。

＊26 *DDF*, 1955, II, doc.336, Seydoux à Paris, n° 3529/3549, 27.10.1955.

＊27 MAE, Tunisie 1944–1955, vol. 379, Seydoux à Paris, n° 3658/3662, 3.11.1955.

＊28 MAE, Tunisie 1944–1955, vol. 379, Situation Politique en Tunisie（Novembre 1955）.

＊29 *DDF*, 1955, II, doc.383, Seydoux à Paris, n° 4054/4076, 23.11.1955.

＊30 具体的には、エジプト、インド、イラク、リビア、パキスタン、サウジアラビアの六か国である。

＊31 両国の対立については、Elie Podeh, *The Quest for Hegemony in the Arab World: The Struggle over the Baghdad Pact*（New York: Leiden, 1995）を参照のこと。これは、イラクの親英路線とエジプトの中立主義路線の対立でもあった。

＊32 TNA, FO 371/113801, JF 1022/26G, Beith to Bromley, 1073/264/55, 3.11.1955.

＊33 *Le Monde*, 22.11.1955.

＊34 *DDF*, 1955, II, doc.383, Seydoux à Paris, n° 4054/4076, 23.11.1955; TNA, FO 371/113792, JF 1016/100, Williams to Bromley, 1634/601/111, 22.11.1955.

＊35 NARA, RG 59, CDF, 772.00/2–2956, Dillon to Dulles, no. 3940, 29.2.1956.

＊36 MAE, Tunisie 1944–1955, vol. 379, Réunion chez M Massigli le 25 novembre 1955.

＊37 TNA, FO 371/113792, JF 1016/102, Williams to Bromley, 1697/601/115, 2.12.1955.

＊38　MAE, Tunisie 1944–1955, vol. 379, Gillet à Paris, n°4159/4168, 3.12.1955.
＊39　TNA, FO 371/113792, JF 1016/103, Williams to Bromley, 1731/601/118, 9.12.1955.
＊40　MAE, Tunisie 1944–1955, vol. 379, Seydoux à Paris, n°4037/4040, 23.11.1955.
＊41　MAE, Tunisie 1944–1955, vol. 379, Seydoux à Paris, n°4518/4523, 27.12.1955.
＊42　MAE, Tunisie 1944–1955, vol. 379, Gillet à Paris, n°4159/4168, 3.12.1955.
＊43　*DDF*, 1955 II, doc.443, Seydoux à Paris, n°4498/4513, 27.12.1955.
＊44　MAE, Tunisie 1944–1955, vol. 379, Seydoux à Paris, n°4541/4542, 28.12.1955.
＊45　Bourguiba, *Ma vie, 1952–1956*, pp. 467–469.
＊46　第2章第三節を参照。
＊47　MAE, Tunisie 1956–1969, vol. 75, Seydoux à Paris, n°29/43, 4.1.1956.
＊48　MAE, Tunisie 1956–1969, vol. 108, Note pour le Ministre, 14.2.1956. ネオ・ドゥストゥール党とUGTTは、実際に社会主義を追求していたわけではない。労働賃金の増額など、労働者に手厚い政策にブルジョワが危機感を募らせていたのである。
＊49　*Le Monde*, 20.1.1956.
＊50　*Ibid.*, 29.1.1956.
＊51　MAE, Tunisie 1956–1969, vol. 108, Note pour le Secrétaire Général, 20.1.1956.
＊52　MAE, Tunisie 1956–1969, vol. 108, Situation Politique en Tunisie（Janvier 1956）. 党は同時に、アルジェリア人民が交渉を通じてフランスと和解することを目標に、アルジェリアの混乱を終わらせるよう、政府に働きかけるべきだとも決議している。
＊53　*DDF*, 1956, I, doc.44, Seydoux à MAE, n°406/414, 26.1.1956.
＊54　*Ibid.*, doc.78, p.163, note 2; *L'Année politique*, 1956, p.185.
＊55　*DDF*, 1956, I, doc.78, Seydoux à Savary, n°597/610, 6.2.1956.
＊56　MAE, Tunisie 1956–1969, vol. 108, Note pour le Ministre, 14.2.1956. フランス総選挙は一九五六年一月二日に行われた。
＊57　MAE, Tunisie 1956–1969, vol. 108, Situation Politique en Tunisie（Février 1956）; *DDF*, 1956, I, doc.78, p.162, note 1.
＊58　*Ibid.*, doc.68, Seydoux à Basdevant, 2.2.1956.
＊59　MAE, Tunisie 1956–1969, vol. 108, Note, 2.2.1956.
＊60　*DDF*, 1956, I, doc.68, Seydoux à Basdevant, 2.2.1956.

＊61　*Ibid.*, doc.78, Seydoux à Savary, n°597/610, 6.2.1956.

＊62　Ibid.

＊63　MAE, Tunisie 1956–1969, vol. 108, Note pour le Ministre, 14.2.1956; Situation Politique en Tunisie（Février 1956）. ここでいうフランス人入植者の利権とは、個人財産の保護、フランス法廷の管轄に属すること、そしてチュニジア政府で今後も公務員として勤務を続ける権利などである。*DDF*, 1955 I, doc.232, Pinay aux Représentants diplomatiques de France à l'étranger, circulaire n°37, 28.4.1955.

＊64　*Le Monde*, 9.2.1956, 15.2.1956.

＊65　MAE, Tunisie 1956–1969, vol. 108, Situation Politique en Tunisie（Février 1956）; *L'Année politique*, 1956, p. 190.

＊66　MAE, Cabinet du Ministre, Pineau, vol. 28, J.S. Direction Générale, 2.1956.

＊67　Ibid.「associé」という単語の訳には、「協力」をあてるのが一般的であろうが、第1章第一節でふれたように、本書では「les états associés」の訳として「協同国家」を用いた。この引用箇所でも、それに倣って「協同」と記した。

＊68　*L'Année politique*, 1956, p.191.

＊69　*DDF*, 1956, I, doc.167, Comptes rendus des négociations franco-tunisiennes; NARA, RG 59, CDF, 651.72/3–1356, Dillon to Dulles, n° 4190, 13.3.1956.

＊70　*L'Année politique*, 1956, p.195.

＊71　NARA, RG 59, CDF 651.72/3–356, Dillon to Dulles, no. 4006, 3.3.1956. アメリカは、そういったフランスの姿勢がチュニジアで影響力を保持するうえで逆効果となるだろうとコメントしている。651.72/3–656, Hughes to Dulles, no. 102, 6.3.1956.

＊72　Bourguiba, *Ma vie, 1952–1956*, p. 503.

＊73　*Le Monde*, 21.3.1956. ディロン演説は、フランス世論の中で高まりつつあったアメリカに対する猜疑心を鎮めることを目的としていた。一九五六年三月三日、パリに滞在中のマーフィー（Robert D. Murphy）国務次官補が国務省に対して、フランス国民の間で反米感情が生まれており、「アルジェリアとモロッコでフランスが苦闘する責任をアメリカに負わせようとしている」と報告した。DDEL, Papers as President of the US, 1952–1961（Ann Whitman File）, International Series Box 12, France 1956–1960(6) March 3, 1956 Memorandum for the President; The White House.

＊74　NARA, RG 59, CDF, 651.72/3–1956, Dillon to Dulles, no. 4312, 19.3.1956.

＊75　*Le Monde*, 22.3.1956.

＊76　フランス側が「バルド条約を破棄する」と明言していないことは注目に値する。以後、この点をめぐって仏チュニジア間の対立が尖鋭化する。

＊77　MAE, Tunisie 1956–1969, vol. 108, Situation Politique en Tunisie（mars 1956）; *L'Année politique*, 1956, p.196.

＊78　NARA, RG 59, CDF, 772.02/5–1456, Dulles to Tunis, no. 123, 14.5.1956

＊79　MAE, Tunisie 1956–1969, vol. 108, Situation Politique en Tunisie（mars 1956）.

＊80　MAE, Tunisie 1956–1969, vol. 108, Situation Politique en Tunisie（Avril 1956）; *DDF*, 1956, I, doc.226, Comptes rendus des négociations franco-tunisiennes relatives to l'ordre public; NARA, RG 59, CDF, 772.00/4–1056, Hughes to Dulles, 10.4.1956.

＊81　*L'Année politique*, 1956, p.196.

＊82　MAE, Tunisie 1956–1969, vol. 108, Gillet à Paris, n° 1512/1516, 7.4.1956.

＊83　*Le Monde*, 29.3.1956.

＊84　MAE Tunisie 1956–1969, vol. 108, Seydoux to Paris, n° 1400/1413, 28.3.1956.

＊85　エジプトは四月一八日にチュニジアの独立を承認している。MAE, Tunisie 1956–1969, vol. 108, Situation Politique en Tunisie（Avril 1956）.

＊86　MAE, Tunisie 1956–1969, vol. 108, Situation Politique en Tunisie（Avril 1956）. 一七の閣僚ポストのうち、一二はネオ・ドゥストゥール党員が占めた。

＊87　MAE, Tunisie 1956–1969, vol. 108, Seydoux to Paris, n° 1569/1574, 11.4.1956.

＊88　MAE, Tunisie 1956–1969, vol. 108, Seydoux to Paris, n° 1590/1594, 12.4.1956.

＊89　*L'Année politique*, 1956, p. 200.

＊90　MAE, Tunisie 1956–1969, vol. 108, Savary to Seydoux, n° 692/698, 25.4.1956.

＊91　MAE, Tunisie 1956–1969, vol. 108, Seydoux to Paris, n° 1911/1920, 28.4.1956.

＊92　*DDF*, 1956, I, doc.280, Pineau à London et al., n° 4134/4139, 28.4.1956.

＊93　NARA, RG 59, CDF, 651.72/4–1956, Hughes to Dulles, no. 132, 19.4.1956.

＊94　TNA, FO 371/119368, JF 1023/22, Tunis to FO, no. 40, 24.4.1956; JF 1023/22（A）, FO Minute, 27.4.1956. *FRUS* 1955–1957, XVIII, doc.243, Dulles to Paris, no. 4167, 8.5.1956.

＊95　*L'Année politique*, 1956, p.205.

＊96 NARA, RG 59, CDF, 772.00/5–456, Hughes to Washington, n°247, 4.5.1956.

＊97 *Le Monde*, 8.5.1956.

＊98 本章第三節末を参照のこと。

＊99 *FRUS*, 1955–1957, XVIII, Doc.243, Dulles to Paris, no. 4167, 8.5.1956.

＊100 NARA, RG 59, CDF, 772.02/5–1056, Dillon to Dulles, no. 5286, 10.5.1956.

＊101 *Le Monde*, 11.5.1956; イギリスのチュニジア、モロッコの独立承認については、第8章第三節を参照のこと。

＊102 第8章第三節で述べたが、モロッコ代表団は、外国と結ぶ外交関係の内容について協議するために、五月六日から八日にかけてパリに滞在していた。外交権獲得の遅れにいらだつチュニジア世論を満足させるために、モレ首相は急遽この日程でブルギバと協議したのである。

＊103 MAE, Tunisie 1956–1969, vol. 108, Situation en Tunisie, 30.5.1956; *DDF*, 1956, I, doc.319, Seydoux à Savary, n°2158/2167, 16.5.1956.

＊104 NARA, RG 59, CDF, 651.72/5–1156, Dillon to Dulles, no. 5324, 11.5.1956.

＊105 Ibid.

＊106 TNA, FO 371/119373, JF 1052/17, FO to Washington, no. 2250, 17.5.1956; FO 371/119369, JF 1023/31, Jebb to FO, no. 136, 16.5.1956.

＊107 *DDF*, 1956, I, doc.319, Seydoux à Savary, n°2158/2167, 16.5.1956.

＊108 *Ibid*., doc.320, Seydoux à Savary, n°2168/2172, 16.5.1956.

＊109 *Ibid*., doc.335, Savary à Seydoux, n°1070/1081, 23.5.1956.

＊110 *Ibid*., doc.340, Seydoux à Savary, n°2302/2312, 24.5.1956.

＊111 NARA, RG 59, CDF, 651.72/5–2556, Paris to Dulles, no. 5587, 25.5.1956.

＊112 フランス政府も、友好同盟条約を締結するというブルギバの意向は歓迎していた。

＊113 *L'Année politique*, 1956, p. 205.

＊114 *DDF*, 1956, I, doc.365, Seydoux à Savary, n°2455/2463, 5.6.1956.

＊115 Ibid.

＊116 *FRUS*, 1955–1957, XVIII, doc.243 footnote 5. ヒューズは国務省に対して、フランス議会がチュニジア問題の討議を終える前に

これを発表すべきだと主張していた。そのほうが、フランスに対してより効果的な圧力となるだろうという判断である。NARA, RG 59, CDF, 772.00/6–456, Memorandum for the file, 4.6.1956.

＊117 *DDF*, 1956, I, doc.365, p. 889, note 1. 外交使節の派遣国は、外交使節を派遣する前に、使節の長となる者を受け入れるかどうか接受国に問い合わせなければならないが、その際に接受国が与える同意をアグレマン（agrément）という。藤田久一『国際法講義Ⅰ　第2版　国家・国際社会』（東京大学出版会、二〇一〇年）三五五頁。フランス政府が、大使館に昇格させるというアメリカに抗議したことは言うまでもない。NARA, RG 59, CDF, 651.72/6–856, Joyce to Dulles, no. 5864, 8.6.1956.

＊118 *DDF*, 1956, I, doc.373, Savary à Tunis, n°1207/1217, 7.6.1956.

＊119 *Ibid*., doc.372, Seydoux à Savary, n°2483/2500, 7.6.1956.

＊120 *Ibid*., doc.389, Savary à Seydoux, n°1333/1340, 12.6.1956.

＊121 NARA, RG 59, CDF, 651.72/6–1656, Hughes to Dulles, n°178, 16.6.1956. 翌六月一六日、イギリス政府はチュニジアとの外交関係を希望する旨表明し、チュニジア政府もただちにこれに応じた。それまでイギリス政府はフランスの抗議を受けて、たびたびチュニジアとの外交使節の交換を延期していたのである。*L'Année politique*, 1956, p. 209.

＊122 その際、フランスの大使ないし領事は、チュニジア政府の指令に則って行動することも規定されている。Ibid., p. 208.

＊123 *Ibid*., p.208; *DDF*, 1956, I, doc.407, Pineau à London et al., n°5877/5881, 15.6.1956.

＊124 TNA, FO 371/119552, JN 1031/1, Malcolm to FO, no. 75, 5.8.1956; *DDF*, 1956, I, doc.419, p.1030, note 1.

終　章

チュニジア・モロッコの独立とその後

独立に向けたフランス・チュニジア交渉。右側中央の人物はモレ仏首相。詳細は第 9 章を参照

出典：*Tunisie*, Publication de Secretariat d'etat a l'Information du Gouvernement tunisien, 1957, p. 37.

本書は、一九五〇年から一九五六年を中心に、フランスの保護国であったチュニジアとモロッコの独立過程を、フランスの政策の変遷と、西側同盟諸国の対応に焦点を当てつつ分析を試みた。本章ではこれまでの議論を踏まえ、序章で提示した四つの問題点を論じる。①フランスのチュニジア・モロッコに対する政策の転換がなぜ生じたのか、②植民地独立を承認した動機は何か、③アメリカや国連などの国際的な圧力はいかなるものだったか、④チュニジア・モロッコの脱植民地化が宗主国の植民地政策にどのような影響を与えたか、である。以下の各節でこれらの問題を論じるが、便宜上②と③は順序を入れ替え、それぞれ第三節と第二節で議論する。本書で扱ったテーマに関しては、国際的な圧力がまずチュニジアの国内自治権の承認につながり、その後にフランスがモロッコの独立承認を余儀なくされるという順序で事態が進行したからである。

第一節　フランスの政策転換と「実効的な協力者」

本書で扱った一九五〇年から一九五六年までの時期に、フランス政府はチュニジア・モロッコ政策に関して大きな方針転換を二度行っている。一度目は一九五四年七月にチュニジアの国内自治権を承認したことであり、二度目は一九五五年一一月にモロッコの独立を承認したことである。フランスはなぜ二度も政策を転換したのだろうか。脱植民地化が歴史の必然であったとみなす、従来の説明では不十分である。なぜ特定のタイミングで、こうした転換が行われたかが不明確なままだからである。本書は、これらの方針転換がフランス側の協力者の存在に関わっていたという事実を明らかにした。協力者とは、（旧）宗主国の影響力を保持するために尽力する現地の人々を指すが、それだけが条件ではない。彼（女）らはうまく世論をまとめて国民の支持を得て、なおかつ（旧）宗主国との協調路線を正統化できなければならなかった。序章第二節で説明したように、これを本書では「実効的」と表現した。そうでなければ、その政治勢力は権力を継承する受け皿たりえず、国内自治体制であれ独立国の政治体制であれ、政治運営を担えないからである。フランスが一九五四年七月と一九五五年一一月に協力者として選択したのは、チュニジアではブルギバ（および彼の率いるネオ・ドゥストゥール党）、モロッコではモハメド五世であったが、両者はともにナショナリストでありながら親仏路線を維持しており、同時に国民に絶大な人気を誇っていた点で「実効的な協力者」となりうる存在であった。

フランス政府が二度にわたる政策の転換を行った理由は、それまでの協力者ないしはそれに近い勢力では民衆の支持を得られないことが明らかになったからである。それまでの協力者とは、チュニジアではムハンマド八世、モロッコではエル・グラウイやスルタンのアラファなどを指す。フランスはそう判断すると容赦なく彼らを切り捨て、新たにブルギバとモハメド五世を協力者として迎えた。その際フランスは、両者が掲げる国内自治や独立といった要求が、植民地政策の根幹にある理念と相容れないことも厭わなかった。無論、両国には、協力者の親仏路線に反対して反仏的独立を目指す勢力も存在した。しかし反対勢力は、フランスの支援を受けた協力者たちによって弾圧されるか、あるいは協力者の権威に屈していくことになる。これこそがフランスが両国で影響力を維持するやり方であり、一九五〇年代後半以後、各宗主国もこれに倣って多くの地域で実効的な協力者を見出し、育成して権力を継承させたのだった。

第二節　国内自治と国際的要因

これまで説明してきたとおり、フランスがチュニジアの国内自治を承認したのは、チュニジア政府が一九五四年六月に機能不全に陥ったからである。チュニジア政府の首相を任命するのは形式的には主権者であるベイであった。

そのベイが一九五四年三月にフランス人も参加が認められる国会の開設に同意したため、ナショナリズムの大義を裏切ったと批判された。この結果、チュニジアではテロ活動が横行し、彼の任命する閣僚と首相では統治できないという異常事態が発生する。もしフランスがここで妥協して国内自治を認めなければ、フランス人をチュニジア首相に任命するという、およそ政治的にはあり得ない手段しか残されていなかった。戦後世界では、国内自治を否定するフランスですら、フランス人首相によるチュニジア統治という露骨な手段に退行することは不可能であった。ブルギバがフランス当局だけではなく、ベイというフランスの最大の協力者を攻撃したため、ベイを隠れ蓑にした間接統治をチュニジア人民に対し正統化できなくなってしまったことが、保護国体制を放棄させるうえで、決定的な意味を持ったのである。

国連とアメリカ

では、この時点でチュニジアの独立にまで至らず、国内自治の承認に留まったのはなぜだろうか。これには、一九五二年を通じて国連が何度も問題を討議したことによって生まれた、国際的な圧力も考慮に入れる必要がある。とくに重要なのは、同年一二月の総会決議である。この決議はおもに二つの要素から成っていた。第一に仏チュニジアの両者に国内自治（self-government）の達成に向けて交渉を続けるよう求めていたが、第二にナショナリストの代表を招聘するなどして国連が問題解決に直接介入することを拒否するものであった。つまり両国が交渉を続けるとしても、誰がチュニジア側の交渉当事者になるべきか、どのような内容の「国内自治」であるべきか、などといった点を国連は監視する意思を持たないことを示していた。これは結局、フランスが主導権を持ったままチュニジアと交渉を進めてよいと国連が容認したことを意味する。少なくともフランス政府はそのように解釈した。だからこそフランスは国際社会の意向を無視し、フランス案をチュニジアに強要し続けたのである。

しかし、国連が明示的にチュニジアの国内自治を求めたことは重大な意味を持った。ブルギバにとっては主権の承認と同義であり、フランスの同化政策ないし協同政策がすでに国際社会に受け入れられないことは明らかであった。つまり国連は、ブルギバをはじめとするナショナリストを完全に見捨てたわけではなかった。[*1] ブルギバが反ベイ運動を開始した時に、民衆がそれを歓迎したのも、やはりこのような世界の趨勢があったからだと言える。一九五二年の国連決議案は短期的には何ら効果を生まなかったが、一九五四年夏にフランスへ政策転換を促した大きな要因となったと考えるべきであろう。

では、そもそもなぜ国連総会はこのような決議案を採択したのか。この決議を通過させるにあたって最大の影響力を発揮した国は、アメリカであった。アメリカが国連で態度を表明するに際し、第三世界諸国と植民地宗主国との間で板挟みに陥ったことはすでに説明した。しかし、アメリカはどちらも敵に回さないために曖昧な態度をとり続けたという、従来の研究がしばしば描くイメージは、正確ではない。アメリカの態度は以下の二点で基本的に一貫していた。

第一に、アメリカはチュニジアが主権を享受すべきであると考えていた。確かにアメリカは、チュニジアとモロッコの独立には決して好意的ではなかった。両国が時期尚早の独立を果たしてしまえば独立後に国内で混乱が起きる可能性があり、それを利用して共産主義者が勢力を扶植する恐れがあるからである。フランスが協同政策を放棄して、一気に独立させるのではなく徐々に脱植民地化政策を進めるよう、アメリカは望んでいた。[*2] しかし、第二にアメリカは、フランスにはチュニジアに影響力を持ち続けてほしいとも願っていた。親仏派ナショナリストがフランスと協力しながら新体制を樹立するのが理想だった。将来的にチュニジアが独立を達成したとしても、親仏勢力が政権にある限り親仏国に留まるだろうというのがアメリカの計算であった。同盟国であるフランスが影響力を後退させるのは、アメリカにとって望ましくないからである。そのような脱植民地化であれば、アメリカが植民地から駆逐したのだというフランスからの反発を最小限に抑えることができるだろうと考えられた。

一気に独立は認めないものの、現地住民の主権を承認し、国内自治の確立に向けて舵をきる政策は、まさにイギリスのとってきた脱植民地化政策に他ならない。ただしイギリスは、国連などの国際機関や諸外国が自国植民地の情勢に介入することを断固として拒絶した。植民地の統治は宗主国の管轄であるとイギリスは主張し、そのためチュニジア問題の国連討議に反対してフランスを支持し続けた。脱植民地化という同じ目標を共有しながらも、イギリスが植民地を持たないアメリカと最後まで一致した国連対策をとれなかったのは、こうした理由からであった。

しかし逆に、植民地内で実効的な協力者に政治権力を移譲し、脱植民地化を推進することによって宗主国の影響力を維持すべきという方針で米英は一致できた。このことは強力な国際的圧力となり、フランスを脱植民地化政策に転換させる一つの要因となったと言える。同化政策と協同政策の失敗を悟ったフランスは、サハラ以南の植民地においても同様の政策転換を開始する。この点は本章第四節で説明する。

第三節　独立と「実効的な協力者」

一九五四年にチュニジアで脱植民地化を開始するのと並行して、フランス政府はモロッコでも、実効的な協力者に権力を移譲して国内自治体制を樹立させる方向へ転換し始めた。その目標は一九五五年秋まで変わりなかった。しかし一九五五年一一月初旬に決定され、一九五六年に仏モロッコ間で成立した合意は、当初の目標である国内自治体制とはまったく異なった内容だった。相違の第一点は、モロッコの国内自治ではなく独立になってしまったことであり、第二点はフランスの協力者がイスティクラール党ではなくスルタンになったことである。このような違いはなぜ生まれたのだろうか。その要因は、モロッコの国内勢力の分裂と、一九五五年九月に結ばれたエジプトとソ連の軍備協定である。以下ではこの二点が、協力者の確保というフランスにとっての至上命令にどのような影響を与えたかを考察したい。

第一の要因は、モロッコ国内では、エル・グラウイを中心とする伝統主義者たちがフランスのプレゼンスの後退を断固拒否したため、現地の政治勢力に深刻な分裂を生んだことである。この結果、独立を求めるナショナリストは、チュニジアのナショナリストに比べると主導権争いで劣勢に立たされた。それゆえ、フランスはチュニジア型の権力移譲を行いたくとも、権力の受け皿となる「実効的な協力者」を見出すことができなかったのであり、そのためモロッコにおける政策転換は遅れざるを得なかった。膠着状況を打開したのはアメリカであった。アメリカ政府が、このままなにもしなければ国連でモロッコ問題を討議する決議にわが国は賛成票を投じると警告したため、一九五五年八月にフランス政府もモロッコの政治改革に着手することにしたのである。ナショナリスト勢力の成長を待ち、徐々に国内自治体制を整備していくという計画であった。

しかしこの計画は、ソ連がエジプトの軍備拡大に協力することがわかって、根本的に変更を余儀なくされる。これが第二の要因である。この事件により、モロッコのナショナリストのなかでエジプトに倣って中立主義的独立を求める勢力が急激に勢力を伸ばした。即時独立の展望が開けたため、中立主義ナショナリストと伝統主義者との対立が決定的となり、国内は一触即発の状況となった。しかし、封建秩序の危機を悟った伝統主義者のエル・グラウイがモハメドの復位を認めたことで、事態は急展開する。国内の全勢力から支持を得られる人物としてモハメドの復位は確実となり、フランスは彼を協力者とせざるを得なくなった。問題は、彼の権威が完全には確立されておらず、反乱軍や、中立主義的独立を求めるファシらの勢力から挑戦を受けていたことである。モハメドが権威を確立できなければ、内戦が勃発するか、あるいは彼自身がエジプトから軍備を獲得して中立主義を選択する危険性があった。フランスは、彼を実効的な協力者とするために、何らかの形で独立を約束せざるを得なくなったのである。

つまり、モロッコは、フランスの協力者となる現地エリートの権力基盤が固まったから独立したわけではない。ソ連がエジプトに大量の軍備を売却する決定をしたことが、それまでの脱植民地化政策を一変させてしまったのである。第二次世界大戦後、ソ連は初めて軍事安全保障の面で第三世界諸国の国家建設に本格的に協力したのであり、植民地も宗主国の協力がなくとも独立して国家建設を進められる可能性が生まれた。[*3] アメリカや他の西欧諸国が、フランスの意向に逆らってモロッコの国家建設に協力することは政治的にあり得ない。このためソ連がエジプトに協力する状況になるまでは、モロッコ国内で独立派が勢力を伸ばそうともフランスは独立を拒み続けることができた。モロッコ外の国際的要因ではあるが、従来の研究が指摘してきたアメリカや国連による外交圧力とは異なる力学によって、フランスはモロッコの独立を承認する事態に追い込まれたのである。

興味深いことに、アラブ中立主義の高揚は、チュニジアではモロッコほど混乱を引き起こさなかった。チュニジアでは、ブルギバを中心とする親仏派ナショナリストが反仏派と比べて圧倒的な優位を保っていたからである。両者の対立は起きたものの、反仏派は政府によって弾圧され、追放された。そして逆説的ではあるが、こうして国内が比較的安定していたため、フランス政府はチュニジアの独立の承認を急ぐ必要はなかったのである。これに対してモロッコではイスティクラール党内の反仏派が追放されることもなかった。この党の勢力がネオ・ドゥストゥール党と比較して脆弱だったため、この派閥を追放する余裕がなかったからである。この結果、政府与党でありながら同党内には反体制派が残留し、このことがフランスにさらに権力移譲を急がせたのだった。

つまり、独立決定の直前まで実効的な協力者がいなかったことが、モロッコの独立過程における特徴であった。もしモハメド五世が実効的な存在だったとすれば、フランスは独立を承認する必要はなかっただろう。実際にはフランスは、彼を実効的な協力者とするために、独立の付与という切り札を出さねばならなかった。そうした協力者がいなかったのは、モロッコ国内の政治勢力が多様で、そもそも政治共同体としての一体性が希薄だったせいもある。さらに言えば、フランスが伝統的な分割統治に依拠し、全国の政治勢力をまとめられるような協力者を育成しなかったことに遠因がある。アフリカの他の植民地と比較して、それほど早く独立するとは誰もが考えていなかったモロッコが、宗主国によって最初に独立を付与されるという逆説は、その後続いた新興国の誕生に大きなインパクトを与えることになる。

第四節　第三世界諸国の独立

それでは、チュニジア・モロッコの脱植民地化は、いかなる意味で他の第三世界諸国の独立を促したのだろうか。以下では、フランスの政策とイギリスの政策の文脈に分けて議論したい。そして独立を果たした旧植民地が、先進資本主義諸国とどのような関係を持つことになるのか、現代までを概観する。その際、本書で扱ったチュニジア・モロッコ以後に平和裏に独立を果たした国はアフリカにおもに集中しているため、アフリカ諸国の事例を中心に取り上げる。

フランス植民地政策の変遷

フランスの植民地政策の文脈では、チュニジアとモロッコの情勢がもたらした影響を分けて議論する必要がある。チュニジアの国内自治権を承認したため、フランス連合は再編を余儀なくされた。同化政策と協同政策がもはや時代錯誤であると悟ったフランスは、ナショナリストを協力者として植民地で影響力を維持するほうが効果的だと判断する。チュニジアに国内自治権を認めた一九五四年当時、フランスの他の植民地では独立運動が活発だったとはいえない。サハラ砂漠以南に位置する海外領土のほとんどでは、現地の政治指導者は選挙権の拡大をフランス政府に要求するなど、むしろ同化を望んでいたと言うべきである。しかしフランス政府は、将来的にこれら植民地で独立運動が活発化することを見越し、機先を制しようとしたのである。

一九五四年秋から始まった連合再編の動きは、この認識を端的に反映していた。一〇月にビュロン（Robert Buron）フランス海外領土相は、レノックス＝ボイド（Alan Lennox-Boyd）イギリス植民地相と会談を持ち、フランスの植民地政策は「統合」と「脱中央集権化」という二つの原則に基づくものになるだろうと述べた。[*4] さらに一二月のフランス下院で、ビュロンはAEFとAOF[*5]の脱中央集権化について言及している。彼はこの時、計画の細部を詳らかにはしていない。しかし彼は、各領土に自治権を与えて統治機構を設立するという一九五六年六月の基本法が含む諸原則を、この段階ですでに検討中だったと言われる。[*6] そして一九五五年五月にフランス下院が「憲法の第八部は修正可能である」と議決した後、[*7] 同年秋までには政府内でテトジャン海外領土相を中心に、基本法の検討が開始された。[*8]

このようにフランスが方針を転換した原因について、従来の研究はインドシナ情勢を挙げるものが多かった。[*9] 確かに、五四年五月のディエン・ビエン・フー要塞の陥落はフランス国民にナショナリズムの強靭さを印象づけ、北ヴェトナムの独立を認めることを余儀なくされた。また南ヴェトナムに対しても、同年六月に独立を承認している。[*10] しかし一九五四年秋に始まったフランス連合再編は、各領土における自治体制の樹立を目指す政策であった。こうした政策の転換を一般の国民に納得させるうえで、インドシナ戦争の敗北という現実は心理的には大きな意味を持ったかもしれない。しかし、独立ではなく国内自治を認めるという、サハラ以南のアフリカで採用された手法は、カルタゴ宣言以降チュニジアで採用された政策とほぼ同じであった。この意味ではチュニジアでの方針転換こそがサハラ以南でのモデルケースとなったのであり、植民地帝国全体で同化政策を放棄する大きな契機となったと言ってよい。同化政策はフランス連合の根幹をなす原理であり、この意味で連合は完全に形骸化した。だがフランス政府は、チュニジアの独立さえ承認しなければ、チュニジア・モロッコを含めた形で引き続き連合を維持し、形式と実態の矛盾を糊塗できると判断したのである。

フランス連合を再編するための努力は、第1章で述べたように一九五六年六月の基本法制定という形で結実し、連合に所属するすべての海外領土は国内自治権を得た。フランスはこの時点でも、これらの領土に将来的に独立を付与する可能性を認めていなかった。しかし、前節で分析したように、すでに一九五五年一一月にモロッコの独立を容認する方針を打ち出している。これは連合の枠外でモロッコが独立を達成することを意味しており、一九五四年以来の連合再編に向けた努力とは別の論理に基づいていた。つまり、基本法が成立した時にはすでに、同化政策を放棄するという意味だけでなく、保護国が連合に所属しないまま独立することを容認するという意味でも連合には打撃が加えられていたのである。

形骸化の進んでいた連合は一九五八年に発足したフランス第五共和制で解消され、代わりにフランス共同体が組織された。この組織では、フランス大統領が共同体大統領も兼ね、フランスが各海外領土の外交・防衛・通貨などの管轄権を持ち続けた。しかし、基本法の内容を追認する形で、各領土はこの他の分野では自治権を得た。フランス連合とは異なり、フランス共同体では加盟しない選択肢も海外領土には与えられたが、それはフランスの経済援助を失うことを意味していた。フランスの援助を受けず共同体への加盟を拒絶したのはトゥーレ（Sekou Touré）率いるギニアだけであり、他の海外領土は残留を選んだ。[*11] だがフランス共同体も、各海外領土の期待を抑えることはできず、ついには植民地独立が相次いだ一九六〇年を迎える。ド・ゴールは一九五九年一二月にマリ連邦の独立を承認しており、[*12] これが海外領土の独立を大いに促した。フランスは中央集権的かつ画一的な統治形態を採用していたため、その瓦解もイギリスと比較すると短期間に発生したのだった。各植民地の発展の程度は多様であり、すべての植民地が独立するのに十分な政治経済的基盤を備えていたわけではない。しかしフランス政府は植民地ごとの事情を鑑みることなく、現地指導者の要請に従って権力を移譲し、独立を承認していった。その際、労働組合や学生が掲げたより急進的な主張は排除し、現地の協力者たちと協定を結んで、独立後も影響力を保持することに成功したのである。[*13]

このようにみると、チュニジアの国内自治の承認とモロッコの独立の承認は、それぞれ異なる意味においてフランス連合を形骸化し、植民地の独立を促したと言えよう。チュニジアの国内自治は基本法による連合の再編をもたらした。フランス政府は、断固として各領土の自治に留めておくつもりであったが、モロッコの独立が各領土の独立を促してしまった。この時、基本法によって各領土が統治機構を備えていたことが、独立への準備を円滑に進めたのである。[*14]チュニジアでの方針転換を契機とする連合の再編がなければ、一九六〇年という早い段階で独立が相次ぐことは考えられなかったであろう。無論、チュニジア・モロッコの二か国だけでフランス植民地全体の独立を説明することはできない。インドシナやアルジェリアなどの植民地戦争、スエズ戦争などの国際的事件を考慮する必要もあるだろうし、そもそも第二次大戦後に脱植民地化は国際的な潮流となり、モロッコの独立ももちろんその影響を大きく受けていた。しかし、協力者を中心に親仏体制を樹立させて独立を認め、影響力を維持するという、その後フランスの旧植民地でよく見られたパターンはチュニジアとモロッコをモデルケースとしていた。この意味で、両国の脱植民地化は一九六〇年のアフリカの年への道を開く、重大な事件であった。すでに説明したとおり、一九六〇年に独立を果たした国の多くは旧フランス領であり、これらの国々のほとんどはその後もフランスの影響力を断ち切ることができなかったのである。

イギリス植民地政策の変遷

次に、イギリスの植民地政策の文脈では、おもにモロッコの独立の意味を検討したい。チュニジア情勢が与えた影響は小さいと考えられるからである。一九五四年段階で、英領ゴールド・コーストではアフリカ人議員からなる議会が存在し、その議会に責任を負う内閣が憲法で規定された[*15]。したがって、同年七月にチュニジアの国内自治を承認したのは、イギリスの政策にフランスがようやく追いついたことを意味している。だが、イギリスは植民地の独立に積極的だったわけではない。レノックス＝ボイド植民地相が一九五四年に、ゴールド・コーストに対して「コモンウェルス内での完全自治」を一九五六年一二月までに与えると発表しているように[*16]、イギリスはこの時まだ独立を承認するつもりはなかった。しかし一九五六年五月に、彼はイギリス下院で、次の総選挙で独立派議員が多数当選するならば、独立を承認すると宣言する。同年三月頃からンクルマ派を含めて独立を求める声が高まっていたことが譲歩の理由であった[*17]。

ガーナの独立を承認したタイミングは無論、国内外のさまざまな要因によって決定されたとはいえ、時期から判断して一九五六年三月二日の議定書でフランス政府がモロッコの独立の原則を承認したことも、やはり大きく影響していると考えられる。再三述べたように、一九五五年秋の時点でモロッコには近代的な内閣制度すらなく、いわんや憲法や議会など独立後に国家を運営するための近代的制度も整っていなかった。この点ゴールド・コーストは、チュニジアと同様、モロッコよりもはるかに政治的に成熟していた。ちょうどフランス政府がチュニジア人の独立の要求を拒めないと考えたように、イギリス政府もまた、モロッコの独立が公に承認された以上、独立の要求を拒むのが困難だと判断したのだろう。ゴールド・コーストの総選挙は一九五六年七月一二日と一七日に開催され、独立派が多数を占めたことを確認したイギリス政府は、五六年九月、翌年三月にガーナを独立させると宣言した[*18]。

アフリカの年

一九六〇年一二月に、国連総会は植民地独立付与宣言を採択した。多くのフランス植民地が独立して国連に加盟した結果、国連総会で新興国の独立を求める声が多数となったため、このような決議の採択が可能になったのである。同宣言が、「政治的・経済的・社会的または教育的水準が不十分なことをもって、独立を遅延する口実にしてはならない」[*19]と謳う背景には、多くのアフリカ植民地が十分に準備の整わないまま独立を果たした現実があったと言うべきである。国連総会が植民地に自治権を与えるよう求めていた一九五五年までとは、明らかな違いである。一九六〇年に数多くの植民地が独立を獲得し、植民地独立付与宣言が出た結果、植民地支配はもはや国際的にみて正統性を失った。[*20]単なる脱植民地化ではなく、植民地は独立を達成すべきであるという観念が、国際社会で一般的に流布するに至ったのである。

そして第1章で述べたとおり、一九五七年のガーナを皮切りに、イギリスは一九六〇年にナイジェリアなどへ独立を付与していく。フランスと異なり、中央集権的な植民地運営をしてこなかったイギリス植民地帝国では、各国の独立もほぼ同時期に達成されたわけではなかった。一九六〇年代に入ってイギリスが独立を承認したタンガニーカ（一九六一年、一九六三年にはザンジバルと合併してタンザニアと改名）・ケニア（一九六三年）・北ローデシア（一九六四年にザンビアという国名で独立）・ニヤサランド（一九六四年にマラウィという国名で独立）・南ローデシア（一九六五年に一方的独立宣言、一九八〇年にジンバブウェと改称）・ボツワナ（一九六六年）などで、必ずしも独立の準備が整っていたとは言えない。しかし国際的に植民地の独立が正統性を持ったため、イギリス政府もこの潮流に押される形で独立の付与を急いだ。そうしなければ、ソ連が援助攻勢を強めるなか、民衆が共産主義になびくことをイギリスは恐れたのだと言われる。[*21]

冷戦と国家建設

程度の差はあるものの、英仏はこのように植民地で協力者に政権を作らせてその独立を承認し、おおむね影響力を維持することに成功した。新興国は、国家建設のための資金・人材・ノウハウなどあらゆるものを欠いていたため、旧宗主国を中心とした欧米諸国の軍事・経済援助に依存せざるを得なかったのである。新興国のなかには、「アフリカ社会主義」を掲げた国も多かったが、それは必ずしも旧宗主国との経済的絶縁を意味するものではなかった。第二次世界大戦中に日本に支配されたアジア諸国ではヨーロッパ勢力が弱体化し、アメリカの影響力が増大したため冷戦に組み込まれたが、ヨーロッパ諸国の支配が続いたアフリカでは対照的に、米ソ冷戦が一九六〇年代末まで波及しなかったとしばしば言われる。しかしアフリカもまた、西欧諸国の勢力圏に留まった以上、広い意味では冷戦構造における西側陣営に属していたと言うべきであろう。[*22] アメリカは、戦後一貫してヨーロッパ宗主国に対して、植民地と強い紐帯を保ったまま権力を移譲するように促してきた。このことを考えれば、一九五〇年代半ば以降に新興国が相次いで誕生したのは、アメリカと西欧諸国の協力の結果でもあったのである。[*23] とくにフランスは、フランス共同体の解体以後も旧植民地諸国と軍事協定を締結しており、安全保障面でも強い影響力を維持するのに成功した。[*24]

このように比較的穏やかに独立を果たしたケースとは異なり、ソ連などの外国勢力が軍事供与などを通じて介入し、独立前後に内戦や戦争を経験した国々もある。その代表的な例が一九六〇〜六五年のコンゴ動乱であり、一九七〇年代のポルトガル植民地である。また、一九七七〜八八年にエチオピア・ソマリア間で起きたオガデン戦争もこの例に含めることができよう。これらがソマリアを除いて、いずれも英仏の植民地支配を経験していない地域であることは注目に値する。第二次大戦後も独立させるためにほとんど何の準備もしなかったベルギーは一九六〇年に突如コンゴの独立を承認したが、これは、一九五九年にフランス植民地がいっせいに独立に向かう流れに押されてしまった部分がある。内戦は拙速な独立承認の帰結であった。またポルトガルは一九六〇年代に入っても植民地の独立を拒否していたが、各地で独立を目指す反乱を鎮圧することができなかった。ついに一九七四年に、戦争を継続する独裁政権への反発が強まった結果、国内でクーデタが発生するに至り、独立戦争に終止符を打つ。一九七五年に独立を承認されたモザンビークとアンゴラが相次いで内戦に陥り、とくにアンゴラではソ連が国内勢力の一派に軍事支援を行うほど介入を深めることができたのは、ポルトガルがベルギー同様、何ら準備をしないまま独立を認めたことが一つの大きな要因であろう。エチオピアは、第二次大戦の一時期を除いて独立を保ったが、皮肉にもこのことが一九七四年一二月の革命後にソ連の介入を招く大きな要因になったと考えられる。そしてソマリアもまた、イギリスとイタリアの信託統治領が合併する形で一九六〇年に独立するという、他の植民地独立とは異質の独立を果たした。宗主国を持たないことが、独立後にソ連からの軍事援助を受けざるを得ない結果を招いたと思われる。

こうして独立を果たした第三世界諸国は、たとえ人権抑圧の甚だしい政治体制であったとしても、米ソ冷戦構造がある限り、東西陣営のいずれかの側から軍事・経済援助を受けて国内体制を維持することができた。米ソ冷戦は、第三世界へ軍事介入を招いて甚大な人的・物的被害をもたらした一方で、経済援助を受けることを可能にしたという点において、多くの現地政権に利益を与えるものであった。この意味で、一九八九年の冷戦終焉は、第三世界の多くの国々に危機感をもたらしたと言える。共産主義という選択肢がなくなった以上、これらの国々は相次いで資本主義に転換し、複数政党制を採用した。[*25] フランスが一九九〇年六月にフランス語圏諸国会議で援助と民主化との関係を明確化したことが、このような新潮流を創り出す契機となったとされる。[*26] そして共産主義の脅威が消えると、欧米などが第三世界の治安維持のために介入する必要もなくなり、とくにアフリカへの関心は大きく減退した。一九九四年に起きたルワンダ虐殺は、この最も悲劇的な例だと言えよう。二〇〇〇年代に入り、第三世界の治安状況には改善の兆しが見られる。しかし依然として第三世界諸国と先進国の経済格差は縮小しておらず、またソマリアなどの「破綻国家」すら存在している。

第二次世界大戦後、いわゆる植民地支配は基本的に消滅し、多くの場合、植民地行政の境界線をそのまま国境線とする形で多くの国が誕生した。序章で述べた意味での脱植民地化は、冷戦が終わる前に完成したのである。多数の国が独立したことによって、確かに国際関係は大きく変動した。国際連合という、地球上のほぼすべての国家を包含する組織に加盟し、総会で大国と同じ投票権を持てるようになったことは、それ自体大きな変化であろう。しかし、独立国家が急増したからといって、第三世界の興隆を意味するとは言いがたい。ほとんどの国が、旧宗主国との経済的な従属関係を断つことはなかった。仮に宗主国の影響力が低減したケースでも、経済的に自立できるよう確固とした資金や国内体制をもって国家建設を進めたとは言えない。宗主国など域外大国の思惑に沿ってこれらの諸国は独立を果たしたのであり、その結果、貧困など現地の問題は未解決のまま現代に至っている。むしろ、こうした問題を解決しなかったからこそ、独立を円滑かつ早期に達成することができたのである。とくに一九五〇年代半ば以後に急速に進んだ、後に第三世界と呼ばれることになる旧植民地の独立は、多くの場合、宗主国が現地の協力者に権力を移譲し、宗主国の影響力を保持するという、宗主国の書いた筋書きに則ったものだった。無論、宗主国の思惑どおりに事態が進んだわけではなく、宗主国は困難に直面し、予想以上に影響力の後退を余儀なくされたケースも多い。しかし、一九五〇年代半ば以後、独立を付与することによって影響力を残すという戦略は、決して場当たり的に用いられたわけではない。それは、第二次世界大戦後にヨーロッパ宗主国が、現地での圧力と国際的な圧力によって脱植民地化を迫られるなか、意図的に採用した戦略だった。このような戦略の起源となったのが、フランスのチュニジア・モロッコに対する独立の承認だったのである。

注

＊1　一九五二年末のモロッコに関する国連総会決議を、モハメド五世もまた同様に解釈している。これが、彼がベイとは逆に、フランス人議員の参加する地方議会設立案を拒絶した理由である。

＊2　アメリカは、モロッコとは違ってチュニジアの独立は時期尚早だとは明言していない。チュニジアならばアメリカは独立も可能だと考えていたのかもしれない。しかしその効果が即座にモロッコに波及する可能性が高いため、やはり当面はチュニジアも独立まで進まないほうがよいと認識していたと考えられる。

＊3　現実にはモロッコのように君主を戴くイスラム国では、ソ連の援助ではなくエジプトから軍備を導入して軍拡を進めることが考えられる。第7章二六七頁を参照。

＊4　Archives Nationales d'Outre-Mer, Aff. Pol. 2223/8, Entretiens Ministériels Franco-Britanniques, 25.10.1954.

＊5　第1章第一節で説明したが、ＡＥＦとＡＯＦはそれぞれ仏領赤道アフリカと仏領西アフリカの略称である。

＊6　Edward Mortimer, *France and the Africans, 1944–1960: A Political History* (London: Faber and Faber Limited, 1969), p. 207.

＊7　*Ibid.*, p. 221. 憲法第八部はフランス連合の詳細を規定している。

＊8　Joseph-Roger de Benoist, *L' Afrique occidentale française de la Conférence de Brazzaville* (*1944*) *à l'indépendance* (*1960*) (Dakar: Nouvelles éditions africaines, 1982), pp. 162–163.

＊9　たとえば、Catherine Coquery-Vidrovitch and Charles-Robert Ageron, sous la direction de, *Histoire de la France Coloniale, III Le déclin* (Paris: Armand Colin Editeur, 1991), p. 244.

＊10　南ヴェトナムの独立を承認する協定には、フランス連合の枠内に留まるという規定が含まれており、「独立」が不完全なものに留まっていることを物語っている。Arthur J. Dommen, *The Indochinese Experience of the French and the Americans: Nationalism and Communism in Cambodia, Laos, and Vietnam* (Bloomington and Indianapolis: Indiana University Press, 2001), p. 240.

この後、インドシナ三国は独立国として振る舞うようになるが、これは事実上そうなったのであって、フランスが法的に承認したわけではない。また、北ヴェトナムの独立はフランスがインドシナ戦争で敗北したため、停戦合意を余儀なくされたことに由来するものであって、フランス政府が自主的に政策を転換した例ということはできない。

＊11　Hargreaves, *Decolonization in Africa*, pp. 186–188.

＊12　Mortimer, *France and the Africans*, pp. 360–371. マリ連邦は現在のセネガルとマリからなる連邦であり、一九六〇年に両者は分離して独立国となった。

＊13 Chafer, *The End of Empire in French West Africa: France's Successful Decolonization?* (Oxford: Berg, 2002), pp. 215–217.
＊14 *Ibid*., p. 232
＊15 中村弘光『アフリカ現代史Ⅳ　西アフリカ（世界現代史）』（山川出版社、一九八二年）一三八頁。戦後の英領植民地では、イギリス政府が現地の情勢を考慮しながら何度も改革（Constitutional Reform と呼ばれた）を繰り返し、そのたびに憲法を制定するという方式がとられた。一九五四年憲法を制定したことは、イギリスはすでにゴールド・コーストの人々が国内自治体制を運営する能力があると認めていたことを意味している。
＊16 Hargreaves, *Decolonization in Africa*, pp. 122–131.
＊17 Bourret, *Ghana*, pp. 190–191.
＊18 *Ibid*., pp. 193–196.
＊19 奥脇直也編『国際条約集　二〇〇九年版』（有斐閣、二〇〇九年）八〇頁。
＊20 半澤朝彦「国連とイギリス帝国の消滅　1960–1963」『国際政治』第一二六号（二〇〇一年）。
＊21 John Young and John Kent, *International Relations since 1945* (Oxford: Oxford University Press, 2004), pp. 270–275.
＊22 池田亮「アフリカ」竹内俊隆編『現代国際関係入門』（ミネルヴァ書房、二〇一二年）第一七章。
＊23 無論、アメリカとヨーロッパ宗主国間で、権力を移譲する方法やタイミングについて対立があったことは言うまでもない。ここで強調したいのは、そうした対立はあったとはいえ、最終的な独立を見据えたうえで脱植民地化を進めるという目標を、アメリカと宗主国が概ね共有したということである。ただしアルジェリアは例外で、一九五九年にド・ゴールが民族自決を発表するまでフランスは独立や脱植民地化を進める意図を発表していない。第1章第一節を参照。
＊24 Hargreaves, *Decolonization in Africa*, pp. 186–190.
＊25 小田英郎・富田広士編『中東・アフリカ現代政治』（勁草書房、一九九三年）。
＊26 武内進一『現代アフリカの紛争と国家』（明石書店、二〇〇九年）。

あとがき

本書は、二〇〇六年に筆者がロンドン大学に提出した博士論文 'French Policy towards Tunisia and Morocco: The International Dimensions of Decolonisation, 1950–1956' に加筆修正を行ったものである。本書が扱うのは、チュニジアとモロッコという、一部の研究者を除いて国際政治史研究においてはほとんど注目されることのなかった二国である。読者の中にも、どのようにこのテーマに辿り着いたか訝しく思われる方もおられると思う。筆者が London School of Economics and Political Science（LSE）に留学するにあたって、指導教官のジョン・ケント（John Kent）先生から、英仏の協力と対立を軸にこのテーマを研究してはどうかと示唆された時には、正直途方に暮れたものである。今まで研究されてこなかった、いわば地味なテーマは「隙間」を埋めるだけの論文は書きやすい反面、国際政治史上の意義づけが大変難しいことを意味している。

実際、研究を開始してから二、三年は、まったくと言っていいほど意義づけを理解できず、暗澹たる思いであった。モロッコの独立がその後の新興国独立に繫がるという、本書の重要な議論の一端がおぼろげながら見えたのは三年目の終わりくらいであったろうか。しかし、英仏関係を重視しつつ、フランス植民地帝国の解体を議論するには博士論文提出後も含めてかなりの時間が必要であった。当初ケント先生が筆者に何を期待していたのかは不明だが、両国の脱植民地化過程を国際政治史全体に位置づけるよう自分なりに努力したことが、読者の皆様に新しい解釈を提示することに繫がっていれば嬉しく思う。もちろん、本書で提示できた議論は、ごく不完全で未熟なものである。筆者の力量不足を自覚しつつも、忌憚のないご批判を賜りたい。

本書を上梓するまで、数多くの方々に御指導、御教授を頂いた。ＬＳＥでの博士論文執筆にあたり、ケント先生は、脱植民地化研究に初めて本格的に接した筆者に一から指導してくださった。特に、英仏の脱植民地化政策を比較し、かつ冷戦と脱植民地化の相互作用を重視する視点は先生独自のものであり、非常に多くを学ぶことができた。最初は英語もままならず、また北アフリカについてまったく知識のなかった筆者を辛抱強く指導してくださったことに、改めて御礼を申し上げたい。また、エクセター大学のマーティン・トマス（Martin Thomas）先生とＬＳＥのピアス・ラッドロウ（Piers Ludlow）先生は論文の審査を御担当くださった。御礼を申し上げる。

筆者は留学前、一橋大学大学院で修士論文を執筆したが、国際政治史研究を開始するにあたり、一から導いてくださったのが田中孝彦先生である。先生の御指導のもとで一次史料に基づいた研究の重要性を学ばせていただけたのは、筆者にとって非常な幸運であった。多国間の国際関係に注目しつつ着実に研究を進めるように、との御指導は忘れることができない。一橋大学院生時代に、石井修先生、大芝亮先生から御指導を受けることができたのも大きな幸せであった。

学部生時代、筆者に国際政治への関心を持たせてくださったのは故・鴨武彦先生である。筆者は当初、理論研究に興味を持っていたが、先生は歴史を研究することを強く勧めてくださった。先生に生前、この著書をお見せできなかったのは残念であるが、少しでも学恩に報いることができたと考えている。また、筆者の大学院進学が決定した際に激励してくださった藤原帰一先生にも感謝申し上げる。

留学から帰国後、筆者は暫くEU Institute in Japan（EUIJ）と一橋大学で勤務していたが、その際に山内進先生からは多くの御助言を頂き、また激励もしていただいた。感謝を言葉で表すことができないほどである。大学院時代にマーティン・ワイト（Martin Wight）の書物に触れ、政治思想の奥深さの一端に触れることができたのも先生の御蔭である。また、ＥＵＩＪ勤務と成城大学での非常勤講師時代以来、多くの助言をくださっている大隈宏先生にも御礼申し上げる。

筆者の博士論文を著書として出版することを強く勧めてくださったのは、中北浩爾先生である。筆者が最初に用意した原稿は稚拙なものであったが、中北先生はそれを何度も読んでくださり、きわめて有益な助言をしてくださった。先生の御尽力がなければ本書の出版はあり得なかった。心より御礼申し上げるとともに、今後研鑽を積み重ねることによってせめてもの恩返しとさせていただきたい。

筆者は常日頃、多くの研究者との交流の中で学問的刺激をいただいている。御名前すべてを挙げることができないのは残念だが、とりわけ英仏の帝国史の分野では秋田茂、木畑洋一、後藤晴美、都丸潤子、平野千果子、藤井篤の諸先生から御教示いただいている。特に秋田先生と平野先生は、セミナーや研究会にもたびたびお誘いくださり、狭くなりがちな筆者の視野を広げてくださっている。それ以外の分野でも石田憲、遠藤乾、菅英輝、柴山太の各先生方から日頃より多くを学ばせていただき、また励ましの言葉もいただいている。心から御礼をお伝えしたい。

筆者は大学院で国際政治史研究を始めて以来、多くの諸先輩方と友人たちから知的刺激を受けることができた。すべての御名前を記すことはできないが、青野利彦、池本大輔、上原良子、大中真、小川浩之、尾立要子、川嶋周一、国吉知樹、倉科一希、クォンヨンソク、齋藤嘉臣、鈴木陽一、妹尾哲志、鳥潟優子、中嶋啓雄、永野隆行、半澤朝彦、細谷雄一、益田実、松本佐保、三須拓也、山田敦の諸先生方から御教示いただいている。また、対象とする時代は違うものの同じくチュニジア研究に従事されている杉山佳子氏からも、多くを御教示いただいた。加えて、ＬＳＥでともに学び、多くの学問的刺激を与えてくれたギャレット・マーティン（Garret Martin）には、フランス人の人名表記でも示唆を受けた。ＬＳＥのアントニー・ベスト（Antony Best）先生には留学中に公私にわたってお世話になった。皆様に御礼をお伝えしたい。また、片山慶隆氏は草稿の一部に、山本健氏は草稿の全体に目を通し、丁寧にコメントをくださった。深く御礼を申し上げる。

現在、筆者が奉職している関西外国語大学では研究・教育の面で諸先生方、同僚諸氏から多くを学ばせていただいている。とりわけ、大学院時代からの友人であり、現在も同僚である片山慶隆、金ゼンマの両氏、およびかつて同僚であった吉留公太氏からは日々の対話を通じて多くの学問的刺激を受けている。同様に、いつも研究、教育活動を支えてくださっている大学のスタッフの皆様にも感謝したい。また講義などを通じて学生諸氏からも学ぶことも多い。さらに、これまで筆者は成城大学、関東学園大学、専修大学で非常勤講師として勤務してきた。現在の勤務先は言うまでもないが、これらの大学での学生たちとの交流は刺激的であり、非常に楽しい時間を過ごすことができた。この場を借りて御礼を伝えたい。

本書の出版にあたり、平成二四年度日本学術振興会補助金（研究成果公開促進費）の交付を受けた。また本書の下地となった博士論文の執筆の際には、ロンドン大学の中央研究助成基金（Central Research Fund）よりご支援をいただいた。さらには、一橋大学の後援会である如水会よりご支援を頂戴できなければ、留学を始めることもできなかった。記して感謝をお伝えする次第である。

初めての著書を法政大学出版局の奥田のぞみ氏の編集で刊行できたのは、筆者にとって大きな喜びである。奥田氏は原稿を一読後、出版を強く勧めてくださるとともに、刊行に向けた労を取ってくださった。拙い原稿を丁寧に読んで助言をくださり、著作としての体裁を整えるのに必要なあらゆる作業を行ってくださったことに、心より御礼を申し上げたい。また、掲載した写真の収集にあたっては、元在日チュニジア共和国大使館参事官のトラベルシ（Mohamed Trabelsi）氏と日仏会館図書室の皆様がご協力くださった。御礼を申し上げる。

最後に、筆者が研究生活を続けるにあたって日頃から支援をしてくれる、家族と妻の両親にも感謝を伝えたい。

二〇〇七年末に母が亡くなり、実家で一人暮らしをしている父に謝意を伝えたい。生前の母にこの著書を見せることができなかったのは残念でならないが、遅ればせの親孝行としたい。また、大学院生のころから筆者を支えてくれた妻の泉には、感謝を表現する言葉もない。大学院で憲法学を学んだ彼女の助言がなければ、本書の議論の核心部分である主権概念についての議論をまとめることができなかった。この場を借りて、改めて謝意を伝える。

二〇一三年一月

池田　亮

保護国体制下の統治構造

チュニジアとモロッコはともにフランスの保護国という地位に置かれ、フランスが内政と外交の双方の面で絶大な権限を持った。両国の統治構造の特徴は、それぞれ基本的には総督を頂点とするフランスの支配下に置かれつつも、名目上は主権国家の地位を保ち、ベイとスルタンを主権者とする従来の制度が存続したことである。主権者とはいっても両者の権力は名目的であり、フランスの政策を拒むことは事実上できなかった。しかし、両者は勅令に最終的に署名する権限を保持しており、その署名がない限り勅令案は法的な有効性を持ち得なかった。つまり、形式的にはフランスの提案する改革案への拒否権を持っていたわけであり、それが時代を経るに従って重要になったことは本文でも強調したとおりである。

また、保護国に留まったことから、両国ではそれぞれチュニジア人とモロッコ人という国籍が存続したが、彼らの政治参加はきわめて限定的にしか許されなかった。両国で政治・経済・社会的に強い権限を持ったのはフランス人を中心とする入植者であった[1]。ただし、入植者も自治権を持っていたわけではない。彼らはフランス国籍を保有したままであり、フランス共和国議会の上院に議員として代表を送っていた。

とはいえ、両国の統治構造には違いもあった。以下では両国の相違に留意しつつ、両国の統治構造を概説する。保護国化の後に統治体制には若干の変更が施されたため、ここでは一九五〇年代ごろの体制を中心に説明する。

チュニジア

チュニジアでは保護国化以前から存在していた内閣制度が存続した。政府の長である首相はチュニジア人であったが、閣僚のうち半数はフランス人であり、官房長官や財務大臣などの重要閣僚ポストを独占していた。また、内閣を中心に行政機構が整備されていたが、重要な官僚ポストはフランス人入植者が独占し、チュニジア人の就ける職位は限られていた。

チュニジア人の政治参加と発言権もきわめて限られていた。中央政府レベルには大評議会があったが、政府の諮問機関でしかなかった。大評議会には、フランス人とチュニジア人のそれぞれを代表する同数の議員から成る部門があり、チュニジア人だけが単体で意見を表明することは許されなかった。両部門の意見が異なった場合、フランス人の意見が優越する規定だったからである。また地方では、保護国化後カーイドなど半独立的地位にあった豪族は勢力を失い、フランス当局が派遣した民政官の監督下に置かれた。つまり地方では、カーイドたちが行政を司る一方で、フランス人民政官は現地住民と関わりを持つことなく、カーイドたちを統制した。フランスは、表面上は伝統的な統治機構を巧妙に残しながら、実質的な支配を貫徹していったのである。[2]

モロッコ

モロッコでは近代的な内閣制度が導入されず、マフザンと呼ばれる前近代的な政府が存続した。これは、三人のワズィール（高官）から成り、スルタンの命に服した。フェズ条約以後、マフザンの管轄する範囲はイスラム法などに限られるようになった。この結果、モロッコでは総督府の官僚機構とマフザンの官僚機構という、二重の統治構造が併存した。モロッコ政府が独自の官僚機構を持たなかったため、モロッコ人の行政機構への参加も、チュニジア以上に限定的であった。

モロッコ人の政治参加と発言権もきわめて限られていた。総督府の諮問機関として総督府議会が存在したが、チュニジアの大評議会と同様、両国民が同数の議員を選出する形式になっていた。フランス人の意見が優先されたのも、チュニジアと同様である。地方行政は、都市部ではパシャ、部族・農村地域ではカーイドが形式的にはスルタンから任命されてその長を務めたが、彼らの多くは保護国体制に忠実な名望家か、フランス軍に仕えたモロッコ人士官から成り、裁判権や徴税権を持つなど、絶大な政治行政権限を行使した。モロッコでは、チュニジアよりもはるかに地方分権の色彩が強く、名目的であれスルタンの権力はチュニジアのベイよりも限られていたと言える。

（1）ただしチュニジアでは、二〇世紀初頭までイタリア人入植者の数がフランス人よりも圧倒的に多く、政治的にはともかく、社会的経済的には強い影響力を持った。イタリア人によるフランス国籍取得が可能になるのは一九二三年以降であり、フランスを頂点とする植民地社会の成熟に伴ってその数が急増するのは第二次世界大戦後である。この点については杉山佳子氏（トゥールーズ第二大学客員研究員）から御教示いただいた。御礼申し上げる。

（2）Yoshiko Sugiyama, *Sur le même banc d'école: Louis Machuel et la rencontre franco-arabe en Tunisie lors du Protectorat français*（*1883–1908*）, thèse de doctorat en histoire, Université d'Aix-Marseille I, 2007, pp. 89–91.

参考文献

私市正年『北アフリカ・イスラーム主義運動の歴史』（白水社、二〇〇四年）、第二部第二章。
Georges Catroux, *The French Union*（New York: Carnegie Endowment for International Peace, 1953）.
FRUS, 1952–1954, XI, Africa and South Asia, Memorandum for the National Security Council Senior Staff, 'The Current Situation in North Africa', 12. 9. 1955, pp. 131–142.

チュニジア

首都：チュニス
面積：16.4万 km^2（日本の国土の約5分の2）
人口：1,055万人，アラブ人98％，その他2％（2010年）
1952年時点では，現地人310万人，フランス人15万3,000人
言語：アラビア語（公用語），フランス語
元首：ベイ（1957年まで）
大統領（1957年以後）

出典：http://www.lib.utexas.edu/maps/cia12/tunisia_sm_2012.gif

モロッコ

出典：http://www.lib.utexas.edu/maps/cia12/morocco_sm_2012.gif

首都：ラバト
面積：44.6万 km^2（日本の国土の約1.2倍，西サハラを除く）
人口：3,195万人，アラブ人65％，ベルベル人30％（2010年）
　1952年時点では，現地人860万人，フランス人35万人。現地人のうち約５分の３はベルベル人
言語：アラビア語（公用語），ベルベル語（公用語），フランス語
元首：スルタン（1957年まで），国王（1957年以後）

出典：http://www.mofa.go.jp/mofaj/area/tunisia/data.html
http://www.mofa.go.jp/mofaj/area/morocco/data.html
FRUS, 1952–1954, XI, Africa and South Asia, Memorandum for the National Security Council Senior Staff, 'The Current Situation in North Africa', 12.9.1955, pp. 131–142.

著者紹介

池田　亮（いけだ りょう）

1970年生まれ．1997年，一橋大学大学院法学研究科修士課程修了．2006年，ロンドン大学ロンドン・スクール・オブ・エコノミクス（LSE）国際関係学部博士課程修了．Ph.D. 関西外国語大学英語キャリア学部准教授．専門は国際関係史，国際関係論．主要業績として，'The Paradox of Independence: The Maintenance of Influence and the French Decision to Transfer Power in Morocco,' *The Journal of Imperial and Commonwealth History*, vol. 35, issue 4, 2007;「帝国かヨーロッパか――チュニジア国内自治とフランスの対ヨーロッパ統合政策」山内進編『フロンティアのヨーロッパ』（国際書院，2008年）;「スエズ危機と1950年代中葉のイギリスの対中東政策」『一橋法学』第7巻第2号（2008年）など．

植民地独立の起源
――フランスのチュニジア・モロッコ政策

2013年2月15日　初版第1刷発行

著　者　池田　亮
発行所　財団法人 法政大学出版局
〒102-0071 東京都千代田区富士見2-17-1
電話03（5214）5540／振替00160-6-95814
印刷：三和印刷，製本：誠製本
装幀：奥定泰之

ISBN 978-4-588-62523-7

事項索引

か　行

さ　行

な 行

は 行

ま　行

ら・わ行

人名索引

あ 行

アイゼンハワー（Eisenhower, Dwight D.） 143, 145, 229
アザム・パシャ（Azzam Pasha, Abdel al-Rahman） 34, 77
アシェド（Ached, Ferhat） 139
アチソン（Acheson, Dean） 74, 82–87, 103–105, 108–111, 113, 116–117, 121–123, 128, 137–138, 162, 277
イーデン（Eden, Anthony） 33, 97, 107–108, 112, 116, 120, 233, 237, 303
イザール（Izard, Georges） 227, 229, 270, 272, 275
ウィルソン（Wilson, Woodrow） 30
ヴィモン（Vimont, Jean） 64
ヴォワザール（Voizard, Pierre） 174–177, 179–180, 183–186, 207, 221
オートクロック（Hauteclocque, Jean） 62, 96–97, 99, 102–104, 111, 115, 121, 125, 127, 173, 200, 207
オプノ（Hoppenot, Henri） 109, 112, 121–122
オリオール（Auriol, Vincent） 57, 76, 114, 143, 146, 150–151, 154, 173–174, 207
オルドリッチ（Aldrich, Winthrop） 260

か 行

カーク（Kaâk, Mustapha） 51
カサ・ロハス（de Casa Rojas y Moreno, José） 253, 292, 296, 304
カトルー（Catroux, Georges） 173, 249–251
ガルシア＝バリーニョ（Garcia-Valiño, Rafael） 296–297
キッターニ（エル・）（El-Kittani, Abedelhaï） 147–148, 154–155
ギヨーム（Guillaume, Augustin） 80, 84, 87, 138, 140–141, 144, 146, 148–152, 154–155, 158–159, 166, 269
クーヴ・ド・ミュルヴィル（Couve de Murville, Maurice） 241, 284
クイーユ（Queuille, Henri） 61
グラウイ（トゥハミ・エル）（El-Glaoui, Si T'hami） 31, 71–72, 135–136, 142–143, 145–155, 157–159, 161, 164, 167, 217, 222–223, 225, 230, 237–238, 246, 254, 264–265, 267–268, 271, 283, 291, 362, 366
グラウイ（サーデク・エル・）（el-Glaoui, Saadek） 164
グランヴァル（Grandval, Gilbert） 232, 235, 237–240, 243–245, 274–275, 279
グロス（Gross, Earnest A.） 103, 105, 121
ケーニグ（Marie-Pierre Koenig） 244, 254, 271
コティ（Coty, René） 45, 181, 295
コロンナ（Colonna, Antoine） 47–48, 61, 171

さ 行

サヴァリ（Savary, Alain） 177, 189, 210, 300–301, 304, 309–310, 312–313, 338–339, 341–342, 348
ザフルラ・カーン（Zafrullah Khan, Chaudhri Sir Muhammad） 97, 123, 126
ジェッブ（Jebb, Gladwyn） 85, 101, 106–108, 213, 233–234, 274, 303, 347
ジェルイ（Djelloui, Aziz） 202, 213
ジャーニガン（Jernegan, John） 53, 62, 99–100, 157, 239
ジャマリ（al-Jamali, Mohamed Fadhil） 97
シューマン（モーリス・）（Schumann, Maurice） 86, 97, 110, 126, 142, 163, 185
シューマン（ロベール・）（Schuman, Robert） 21, 47, 49–52, 58–61, 63, 75, 82–85, 87, 89–90, 97, 105, 111, 116–119, 121–123, 126, 128, 137–138, 162, 244, 273, 277

た　行

な　行

は　行

ま　行

ら・わ行

参考文献

1．未公刊史料

フランス

Ministères des Affaires Étrangères ［MAE］, Paris

Country series: Maroc 1950–1955

Afrique Levant, Maroc 1953–1959

Tunisie 1944–1955

Tunisie 1956–1969

AM 1952–1963, Etats-Unis

Cabinet du Ministre, Schuman, Bidault, Pinay, Pineau

Secrétariat Général 1945–1966

Conférences internationales 1949–1956

Centre d'Accueil et de Recherche des Archives Nationales ［CARAN］, Paris

Bidault Papers

Faure Papers

L'Institut Pierre Mendès-France ［IPMF］, Paris

Cartonnier DPMF, Maroc I, II

Tunisie II bis

Fezzan

Territoires d'Outre-Mer/Union Française

Le Centre d'Archives d'Outre-Mer ［CAOM］, Aix-en-Provence

Affaires Politiques

アメリカ

The National Archives and Records Administration ［NARA］, College Park, MD

Regional Group 59

Central Decimal Files

Lot Files:

Files of the Ambassador at Large, Philip C Jessup relating to the UN General Assembly

Files of the Office of the United Nations Political and Security Affairs

Records of the Office of Near Eastern, South Asian and African Affairs

Records of Ambassador Joseph C. Satterthwaite, 1947–66

The Dwight D. Eisenhower Library ［DDEL］, Abilene, Kansas

Ann Whittman File

John Foster Dulles Papers
White House Office
The Library of Congress, Washington DC
Dulles Papers.

イギリス
Public Record Office［PRO］, Kew
CAB 128, Cabinet Minutes
CAB 129, Cabinet Cabinet Memoranda
PREM 11, Prime Minister's papers
FO 371, Foreign Office correspondences
CO 936, Colonial Office International Relations Department

2. 公刊史料
Documents Diplomatiques Français, 1954, 1955 Tome I, II, 1956, Tome I, II.
Journal Officiel de la République française, Débats Parlementaires, Assemblée Nationale, 1953.
L'Annee politique, 1947, 1950–1956（Paris: Presses Universitaires de France, 1948, 1951–1957）.
Foreign Relations of the United States,
1950 Volume V, The Near East, South Asia, and Africa
1951 Volume V, The Near East and Africa
1952–1954 Volume XI, Africa and South Asia
1955–1957 Volume XVIII, Africa
1955–1957 Volume XIV, Arab–Israeli dispute
Ronald Hyam ed., *British Documents on the End of Empire, The Labour Government and the End of Empire 1945–1951*（London: HMSO, 1992）.
Goldsworthy, David, *The Conservative Governments and the End of Empire, 1951–1957*（London, HMSO, 1994）.
United Nations Bulletin, 1951, 1952, 1953, 1954, 1955.
United Nations Security Council Official Records, 1952, 1953, 1954, 1955.
United Nations General Assembly Official Records, 1951, 1952, 1953, 1954, 1955.
Yearbook of the United Nations, 1951, 1952, 1953, 1954, 1955.

3. 新聞
Le Monde, 1950–1956.
The Times, 1955.

4. 回顧録，日記など
Acheson, Dean, *Present at the creation: my years in the State Department*（New York: Norton, 1969）.

Auriol, Vincent, *Journal du Septennat*, Tome VII 1953–1954 (Paris: Libraire Armand Colin, 1971).

Bidault, Georges, *D'une Résistance à l'Autre* (Paris: Les Presse du Siècle, 1965).

Bourguiba, Habib, *Ma Vie, Mon Œuvre 1952–1956* (Paris: Plon, 1987).

Boyer de Latour, Pierre, *Vérités sur l'Afrique du Nord* (Paris: Librairie Plon, 1956).

Eden, Anthony, *Full Circle* (Cambridge: The Times Publishing Co.Ltd, 1960).

Eisenhower, D. Dwight, *The White House Years* (New York: Double Day, 1963).

Faure, Edgar, *Mémoires* (Paris: PLON, 1982).

Grandval, Gilbert, *Ma Mission au Maroc* (Paris: Librairie Plon, 1956).

Jebb, Gladwyn, *The Memoirs of Lord Gladwyn* (London: Weidenfeld and Nicolson, 1972).

Juin, Alphonse, *Mémoires* (Paris: Fayard 1959).

July, Pierre, *Une République Pour un Roi* (Paris: Editions Fayard, 1974).

Macmillan, Harold, *Riding the Storm, 1956–1959* (London: Macmillan, 1971).

Massigli, René, *Une comédie des erreurs 1943–1956: souvenirs et réflexions sur une étape de la construction européenne* (Paris: Plon, 1978).

Périllier, Louis, *La Conquête de l'Indépendance Tunisienne* (Paris: Robert Laffont, 1979).

Pineau, Christian, *1956, Suez* (Paris: R. Laffont, 1976).

Teitgen, Pierre-Henri, *Faites entrer le témoin suivant: 1940–1958, De la Résistance à la Ve République* (Rennes: Ouest-France, 1988).

5. 研究書

Ageron, Charles-Robert, *Française coloniale ou parti colonial?* (Paris: Presses Universitaires de France, 1978).

Ageron, Charles-Robert (dir), *Les Chemins de la Décolonisation de l'Empire colonial français*, Colloque organisé par l'Institut d'Histoire du Temps Présent, les 4 et 5 octobre 1984 (Paris: Édition du Centre Nationale de la Recherche Scientifique, 1986).

Ageron, Charles-Robert, *Histoire de l'Algérie contemporaine* (*1830–1964*) (Paris: Presse universitaires de France, 1991). Translated by Michael Brett, *Modern Algeria* (London: Hurst & Company, 1991).

Ageron, Charles-Robert et Marc Michel (dir), *L'ère des décolonisations* (Paris: Karthala, 1995).

Ageron, Charles-Robert et Marc Michel (dir), *L'Afrique noire française: l'heure des Indépendances* (Paris: CNRS ÉDITIONS, 1992).

Ansprenger, Franz, *The Dissolution of the Colonial Empires* (London and New York: Routledge, 1989).

Becker, Charles, et al. (dir), *AOF: réalités et heritages société ouest-africaines et ordre colonial, 1895–1960*, Tome I (Direction des Archives du Sénégal, 1997).

Bédarida, François and Jean-Pierre Rioux, eds., *Pierre Mendès France et le Mendèmisme: l'expérience gouvernementale* (*1954–1955*) *et sa postérité* (Paris: Fayard, 1985).

De Benoist, Joseph Roger, *L'Afrique Occidentale Française de la Conférence de Brazzaville*

（*1944*）*à l'Indépendance*（*1960*）(Dakar: Les Nouvelles Éditions Africaines, 1982).

Bernard, Stéphane, *Le Conflit franco-marocain 1943–1956*（Bruxelles l'Universtié Libre de Bruxelles, 1963). Translated by Marianna Oliver et al., *The Franco-Moroccan Conflict*（New Haven: Yale University Press, 1968).

Bessis, Sophie and Souhayr Belhassen, *Bourguiba à la conquête d'un destin*（*1901–1957*）(Paris: Group Jeune Afrique, 1988).

Betts, Raymond, *France and Decolonisation*（London: Macmillan Education, 1991)（今林直樹・加茂省三訳『フランスと脱植民地化』晃洋書房，2004年).

Betts, Raymond, *Assimilation and Association in French Colonial Theory, 1890–1914*（University of Nebraska Press, 2004).

Bidwell, Robin, *Morocco under Colonial Rule; French Administration of Tribal Areas 1912–1956*（London: Frank Cass, 1973).

Bill, James A. and Wm. Roger Louis, eds., *Musaddiq, Iranian Nationalism, and Oil*（London: I.B. Tauris & Co Ltd, 1988).

Bills, L. Scott, *Empire and Cold War: The Roots of US-Third World Antagonism, 1945–1947*（London, 1990).

Bills, Scott L., *The Libyan Arena: The United States, Britain, and the Council of Foreign Ministers, 1945–48*（Kent, Ohio: The Kent University Press, 1995).

Boisdon, Daniel, *Les Institutions de l'Union Française*（Paris: Editions Berger-Levrault, 1949).

Borella, François, *L'Évolution Politique et Juridique de l'Union Française depuis 1946*（Paris: R. Pichon et R. Durand-Auzias, 1958).

Bossuat, Gérard, *La France, l'aide américaine et la construction européenne 1944–1954, II*（Paris: Comité pour l'histoire économique et financière de la France, 1997).

Bourret, F. M. Ghana, *The Road to Independence, 1919–1957*（London: Oxford University Press, 1960).

Bouzar, Nadir, *L'armée de libération nationale marocaine: retour sans visa*（*journal d'un résistant maghrébin*）(Paris: Publisud, 2002).

Brown, Judith M. and Wm. Roger Louis eds., *The Oxford History of the British Empire, The Twentieth Century*（Oxford: Oxford University Press: 1999).

Catroux, Georges, *The French Union*（New York: Carnegie Endowment for International Peace, 1953).

Clayton, Anthony, *The Wars of French Decolonization*（London: Longman, 1994).

Chafer, Tony, *The End of Empire in French West Africa: France's Successful Decolonization?*（Oxford: Berg, 2002).

Chamberlain, Muriel E., *The Longman Companion to European Decolonisation in the Twentieth Century*（New York: Addison Wesley Longman Limited, 1998).

Chêne, Janine, Edith Aberdam and Henri Morsel, *Pierre Mendès-France: la moral en politique*（Grenoble: PUG, 1990).

Cohen, Bernard, *Habib Bourguiba: Le pouvoir d'un seul*（Paris: Flammarion, 1986).

Connelly, Matthew, *A diplomatic revolution: Algeria's fight for independence and the origins of the post-cold war era* (Oxford: Oxford University Press, 2002).

Cooper, Frederick, *Decolonization and African Society: The Labor Question in French and British Africa* (Cambridge: Cambridge University Press, 1996).

Coquery-Vidrovitch, Catherine and Charles-Robert Ageron (dir), *Histoire de la France Coloniale, III Le déclin* (Paris: Armand Colin Editeur, 1991).

Costigliola, Frank, *France and the United States: The Cold Alliance since World War* (New York: Twayne Publishers, 1992).

Crowder, Michael, *The Cambridge History of Africa*, volume 8, from c. 1940 to c. 1975 (Cambridge: Cambridge University Press, 1984).

Darwin, John, *Britain and Decolonisation: The Retreat from Empire in the Post-War Period* (London: Macmillan, 1988).

De la Gorce, Paul-Marie, *L'Empire Écartelé 1936–1946* (Paris: Denoël, 1988).

Deschamps, Hubert, *l'Union Française* (Pairs: 2 ditions Berger-Levrault, 1952).

Deschamps, Hubert, *The French Union* (Pairs: Berger-Levrault, 1956).

Dommen, Arthur J., *The Indochinese Experience of the French and the Americans: Nationalism and Communism in Cambodia, Laos, and Vietnam* (Bloomington: Indiana University Press, 2001).

Dronne, Raymond, *Vie et Mort d'un Empire, La décolonisation* (Paris: Éditions France-Empire, 1989).

Fontaine, Pierre, *Dossier Secret de l'Afrique du Nord* (Paris: Les Sept Couleurs, 1957).

Gershovich, Moshe, *French Military Rule in Morocco* (London; Frank Cass, 2000).

Gifford, Prosser, and Wm. Roger Louis, eds., *The Transfer of Power in Africa* (New Haven: Yale University Press, 1982).

Girault, René (dir), *Pierre Mendès France et le rôle de la France dans le monde* (Grenoble: Presses Universitaires de Grenoble, 1991).

Hasou, Tawfig Y., *The Struggle for the Arab World: Egypt's Nasser and the Arab League* (London: KPI Limited, 1985).

Hardhri, Mohieddine, *L'URSS et le Maghreb: De la Révolution d'octobre à l'indépendance de l'Algérie 1917–1962* (Paris: Editions L'Harmattan, 1985).

Hargreaves, John D., *Decolonization in Africa*, second edition (London: Longman, 1996).

Hourani, Albert, *A History of the Arab Peoples* (London: Faber and Faber Limited, 1991).

Hubbard, James, P., *The United States and the End of British Colonial Rule in Africa, 1941–1968* (Jefferson: McFarland & Company, 2010).

Hurtig, Serge (dir), *Alain Savary: politique et honneur* (Paris: Presses de Siences Po, 2002).

Jones, Goronwy J., *The United Nations and the Domestic Jurisdiction of States: Interpretations and Applications of the Non-Intervention Principle* (Cardiff, 1979).

Juin, Alphonse, *Le Maghreb en Feu* (Paris: Libraire Plon, 1957).

Julien, Charles-André, *L'Afrique du Nord en Marche: nationalismes musulmans et souveraineté*

français (Paris: René Julliard, 1972).

Kelly, Saul, *Cold War in the Desert: Britain, the United States and the Italian Colonies, 1945–52* (London, Macmillan Press LTD, 2000).

Kent, John, *The Internationalization of Colonialism: Britain, France and Black Africa, 1939–1956* (Oxford: Clarendon Press, 1992).

Kent, John, *British Imperial Strategy and the Origins of the Cold War 1944–49* (Leicester: Leicester University Press, 1993).

Lacroix-Riz, Annie, *Les Protectorats d'Afrique du Nord entre la France et Washington, Maroc et Tunisie 1942–1956* (Paris: Editions L'Harmattan, 1988).

Lacouture, Jean, *Pierre Mendes France* (Paris: Seuil, 1981).

Lazraq, Selma, *La France et le Retour de Mohammed V* (Paris: l'Harmattan, 2002).

Lerner, Henri, *Catroux* (Paris: Albin Michel, 1990).

Le Tourneau, Roger, *Évolution Politique de l'Afrique du Nord Musulmane 1920–1961* (Paris: Librairie Armand Colin, 1962).

Lewis, William H., ed., *French-Speaking Africa: The Search for Identity* (New York: Walker and Company, 1965).

Ling, Dwight L., *Tunisia: From Protectorate to Republic* (Bloomington: Indiana University Press, 1966).

Louis, Wm. Roger, *The British Empire in the Middle East 1945–1951: Arab Nationalism, the United States, and Postwar Imperialism* (Oxford: Oxford, 1984).

Louis, Wm. Roger, *Imperialism at Bay: The United States and the Decolonization of the British Empire, 1941–1945* (Oxford: Oxford University Press, 1987).

Marshall, D. Bruce, *The French Colonial Myth and Constitution-Making in the Fourth Republic* (New Haven: Yale University Press, 1973).

Maxwell, Gavin, *Lords of the Atlas: the Rise and Fall of the House of Glaoua, 1896–1956* (London: Century Publishing Co. Ltd., 1983).

McCormick, Donald, *Mr. France: with 15 photos* (London, Jarrolds Publishers, 1955).

El Machat, Samya, *Les Etats-Unis et la Tunisie: de l'ambiguïté à l'entente, 1945–1959* (Paris: L'Harmattan, 1997).

El Machat, Samya, *Les Etats-Unis et l'Algérie: de la méconnaissance à la reconnaissance, 1945–1962* (Paris: L'Harmattan, 1997).

El Machat, Samya, *Les Etats-Unis et le Maroc: le choix stratégique, 1945–1959* (Paris: L'Harmattan, 1997).

El Mechat, Samya, *Tunisie, Les chemins vers l'indépendance, 1945–1956* (Paris: L'Harmattan, 1992).

El Mechat, Samya, *Les relations franco-tunisiennes: Histoire d'une souveraineté arrachée, 1955–1964* (Paris: L'Harmattan, 2005).

Mendès-France, Pierre, *Gouverner, c'est choisir*, tome I (Paris: Juillard, 1953).

Mendès-France, Pierre, *Gouverner, c'est choisir*, tome II (Paris: Juillard, 1955).

Mendès-France, Pierre, *Gouverner, c'est choisir*, tome III (Paris: Juillard, 1958).

Mendès-France, Pierre, *Oeuvres Complètes*, III, IV (Paris: Gaillmard, 1986).

Moore, Clement Henry, *Politics in North Africa* (Boston: Little, Brown and Company, 1970).

Mortimer, Edward, *France and the Africans 1944–1960: A Political History* (London: Faber and Faber Limited, 1969).

Noer, Thomas J., *Cold War and Black Liberation: The United States and White Rule in Africa, 1948–1968* (Columbia: University of Missouri Press, 1985).

Nwaubani, Ebere, *The United States and Decolonization in West Africa, 1950–1960* (Rochester, NY, 2001).

Orde, Anne, *The Eclipse of Great Britain: The United States and British Imperial Decline, 1895–1956* (London: Macmillan Press LTD, 1996).

Oudard, Georges, *Union Française et Maroc–Tunisie 1956* (Paris: Julliard, 1956).

Parry, Clive, ed., *The Consolidated Treaty Series*, vol. 158, 1881 (New York: Oceana Publications, 1977).

Parry, Clive, ed., *The Consolidated Treaty Series*, vol. 162, 1883 (New York: Oceana Publications, 1978).

Parry, Clive, ed., *The Consolidated Treaty Series*, vol. 216, 1912 (New York: Oceana Publications, 1980).

Planchais, Jean, *L'Empire Embrasé 1946–1962* (Paris: Denoël, 1990).

Podeh, Elie, *The Quest for Hegemony in the Arab World: the struggle over the Bagdad Pact* (New York: Leiden, 1995).

Porch, Douglas, *The Conquest of Morocco* (London: Jonathan Cape Ltd., 1986).

Pruden, Caroline, *Conditional Partners: Eisenhower, the United Nations, and the Search for a Permanent Peace* (Baton Rouge: Louisiana State University Press, 1998).

Pujo, Bernard, *Juin, Maréchal de France* (Paris: Albin Michel, 1988).

Rioux, Jean-Pierre (dir), *La Guerre d'Algérie et les Français*, Colloque de l'Institut d'histoire du temps présent (Paris: Fayard, 1990).

Rioux, Jean-Pierre, *The Fourth Republic: 1944–1958* (Cambridge: Cambridge University Press, 1987).

Rouanet, Pierre, *Mendès France au Pouvoir* (*18 juin 1954–6 février 1955*) (Paris: Robert Laffont, 1965).

Ryan, David and Victor Pungong, eds., *The United States and Decolonization: Power and Freedom* (London: Macmillan, 2000).

Shepherd, Todd, *The Invention of Decolonization: The Algerian War and the Remaking of France* (Ithaca: Cornell University Press, 2006).

Singh, Anita Inder, *The Limits of British Influence: South Asia and the Anglo-American relationship, 1947–56* (London: Pinter, 1993).

Smith, Simon C., ed., *Reassessing Suez 1956: New Perspectives on the Crisis and its Aftermath* (Hampshire: Ashgate, 2008).

Spillmann, Georges, *De l'Empire à l'Hexagone* (Paris: Librairie Académique Perrin, 1981).

Springhall, John, *Decolonization since 1945: The Collapse of European Overseas Empires* (Hampshire: Palgrave, 2001).

Stéphane, Roger, *La Tunisie de Bourguiba: sept entretiens avec le Président de la République Tunisienne: suivis d'une chronologie desévénements de 1857 à 1958* (Paris: Plon, 1958).

Thobie, Jacques, et al, *Histoire du la France Coloniale 1914–1990* (Paris: Armand Colin, 1990).

Thomas, Martin, *The French North African Crisis; Colonial Breakdown and Anglo–French Relations, 1945–62* (London: Macmillan Press Ltd, 2000).

Thomas, Martin, Bob Moore and L.J. Butler, *Crises of Empire: Decolonization and Europe's Imperials States, 1918–1975* (London: Hodder Education, 2008).

Usborne, Cecil Vivian, *The Conquest of Morocco* (London: Stanley Paul & Co. Ltd., 1936).

Vaïsse, Maurice, Pierre Mélandri et Frédéric Bozo (dir), *La France et l'OTAN 1949–1996* (Bruxelles: Editions Complexe, 1996).

Viard, René, *La Fin de l'Empire Colonial Français* (Paris: Maisonneuve et Larose, 1963).

Wall, Irwin M., *The United States and the Making of Postwar France, 1945–1954* (Cambridge: Cambridge University Press, 1991). Tranduit de l'américain par Philippe-Étienne Raviart, *L'Influence Américaine sur la politique française 1945–1954* (Paris: Balland, 1989).

Wall, Irwin, *France, the United States and the Algerian War* (Berkley: University of California Press, 2001).

Werth, Alexander, *The Strange History of Pierre Mendès-France and the Great Conflict over French North Africa* (London: Barrie Books LTD, 1957).

Westad, Odd Arne, *The Global Cold War: Third World Interventions and the Making of Our Times* (Cambridge: Cambridge University Press, 2005)(佐々木雄太監訳，小川浩之・益田実・三須拓也・三宅康之・山本健訳『グローバル冷戦史――第三世界への介入と現代世界の形成』名古屋大学出版会，2010年).

Williams, Ann, *Britain and France in the Middle East and North Africa, 1914–1967* (London: Macmillan, 1968).

Wright, John, *Libya* (London: Ernest Benn Limited, 1969).

Woolman, David, S., *Rebels in the Rif* (London: Oxford University Press, 1969).

Young, John and John Kent, *International Relations since 1945: A Global History* (Oxford: Oxford University Press, 2004).

Zartman, I. William, ed., *The Political Economy of Morocco* (New York: Praeger, 1987).

アージュロン，シャルル＝ロベール『アルジェリア近現代史』(私市正年他訳，白水社，2002年).

有賀貞『国際関係史　16世紀から1945年まで』(東京大学出版会，2010年).

猪口孝他編『国際政治事典』(弘文堂，2005年).

小川浩之『イギリス帝国からヨーロッパ統合へ――戦後イギリス対外政策の転換とEEC加盟申請』(名古屋大学出版会，2008年).

小川浩之『英連邦　王冠への忠誠と自由な連合』(中公叢書，2012年).

小田英郎・富田広士編『中東・アフリカ現代政治』(勁草書房，1993年).
川北稔・木畑洋一編『イギリスの歴史――帝国＝コモンウェルスのあゆみ』(有斐閣アルマ，2000年).
河野健二『フランス現代史（世界現代史19)』(山川出版社，1977年).
私市正年『北アフリカ・イスラーム主義運動の歴史』(白水社，2004年).
木畑洋一『帝国のたそがれ』(東京大学出版会，1996年).
木畑洋一『イギリス帝国と帝国主義』(有志舎，2008年).
北川勝彦編著『脱植民地化とイギリス帝国』(ミネルヴァ書房，2009年)
櫻井陽二『フランス政治体制論――政治文化とゴーリズム』(芦書房，1985年).
武内進一『現代アフリカの紛争と国家』(明石書店，2009年).
竹内俊隆編『現代国際関係入門』(ミネルヴァ書房，2012年).
中村弘光『アフリカ現代史 IV 西アフリカ（世界現代史16)』(山川出版社，1982年).
平野千果子『フランス植民地主義の歴史』(人文書院，2002年).
宮治一雄『アフリカ現代史 V 北アフリカ（世界現代史17)』(山川出版社，1978年).
水本義彦『同盟の相剋――戦後インドシナ紛争をめぐる英米関係』(千倉書房，2009年).
ヤコノ，グザヴィエ『フランス植民地帝国の歴史』(平野千果子訳，白水社，1998年).

6. 論文

Aono, Toshihiko, '"It Is Not Easy for the United States to Carry the Whole Load": Anglo-American Relations during the Berlin Crisis, 1961–1962', *Diplomatic History*, vol. 34, issue 2, (2010).

Bessis, Juliette, 'L'Opposition France-États-Unis au Maghreb de la Deuxième Guerre Mondiale jusqu'a l'Indépendance des protectorats 1941–1956', L'Institut d'Histoire du Temps Présent (dir), Les *Chemins de la Décolonisation de l'Empire Colonial Français* (Paris: Editions du CNRS, 1986).

Cochet François, 'Les Attitudes de la France en Tunisie (1945–1962): les Apports des Sources Orales', *Revue d'Histoire diplomatique*, no 3/4 (1996).

Fraser, Cary, 'Understanding American Policy Towards the Decolonization of European Empires, 1945–1964', *Diplomacy & Statecraft*, vol. 3, no. 1 (1992)

Geay, Ingrid, 'Les Débats sur les ecours de la Tunisie a l'ONU de 1952 à 1954', *Revue d'Histoire diplomatique*, no 3/4 (1996).

David Goldsworthy, 'Britain and the Intentional Critics of British Colonialism, 1951–56', *Journal of Commonwealth & Comparative Politics*, vol. 29, no. 1 (1991).

Pierre Guillen, 'L'Avenir de l'Union française dans la négociations des traité de Rome', *Relations Internationales*, n°57 (1989).

Ikeda, Ryo, 'The Paradox of Independence: The Maintenance of Influence and the French Decision to Transfer Power in Morocco', *The Journal of Imperial and Commonwealth History*, vol. 35, no. 4 (2007).

Izard, Georges, 'Le "Secret" d'Antsirabé', *Etudes Méditerranées*, no. 4 (1958).

Kent, John, 'The Ewe Question 1945–56, French and British Reactions to Nationalism in West Africa', Michael Twaddle, ed., *Imperialism, the State and the Third World* (London: British Academic Press, 1992).

Kent, John, 'Regionalism or Territorial Autonomy?, The Case of British West African Development, 1939–49', *The Journal of Imperial and Commonwealth History*, vol. 18, no. 1 (1990).

Kent, John, 'United States Reactions to Empire, Colonialism, and Cold War in Black Africa, 1949–57', *The Journal of Imperial and Commonwealth History*, vol. 33, no. 2, (2005).

Seung-Ryeol Kim, 'France's Agony between «Vocation Européenne et Mondiale» The Union Française as an Obstacle in the French Policy of Supranational European Integration, 1952–1954', *Journal of European Integration History*, vol. 8, no. 1 (2002).

Lewis, James I., 'The MRP and the Genesis of the French Union, 1944–1948', *French History*, vol. 12, no. 3 (1998).

Louis, William Roger, 'American Anti-Colonialism and the Dissolution of the British Empire', *International Affairs*, vol. 61, no. 3 (1984).

Louis, Wm. Roger and Ronald Robinson, 'The Imperialism of Decolonization', *The Journal of Imperial and Commonwealth History*, vol. 22, no. 3 (1994).

Migani, Guia, 'L'Association des TOM au Marché Common: Histoire d'un Accord Europeéen entre Cultures Économic Différentes et Idéax Politiques Communs, 1955–1957', Marie-Thérèse Bitsch et Gérard Bossuat (dir), *L'Europe Unie et l'Afrique: De L'Idée d'Eurafrique à la Convention de Lomé I* (Bruxelles: Bruylant, 2005).

Pottier, Olivier, 'Les bases américaines au Maroc au temps de la guerre froide (1950–1963): un face à face Franco-Américain', *Revue d'Histoire Diplomatique*, n° 1 (2003).

Sangmuah, Egya N., 'Eisenhower and Containment in North Africa, 1956–1960,' *Middle East Journal*, vol. 44, no. 1 (1990).

Schuman, Robert, 'Nécessité d'une politique' *Maroc et Tunisie; le problème du protectorat, La Nef*, n.s. 10 (1953).

Silvera, Victor, 'Le Problème de la Révision du Titre VIII durant les Deux Premières Années de la Troisième Législature', *Revue Juridique et Politique de l'Union Française*, N° 3 (1958).

Smith, Tony, 'The French Colonial Consensus and People's War, 1946–1958', *Journal of Contemporary History*, vol. 9, number 4 (1974).

Thomas, Martin, 'France Accused: French North Africa before the United Nations, 1952–1962', *Contemporary European History*, vol. 10 part 1 (2001).

Thomas, Martin, 'Defending a Lost Cause? France and the United States Vision of Imperial Rule in French North Africa, 1945–1956', *Diplomatic History*, vol. 26, no. 2 (2002).

Thomas, Martin, 'The Colonial Policies of the Mouvement Républicain Populaire, 1944–1954: From Reform to Reaction', *The English Historical Review*, vol. 118, no. 476 (2003).

Wall, Irwin M., 'The United States, Algeria, and the Fall of the Fourth French Republic', *Diplomatic History,* vol. 18 (1994).

池田亮「スエズ危機と1950年代中葉のイギリス対中東政策」『一橋法学』第7巻第2号

(2008年).
池田亮「帝国かヨーロッパか――チュニジア国内自治とフランスの対ヨーロッパ統合政策 1950–1956」山内進編『フロンティアのヨーロッパ』(国際書院, 2008年).
池田亮「イギリスの対中東政策と対ソ脅威認識, 1955–56――スエズ危機の前史として」『一橋法学』第9巻第1号 (2010年).
今林直樹「ドゴールのアルジェリア政策の理念――コンスタンティーヌ・プランを中心に」『六甲台論集　法学政治学篇』第42巻第1号 (1995年).
今林直樹「アフリカの独立をめぐる国際関係――ドゴール政権のアフリカ政策を中心に」『国際関係学部紀要』第20号 (1998年).
加茂省三「フランス第四共和制下における基本法の制定とアフリカ人議員――フランス・アメリカ関係に関する一考察」『法学政治学論究』第57号 (2003年夏号).
黒田友哉「モレ政権の対フランス連合政策――ユーラフリック共同体構想を中心に」『法学政治学論究』第72号 (2007年春季号).
半澤朝彦「国連とイギリス帝国の消滅　1960–1963」『国際政治』第126号 (2001年).
平野千果子「交錯するフランス領アフリカとヨーロッパ――ユーラフリカ概念を中心に」『思想』第1021号 (2009年).
藤井篤「冷戦と脱植民地化」『国際政治』第134号 (2003年).

7. 未公刊博士論文

Sugiyama, Yoshiko, *Sur le même banc d'école: Louis Machuel et la rencontre franco-arabe en Tunisie lors du Protectorat français* (*1883–1908*) (thèse de doctorat en histoire, Université d'Aix-Marseille I, 2007).
玉村健志「国際関係史としてのコンゴ『独立』史――脱植民地化, 冷戦, 国連」(2011年, 一橋大学).

略年表

1881年5月	バルド条約の締結，フランスがチュニジアを保護国化
1883年6月	マルサ規約の締結，フランスがチュニジア内政への干渉権を獲得
1912年3月	フェズ条約の締結，フランスがモロッコを保護国化
1941年8月	大西洋憲章，民族自決の原則
1946年10月	フランス第四共和制憲法，フランス連合を規定
1949年12月	国連総会，リビアを1952年1月までの独立を勧告する決議
1950年4月	ブルギバの七原則，フランスにチュニジア主権の承認を要求
6月	フランス政府のチオンヴィル宣言，国内自治体制の設立を約束
10月	モハメド五世，フランスに独立付与を要求
1951年12月	フランス政府，「共同主権ノート」をチュニジア政府に提示
1952年1月	ブルギバ，チュニジア問題を取り上げるよう国連事務総長に書簡
4月	国連安保理，チュニジア問題を討議しないことを決定
9月	シューマン仏外相の声明「チュニジア問題に関する国連での討議について，他国政府の意見を参考にする」
12月	国連総会，チュニジア問題に関する決議を採択「フランスとチュニジアが国内自治体制の設立に向けて交渉を続けることを希望する」
	チュニジアでフェラガの反乱開始
1953年3月	エル・グラウイ，モハメド五世の廃位を求める請願書
8月	フランス，スルタンのモハメド五世を廃位
1954年3月	チュニジアのベイ，フランスのヴォワザール計画に同意，国会開設に同意
5月	ブルギバの反ベイ・キャンペーン
6月	チュニジア・ムザリ内閣総辞職
	マンデス＝フランス，首相に就任
7月	カルタゴ宣言，フランスはチュニジアの国内自治を承認
9月	フランス・チュニジア交渉開始，チュニジアの国内自治の内容を確定するため
11月	アルジェリア武装蜂起の開始
1955年4月	フランス・チュニジア交渉妥結
8月	エクス・レ・バン会議
9月	エジプト，チェコスロヴァキアとの軍備協定を公表
10月	モロッコでリフ反乱開始
	エル・グラウイ，モハメド五世の復位を承認
11月	フランス政府，モロッコへの独立付与を決定
	モハメド五世の復位
1956年2月	フランス，チュニジア・モロッコと独立に向けた交渉を開始
3月	フランス，チュニジア・モロッコ独立の原則を承認
5月	フランス・モロッコ外交協定調印
6月	フランス・チュニジア外交協定調印